CORRESPONDANCE AUTHENTIQUE

DE

GODEFROI COMTE D'ESTRADES

DE 1637 A 1660

PUBLIÉE

POUR LA SOCIÉTÉ DE L'HISTOIRE DE FRANCE

PAR

A. DE SAINT-LÉGER

ET

LE DOCTEUR L. LEMAIRE

TOME PREMIER

A PARIS

LIBRAIRIE ANCIENNE ÉDOUARD CHAMPION

LIBRAIRE DE LA SOCIÉTÉ DE L'HISTOIRE DE FRANCE

5, QUAI MALAQUAIS

M DCCCC XXIV

Le Siège social de la Société de l'histoire de France
est à Paris, rue des Francs-Bourgeois, n° 60.
Toutes les publications sont en vente chez M. Éd. Champion,
libraire de la Société, quai Malaquais, n° 5.

VOLUMES RÉCEMMENT PARUS :

Exercice 1921.

397. Annuaire-Bulletin, 1921.
398. Rapports et notices sur les Mémoires du car- } Distribué en
    dinal de Richelieu, fasc. VI. } sept. 1921.
399. Mémoires du cardinal de Richelieu, t. V. } Distribué en déc. 1921.

Exercice 1922.

400. Rapports et notices sur les Mémoires du } Distribué en
    cardinal de Richelieu, fasc. VII. } mai 1922.
401. Grandes Chroniques de France, t. II. } Distribué en oct. 1922.
402. Annuaire-Bulletin, 1922.

Exercice 1923.

403. Dépêches des ambassadeurs milanais sous } Distribué en
    Louis XI, t. IV. } juin 1923.
404. Grandes Chroniques de France, t. III. } Distribué en déc. 1923.
405. Annuaire-Bulletin, 1923.

Exercice 1924.

406. Mémoires du maréchal de Florange, t. II. } Distribué en juin 1924.

CORRESPONDANCE AUTHENTIQUE

DE

GODEFROI COMTE D'ESTRADES

IMPRIMERIE DAUPELEY-GOUVERNEUR

A NOGENT-LE-ROTROU.

CORRESPONDANCE AUTHENTIQUE

DE

GODEFROI COMTE D'ESTRADES

DE 1637 A 1660

PUBLIÉE

POUR LA SOCIÉTÉ DE L'HISTOIRE DE FRANCE

PAR

A. DE SAINT-LÉGER

ET

LE DOCTEUR L. LEMAIRE

TOME PREMIER

A PARIS

LIBRAIRIE ANCIENNE ÉDOUARD CHAMPION

LIBRAIRE DE LA SOCIÉTÉ DE L'HISTOIRE DE FRANCE

5, QUAI MALAQUAIS

M DCCCC XXIV

INTRODUCTION

GODEFROI D'ESTRADES[1]
(1607-1686)

I. — Sa vie.

Godefroi-Louis d'Estrades, qui devait prendre le titre de comte et devenir maréchal de France, appartenait à une famille « très nouvelle ». Nous savons par les dossiers bleus, conservés à la Bibliothèque nationale, qu'un Jean d'Estrades était bourgeois d'Agen en 1530. C'est lui qui fut probablement juge ordinaire du Condomois. Son fils aîné, François, écuyer, seigneur de Campagnac, lieutenant criminel en la sénéchaussée d'Agenois, épousa, en 1548, Antoinette de Veyrières. De ce mariage naquit Jean d'Estrades, seigneur de Bonel, Colombes, etc., qui fut enseigne

---

1. Nous croyons utile de donner, en tête de cette édition et en attendant l'ouvrage que nous préparons sur le maréchal d'Estrades, une courte notice biographique, plus exacte que celles qui se trouvent dans les ouvrages suivants : Prosper Marchand, *Dictionnaire historique...*, La Haye, 1758, t. II, p. 235-244 ; — Labat, *Les illustres Agenais, Godefroy d'Estrades*. Recueil des travaux de la Société d'agriculture d'Agen, t. IX (1858-1859) ; — Ch. Tamizey de Larroque, *Relation inédite de la défense de Dunkerque, 1651-1652*. Introduction. Collection méridionale, t. III, Paris, Bordeaux, 1872 ; — J. Lacoste, *Un Agenais illustre, le comte d'Estrades*. Revue de l'Agenais, t. II et III (1875-1876) ; — J. Andrieu, *Bibliographie générale de l'Agenais*, t. I (1886) ; — Ph. Lauzun, *Le maréchal d'Estrades*. Revue de l'Agenais, t. XXIII (1896).

a

d'une compagnie d'hommes d'armes de M. de Bellegarde. En 1579, il épousa en deuxièmes noces Antoinette Arnoul, fille de Bertrand Arnoul, conseiller au parlement de Bordeaux, et de Jeanne de Mendoze, et en eut quatre enfants. François, leur second fils, embrassa le métier des armes et suivit Henri IV dans ses campagnes contre les ligueurs. Il fut « le premier de sa race qui fit honneur à son nom ». Le 15 octobre 1604, il se maria, à Agen[1], avec Suzanne de Secondat, fille de Pierre, seigneur de Roques, maître d'hôtel ordinaire de la maison du Roi, et de Léonor de Brémieu-Suffolk. De cette union naquirent six enfants, dont l'aîné, né à Agen en 1607, fut Godefroi-Louis.

Maître d'hôtel ordinaire de la maison du Roi, comme l'était son beau-père, François d'Estrades avait fait admettre son fils comme page à la Cour. A l'âge de vingt et un ans, Godefroi partit comme volontaire et servit en Piémont dans l'armée du duc de Montmorency. Il se distingua au combat de Veillane (Vegliano) en 1630. Quelques années après, on le trouve en Hollande, où, comme il était alors d'usage, il était allé parfaire son éducation militaire dans un des régiments français à la solde des États-Généraux. Sous le commandement d'un de ses oncles, de Secondat, il assista, en 1633, au siège de Rheinberg, et se fit remarquer par sa bravoure à la prise d'un ouvrage à cornes. Le 28 août 1634, il fut fait capitaine d'une compagnie de gens de pied au régiment de Charnacé[2].

A la suite de la déclaration de guerre de la France à l'Espagne (1635), il obtint son congé du prince d'Orange et rentra en France. Le cardinal de La Valette, qui comman-

---

1. Le contrat de mariage est aux archives du Lot-et-Garonne, B., registre 35.

2. Arch. du Lot-et-Garonne, B. 17, fol. 143.

dait une armée, le choisit comme aide de camp. Le jeune
capitaine prit part au siège de Saverne, en 1636; à celui de
Saint-Jean-de-Losne, il réussit à rétablir sous le bombarde-
ment un pont pour faire passer des secours dans la place.
Le Roi, à qui il alla porter cette nouvelle, à Corbie, lui fit
don de 2,000 écus de pension.

Quand l'armée eut pris ses quartiers d'hiver, Godefroi
revint à Paris, où son père, logé à l'hôtel de Nemours, rue
des Marais, paroisse Saint-Sulpice (actuellement rue Visconti), était gouverneur des ducs de Nemours et d'Aumale.
Il fréquenta l'hôtel de Rambouillet et y rencontra Marie de
Lallier, fille de Jacques de Lallier, sieur du Pin, en son
vivant gentilhomme ordinaire de la chambre du Roi. Elle
ressemblait à une Angélique Dupin, sœur de Mme Ha-
rembure, dont il avait été éperdument amoureux, et qui
était morte en 1631 ou 1632. Il l'épousa, dit Tallemant des
Réaux, « à cause qu'elle en avait quelque air ». Leur contrat de mariage[1] fut signé le 26 avril 1637.

Quelques jours après il repartit pour l'armée. Le cardinal La Valette l'envoya à deux reprises en mission à la
Cour[2]. Ce fut alors que Richelieu put l'apprécier. « Le Cardinal, qui était l'homme du monde le plus difficile au choix
des esprits, n'eut pas de sitôt connu celui de ce jeune gentilhomme — écrit Abraham de Wicquefort — qu'il en fit un
pronostic très avantageux, et le destina dès lors aux importants emplois où on l'a vu depuis. » En effet, après le
siège de Landrecies et la prise de Maubeuge (juillet-août
1637), où d'Estrades donna encore des preuves de sa valeur
dans des actions secondaires, Richelieu décida de lui confier un poste important.

1. Arch. nat., Y. 177, fol. 409.
2. Bibl. nat., ms. franç. 6648, fol. 48, 53, 65, 89, etc.

*
* *

Le 2 septembre 1637, le baron Hercule de Charnacé[1] avait été tué devant Bréda. Colonel d'un régiment français au service des États-Généraux des Provinces-Unies, il avait été chargé d'abord de négocier l'alliance franco-hollandaise, puis de maintenir l'entente et l'union des alliés contre l'Espagne. Il était devenu une sorte d'attaché militaire français auprès du prince d'Orange Frédéric-Henri. Richelieu désigna d'Estrades pour le remplacer.

D'Estrades fit, en décembre 1637, un premier voyage en Hollande, au sujet duquel nous manquons de renseignements. Renvoyé presque aussitôt, il quitta la France le 1er janvier 1638, aborda en Angleterre par suite d'un naufrage — ce qui donna lieu plus tard à la légende d'une ambassade auprès de Charles Ier — et ne parvint à La Haye qu'au début de février. Il était chargé de s'entendre avec le prince d'Orange pour combiner les opérations militaires. Ces premières missions furent suivies de bien d'autres. Jusqu'en 1646, chaque année et souvent plusieurs fois par an, il s'en va en Hollande débattre les conditions d'entrée en campagne des armées alliées, régler des questions de subsides, secouer l'apathie de Frédéric-Henri, et surtout s'efforcer de vaincre la mauvaise volonté des États, qui ne tiennent pas leurs engagements.

En 1645, il s'entremet dans plusieurs questions d'ordre international, et notamment dans un grave conflit entre les Provinces-Unies et le Danemark.

En même temps, il prend une part active aux opérations

1. Jean de Pange, *Charnacé et l'alliance franco-hollandaise, 1633-1637*, Paris, 1905, in-8°.

militaires. Il accompagne le prince d'Orange à l'armée, lui donne des conseils sur la façon de mener les opérations, et se met à l'occasion à la tête des troupes. Lieutenant-colonel en 1639, colonel en mai 1641, il se distingue, en 1644, à la prise du Sas-de-Gand par l'armée des États. En 1646, il décide Frédéric-Henri à attaquer Anvers, mais le vieux stathouder ne sait pas profiter du moment propice et laisse l'ennemi secourir la place.

D'Estrades estime que sa présence auprès du vieillard tombé dans l'enfance est désormais inutile, et il rentre en France avec un corps de cavalerie française qui, sous le maréchal de Gramont, était allé renforcer les troupes hollandaises. Du moins, la diversion faite du côté d'Anvers avait-elle permis au duc d'Enghien de s'emparer de Dunkerque.

Dans l'intervalle de ses voyages en Hollande, d'Estrades paraît à la Cour ou se rend à Agen. Parfois, il reçoit des missions spéciales. Richelieu, qui ne laissait guère de repos à ses agents, l'avait expédié, en décembre 1638, à Turin, près de la duchesse de Savoie, dont le confesseur machinait des intrigues contre la France. A la fin de l'année 1640 et au début de 1641, il l'avait envoyé traiter de l'échange des prisonniers français et espagnols. En septembre 1642, il l'avait chargé d'aller, en compagnie de Mazarin, prendre possession de la ville de Sedan, que le duc de Bouillon avait dû céder à la France. D'Estrades avait été fait maréchal de camp en 1640. Quelque temps après, en décembre 1643, il avait eu une fâcheuse histoire qui aurait pu avoir pour lui de terribles conséquences. Second de Coligny dans son duel avec le duc de Guise, il s'était vu déférer au Parlement pour cette infraction aux édits, qui, au temps de Richelieu, lui aurait valu une condamnation à mort. Mais l'intervention du duc d'Enghien avait fait cesser les poursuites, et d'Estrades était resté bien en cour.

* *

Mazarin avait fait attaquer les présides que possédaient les Espagnols sur la côte de Toscane. Le fort de Talamone avait été pris en mai 1646, et, en octobre, La Meilleraie et du Plessis-Praslin s'étaient emparés de Piombino et, dans l'île d'Elbe, de Porto-Longone. Il s'agissait d'organiser la défense de ces places que menaçaient les forces navales des ennemis. D'Estrades en reçut le commandement en janvier 1647. Il y rencontra de grosses difficultés : climat meurtrier, manque d'hommes, de vivres, de fourrages, qu'il réussit à résoudre à la satisfaction de Mazarin. Non seulement l'ennemi n'attaqua pas, mais les troupes royales, renforcées de celles du duc de Modène, rallié à la cause française, envahirent le Milanais. Au combat de Civitale, près de Bozzolo (28 décembre 1647), d'Estrades reçut une blessure « plus honorable que dangereuse ». Il s'attendait à de grandes entreprises de ce côté et désirait rester en Italie, mais c'est ailleurs que Mazarin eut besoin de ses services.

Le stathouder Frédéric-Henri était mort le 14 mars 1647, et son fils Guillaume lui avait succédé. Il fallait agir sur le jeune prince pour qu'il s'opposât à la ratification du traité séparé que les Hollandais avaient conclu à Munster le 30 janvier 1648. D'Estrades ne réussit pas dans cette entreprise qui était d'ailleurs vouée à l'insuccès, mais il renoua avec Guillaume les bonnes relations qu'ils avaient eues autrefois ensemble et que son départ de Hollande, en juin 1648, ne devait pas interrompre. Il l'amena à envisager peu à peu comme inévitable la reprise de la guerre contre l'Espagne.

Rentré en France, d'Estrades s'était rendu à Agen[1] où, le 28 septembre 1648, lui était né un fils, Jean-François, le futur abbé, et d'où il avait été rappelé dès que Mazarin avait cru utile de placer à Dunkerque un homme absolument dévoué à ses intérêts. Le maréchal de Rantzau, qui était gouverneur de cette place, fut accusé de trahison et arrêté; pendant sa détention et en son absence, d'Estrades fut chargé du commandement (1er mars 1649).

La situation était difficile à Dunkerque. Les régiments suisses se mutinaient; la place était ouverte de tous côtés, et l'argent manquait pour exécuter les travaux urgents. D'Estrades pourvut à tout, et, lorsque les Espagnols attaquèrent Dunkerque, dans la nuit du 17 au 18 février 1650, ils furent repoussés. Bientôt même la garnison bien entraînée entreprit quelques actions locales. D'Estrades fut récompensé de ses services par sa nomination au grade de lieutenant général et par la promesse, faite par Mazarin, de lui donner le gouvernement de Dunkerque. Il semble bien que le Cardinal ait eu l'idée de se réfugier dans cette place, dans le cas où ses ennemis l'emporteraient. Toujours est-il qu'il ne fit délivrer à d'Estrades ses provisions de gouverneur que lorsqu'il se vit contraint de partir pour l'exil.

Grâce aux troubles de la Fronde, les Espagnols reprirent Bergues et Furnes, et leurs menaces sur Dunkerque se firent plus pressantes. Cromwell, qui n'ignorait pas les embarras dans lesquels se débattait le gouverneur, lui fit proposer de livrer cette place à l'Angleterre. Ce ne fut qu'après le retour de Mazarin en France que d'Estrades se décida à faire part

1. La maison de d'Estrades, à Agen, donnait sur la rue des Juifs et était contiguë à l'hôtel de ville. En 1658, les consuls l'achetèrent pour la somme de 18,000 l. Cf. G. Tholin, *Les Anciens hôtels de ville et le musée d'Agen*. Revue de l'Agenais, t. V (1879), p. 177.

des propositions qu'il avait reçues. La Cour finit par refuser, et Cromwell s'en vengea ; l'amiral Blake enleva en un coup de filet, dans le Pas-de-Calais, une escadre française qui faisait voile au secours de la place assiégée. D'Estrades dut remettre Dunkerque aux Espagnols (septembre 1652).

*
* *

Mazarin est rentré en triomphateur à la Cour, mais la Fronde se prolonge en Guyenne. Un parti populaire — l'Ormée — dirigé par le boucher Dureteste, est maître de Bordeaux. En avril 1653, d'Estrades reçoit de la Reine les pouvoirs de commander les troupes, en qualité de lieutenant général, dans le pays d'Aunis, La Rochelle, Brouage, etc. Il aide les ducs de Candale et de Vendôme à s'emparer de Bourg et de Libourne. Bordeaux se rend à son tour. En récompense, le Roi lui donne le commandement de cette ville et lui envoie les provisions de maire perpétuel. A cette charge, restée sans titulaire depuis 1620, était attaché le titre de comte. Il s'appellera désormais le comte d'Estrades.

Il réduit à l'obéissance le parti des Ormistes, s'empare de Dureteste, le fait exécuter et pacifie toute la Guyenne. Mazarin, qui reconnaît son mérite, lui fait expédier le brevet de chevalier du Saint-Esprit. Il ne lui restera plus, pour être admis dans l'ordre, qu'à établir ses preuves de noblesse — et ce sera un peu plus difficile.

En mai 1655, d'Estrades, en qualité de lieutenant général, est adjoint au prince de Conti, qui depuis l'année précédente avait le commandement de l'armée de Catalogne. Il prend Villefranche et Puycerda (ce qui lui vaut le gouvernement de Mézières) et, après le départ du prince pour la Cour, en 1656, demeure inactif en face de l'armée espagnole qui refuse la bataille.

En 1657, il suit Conti à l'armée d'Italie, s'empare de la ville forte de Nono, où se distingue son fils, mais échoue au siège d'Alexandrie.

La capitulation de Dunkerque, l'échec devant Alexandrie indisposèrent à son égard le Cardinal, qui refusa de lui donner le bâton de maréchal qu'il croyait avoir mérité. Meilleur dans les négociations qu'à la guerre, il fut chargé par Lionne de missions secrètes en Hollande pendant l'été de 1658, et fut désigné par Mazarin, dès novembre 1660, comme ambassadeur en Angleterre.

*
* *

A partir de cette époque, la vie du comte d'Estrades est bien connue. Nous nous contenterons d'en donner un court résumé, tout en précisant certains points.

Ce fut seulement en juillet 1661 que d'Estrades partit pour Londres. Son ambassade dura jusqu'en mars 1662 et fut marquée par le conflit de préséance qui le mit aux prises avec le baron de Vatteville, ambassadeur d'Espagne[1]. Entre temps, il était revenu à Paris pour recevoir, le 31 décembre 1661, l'investiture de l'ordre du Saint-Esprit.

A son retour en France, le Roi lui donna la charge de vice-roi d'Amérique, c'est-à-dire des possessions françaises d'Amérique, et le désigna peu après comme ambassadeur en Hollande, en remplacement du président de Thou. D'Estrades se disposait à rejoindre son poste, lorsque Charles II l'invita à passer par Londres, pour « une affaire qui ne déplaira pas à S. M. ». Il s'agissait de Dunkerque.

1. Voir *Mémoriaux du Conseil de 1661*, publ. par J. de Boislisle (Soc. hist. de France), t. III, p. 140. Appendice, V.

Cette place, reprise en 1658 sur les Espagnols, avait été remise aux Anglais à la suite de la bataille des Dunes, conformément aux traités de mars 1657 et de mars 1658. Mais son entretien constituait une trop lourde charge pour les finances obérées du roi d'Angleterre. Poussé par son chancelier, Clarendon, il s'était décidé à la vendre. Le comte d'Estrades s'embarqua à Calais le 2 août, avec l'autorisation de Louis XIV et ses instructions verbales pour la conclusion du marché. Il fallut cependant près de trois mois de négociations pour aboutir à un traité de rachat. L'habileté de Colbert permit de réunir la somme de cinq millions. Louis XIV fit son entrée solennelle, le 4 décembre 1662, dans Dunkerque, dont le comte d'Estrades fut de nouveau nommé gouverneur.

*
* *

Suppléé dans son gouvernement par le marquis de Montpezat, d'Estrades resta à La Haye de 1663 à 1668[1]. On connaît ses relations avec Jean de Witt et le rôle qu'il joua pendant cette période si critique pour les relations franco-hollandaises, lors du conflit maritime anglo-hollandais et de la guerre de Dévolution. Il représenta Louis XIV aux négociations de Bréda et signa, avec Honoré Courtin, le traité du 31 juillet 1667, mais il n'eut aucune part à la conclusion des traités de Saint-Germain et d'Aix-la-Chapelle (avril-mai 1668). Trop confiant envers de Witt, il n'avait pas cherché à découvrir l'objet de ses entretiens avec William Temple et s'était laissé surprendre par la formation de la triple alliance. En quittant la Hollande, il abandonna la charge de colonel à la solde des États, qu'il avait

1. Voir L. André et É. Bourgeois, *Recueil des instructions aux ambassadeurs... Hollande*, t. I, p. 191 et suiv.

gardée jusqu'alors ; mais, « en raison de ses grands et bons services », l'assemblée lui laissa la jouissance de ses gages de colonel.

Après un séjour de deux années à Dunkerque, qui fut seulement interrompu par de courtes missions secrètes dans les Provinces-Unies, d'Estrades prit part, en qualité de lieutenant général, à la campagne de Hollande. Gouverneur de Wésel en 1672, il ne conseilla pas à Louis XIV — comme on l'a dit — de s'emparer des écluses de Muiden pour empêcher l'inondation de la Hollande. Gouverneur de Maestricht en 1673, il dirigea habilement quelques opérations militaires. Par son entremise, Louvois essaya, en 1674, d'amorcer des pourparlers secrets pour une paix particulière avec le prince d'Orange Guillaume III. Ses services lui valurent la suprême récompense qu'il sollicitait depuis quinze années : il fut compris dans la promotion des sept maréchaux de France que l'on dénomma « la monnaie de M. de Turenne » (30 juillet 1675).

Peu de temps après, Louis XIV le désigna comme premier plénipotentiaire au Congrès de Nimègue, conjointement avec Colbert de Croissy et le comte d'Avaux. Il arriva à Nimègue le 3 juillet 1676. Il voulut dans ces circonstances déployer le même luxe que les autres ambassadeurs. Il devait, d'autre part, subvenir aux dépenses exagérées d'un de ses fils, le marquis d'Estrades[1], toujours à court

---

1. De son mariage avec Marie de Lallier du Pin, Godefroi d'Estrades avait eu plusieurs enfants : Louis, marquis d'Estrades, qui, par la démission de son père, fut maire de Bordeaux (1674), et, après la mort de son père, gouverneur de Dunkerque jusqu'en 1692. Il devint maréchal de camp en 1703 et mourut en février 1711. Son père eut à se plaindre de sa conduite (cf. *Mémoires de Saint-Simon*, éd. de Boislisle-Lecestre, t. XX, p. 253). C'était, dit Saint-Simon, un « homme paresseux, glo-

d'argent. Il s'endetta et fut sur le point de vendre son gouvernement de Dunkerque pour payer ses créanciers. Un remariage le sauva. Il avait perdu sa première femme le 22 janvier 1662. Il épousa par procuration, le 9 juin 1678, Marie d'Aligre, fille du chancelier, qui était veuve du conseiller d'État Michel de Verthamon. Elle n'avait que quarante-cinq ans, mais, ambitieuse avant tout, elle n'avait pas reculé devant cette union avec le vieux maréchal, dont elle paya les dettes. « Pour cent mille francs, écrivait Mlle de Rabutin, il avait bien vendu sa vieille peau. »

C'est poussé par sa femme, « à qui le Palais-Royal faisait envie », qu'il se fit nommer gouverneur du duc de Chartres, plus tard duc d'Orléans. Il avait alors soixante-dix-huit ans.

Il mourut le 26 février 1686, après une longue maladie, en son hôtel dit de Mélusine, rue des Bons-Enfants, à Paris[1]. Il fut inhumé, d'après le P. Anselme, dans l'église Saint-Eustache, vis-à-vis de la chapelle de la Vierge, près de Colbert, qui l'avait précédé de trois ans dans la tombe.

Peu d'existences furent aussi bien remplies que la sienne. Ce petit gentilhomme, qui ne devint comte qu'en 1653, et qui, comme l'a écrit Wicquefort, « ne possédait de latin que celui de son bréviaire », s'était élevé peu à peu aux honneurs grâce à sa bonne humeur, sa souplesse, son dé-

rieux et obscur ». — Jean-François, abbé de Conches en 1670, puis de Moissac en 1672, fut ambassadeur à Venise (1675-1678), puis à Turin (1678). Il mourut à Passy en mai 1715. — Jacques, chevalier de Malte, mestre de camp, mort de la variole au siège de Fribourg en 1677. — Gabriel-Joseph, dit le chevalier d'Estrades. Colonel en août 1691, il mourut de blessures reçues à la bataille de Steenkerque. — Marie-Anne, religieuse, mourut au Val-de-Grâce en 1726.

1. Bibl. nat., collection de N. de Lamare, scellés et inventaires, t. III, fol. 52-53.

vouement à ses protecteurs, grâce aussi à sa façon de
« faire son profit de tout avec un jugement, un sens, un
discernement exquis ». Il fut, comme le dit Saint-Simon[1],
un des grands personnages qui ont illustré le règne de
Louis XIV « par son adresse, sa capacité, son habileté
dans les grandes négociations, son esprit, sa sagesse, sa
vigueur dans les occasions qui en demandoient, et aussy
par sa capacité militaire ».

II. — Sa correspondance.

Le comte d'Estrades avait été mêlé à tant d'affaires et
avait joué, pendant près d'un demi-siècle, un rôle si important qu'il n'est pas étonnant qu'on ait songé, peu de temps
après sa mort, à publier sa correspondance diplomatique.

Il y avait de ses lettres dans plusieurs collections. Le ministre Hugues de Lionne avait déclaré que les dépêches du
comte étaient « pièces curieuses, dont on doit être bien aise
de pouvoir remplir son cabinet[2] ». Bouthillier de Chavigny
avait rassemblé celles qui lui avaient été adressées[3]. En
Hollande, le Grand-Pensionnaire Jean de Witt avait probablement conservé la correspondance du diplomate français[4], et Abraham de Wicquefort, qui était alors « comme

1. Papiers inédits de Saint-Simon aux Aff. étr., France 200,
fol. 150 v°. Le passage cité est reproduit par Chéruel, *Minorité
de Louis XIV*, t. IV, p. 428, en note.

2. De Lionne à d'Estrades, 29 juillet 1661 (Aff. étr., Correspondance politique, Angleterre 75, fol. 69).

. 3. Dans l'inventaire des papiers d'État rassemblés par Chavigny, il est fait mention des lettres et dépêches du comte d'Estrades. Cf. Baschet, *Histoire du dépôt des archives des Affaires étrangères*, Paris, 1875, p. 240.

4. Cf. le manuscrit de la Bibliothèque nationale Nouvelles acquisitions françaises 10126; les « Passages divers à restituer dans

le premier commis du Grand-Pensionnaire » et qui aspirait à devenir l'historiographe en titre des Provinces-Unies, avait copié, pour son propre compte[1], les documents adressés à Jean de Witt et qui passaient entre ses mains.

Enfin, Godefroi d'Estrades avait conservé les lettres qui lui avaient été envoyées, et quelquefois aussi des brouillons ou des copies de ses propres lettres[2].

Il avait, de plus, rédigé sur certains événements auxquels il avait été mêlé des relations qui semblent être des éléments de mémoires : « Fragmens de diverses conversations que[3] j'ay eues avec M. le prince d'Orange Henry pendant les années 1639, 1640 et 1641 ; — Mémoire de la conférence que le s^r d'Estrades a eue avec le s^r Don Francisco Gonzalès d'Albelda pour le tretté général des prisonniers[4], 26 décembre 1640 ; — Prison de M. de Bouillon[5] ; — Mis-

les lettres et mémoires du comte d'Estrades » (7 feuillets) ont été tirés des exemplaires que M. de Witt, conseiller à Bruxelles, fils du Grand-Pensionnaire, avait trouvés dans la succession de son père (note provenant d'un catalogue de libraire).

1. Dans les lettres du cardinal de Richelieu, Cologne, 1695, in-12, p. 147, et ailleurs, certaines pièces sont indiquées comme provenant du « cabinet de M. Wicquefort ». Voir aussi *infra*, p. XVIII.

2. Voir l'article de l'un de nous sur *Les papiers du maréchal d'Estrades* dans l'*Annuaire-Bulletin de la Société de l'histoire de France*, année 1924. — Les lettres conservées par d'Estrades se trouvent à la Bibliothèque nationale, collection Clairambault, 572 et suiv. Dans les volumes 577, 579 et 582 notamment existent des lettres originales de d'Estrades et des brouillons de lettres.

3. Bibl. nat., Clairambault 572, fol. 237 à 248. Le titre porte en surcharge : « Que le comte d'Estrades a eues. » Le début est une copie ; la fin, à partir de : « Je dois rendre cette justice à la mémoire de M. le prince d'Orange... », est de la main de d'Estrades.

4. Bibl. nat., Clairambault 572, fol. 601-607.

5. Bibl. nat., Clairambault 573, fol. 211-212. Copie aux Aff. étr., Mémoires et documents, France 288, pièce 131.

sion de d'Estrades en Hollande en 1645[1] ; — Tretté fait en l'année 1645 par M. d'Estrades entre M. le prince d'Orange et MM. les mareschaux de Gassion et de Ranssau, généraux d'armée[2] ; — Relation du siège de Dunkerque[3] en 1652 ; — deux relations de ce qui s'est passé à Londres[4] le 10 octobre 1661. » Toutes ces pièces sont écrites de sa main, en tout ou en partie. Et il faut y ajouter le Sommaire ou récapitulation de ce qui s'est passé en Hollande pendant le séjour que M. le comte d'Estrades y a fait pour le service du Roi, depuis l'an 1638 jusqu'en l'an 1648, dont on n'a que des copies[5].

La publication de la correspondance du comte d'Estrades se fit par fragments[6].

En 1709 parurent les *Lettres, Mémoires et Négociations de M. le comte d'Estrades, ambassadeur de S. M. T. C. auprès de leurs H. P. Messeigneurs les États-*

1. Bibl. nat., Clairambault 575, fol. 1221-1223. La pièce ne porte pas de titre.

2. Bibl. nat., Clairambault 575, fol. 1225-1236.

3. Bibl. nat., ms. franç. 11607. Cette pièce a été publiée sous le titre de *Relation inédite de la défense de Dunkerque, 1651-1652, par le maréchal d'Estrades, suivie de quelques-unes de ses lettres également inédites,* par Ph. Tamizey de Larroque, Paris et Bordeaux, 1872, in-8°, 98 p.

4. Bibliothèque Sainte-Geneviève, ms. 893 (suppl. Lf., in-fol. 207), fol. 1 et 12.

5. Bibl. nat., Clairambault 594, fol. 55-63.

6. Voir *Les diverses éditions des lettres, mémoires et négociations de M. le comte d'Estrades, et la propagande anti-française dans la première moitié du XVIIIe siècle,* par A. de Saint-Léger. Le Bibliographe moderne, XXIe vol. (mai-octobre 1922-1923), p. 89-103. En ce qui concerne les diverses éditions nous sommes d'accord avec H. C. Rogge, *De diplomatieke correspondentie van Godefroy d'Estrades,* article paru dans « Verslagen en Mededeelingen der K. Academie van Wetenschappen », 1897, afd. Letterkunde, 4e Reeks, V[e] deel.

Généraux des Provinces-Unies des Païs-Bas, 1663-1668. A Bruxelles, Henry le Jeune; 5 vol. in-12.

En 1710, Adrian Moetjens publia une autre série de documents : *Lettres et Négociations de MM. le maréchal d'Estrades, Colbert marquis de Croissy, et comte d'Avaux, ambassadeurs plénipotentiaires du roi de France à la paix de Nimègue, 1676-1677.* La Haye, Adrian Moetjens[1], 1710; 3 vol. in-12.

En 1718 furent imprimées les *Ambassades et Négotiations de M. le comte d'Estrades en Italie, en Angleterre et en Hollande, depuis l'année 1637 jusqu'en l'année 1662.* A Amsterdam, chez J.-F. Bernard, 1718; 2 tomes en 1 vol. in-12.

Ces volumes, parus en 1709, 1710 et 1718, comprennent donc, à quelques années près, toute la carrière diplomatique de Godefroi d'Estrades. Il n'y manque que les documents relatifs aux pourparlers secrets de 1674-1675[2] et aux dernières négociations de Nimègue.

Abraham de Hondt se contenta de réimprimer, en 1719, en 6 vol. in-12, les documents publiés en 1709 et 1718, c'est-à-dire les *Lettres, Mémoires et Négociations de M. le comte d'Estrades... depuis l'année 1637 jusqu'à l'année 1668 inclusivement.*

Quant aux *Lettres, Mémoires et Négociations* qui pa-

1. En 1710 parut à Londres une traduction des volumes publiés par Moetjens.

2. En 1763 parut à Londres, chez J. Nourse, un *Supplément aux lettres, mémoires et négociations de M. le comte d'Estrades, servant à l'éclaircissement de l'histoire de la République des Provinces-Unies, pour les années 1674 et 1675.* Ce petit volume est formé de pièces tirées du *Recueil de lettres pour servir d'éclaircissement à l'histoire militaire du règne de Louis XIV* [par le P. H. Griffet], à *La Haye, et se trouve à Paris, chez A. Boudet,* 1760-1764, 8 vol. in-12.

rurent, en 1743, à Londres, chez J. Nourse, c'est la réédition des volumes de 1719 et 1710, donnant en neuf volumes in-12 l'ensemble de la correspondance déjà connue[1].

Tous ces volumes sortent des presses hollandaises. Ceux de 1709 portent, il est vrai, l'indication : à Bruxelles, Henry le Jeune, et ceux de 1743 : à Londres, chez J. Nourse; mais il ne se trouvait pas à Bruxelles d'imprimeur du nom d'Henri le Jeune[2], et, quant à Nourse, c'était un libraire de Londres qui avait la spécialité de vendre des livres français édités en Hollande. En réalité, les éditions de 1709 et de 1743 sortent de l'imprimerie de Houdt, à La Haye.

Que valent ces éditions?

L'éditeur de 1709 affirme que ces « Mémoires » ont été « fidélement copiez sur les originaux » et qu'il s'est fait une espèce de religion de n'y pas changer la moindre chose ». Mais tout le monde ne fut pas de cet avis, et, dans cette

---

1. Voici quelques renseignements sur ces éditions. L'éditeur de 1719 s'est contenté de mettre en tête des documents publiés en 1709 la série parue en 1718 et de replacer toutes les pièces de cette série dans l'ordre chronologique. Il en a ajouté une, au t. II, p. 432, lettre du Roi à d'Estrades, 21 novembre 1664. Elle est authentique et se trouve aux Aff. étr., Correspondance politique, Hollande 74, fol. 176. — L'éditeur de 1743, qui prétend donner les lettres « aussi parfaites qu'elles sortirent des mains de l'auteur », n'a fait que rétablir quelques passages supprimés dans l'édition de 1709, relatifs aux partisans que la France et l'Espagne entretenaient dans les États-Généraux et aux subsides que recevaient certains députés des villes. Un manuscrit de la Bibliothèque nationale (Nouvelles acquisitions françaises 10126) fournit les « Passages divers à restituer dans les lettres et mémoires du comte d'Estrades, selon l'édition de l'an 1719... et selon l'édition de 1709 ». — Une traduction en néerlandais, faite sur l'édition de 1743, parut à Utrecht, en 1755-1759, en 9 vol.

2. Cf. Brunet, *Imprimeurs imaginaires et libraires supposés,* Paris, 1866, in-8°, p. 98.

même année 1709, parut une brochure[1] qui remit les choses
au point. Elle est anonyme, mais on est d'accord pour l'at-
tribuer à Daniel de Larroque, qui était alors « employé dans
un des bureaux de M. de Torcy comme interprète de l'anglais et du hollandais ». Ce serait donc comme une réponse
quasi officielle. D'après l'auteur, Abraham de Wicquefort
aurait copié les documents en question alors qu'il était
« comme le premier commis du Grand-Pensionnaire de Hollande », et c'est son fils qui aurait vendu le recueil au
libraire[2].

L'abbé Lenglet du Fresnoy attribue la publication à un
prêtre apostat, Jean Aymon, qui aurait volé les lettres dans
la Bibliothèque du Roi et les aurait fait imprimer à sa manière, « c'est-à-dire sans aucun goût et comme un véritable
ignorant[3] ».

· Quelle que soit d'ailleurs la provenance des documents
publiés en 1709, il est certain que l'éditeur a eu entre les
mains non des originaux, mais des copies, et, qui plus
est, des copies incomplètes. Les contemporains l'avaient
déjà constaté. Dans une lettre écrite par une personne

1. *Remarques générales sur un livre qui a pour titre :
Lettres, mémoires et négociations de M. le comte d'Estrades...*, Paris, 1709, in-12, 76 p. Un exemplaire, qui se trouve
au département des manuscrits de la Bibliothèque nationale,
fonds Clairambault, ms. 580, porte cette note de la main de Clairambault : « Par M. de La Roque, secrétaire du Conseil de dedans pendant la Régence. Il est mort dans les Quinze-Vingts, à
Paris. »
2. Cf. notre article du *Bibliographe moderne*, p. 94 et suiv.
— Sur Wicquefort, voir *infra*, p. XLI, note 4.
3. *Méthode pour étudier l'histoire*, éd. de 1729, t. IV,
p. 460-461. — Sur les vols de Jean Aymont, cf. *Essai historique sur la Bibliothèque du Roi...*, par Le Prince, éd. L. Paris, 1856, p. 66 et suiv., et B. Hauréau, *Singularités historiques
et littéraires*, p. 286.

« connue dans la République des lettres » et insérée dans
la brochure de Daniel de Larroque se trouve ce passage :
« Pour ce qui regarde les dépêches rapportées dans les
Mémoires imprimez, il n'y en a pas trente d'entières;
toutes les autres sont tronquées et défigurées par des
fautes, tant du copiste que de l'imprimeur. Il y en a de
mutilées dès le commencement, d'autres au milieu ou aux
derniers articles, et communément partout. » Dans un article des *Nouvelles de la République des lettres*[1], qu'il
dirigeait, Jacques Bernard remarque qu'il y a « plusieurs
lettres auxquelles on ne trouve point de réponses et des réponses à des lettres qu'on ne trouve point ».

En somme, les volumes parus en 1709 ne contiennent
qu'un « ramas informe et sans liaison » de pièces provenant de copies incomplètes[2], faites très probablement par
Abraham de Wicquefort quand il était au service du Grand-
Pensionnaire Jean de Witt.

Adrian Moetjens n'eut pas non plus à sa disposition les
originaux quand, en 1710, il publia la correspondance des
plénipotentiaires français à Nimègue. Il avait déjà imprimé
sept volumes d'actes et mémoires sur les négociations de
Nimègue, et il recherchait tout ce qui s'y rapportait. Mais
il ne trouva qu'une partie de la correspondance de Colbert
de Croissy, de d'Avaux et de d'Estrades. « Le reste me
manque, écrit-il dans son avis au lecteur, c'est-à-dire l'année 1678 et le commencement de 1679. Si ce morceau est
entre les mains de quelques personnes et qu'elles veuillent

1. T. XXXIV (janvier 1710), p. 66 et suiv.
2. Pour se rendre compte des lacunes, il suffit de jeter les
yeux sur un exemplaire de l'édition de 1719 — réédition pour les
années 1663-1668 de l'édition de 1709 — sur lequel Clairambault
a noté les pièces manquantes et les passages omis (Bibl. nat.,
département des imprimés, Réserve Lg⁴ 21).

bien le donner au public par mon moyen, elles me trouveront toujours prêt à exécuter leurs bonnes intentions... »

Quant à la série de pièces parue pour la première fois
en 1718 sous le titre d' « Ambassades et Négotiations » et
réimprimée en tête des éditions de 1719 et 1743, elle
mérite une étude approfondie.

On peut y distinguer trois parties : 1° un groupe de pièces,
comprises entre les années 1637 et 1657, et placées dans
l'ordre chronologique, suivi des quatre pièces suivantes :
Lettre du comte d'Estrades au Roi, Wésel, 17 juin 1672 ;
— Fragmens de diverses conversations... 1639, 1640, 1642 ;
— Lettres du prince d'Orange au comte d'Estrades du 5 février 1638 et du 15 avril 1639 ;

2° Les pièces relatives à l'ambassade d'Angleterre de
1661-1662, classées approximativement dans l'ordre chronologique, sauf la lettre du 12 octobre 1661, adressée par
le roi d'Angleterre au comte, qui est rejetée après les autres ;

3° Les pièces relatives aux négociations pour le rachat
de Dunkerque, en 1662.

Chacune des deux dernières parties forme un tout, et la
correspondance permet de suivre le détail des négociations.
Il existait certainement pour ces affaires des recueils de
copies prises sur les documents originaux. C'est ainsi que
le manuscrit français 10260 de la Bibliothèque nationale
contient, sur le rachat de Dunkerque, les mêmes pièces que
le volume. L'éditeur de 1718 a dû avoir en mains des recueils de ce genre. En tout cas, les documents reproduits
sont certainement authentiques, car nous les avons retrou-
vés, en originaux ou en minutes, aux archives des Affaires
étrangères[1].

1. Exception faite pour deux lettres : la lettre du roi d'Angleterre à d'Estrades, 12 octobre 1661, ne se trouve que dans les

Quant aux documents de la première partie, on a émis des doutes sur leur authenticité.

Dès 1718, Jean Le Clerc, dans le compte-rendu qu'il donnait des « Ambassades » dans la *Bibliothèque ancienne*[1], écrivait que ces documents ne lui semblaient pas aussi « exacts » que ceux relatifs à l'achat de Dunkerque. Il est vrai que, par contre, les *Mémoires* de Trévoux vantèrent l'exactitude de cette publication dans un article qui est une véritable apologie du maréchal d'Estrades[2]. Parmi les historiens, l'authenticité eut ses partisans et ses adversaires[3]. En 1877, I. Goll soumit à « une critique approfon-

volumes de copies (Mém. et doc., Angleterre 23 et 27) dont il sera question plus loin. — La lettre du 25 septembre 1662, de d'Estrades au Roi, se trouve dans ces mêmes volumes de copies, mais c'est la seule parmi les lettres de d'Estrades relatives à l'affaire de Dunkerque dont on n'a pas l'original. Elle doit être considérée comme apocryphe (Dr L. Lemaire, *Le rachat de Dunkerque par Louis XIV*. Bull. de l'Union Faulconnier, 1924, p. 100).

1. T. **X**, 1re partie, p. 455, art. 9. — Jean Le Clerc est l'auteur de la *Vie du cardinal de Richelieu* en deux tomes, Cologne, sans nom d'auteur ni d'éditeur.

2. *Mémoires de Trévoux*, t. LVIII, p. 423-448.

3. Ranke (*Englische Gesch.*, t. II, p. 349) et Félix Salomon (*Frankreichs Beziehungen zu dem scottischen Aufstand, 1637-1640*, Berlin, 1890, p. 12, 36, etc.) considèrent les documents de 1637-1638 comme falsifiés; Avenel (*Lettres... de Richelieu*, t. V, p. 885-887, notes) comme authentiques. — Au sujet des pièces de 1650, Lenting (*Histoire des Provinces-Unies...*, par Abraham de Wicquefort, t. I, Amsterdam, 1861), Sirtema de Grovestins (*Guillaume III et Louis XIV...*, t. I, Paris, 1868), Alb. Waddington (*La République des Provinces-Unies, la France et les Pays-Bas espagnols de 1630 à 1650*, t. II, Paris, 1897) se déclarent partisans de l'authenticité. R. Fruin (*Over de Oorlogsplannen van prins Willem II*, dans les « Bijdragen voor vaderlandsche geschiedenis, 3e R., ixe D. », et dans ses « Verspreide geschriften », t. IV) n'ose pas se prononcer catégoriquement. Au contraire, pour I. Goll (voir note suivante) et pour A.

die[1] non pas toutes les parties du livre des « Ambassades »,
mais les passages les plus importants et les plus souvent
cités ». Sa conclusion est que « certaines pièces doivent
être rejetées comme fausses et que certaines autres peuvent
provisoirement être déclarées seulement douteuses ». Malgré l'impression nettement défavorable pour cette partie des
« Ambassades » qui se dégage de l'excellente étude de
Goll, malgré les articles de M. G. de Boer[2] qui prouvent
l'inexactitude de plusieurs pièces, certains historiens n'ont
pas renoncé à se servir de ces textes.

Nous ne pouvons pas discuter ici les raisons invoquées
pour ou contre l'authenticité de chaque pièce ; mais, avant
d'aller plus loin, nous devons rappeler qu'un argument
sérieux a été fourni en faveur de quelques-unes. Ranke,
qui avait consacré « une étude spéciale aux rapports du

de Saint-Léger (*Un chapitre des relations entre la France et
les Provinces-Unies*. Revue du Nord, 1924), les documents de
1650 sont apocryphes. — La lettre de d'Estrades à Mazarin du
5 février 1652 et la réponse du cardinal, 2 mars 1652, ont « surpris » Guizot (*Histoire de la révolution d'Angleterre*, t. III,
p. 256), qui les utilisa, et paru suspectes à Chéruel (*Histoire de
France sous le ministère de Mazarin*, t. I, p. 65-67). Le Dr Lemaire a démontré qu'elles étaient apocryphes (*Bulletin de
l'Union Faulconnier*, t. XIX (1922), p. 113 et suiv.). — Tamizey de Larroque (*Relation inédite de la défense de Dunkerque
par le maréchal d'Estrades*, Paris, 1872) fait la critique de
quelques lettres et estime que la « prétendue lettre de G. d'Estrades à Mazarin du 12 janvier 1654 » est « manifestement apocryphe d'un bout à l'autre ». Voir aussi les notes suivantes.

1. I. Goll, *Recherches critiques sur l'authenticité des Ambassades et Négociations de M. le comte d'Estrades*, dans la
Revue historique, t. III et IV (1877). Voir la conclusion t. IV,
p. 235.

2. Dr M.-G. de Boer, *De armada van 1639*, Groningen, 1911,
in-8º, 76 p. Voir aussi son article dans le « Tijdschrift voor geschiedenis, land- en volkenkunde », t. XXVII (1912), intitulé :
Amsterdam ten onrechte van verraad beschuldigd, 1638.

gouvernement français avec l'insurrection écossaise dans
les Analecta de son histoire d'Angleterre », était arrivé « à
cette conclusion, contraire à l'opinion reçue, que le commencement de la correspondance d'Estrades est une falsification sans valeur ». Il fit part de ses réflexions et de ses
doutes à Avenel, qui préparait alors son tome V des
Lettres, instructions... du cardinal de Richelieu. Avenel se décida cependant à insérer dans son édition l'instruction de Richelieu à d'Estrades, du 12 novembre 1637, qui
est la première pièce des « Ambassades », et voici les raisons qu'il donne[1] :

... Nous avons lieu de croire que la minute, sinon l'original
[de cette pièce], existe dans un recueil que nous signale Clairambault, portefeuille 695 de sa riche collection, possédée
aujourd'hui par la Bibliothèque impériale. Ce portefeuille contient un Inventaire des négociations de M. le comte d'Estrades...
Quatre pièces appartenant à l'année 1637 sont relatées dans cet
Inventaire : 1° la présente instruction du 12 novembre ; 2° lettre
du comte d'Estrades au cardinal du 24 novembre ; 3° dépêche
du cardinal au comte d'Estrades du 2 décembre ; 4° réponse du
comte au cardinal du 22 décembre... Cet Inventaire suffit pour
nous garantir que les originaux se trouvaient dans le cabinet
même de d'Estrades. Il n'est donc pas possible de douter de
l'authenticité des pièces dont il avait fait l'extrait. Malheureusement on ne sait où sont maintenant ces précieux volumes
reliés en rouge et que d'Estrades lui-même conservait. Nous
avons longtemps et inutilement cherché, dans les divers dépôts
où nous avons eu accès, les manuscrits des négociations du
comte d'Estrades...

Et plus loin, d'Avenel ajoute :

Comme nous l'avons dit, les indications dans l'Inventaire
de Clairambault, ainsi que les dates, se rapportent évidemment

1. Avenel, t. V, p. 885 et 887, notes.

aux quatre pièces dont il s'agit; elles prouvent leur authenticité irrévocable et ont complètement dissipé les doutes que nous
partagions avec M. Ranke.

Plus heureux qu'Avenel, nous avons retrouvé ces volumes rouges aux archives des Affaires étrangères. Nous
avons dit ailleurs[1] comment ils y sont entrés, après avoir
été consultés par Clairambault, en 1735-1736. Ces volumes
sont au nombre de dix. Huit font partie de la série Correspondance politique. Les numéros actuels, Hollande 71, 78,
82, 86, 97, 104, 114 et 115, ont encore leur reliure
ancienne en maroquin rouge, aux armes. Il n'en est pas
de même pour les deux autres, de la série Mémoires et
documents, Angleterre 23 et 27, qui ont une reliure verte
du temps de Louis-Philippe. Mais il n'y a pas à se tromper : ce sont bien les deux premiers volumes de la collection. La foliotation ancienne du n° 23, la pagination ancienne du n° 27 correspondent aux références données par
l'Inventaire de Clairambault. D'ailleurs, pour le n° 23, nous
avons une preuve matérielle : quelques fragments de la
feuille de garde de l'ancienne reliure, qui n'a pas été complètement arrachée, montrent qu'elle était identique à celle
des autres volumes.

Ce sont des volumes de copies. Les numéros Hollande 71,
78, 82 et 86 portent en titre : « Ambassade de Hollande de
M. le maréchal d'Estrades », t. I, II, III, IV ; les n°ˢ 97,
104, 114 et 115 : « Ambassade de Nimègue de M. le maréchal d'Estrades », t. I, II, III, IV. Le numéro des Mémoires et
documents, Angleterre 27, comprend la correspondance de
juillet 1661 à novembre 1662, c'est-à-dire l'ambassade

1. Voir notre article sur *Les papiers du maréchal d'Estrades*
dans l'*Annuaire-Bulletin de la Société de l'histoire de
France*.

d'Angleterre de 1661-1662, et les négociations pour le rachat de Dunkerque.

Quant au n° 23 de la même série, il contient trois parties : 1° le groupe des pièces de 1637 à 1657, placées dans l'ordre chronologique, suivi de six autres pièces de diverses dates ; 2° la correspondance de l'ambassade d'Angleterre de 1661-1662, plus complète que dans les « Ambassades » ; 3° la correspondance pour le rachat de Dunkerque.

On voit donc que ce volume manuscrit correspond par ses divisions au volume des « Ambassades ». Comme lui, il contient les documents authentiques de 1661 et 1662 — même en plus grand nombre — et aussi les documents suspects du premier groupe[1]. Le fait de trouver les uns et les autres dans une collection de manuscrits, appartenant en 1735 à la famille d'Estrades, est assurément un peu troublant.

Pour résoudre la question d'authenticité, il n'y a qu'un moyen indiscutable : il consiste à rechercher les pièces de la correspondance qui sont d'une authenticité irrécusable et à les comparer avec les pièces insérées dans les « Ambassades ».

Aux Affaires étrangères se trouvent, dans la Correspondance politique, Hollande, Angleterre, Pays-Bas espagnols, Turin, Sardaigne, etc., et dans le fonds France, un très grand nombre de lettres de Godefroi d'Estrades (beau-

---

1. Le texte des pièces est identique dans le ms. 23 (Mém. et doc., Angleterre) et dans les « Ambassades », sauf en ce qui concerne la lettre de Richelieu du 2 décembre 1637 (*Ambassades*, p. 13). Le deuxième paragraphe : « Je profiterai de l'avis que vous me donnés pour l'Écosse et ferai partir dans peu de jours l'abbé Chambre... », et la fin du troisième paragraphe, à partir de : « Si vos deux amis d'Écosse sont encore à Londres... », ne se trouvent pas dans le texte du ms. 23.

coup sont autographes) et aussi les minutes des dépêches
et instructions qui lui furent adressées, toutes pièces dont
on ne peut mettre en doute l'authenticité[1].

Sont également conservés dans ce dépôt les dix volumes
rouges dont il a été question plus haut. Contrairement
aux autres volumes de la Correspondance politique, ils ne
contiennent que des copies et ne concernent que la correspondance de d'Estrades.

A la Bibliothèque nationale, le département des manuscrits est riche en documents relatifs à Godefroi d'Estrades. Il s'en trouve dans le Fonds français et dans les
Nouvelles Acquisitions françaises, dans les Mélanges Colbert et les Cinq-Cents Colbert. Mais c'est la collection Clairambault qui mérite une attention particulière.

Pierre Clairambault, qui exerçait depuis 1698 les fonctions de généalogiste des « Ordres du Roy », était à la
recherche de tous les documents concernant les chevaliers
du Saint-Esprit et les négociations diplomatiques[2]. A ce
double titre, les papiers du maréchal d'Estrades devaient
l'intéresser. En 1735, un certain abbé Muret, sur lequel
nous n'avons pu trouver de renseignements, lui donna en
communication ces papiers, soit onze portefeuilles de documents originaux et de minutes originales[3], et les dix manus-

1. Exception faite pour la pièce 180 du volume 20 de la Correspondance politique, Hollande. C'est la lettre de d'Estrades
à Richelieu, du 29 avril 1638, reproduite dans les « Ambassades », p. 30. Écrite sur trois petits feuillets, elle provient
d'un cahier de copies. Elle a été introduite dans le volume 20, postérieurement à la pagination ancienne de ce volume.

2. Baschet, *Histoire du dépôt des archives des Affaires
étrangères*, p. 108 et suiv.

3. En tête du ms. Clairambault 572 : « Recueil des négociations de M. le comte d'Estrades..., 1637-1668..., dressé sur ce qui

crits reliés en maroquin rouge, aux armes du maréchal. Clairambault eut l'idée, semble-t-il, de constituer à l'aide de ces papiers et des volumes imprimés en 1710 et en 1719[1] une collection manuscrite complète pour ses « Mélanges pour servir à l'histoire ».

Pour ne rien laisser échapper, il se livra à un travail de collation et de confrontation, et dressa, en 1735-1736, un Inventaire chronologique et analytique[2] de toutes les pièces, tant manuscrites qu'imprimées. Cet « Inventaire et abrégé des Négociations et Ambassades » formait le volume 695 des « Meslanges »; il porte aujourd'hui le numéro 571 de la collection Clairambault. Il est le premier d'une série de vingt-huit volumes (n° 571 au n° 599) qui sont relatifs aux négociations du maréchal d'Estrades et de son fils, l'abbé Jean-François d'Estrades, ambassadeur à Venise, puis à Turin. Les n°s 583 à 593 n'intéressent que ce dernier. Les n°s 572 à 582 sont les onze portefeuilles communiqués par l'abbé Muret. Il suffit pour s'en convaincre de vérifier les références indiquées par l'Inventaire de Clairambault en se reportant aux pièces contenues dans ces volumes. A l'exception de quelques rares copies, ce sont toutes pièces originales : lettres signées et scellées, de Richelieu, Mazarin, Louis XIV, etc., instructions, mémoires, etc., adressés à d'Estrades.

Il faut remarquer que ces documents originaux sont

a été imprimé... et sur les originaux et minuttes originales, communiquez par M. l'abbé Muret en 1735. »

1. Un exemplaire de l'édition de 1719, annoté par lui, est conservé à la Bibliothèque nationale, département des imprimés, Réserve L^{b4} 21.

2. Cependant les pièces qui ne se trouvent que dans les portefeuilles et les passages qui manquent dans l'imprimé ne sont quelquefois mentionnés que par la date des pièces.

beaucoup plus nombreux pour la période antérieure à 1660 que pour la période postérieure[1].

Les portefeuilles ne contiennent pas les originaux des pièces qui se trouvent dans les manuscrits rouges. Il est donc certain qu'on avait détruit ces originaux, comme n'offrant plus d'intérêt, et qu'on avait seulement conservé ceux qui n'avaient pas été copiés.

La série 594-598 est intitulée « Additions aux négociations de M. le maréchal d'Estrades ». Une note de l'Inventaire de Clairambault[2] indique « cinq volumes d'additions aux négociations de M. le maréchal d'Estrades, pour suppléer aux retranchemens et obmissions que peut avoir fait le s^r de Vicquefort dans les six volumes in-8° imprimez, mais dans tout ce qui est dans plusieurs volumes manuscrits des négotiations dudit seig^r Mareschal non imprimez ». Ces volumes, dont la composition est due à Clairambault[3], contiennent quelques pièces originales retrouvées après la constitution des portefeuilles, mais surtout des copies faites d'après les manuscrits rouges[4].

1. Il existe huit volumes (mss. 572 à 579) pour la période 1637-1654; un volume (ms. 580) pour les années 1655-1668; deux volumes seulement (mss. 581 et 582) pour les années 1676-1685. — Voir le *Catalogue des manuscrits de la collection Clairambault*, par Ph. Lauer, dont les deux premiers volumes ont paru en 1923 et 1924.

2. Clairambault 571, fol. 2.

3. L'inventaire Clairambault 571 indique que les « additions » *seront tirées* des manuscrits. Dans le ms. 594, p. 251, se trouve une copie des Provisions de la vice-royauté d'Amérique, avec cette mention : « Collationné sur l'original par nous, généalogiste des ordres du Roy, à Paris, le 14 février 1736. CLAIRAMBAULT. »

4. Six volumes manuscrits reliés en maroquin rouge, pour les négociations de 1637 à 1668, « sur lesquels on a pris les notes et les additions pour suppléer aux obmissions et retranchemens faits

Quant au n° 599 (ancien 722 *bis* des « Meslanges »), il est
« rempli de pièces pour servir d'addition ou de supplément
à ce qui peut manquer dans les négociations de M. le comte
d'Estrades, mareschal de France, à commencer en 1637 à
1680 ». Ce sont des copies prises probablement sur le premier manuscrit rouge (Aff. étr., Mémoires et documents,
Angleterre 23).

Les Archives nationales fournissent, dans les manuscrits KK 1219, 1220 et 1221, relatifs aux affaires de
Guyenne pendant la Fronde, quelques lettres autographes
de d'Estrades et des minutes de dépêches à lui adressées par
Mazarin[1].

Les archives historiques du ministère de la Guerre
renferment de nombreuses lettres de d'Estrades pour la
période de la guerre de Hollande, très peu pour l'époque
antérieure à 1672[2].

Enfin, la Bibliothèque nationale de Vienne (Autriche)
et les Archives de l'État a Florence possèdent des parties de la correspondance de d'Estrades. Ce ne sont que des

par le sr de Vicquefort dans les six volumes imprimez en 1719 »
(Clairambault 571, fol. 1 v°). Ces volumes d'additions étaient les
n{os} 718-722 des « Meslanges ».

1. Les n{os} KK 1219 et 1220 font partie d'un *Recueil de diverses
lettres et mémoires concernant la France* : Guienne, t. III
(1er octobre 1650-décembre 1653) et t. IV (mars 1653-septembre
1653). Il y a, en tout, huit lettres de d'Estrades. Le n° KK 1221
a pour titre : *Mémoires et lettres écrites à divers*, de novembre
1643 au 30 décembre 1654.

2. On trouvera des lettres de d'Estrades dans la Correspondance (originaux et transcrits) aux volumes 116, 117, 119, 121,
137, 157, 158, pour la période antérieure à 1660; au volume 198
(année 1665); aux volumes 242 et 243 (année 1669); au volume
260 (année 1671). De fort nombreuses lettres de lui pendant la
guerre de Hollande se trouvent à partir du volume 271 jusqu'au
volume 633.

volumes de copies. A Vienne, le cod. 7184 renferme la correspondance des années 1663 à 1668, et il en est de même pour les cod. 7186-7187, qui concernent la même période. Ces manuscrits ont été achetés après la mort, en 1704, de Reinier Leers, libraire à Rotterdam, le premier par le baron de Hohendorff, commandant des gardes à cheval du prince Eugène de Savoie, gouverneur des Pays-Bas, les deux autres par le prince Eugène. Ils sont entrés à la Bibliothèque de Vienne, respectivement en 1720 et en 1738. Les cod. 7164-7167 (Foscarini 277-280) donnent la correspondance de 1637 à 1668. Ils paraissent être la copie du manuscrit de Florence, sur lequel on trouvera plus loin des renseignements.

Si l'on compare les documents insérés dans les diverses éditions avec les originaux conservés aux Affaires étrangères, à la Bibliothèque nationale ou aux Archives nationales, on en arrive aux constatations suivantes :

1° Les documents publiés sont authentiques à partir de l'année 1663, mais ils présentent des lacunes et des erreurs, et la correspondance est fort incomplète. Ce n'est certainement pas la reproduction des pièces originales, mais de copies défectueuses, comme l'avait avancé Daniel de Larroque ;

2° Les documents des années 1661 et 1662, c'est-à-dire les deux dernières parties des « Ambassades[1] », forment une suite plus complète et sont assez exactement reproduits ;

3° Quant aux documents de la première partie des « Ambassades » (les pièces comprises entre 1637 et 1657 et les quatre pièces à la suite), ils sont pour la plupart faux, quelques-uns sont falsifiés et très peu sont authentiques.

---

1. Voir *supra*, p. xx.

Le tableau qu'on trouvera au tome II de la présente édition renseignera à ce sujet et, par des références aux documents authentiques que nous publions, permettra de ranger chacune des pièces dans l'une ou l'autre de ces catégories.

Qui a fabriqué les faux et falsifié les documents authentiques? Ce n'est certainement pas un vulgaire faussaire. Certes, il y a de nombreuses erreurs de dates et de lieux, des inexactitudes quand il s'agit des personnes[1], des détails fantaisistes, des bévues, des contradictions absolues avec des faits que nous connaissons par ailleurs; mais, sauf sur certains points, la vérité est respectée. Et c'est ce qui explique pourquoi certains historiens n'ont pas hésité, même après la démonstration de Goll, à utiliser les pièces des « Ambassades » comme si elles étaient d'une sincérité incontestable. L'auteur se montre bien renseigné au sujet de la carrière de Godefroi d'Estrades; il est au courant de ses relations avec Richelieu, Mazarin, les princes d'Orange Frédéric-Henri et Guillaume II, Chavigny, le duc de Vendôme, le prince de Conti, etc.; il est instruit des affaires de France et de la politique extérieure; il n'ignore rien du mécanisme gouvernemental si compliqué dans la République des Provinces-Unies... En somme, les rapports entre certaines pièces fausses et les pièces authentiques correspondantes sont tels qu'on a l'impression que le faussaire a eu connaissance de ces dernières. Les trois pièces de mars-avril 1648, relatives aux affaires d'Italie, sont, par exemple,

---

1. Par exemple, la lettre de d'Estrades, du 5 février 1652 (*Ambassades*, p. 109), commence ainsi : « Le protecteur Cromwell... » Le titre de *Protecteur* donné à Cromwell à cette date a « surpris » Guizot, *Histoire de la révolution d'Angleterre*, t. III. p. 256. Il avait de quoi surprendre, en effet!

comme un très court résumé de la correspondance énorme
échangée par Mazarin et d'Estrades à ce sujet.

Ce qui frappe à la lecture de certains documents des
« Ambassades », c'est qu'ils ont été fabriqués ou falsifiés
pour la plus grande gloire de Godefroi d'Estrades. Dans
toutes les pièces, tant dans le texte que dans la suscription,
son nom est toujours précédé du titre de comte, alors que
dans les documents originaux il n'est alors appelé que le
s^r d'Estrades ou M. d'Estrades, et cela jusqu'en 1654. Mais,
ce qui est plus caractéristique, on invente des missions qu'il
n'a pas eues et on lui fait jouer le premier rôle dans celles
où il a été employé en sous-ordre. Ainsi, c'est grâce à lui
que Richelieu serait entré en relation, à la fin de l'année
1637, avec les Écossais, révoltés contre Charles Ier d'Angleterre ; — c'est lui qui aurait été envoyé par Richelieu,
en décembre 1638, pour obtenir de la duchesse de Savoie
l'arrestation du P. Monod et lui proposer le mariage du
Dauphin avec la princesse Adélaïde ; — c'est lui qui, au
moment de la conspiration de Cinq-Mars, aurait été chargé
de « porter M. le prince d'Orange à donner au Cardinal des
marques de son amitié », et c'est lui qui aurait obtenu du
Prince une réponse formelle à ce sujet ; — c'est lui qui
aurait décidé le Roi à accorder la grâce du duc de Bouillon... Voilà des exemples pris dans les documents faux. En
voici maintenant tirés des pièces falsifiées. Si le document
est interpolé, le passage ajouté est tout à l'honneur de d'Estrades. C'est ce que nous constatons dans la lettre authentique du 22 juin[1] 1657, par laquelle Mazarin félicite le
comte d'Estrades de la conduite de son fils à la prise de la
ville de Nono. Quelques lignes ont été introduites dans le
texte et elles attribuent tout l'honneur de cette conquête à

---

1. Dans les éditions, elle porte la date du 12 juin.

d'Estrades lui-même. De même, la lettre du comte au Roi. datée de Wésel, 18 juin[1] 1672, est authentique, mais le passage où il recommande de s'emparer de Muiden « où sont les écluses » ne s'y trouve pas. C'est sur ces quelques lignes que les historiens se sont basés pour féliciter d'Estrades de sa clairvoyance et pour regretter qu'on n'ait pas suivi son conseil et empêché, par la prise de Muiden, l'inondation de la Hollande.

Si le falsificateur a fait quelquefois des additions aux pièces authentiques, il leur a fait subir parfois des retranchements. Ainsi, dans la lettre de Richelieu au prince d'Orange, datée du 4 octobre 1642, il a supprimé un membre de phrase qui ne concordait pas avec l'idée avantageuse qu'il voulait donner du rôle du comte d'Estrades dans l'affaire du duc de Bouillon[2].

Cela étant établi, il faut donc rechercher l'auteur des faux et des falsifications parmi les personnes qui avaient intérêt à glorifier le maréchal. Le cercle de nos investigations se restreint singulièrement.

Certaines pièces apocryphes étaient connues avant 1718, date à laquelle parurent les « Ambassades ». Pellisson, qui

1. Dans les éditions, elle porte la date du 17 juin. Pour plus de détails, cf. A. de Saint-Léger, *Un épisode de la guerre de Hollande. Les écluses de Muiden.* Revue du Nord, t. IX (1923), p. 49 et suiv.

2. Nous n'avons pas reproduit cette lettre qui ne fait pas partie de la correspondance de d'Estrades. C'est une des rares pièces authentiques insérées dans les « Ambassades » (p. 90), mais le membre de phrase ci-dessous, en italique, a été passé. Le texte doit être restitué ainsi : « M. d'Estrades vous dira ce qui s'est passé en l'affaire de M. de Bouillon, *en laquelle l'intervention de V. A. ne m'a pas peu facilité le moyen de l'assister.* Il vous rapportera aussi... » Voir Antoine Aubery, *Mémoires pour servir à l'histoire du cardinal-duc de Richelieu*, Paris, 1660, t. II, p. 844.

fut un des historiographes du grand Roi et qui rédigea une partie[1] des *Mémoires* de Louis XIV, eut certainement connaissance de la Relation du siège de Dunkerque et des pièces fausses du 5 février 1652 et du 2 mars 1652, relatives aux tractations de Cromwell et de d'Estrades au sujet de Dunkerque. Dans les pages où il est question du rachat de Dunkerque, en 1662, Pellisson fait un retour en arrière et raconte les événements de 1652 d'après ces deux sources[2]. Il dit notamment que l'envoyé de d'Estrades trouva la Cour à Poitiers et que Mazarin était d'avis d'accepter la proposition de Cromwell, mais que Châteauneuf s'y opposa. Ces renseignements inexacts, il n'a pu les puiser que dans la lettre fausse du 2 mars 1652.

Dans son *Histoire des Provinces-Unies*, Wicquefort raconte[3] que Richelieu envoya en Angleterre le colonel d'Estrades « pour tâcher d'obliger la Reine, qui gouvernoit le Roy son mary, de le disposer à entrer dans les intérêts de la France contre ceux d'Espagne ; mais elle parla avec tant de mépris du Cardinal, que jamais personne n'offensa impunément, qu'il résolut de s'en venger et de mortifier la fierté de la Reine. Et, de fait, il lui fit des affaires qui ont continué d'affliger ce royaume... » Ce passage est manifestement inspiré par les pièces relatives à la prétendue mission de d'Estrades, en 1637, auprès de Charles Ier d'Angleterre.

Dans ses *Mémoires*, Mme de Motteville[4] fait deux « di-

1. Cf. Ch. Dreyss, *Mémoires de Louis XIV*, t. II, p. 555.

2. Cf. Dr L. Lemaire, *D'Estrades et Fitz-James*, Bull. de l'Union Faulconnier, t. XIX (1922), p. 126.

3. Abraham de Wicquefort, *Histoire des Provinces-Unies des Pays-Bas*, éd. Lenting, Amsterdam, t. I (1861), p. 49.

4. *Mémoires de Mme de Motteville sur Anne d'Autriche et sa cour*, éd. F. Rioux, Paris, 1855, 2 vol., t. I, p. 184-216.

gressions » sur la révolution d'Angleterre. La première est écrite d'après les renseignements qu'elle recueillit de la bouche de la reine Henriette ; la seconde, d'après les dires de d'Estrades, qui lui communiqua « son instruction et les lettres de ce grand ministre [Richelieu], ses réponses et le détail de cette négociation » ; et c'est purement et simplement un résumé des documents apocryphes. Goll remarque[1] que nous connaissons les Mémoires de Mme de Motteville non pas d'après le manuscrit original, mais d'après l'édition parue en 1723, et que ce passage a pu être introduit alors seulement dans son œuvre. C'est fort improbable[2].

D'ailleurs, nous possédons encore un autre témoignage. Dans son *Histoire des révolutions d'Angleterre*, publiée à Paris en 1693-1694, le P. Pierre-Joseph d'Orléans[3] relate l'intervention de Richelieu dans les affaires d'Angleterre, et donne exactement les mêmes détails que ceux qui se trouvent dans les documents faux.

Dans l'avertissement du tome III, il cite quelques-unes de ses sources et dit notamment : « Le P. de La Rue[4] m'a fait voir un extrait qu'il a fait autrefois de sa main des lettres du maréchal d'Estrades au cardinal de Richelieu, où j'ai trouvé des particularitez qui m'ont éclairci sur des points importants que l'on sçait mal, parce qu'on ne les sçait que sur des bruits publics qui les altèrent et les con-

1. *Revue historique*, t. III (1877), p. 292.

2. Mme de Motteville s'en réfère, dans d'autres circonstances, aux dires de d'Estrades. Cf. ses *Mémoires*, p. 306.

3. *Histoire des révolutions d'Angleterre*, par le P. d'Orléans, de la Compagnie de Jésus, Paris, 1693-1694, 3 vol. in-4°, t. III (1694), p. 39 et suiv.

4. Le P. Charles de La Rue, né à Paris le 3 août 1643, mort dans la même ville le 27 mai 1725.

fondent. Le caractère du copiste m'a tenu lieu de l'original : ceux qui le connaissent jugeront que j'ai pu en user ainsi. »

Comme on le voit, Mme de Motteville et le P. d'Orléans mettent en cause d'Estrades lui-même.

Ce que nous savons du maréchal d'Estrades ne doit pas faire rejeter l'idée qu'il ait pu commettre des faux. Diplomate, il n'avait pas hésité, lorsqu'il l'avait jugé utile, à truquer les dépêches officielles qui lui étaient adressées[1]. Gouverneur de Dunkerque, il avait écrit une Relation du siège de 1652 qui est un panégyrique et un plaidoyer plutôt qu'un compte-rendu exact[2]. Il était donc capable de dénaturer la vérité.

Et, en effet, c'est bien lui qui a fabriqué les fausses pièces. On n'en pourra plus douter quand on sera sûr qu'elles existaient dans ses papiers, non seulement en 1735 — comme nous le savons déjà par Clairambault — mais de son vivant.

En 1682, l'abbé Vittorio Siri[3], « conseiller d'État et historiographe de S. M. T. C. », publie à Florence le tome XIV de *Il Mercurio overo historia de correnti tempi*, où se trouvent, traduites en italien, les lettres des 2 et 15 sep-

1. Comparez les textes XXXV et XXXV *bis* de la lettre de Chavigny du 15 juin 1640, et les textes XXXVII et XXXVII *bis* de la lettre de Richelieu du 18 juin 1640. Voir aussi la pièce LXX, p. 168, note 1, et la p. 304, note 2.

2. Cf. Dr L. Lemaire, *Dunkerque sous la première domination française, 1646-1652*, extrait du t. XX de l'*Union Faulconnier*, p. 139.

3. Né à Parme en 1608, mort à Paris le 6 octobre 1685. Il était venu en France, appelé par la faveur que lui accordait Mazarin. Ce « nouvelliste » est l'auteur de deux grandes publications, les *Memorie recondite dell' anno 1601 sino al 1640*, en huit volumes in-4°, 1676-1679, et de *Il Mercurio* (1635-1655), en quinze volumes in-4° parus de 1644 à 1682.

tembre 1650 et le projet de traité du 20 octobre de la même année[1]. De qui l'abbé tenait-il ces documents apocryphes?

Nous savons qu'il avait été chargé par le grand-duc de Toscane, Cosme III, de recueillir les dépêches les plus importantes des ambassadeurs et ministres d'État. L'intrigant abbé, qui vivait à Paris, avait ou passait pour avoir « l'entrée des cabinets des ministres qui lui confient tous les registres des lettres, instructions, traités et négociations les plus secrètes[2] », et s'adressait certainement à tous ceux, diplomates ou autres, qui pouvaient lui communiquer des documents. Dans les copies qu'il envoya, en 1684, au grand-duc[3] se trouvent, au volume III, six groupes de documents relatifs aux négociations de d'Estrades. Le premier groupe intéresse la période antérieure à 1660 et contient

1. *Il Mercurio*, t. XIV, p. 460-461. Siri dit même que d'Estrades se rendit à La Haye pour conclure ce traité.

2. *Lettres sur la cour de Louis XIV par le marquis de Saint-Maurice*, éd. J. Lemoine, t. I, p. 193 et 196.

3. La collection est conservée aux Archives de l'État, à Florence, Miscellanea Medicea, 222. Elle a le titre suivant : « Raccolta di più Estratti da Dispacci di negoziazioni importanti di ambasciatori e ministri di Principi, con altre varie scritture e sopra materie politiche. Il tutto con somma accuratezza messo insieme dal fu signor abate Vittorio Siri e dal medesimo, fattane missione al Ser° Gran Duca di Toscana, Cosimo III, nell' anno 1684, poco avanti che seguisse la di lui morte. » Le t. III contient six groupes qui ont respectivement : le 1er, 52 pages ; le 2e, 234 pages ; le 3e (années 1663 et 1664), 135 pages ; le 4e (année 1665), 130 pages ; le 5e (année 1666), 107 pages, et le 6e (année 1667 et jusqu'au mois de mai 1668), 336 pages. Dans le premier groupe seulement, il y a un ordre chronologique absolu. Dans les autres, les documents sont séparés entre lettres envoyées et lettres reçues par d'Estrades. Remarquons que les négociations de Nimègue ne s'y trouvent pas. — Nous devons ces renseignements intéressants à l'obligeance de MM. Panella et G. Cecchini, archivistes aux Archives de l'État à Florence.

les pièces de 1637 à 1657, plus la lettre au Roi datée de Wésel, 17 juin 1672, c'est-à-dire les mêmes pièces que celles imprimées dans les « Ambassades ». Il n'en manque que six. Le deuxième groupe contient les négociations du comte d'Estrades en Angleterre, en 1661 et en 1662. Les troisième, quatrième, cinquième et sixième groupes forment l'Ambassade de Hollande (1663-1668).

Il est impossible de n'être pas frappé des rapports qui existent entre ces groupes et le groupement des lettres dans les volumes rouges. Les copies envoyées par Vittorio Siri au duc Cosme ont été certainement faites d'après les copies communiquées par d'Estrades.

A ce propos, il est intéressant de rappeler une conversation qu'en 1679 Primi Visconti[1] eut avec le maréchal. Ce dernier lui avait donné sur la paix de Nimègue des renseignements « qu'il avait refusés à ceux-là mêmes qui faisaient profession d'écrire l'histoire du Roi. Il critiquait le style et la manière de l'abbé Siri et disait qu'il fallait lui mettre le froc. Je répondis — continue Primi Visconti — que Siri ne prétendait faire, d'après moi, qu'un recueil de tous les mémoires qu'on lui avait donnés ». Et d'Estrades de dire que Siri « aurait mieux fait de les imprimer en français ou en italien dans leur propre style, sans les abîmer par le sien, et qu'il savait qu'ils étaient faux, par la malice de plusieurs personnes qui les lui avaient fournis... » Évidemment, d'Estrades savait à quoi s'en tenir!

Mais pourquoi a-t-il fabriqué ces lettres supposées et falsifié quelques lettres authentiques? La raison en est évidente. Pendant les ministères de Richelieu et de Mazarin,

1. Primi Visconti, *Mémoires sur la cour de Louis XIV*, traduits de l'italien et publiés par J. Lemoine, Paris, in-8°, p. 242 de la deuxième édition.

il avait servi avec honneur dans l'armée et la diplomatie ;
mais, si ses services avaient été appréciés par les deux
grands ministres[1], ils ne l'avaient pas mis en vue. C'est
l'affaire du « Pas », en 1661, ce sont surtout les négociations pour le rachat de Dunkerque, en 1662, qui avaient
attiré sur lui l'attention générale. Dès lors sa réputation
s'était établie, et on l'avait considéré comme l'un des meilleurs diplomates du temps. Arrivé à la célébrité, d'Estrades
déplorait son origine obscure et les débuts modestes de sa
fortune. Il voulut embellir son passé.

Déjà, vers 1649, « le sieur d'Estrades » s'était fait faire
un cachet armorié surmonté d'une couronne de comte[2].
Maire perpétuel de Bordeaux en l'année 1653, il s'était
intitulé comte dans les ordonnances qu'il signait[3], et désormais il allait garder ce titre. En 1654, il avait dû faire ses

1. La correspondance que nous publions le prouve.

2. Le blason porte les armes de d'Estrades à senestre et celles
des Lallier du Pin à dextre. Cf. notamment la lettre à Chavigny
du 5 mai 1649 (Aff. étr., Pays-Bas espagnols 29, fol. 59) et les
lettres à Mazarin jusqu'en 1651.

3. D'Estrades est nommé maire perpétuel de Bordeaux le
10 octobre 1653. La mairie lui conférait le titre de comte d'Or-
non. Le 13 novembre 1653, messire Godefroy d'Estrades, comte,
fait présenter ses lettres de commandement de la ville de Bordeaux (*Chronique bourdelaise*, 1672) ; — Ordonnance du comte
d'Estrades, 18 janvier 1654, archives d'Agen, EE 28 ; — Privilèges
des bourgeois de la ville et cité de Bordeaux, reveus et imprimez
de nouveau en l'année 1667, estant maire de la ville messire
Godefroy Destrades, comte dudit lieu (Bordeaux, Millanges,
1667). — La première lettre authentique que nous connaissions
où ce titre lui est donné est de La Meilleraie, 11 juin 1654 (Bibl.
nat., Clairambault 579, fol. 435). D'Estrades s'attribua ce titre
rétroactivement. Dans l' « Estat des pouvoirs, commissions »,
qui se trouve dans le ms. franç. 10260, fol. 54, les pièces anté-
rieures à 1653 sont indiquées avec le titre de comte. De même
dans le ms. des Aff. étr., Mém. et doc., Angleterre 23, fol. 241,
et dans les « Ambassades ».

preuves de noblesse pour obtenir sa nomination de chevalier du Saint-Esprit[1], et il avait chargé un Gascon, comme lui, l'historiographe Scipion Dupleix[2], de lui établir sa généalogie. Cette pièce, imprimée à Bordeaux, chez Millanges, en 1655, est considérée comme introuvable. On sait, du moins, que Dupleix faisait remonter la famille d'Estrades à un certain Radulphus de Stratis, maréchal de France du temps de Philippe le Hardi[3]. L'érudit d'Hozier ne fut pas dupe : « Ce maréchal s'appelait d'Estrées et non d'Estrades », remarque-t-il, et il ajoute que la véritable généalogie de cette famille ne commence qu'à Jean d'Estrades, bourgeois d'Agen en 1530. Chevalier du Saint-Esprit[4], d'Estrades se fit composer un blason[5] réunissant à ses armes celles de Pole Suffolk, son arrière-grand'mère maternelle, de Mendoze, son arrière-grand'mère paternelle, et d'Arnoul, sa grand'mère paternelle. Tout cela ne trompa personne. Tallemant des Réaux[6] exprimait l'opinion de ses contemporains lorsqu'il écrivait : « M. d'Estrade, que nous voyons aujourd'huy en passe de mareschal de France, est

1. Lettre de Mazarin, 30 juillet 1654, Arch. nat., KK 1221, p. 514. D'Estrades à Mazarin, 21 septembre 1654, Bibl. nat., ms. franç. 11633, fol. 420.

2. Scipion Dupleix était originaire de Condom. Il était vraisemblablement l'ami de d'Estrades, car, dans son *Histoire de Louys le Juste* (Paris, 1648, p. 108-109), il s'étend avec complaisance sur la conduite de d'Estrades au siège de Landrecies. Il ne consacre pas moins de deux colonnes au récit d'un fait assez banal.

3. Bibl. nat., ms. franç. 29802, dossiers bleus.

4. Le brevet de chevalier de l'ordre est daté du 11 septembre 1654, mais d'Estrades ne fut investi que le 31 décembre 1661, dans l'église des Augustins, à Paris.

5. Ce blason est reproduit dans le P. Anselme, *Histoire généalogique et chronologique de la maison royale de France...*, 3e édition, t. VI, p. 552.

6. *Les Historiettes*, éd. Monmerqué et P. Paris, t. VII, p. 5.

filz d'un gentilhomme d'Agenois *dubiae nobilitatis*, et assez mal à son aise », et de même Saint-Simon, lorsqu'il déclarait que d'Estrades était « fort peu de chose[1] ».

Il lui était plus aisé d'en faire accroire à ses contemporains, lorsqu'il s'agissait de négociations et surtout de négociations secrètes. Sans crainte de recevoir des démentis, d'Estrades pouvait raconter les événements à sa façon et les arranger à son honneur. Il fabriqua[2] ou fit fabriquer par son secrétaire[3] des documents, comme d'autres faisaient ou faisaient faire leurs mémoires. Il communiqua cette correspondance à ses amis[4], et ses lettres se répandirent dans le public. Il parvint ainsi à imposer à l'opinion de ses contemporains et à la postérité l'image qu'il voulait qu'on eût de lui.

*
* *

Il faudrait de nombreux volumes pour publier la correspondance complète du maréchal d'Estrades. Nous avons dû

1. Addition de Saint-Simon au *Journal* de Dangeau, t. I, p. 302.

2. Il existe, sur une même feuille, des brouillons de quelques lettres, pour lesquelles l'ordre chronologique n'est pas respecté (Bibl. nat., Clairambault 581, fol. 987).

3. On ne retrouve l'orthographe si personnelle de d'Estrades ni dans les volumes de copies, ni dans les volumes imprimés. Autant qu'on en peut juger, les manuscrits rouges sont de la main du secrétaire qu'il avait dès l'année 1662.

4. Nous avons vu plus haut que Mme de Motteville, le P. de La Rue, Pellisson, Vittorio Siri, etc., eurent connaissance de ces lettres. Il en est certainement de même pour Abraham de Wicquefort. Pendant son ambassade en Hollande, d'Estrades tint « une table splendide et magnifique », et Wicquefort, « toute sa vie grand escornifleur, fut, dit Amelot de La Houssaye, l'hôte perpétuel de cette table, où il buvait comme un templier » (*Mémoires historiques, politiques et critiques*, éd. de 1737, t. I, p. 281). Wicquefort mourut en 1682.

nous borner à la période de 1637 à 1660[1]. Encore les pièces sont-elles si abondantes que nous avons dû en sacrifier beaucoup et nous en tenir aux documents les plus intéressants ou les plus voisins, par leur date, des pièces fausses. Nous avons laissé de côté les relations, parce qu'elles n'ont pas la même valeur historique que la correspondance authentique.

Nous avons suivi les traditions scientifiques de la Société de l'Histoire de France. La plupart des documents publiés ici sont des autographes, des originaux signés ou des minutes, rarement des copies. Nous respectons l'orthographe ancienne, qui est si caractéristique, surtout celle de d'Estrades.

Les documents que nous publions paraîtront à certains égards moins intéressants que les documents apocryphes. On n'y trouve rien — et pour cause — sur les relations de Richelieu avec les rebelles d'Écosse, sur l'intervention du prince d'Orange en faveur de Richelieu lors de l'affaire de Cinq-Mars, sur le projet de traité de 1650... Par contre, les renseignements inédits ne manquent pas sur la politique suivie par Richelieu et Mazarin, sur les rapports des deux ministres avec les princes de la maison d'Orange[2], sur les relations avec Cromwell, sur la pacification de la Guyenne, etc...

1. La correspondance relative au *Rachat de Dunkerque par Louis XIV (1662)* a été publiée par l'un de nous dans le *Bulletin* de l'Union Faulconnier, t. XXI, Dunkerque, 1924.

2. M. Albert Waddington, dans ses deux volumes sur la *République des Provinces-Unies, la France et les Pays-Bas espagnols de 1630 à 1650*, renvoie fréquemment aux documents des Affaires étrangères et de la collection Clairambault. Malheureusement, il s'est également servi des pièces fausses des « Ambassades ».

De plus, notre publication, à défaut d'autre mérite, aura celui de débarrasser définitivement la littérature des documents faux des « Ambassades », qui ont servi à déformer l'histoire.

*
* *

En terminant, nous prions MM. Rigault et Espinas, archivistes aux Affaires étrangères, MM. Lecestre, H. Courteault et Stein, des Archives nationales, et M. Henry Cochin, commissaire de notre publication, de vouloir bien agréer nos remerciements pour l'aide efficace qu'ils ont bien voulu nous donner à maintes reprises.

A. DE SAINT-LÉGER. Dr L. LEMAIRE.

CORRESPONDANCE AUTHENTIQUE

DE

GODEFROI, COMTE D'ESTRADES

DE 1637 A 1660

<hr>

1.

Mémoire pour M. d'Estrades [1].

31 décembre 1637 [2].

(Aff. étr., Correspondance politique, Hollande 20, pièce 149,
mise au net, corrigée par Richelieu qui a écrit la dernière page.)

Tous les desseins qu'on peut faire du costé de M. le

1. La carrière diplomatique de Godefroi d'Estrades commence à la fin de l'année 1637. Hercule de Charnacé, qui remplissait près du prince d'Orange, Frédéric-Henri, des fonctions analogues à celles d'un attaché militaire de nos jours, ayant été tué devant Bréda le 2 septembre 1637, Richelieu le remplaça par d'Estrades. Simple capitaine d'un régiment français à la solde des États, d'Estrades fut chargé de nombreuses missions auprès du prince d'Orange de 1637 à 1646.

Le premier renseignement à ce sujet se trouve dans une lettre de Brasset, secrétaire de l'ambassade de France en Hollande, au maréchal d'Estrées, La Haye, 12 décembre 1637 (British Museum, Add. ms. 5450, fol. 298) : « Nous avons icy M. Destrades, de la part du Roy, pour ajuster l'employ des armes réciproques au printemps, puisque les Espagnols font voir par toutes leurs actions et procédures que l'esprit de paix ne les possède point encore... »

Les États-Généraux avaient envoyé en ambassade extraor-

prince d'Orenge[1] sont ou Anvers, ou Hulst (ou Bruges et Dam), ou Dunquerque ou Gueldres, et ensuite Venelo et Ruremonde.

dinaire à Paris Gaspar van Vosberghen, qui signa, le 17 décembre, avec Bullion et Bouthillier, commissaires du roi, un traité (Bibl. nat., ms. franç. 3752, fol. 37) par lequel Louis XIII accordait aux Provinces-Unies un subside de 1,200,000 l. Les États s'engageaient « à mettre en campagne leur armée bonne et forte pour faire une entreprise grandement considérable », dont les détails devaient être arrêtés par le prince d'Orange et l'envoyé de S. M. T. C. Cet envoyé fut d'Estrades. Richelieu, en exprimant à Chavigny son contentement de voir ce traité achevé, ajoutait : « Vous pouvés dire à Destrade que le Roy le veut envoier en Holande » (lettre sans date, Aff. étr., France 245, fol. 313). Le 28 décembre 1637, en prenant congé du cardinal, Vosberghen apprit que d'Estrades était désigné pour se rendre auprès du prince d'Orange (*Verbael van heer Gaspar van Vosbergen...*, La Haye, *Rijksarchief*, Legatie, n° 631).

D'Estrades se mit en route avec Vosberghen le 1er janvier 1638. La tempête les força à débarquer en Angleterre, et ils n'arrivèrent à Rotterdam que le 4 février. Vosberghen avait profité de son séjour à Londres pour demander au roi d'Angleterre de donner assistance aux Provinces-Unies. D'Estrades, qui avait, pendant la traversée, brûlé les lettres qui l'accréditaient auprès de Frédéric-Henri, en avait attendu de nouvelles (*Ibid.*).

Ces renseignements et le Mémoire du 31 décembre 1637, que nous reproduisons, bien qu'il ait déjà été publié par Avenel, *Lettres, instructions... de Richelieu*, t. VII, p. 781, prouvent que les pièces insérées dans les diverses éditions des lettres de d'Estrades et qui sont datées de novembre, décembre 1637 et janvier 1638, sont des faux. Voir A. de Saint-Léger, *Les diverses éditions des lettres, mémoires et négociations de M. le comte d'Estrades*, dans le *Bibliographe moderne*, 21ᵉ vol., 1922-1923, p. 89 et suiv.

2. [Voir page précédente.] La date est donnée par une copie (*Ibid.*, pièce 146).

1. Frédéric-Henri, fils de Guillaume le Taciturne et de

Dunquerque est le principal qui vuideroit toutes sortes d'affaires; mais on ne croit pas que M. le prince d'Orenge le puisse entreprendre. Cependant, s'il le veut faire sans y venir en personne, on luy fournira, outre les douze cens mil livres du traitté faict par M. de Vosbergue[1], six mille hommes de pied et douze cens chevaux, tant que durera le siège.

Les entreprises de France peuvent estre depuis la

Louise de Coligny, était né en 1584. Grâce à sa mère, Frédéric-Henri avait reçu une éducation française. Sa femme, Amélie de Solms, était une Allemande ambitieuse et cupide. En 1625, à la mort de son frère Maurice, Frédéric-Henri avait été nommé capitaine et amiral général de l'Union et acclamé stathouder par cinq provinces. D'Estrades fait de lui ce portrait : « Il faut rendre cette justice à la mémoire de M. le prince d'Orange Henri que jamais grand capitaine n'a eu plus de fermeté et d'intrépidité que lui dans les grandes actions, ni une plus grande vigilance pour pourvoir à toutes choses. Il étoit exact et sévère dans le commandement et l'exécution de ses ordres; il étoit généreux, bon ami et libéral; il distinguoit les gens de mérite par des familiarités accompagnées de bienfaits... Il étoit fort dissimulé et, avant de prendre confiance en quelqu'un, il falloit qu'il l'eût éprouvé plusieurs fois. Les flatteurs n'avoient nul accès auprès de lui. Il étoit un peu lent dans la conclusion des affaires, après les avoir résolues. Il m'a dit plusieurs fois qu'il falloit dormir dessus avant de signer pour voir s'il n'avoit rien de mieux à faire » (« Fragmens de diverses conversations... », p. 164 de l'édition de 1718, qui a pour titre *Ambassades et négotiations de M. le comte d'Estrades*. L'original de ce document, en partie de la main de d'Estrades, se trouve à la Bibl. nat., Clairambault 572, fol. 237). — Sur Frédéric-Henri, voir notamment J. Commelin, *Histoire de la vie et actes mémorables de F.-H. de Nassau, prince d'Orange*, transl. du flamand en françois, Amsterdam, 1656, in-fol., et les *Mémoires de Frédéric-Henri*, Amsterdam, 1733, in-fol.

1. Gaspar van Vosberghen, seigneur d'Ysselaer, était un des meilleurs diplomates hollandais. Il était déjà venu en France (janvier-mai 1632). Arrivé à Paris le 2 décembre 1637, porteur

coste de la mer jusques à Landrechy, sçavoir est : Gravelines, Saint-Omer, Hédin, Arras, Bapaume, Monts[1], Cambray, Le Quesnoy, Valenciennes, Le Quesnoy estant premièrement pris.

On pourroit encores attaquer Namur, si Charlemont ne coupoit les vivres.

Si M. le prince d'Orenge attacque Dunquerque, on est d'avis d'aller à Monts ou Valenciennes pour destourner les ennemis.

S'il attaque Hulst, ou Bruges et Dam, on attaquera la place qui sera jugée la plus convenable de deçà pour favoriser ce dessein.

S'il attaque Anvers, en quelque lieu que la France face son attaque, il est indifférent, pourveu que ce soit une bonne place dans le Pays-Bas, ce à quoy elle ne manquera pas.

Pour ce qui est de Thionville, on l'entreprendroit volontiers, à cause que cela traverse la communication d'Allemagne, si MM. des Provinces-Unies tenoient une telle attaque pour suffisante diversion, mais croiant qu'ils n'en seroient pas contents S. M. s'engage dès cette heure à faire faire une attaque dans le corps du Pays-Bas.

Quoy qu'on face, l'importance est de mettre précisément à la campagne en mesme temps.

S. M. asseure qu'elle ne manquera pas de faire entrer son armée au pays ennemi dans le dixième avril, stipulé par le traitté, tant parce qu'il est ainsy arresté que parce aussy qu'elle est avertie de toutes parts

d'instructions en date du 29 octobre, il conclut le traité de subsides du 17 décembre (voir page 2, en note).

1. Mons.

que les ennemis font estat d'estre de bonne heure en campagne, ce qui fait qu'il faut les prévenir, si l'on ne veut estre tout cet esté sur la simple deffensive, auquel cas les ennemis auroient revanche du mal qu'ils ont receu cette année[1].

En[2] tout cas, il faut tirer parole et asseurance de M. le prince d'Orange que depuis le 1er apvril jusques à la fin de l'esté il fera tenir trente ou quarante vaisseaux devant Dunquerque et la coste de Flandres, et que l'admiral fera ce qui luy sera mandé par S. M. pour le bien commun.

Il faut stipuler un estroict secret et, pour cet effect, feindre des attaques qu'on ne voudra pas faire.

II.

[INSTRUCTIONS POUR G. D'ESTRADES ALLANT EN HOLLANDE.]

Du 23 mars 1638.

(Aff. étr., Correspondance politique, Hollande 20, minute, pièce 165, fol. 343; copie, pièce 167, fol. 347.)

Le sr de l'Estrade s'en retournera en diligence[3] vers M. le prince d'Orange pour luy dire que le Roy s'est

1. Au cours de l'année 1637, le cardinal de La Valette et le maréchal de Châtillon avaient pris Landrecies, La Capelle, Maubeuge et Damvillers; le prince d'Orange s'était emparé de la place de Bréda. Du côté des Pyrénées, les Espagnols avaient été battus près de Leucate et avaient abandonné Saint-Jean-de-Luz.

2. Ces lignes, jusqu'à la fin, sont de la main de Richelieu.

3. Les États-Généraux ayant ratifié, le 8 février 1638 (Aff. étr., Correspondance politique, Hollande 20, pièce 143), le traité du 17 décembre 1637 et l'article secret (Bibl. nat., ms. franç. 3752, fol. 37), d'Estrades était retourné en France, au

un peu estonné de quoy il ne luy avoit point rapporté de response déterminée, mais qu'il a imputé cet effect non à manque de dessein qu'eust M. le prince d'Orange d'entreprendre quelque chose de considérable, mais à la présence de diverses armées ennemies qui estoient lors voysines des païs de MM. les Estats.

Que maintenant qu'elles en sont esloignées par l'avantage et le grand succès qu'a eu M. le duc de Weymar[1], il ne doute pas que ledit s^r Prince ne prenne une bonne et forte résolution d'exécuter quelque grand dessein.

Que, pour éviter tous inconvéniens et faire que la France et MM. les Estats marchent de mesme pied, selon qu'ils y sont obligez, le Roy l'a renvoyé pour dire que S. M. se tient au traitté du s^r de Vosberg[2] et l'advertir qu'ensuitte d'iceluy S. M. mettra en cam-

début de mars, porteur d'une lettre du prince d'Orange à Richelieu, datée de La Haye, 23 février 1638 (Aff. étr., *Ibid.*, pièce 163), et de propositions qui, disait le prince, « ne seront pas désagréables à S. M., et, venans à réussir, luy pourront apporter un signalé service et contentement, ensamble un grand bien à cet Estat... ». Ces propositions étaient si peu précises que Richelieu s'empressa de renvoyer immédiatement d'Estrades à La Haye, où il arriva dans les premiers jours d'avril (d'Estrades à Chavigny, La Haye, 5 avril 1648, Aff. étr., Correspondance politique, Hollande 20, fol. 350).

1. Bernard de Saxe-Weimar avait pris l'offensive en janvier 1638. Il avait passé le Rhin, s'était emparé des villes forestières de Laufenbourg, Säckingen et Waldshut et avait assiégé Reinfelden. Le 23 mars, il enlevait cette place après avoir complètement battu les Impériaux de Jean de Werth. Cf. comte de Noailles, *Épisodes de la guerre de Trente ans. Bernard de Saxe-Weimar (1604-1639) et la réunion de l'Alsace à la France*, Paris, 1908, in-8°.

2. Voir *supra*, page 2, en note.

pagne et fera entrer son armée dans le païs ennemy
dans le moys d'avril sans faillir, afin que MM. les Estats en facent autant.

Si M. le prince d'Orange veut communiquer le des-
sein qu'il fera, le s^r d'Estrade le recevra. S'il ne le
veut pas, il luy dira n'avoir pas charge de l'en presser, mais seulement de luy dire que S. M. exécutera
le traité du s^r de Vosberg.

Si M. le prince d'Orange se veut obliger de faire son
attaque vers la coste de Frise[1], le s^r de Lestrade luy
dira que, pourveu que S. M. le sache à temps, elle
fera prendre cette mesme route à son armée.

Le s^r de Lestrade engagera ledit s^r Prince à faire
qu'il y ait tousjours trente ou quarante vaisseaux entre
Calais et Dunkerque et luy fera cognoistre que, quand
le Roy a désiré que l'admiral eust commandement de
recevoir les ordres du Roy, ce n'est pas pour l'embarquer à aucun dessein sans le sceu de MM. les Estats, mais seulement pour qu'il ne perde pas l'occasion
de profiter des advis qu'on luy pourroit donner, comme
l'admiral Dorpt[2] fit l'an passé. Qu'au reste, l'estendue

---

1. Frise dans la minute (pièce 165); Flandres dans la copie
(pièce 167). C'est évidemment Flandres qu'il faut lire.

2. L'amiral Dorp, qui avait bloqué Dunkerque pendant l'été
1637, avait fait voile vers la Hollande au milieu de septembre,
sous prétexte qu'il manquait de munitions de guerre et de
bouche et bien que le gouverneur de Calais lui offrît d'en
envoyer. Des Dunkerquois profitèrent de ce départ pour aller
détruire près de La Rochelle les navires hollandais qui char-
geaient du sel à Saint-Martin-de-Ré. L'amiral Dorp fut forcé
de donner sa démission (octobre 1637); il fut remplacé dans
cette charge par Martin Herperts Tromp, « homme fort expé-
rimenté et capable de s'en bien acquitter » (Commelin, t. I,
p. 352).

de ce pouvoir que le Roy avoit demandé n'alloit à autre fin qu'à luy faire escorter tantost des vuivres et munitions de guerre, qui passeroient d'un lieu de la coste à l'autre, et à garder plus soigneusement un endroit qu'un autre, selon les différens advis que S. M. pourra avoir des espions qu'elle a en Flandre et en Espagne, lesquels quelques fois ont assez bien servis.

Mais que, puisque M. le prince d'Orange a trouvé à redire à ce que dessus, S. M. se départ volontiers de ce prétendu pouvoir, recommandant seulement dès cette heure en général que MM. les Estats donnent de si bons ordres à leur admiral qu'il puisse empescher, s'il se peut, qu'il n'entre rien dans la coste de Flandres.

Le s[r] d'Estrade recommandera fort de la part du Roy à M. d'Estampes[1] de n'oublier rien de tout ce qui se poura pour faciliter le passage des troupes qui se lèvent en Liége pour le Roy, et il procurera auprès dudit s[r] prince d'Orange et MM. les Estats que, lorsqu'elles seront embarquées, leur admiral ait charge de les escorter jusqu'à leur descente en France.

III.

RÉPONCE POUR M. DE LESTRADE
SUR CE QU'IL A PROPOSÉ DE LA PART DU ROY[2].

La Haye, 19 avril 1638.

(Aff. étr., Correspondance politique, Hollande 20, pièce 173, fol. 355.)

Puisque le Roy ne juge pas à propos d'entreprendre

1. M. d'Étampes, marquis de Valençay, était ambassadeur du roi en Hollande depuis 1637. Voir ses Instructions en date du 28 septembre (Aff. étr., Correspondance politique, Hollande 20, fol. 214). Il avait remplacé de Thou.

2. C'est la réponse à un mémoire que d'Estrades avait remis

l'investissement des places qui luy ont esté proposées par ledit s[r] de Lestrade de la part de cet Estat, l'on est content enquores de ce costé qu'il plaist à S. M. de faire ataquer effectivement, s'il est possible, à la my-may, Gravelingnes, Arras ou Saint-Omer.

L'on attaquera de ce costé, s'il est possible, en même temps, la ville d'Anvers, celle de Hulst ou Damm.

Que si, d'un costé ou d'autre, l'on ne pouvoit entreprendre sur aucunne desdittes places, on en attaquera quelqu'une d'importance dans le Païs-Bas.

Quant à ce quy touche l'armée navale[1] qui se mettra en mer en fort peu de tems, l'admiral aura charge de favoriser par convois ou autrement l'armée du Roy qui sera vers la coste de Flandres, et pour y faire conduire vivres et munitions de guerre, et d'empescher le secours que l'on pourroit envoier à aucune des places que le Roy peut estre d'intention d'entreprendre sur laditte coste.

Le s[r] de Lestrade est prié de se souvenir de parler au Roy[2] à ce que le premier terme promis par le traité

au Prince. Il suffit de comparer les lettres publiées dans les éditions, à la date du 20 avril et à celle du 29 avril 1638 (*Ambassades*, p. 29 et 30), avec ce document et les textes insérés dans la note 2 ci-dessous pour se rendre compte qu'elles sont fausses. Voir aussi l'article du Dr M. G. de Boer, *Amsterdam ten onrechte van verraad berchuldigd* (1638), dans le *Tijdschrift voor geschiedenis, land-en volkenkunde* (Groningue).

1. Pour les opérations sur la côte de Flandre, voir Commelin, t. II, p. 4-8, et H. Malo, *Les Corsaires dunkerquois*, t. I, p. 343 et suiv.

2. G. d'Estrades ne tarda pas à quitter la Hollande. Le 20 avril, le prince d'Orange lui avait remis cette lettre pour Richelieu : « Monsieur, Je me remets au rapport que vous fera le s[r] d'Estrades de la résolution que MM. les Estats ont prinse pour la campaigne, espérant qu'en son rapport V. É. pourra

fait avec le s^r de Vosberguen puisse estre promptement fourni, comme aussy le paiement de ce qui est deu du passé. Fait à La Haie, le 19 d'avril 1638.

IV.

Mémoire que le Roy a commandé estre baillé au s^r d'Estrades allant en Holande [1].

Abbeville, 4 août 1638.

(Bibl. nat., Clairambault 572, fol. 9, original signé;
Aff. étr., Correspondance politique, Hollande 20, pièces 191 et 193, copies.)

Le s^r d'Estrades assurera M. le prince d'Orange de lentière confiance que le Roy prend en luy et que le

recognoistre le zèle dont ils sont portez au bien de la cause commune... » (Aff. étr., Correspondance politique, Hollande 20, pièce 174, fol. 356). Le 21 avril, l'ambassadeur d'Étampes écrivait à Richelieu : « ... Le s^r d'Estrades, par qui j'écris celle-cy, luy [à V. É.] dira de vive voix ce qu'il a fait de deçà, à quoy je n'ajouterai rien, sinon que M. le prince d'O. m'a promis comme à luy de mettre l'armée de MM. les Estats en campagne le 10e prochain, encore que par son escrit qu'il luy a baillé il aye mis le 15e. Il prie aussi S. É. de faire en sorte que celle du Roy soit en mesme temps sur les frontières... » (*Ibid.*, pièce 176, fol. 359). Le 24 avril, d'Aersens de Sommelsdyck écrivait à Châtillon : « Le partement de M. Destrade me prit l'autre jour si fort de court... Je luy doibtz en tesmoignage qu'il s'est employé en sa commission avec ung soing et vigillance non pareille, ayant tout résumé pour obtenir de S. A. une déclaration absolue et telle que sans doubte il vous tesmoignera ou communiquera, et comme, de plus, il a trouvé S. A. résolue et portée à s'unir plus estroitement d'intelligence avecq S. M. et S. É... » (« Recueil de dépesches de Mgr le maréchal de Chastillon, 1638 », Bibl. nat., ms. franç. 3761).

1. Après les pertes qu'il a faites à Calloo (voir note suivante), le prince d'Orange ne peut plus songer à de grandes entre-

déplaisir qu'il a de l'accident arrivé à Calo le touche plus que celuy de la levée du siège de Saint-Omer[1]. Il luy comptera ensuitte comme ce malheur est d'autant plus grand que cette place pouvoit estre prise en huict jours, se saisissant du fauxbourg où aboutissent tous les canaux, lequel estoit tout ouvert. Ce que M. le mareschal de Chastillon ne voulut jamais faire, et ainsy la perte de ce dessein n'est deüe qu'au peu de prévoyance, à la paresse et à la présomption dudit s[r] Maréchal[2].

Que Renty est assiégé[3], et qu'après cette place prise on fera quelque dessein meilleur qui incommodera les ennemis; que pour cet effect le Roy s'en allant aux couches de la Royne[4] à Paris vers le xxe de ce mois,

prises. Il pense à attaquer Gueldre et il envoie d'Estrades en parler à Richelieu. Le roi et Richelieu approuvèrent ce projet, et d'Estrades retourna en Hollande avec l'instruction datée d'Abbeville, 4 août 1638.

1. Il avait été entendu que le prince d'Orange assiégerait Anvers et les Français, Saint-Omer. Les débuts de la campagne avaient été heureux. L'avant-garde de l'armée, commandée par le comte Guillaume de Nassau, avait débarqué sur la côte du pays de Waes (13 juin) et avait pris les forts de Calloo, de Verrebrouc et la digue. Les Hollandais tenaient comme bloquées les villes d'Anvers et de Hulst (cf. Commelin, t. II, p. 9). Les troupes du cardinal-infant les délogèrent de leurs positions après de rudes combats (16 et 19-21 juin) et les mirent en fuite. — De son côté, l'armée française, après avoir pris Saint-Pol, Aire, Watten, s'était présentée devant Saint-Omer le 30 mai. La place allait se rendre quand le prince Thomas de Savoie et Piccolomini parvinrent à la dégager (16 juillet).

2. Cf. *Mémoires de Richelieu*, année 1638 (Michaud et Poujoulat, t. XXIII, p. 237 et suiv.).

3. Le château de Renty, investi le 1er août.

4. Le 5 septembre, Anne d'Autriche accoucha d'un fils, qui fut Louis XIV.

Monseigneur le Cardinal demeurera en Picardie, S. M.
faisant estat de revenir bien tost.

Mais que, quoy qui arrive, le Roy lui donne parolle
de ne faire point mettre ses troupes en garnison devant
le mois d'octobre, ainsy qu'il le désire. Et que mesme
si ledit s^r Prince est embarqué en quelque chose d'importance, S. M. différera à faire prendre le quartier
d'hiver jusques à la fin dudit mois pour luy donner
lieu de faire son entreprise plus commodément; voire
mesmes, elle différera d'avantage s'il en a besoin.

Il assurera ledit s^r Prince du dessein que le Roy a
de faire l'année qui vient encore un plus grand effort
que celle-cy, en quoy rien ne l'embarasse que les
chefs, pouvant fournir aisément à la despence et trouver des hommes.

Il luy dira ensuitte que, si on a du malheur de deçà,
Fontarabie et le Passage récompensent[1], et que le Roy
a maintenant une armée navale assemblée de cinquante
vaisseaux qui ne sera pas oisive[2], ny le reste de cette
année ny la prochaine.

Il pressera ledit s^r Prince d'employer le reste de
cette campagne le mieux qu'il luy sera possible, luy
tesmoignant que S. M. ne désire de luy autre chose
que ce qu'il pourra plus commodément[3].

1. En juin 1638, l'armée de Condé a passé la Bidassoa, s'est
emparée du port de Pasaje, en juillet, et a assiégé Fontarabie.
Une armée espagnole débloqua la place, en septembre, et
força les Français à repasser la Bidassoa. Cf. le duc d'Aumale,
Histoire des princes de Condé, t. III, p. 390 et suiv.

2. Les escadres françaises remportèrent en effet deux succès, l'un le 22 août 1638 sur les côtes de Biscaye, l'autre le
2 septembre dans la Méditerranée, en vue de Gênes. Cf. Ch. de
La Roncière, *Histoire de la marine française*, t. V (1920), p. 32.

3. Le prince d'Orange, « voulant réparer son échec de Cal-

En suitte de ce que dessus ledit s[r] d'Estrades adjoustera à M. le prince d'Orange que les Espagnolz n'ont autre intention que de tâcher de diviser les alliez, voyant bien qu'à la longue leurs affaires ne peuvent bien aller, les confédérez demeurant uniz. La franchise du Roy sera telle qu'ilz ne luy feront sçavoir aucune chose qu'il n'en donne aussitost part audit s[r] Prince.

Que, pour preuve de cela, ilz luy ont fait dire depuis peu qu'après la première campagne de 1635, MM. des Estatz ne faisoient nulle difficulté d'abandonner la France[1], si les Espagnolz leur eussent voulu accorder les conditions qu'ils demandoient; à quoy S. M. a respondu que quand mesmes ils auroient esté capables de se laisser aller jusques à ce poinct, qu'elle mourroit plustost que de les abandonner, protestant ne vouloir jamais entendre à aucun traitté sans eux. Que, voyant cette fermeté, celuy qui faisoit ce discours a repressé de nouveau les ministres du Roy de vouloir moyenner la restitution du Brazil[2], en se rendant arbitre de la somme que le roy Despagne payeroit pour le desdommagement des intéressez.

loo », se remit en campagne le 16 août et parut devant Gueldre le 22. Le cardinal-infant l'obligea à lever le siège, et la campagne se termina le 10 novembre. D'Estrades revint en France aussitôt.

1. Il s'agit ici des négociations entre Musch, greffier des États-Généraux, et D. Martin d'Axpe, secrétaire de l'infant. Cf. Alb. Waddington, *La République des Provinces-Unies, la France et les Pays-Bas espagnols de 1630 à 1650*, t. I (1895), p. 346.

2. « Les seigneurs de la Compagnie confédérée des Indes occidentales » avaient profité de l'annexion à l'Espagne du Portugal et de ses colonies pour entreprendre la conquête du Brésil. Cf. Netscher, *les Hollandais au Brésil*, La Haye, 1853.

Qu'à cela lesdits ministres ont dit qu'autant qu'ils pouvoient pénétrer MM. des Estatz estoient aussi incapables d'entendre à une telle proposition, comme S. M. de les presser de se porter à une chose qu'elle estimât du tout contraire à leurs intérestz.

Que, pour conclusion, on ne veoit autre intention que de tromperie aux Espagnolz, contre laquelle il faut s'affermir en demeurant les uns et les autres plus estroittement liez que jamais, et formans des desseins de guerre pour l'année qui vient, qui seront aussi heureux, estans conduitz par de bonnes testes, que ceuxcy ont esté malheureux par la négligence que les chefs ont aporté à les exécutter.

Fait à Abbeville, le iiiie aoust 1638.

LOUIS.
BOUTHILLIER.

V.

D'ESTRADES A [CHAVIGNY].

Thurin[1], 20 décembre 1638.

(Aff. étr., Correspondance politique, Turin 26, fol. 710, autographe.)

Je ne trouvé pas Monseigneur le cardinal de La Va-

---

1. Au commencement de décembre 1638, G. d'Estrades, qui était rentré de Hollande le mois précédent, fut envoyé en Piémont. La duchesse de Savoie, Christine, sœur de Louis XIII, était mal conseillée par son confesseur le P. jésuite Monod, qui était « un esprit si dangereux que de le nourrir dans une court est y nourrir un serpent » (Richelieu à Particelli d'Émery, 17 octobre 1637, Aff. étr., Correspondance politique, Turin 25, fol. 531). Richelieu aurait voulu le faire arrêter. Ses envoyés auprès de la duchesse avaient seulement obtenu que Monod se rendrait à Coni pour y demeurer (27 février 1638).

lette[1] à Thurin, ce qui m'obligea d'aller à Cazal, d'où il s'en revient dès qu'il eust esté à Rosignan[2] ordonner ce qui est nécessaire. S. É. a receu les choses que vous m'aviés commandé de luy dire touchant sa personne et sa conduitte avec une très grande satisfaction, et telle que je vous puis asseurer, Monsieur[3],

Mais le Père jésuite continuait à intriguer contre la duchesse et contre la France. Richelieu envoya alors en Savoie le comte de Paluau, puis d'Estrades. Ce dernier partit de Paris dans les premiers jours de décembre 1638. Il était porteur d'une lettre de Richelieu pour la duchesse (cf. Avenel, t. VI, p. 251 et 266) et d'un fort long mémoire pour le cardinal de La Valette. L'original de ce mémoire, du 6 décembre 1638, avec des notes marginales de la main de La Valette, se trouve dans les papiers de d'Estrades (Bibl. nat., Clairambault 572, fol. 15-21). Une copie provenant des Affaires étrangères a été publiée par le vicomte de Noailles (voir note suivante). Ce document ne concorde pas du tout avec la prétendue Instruction du cardinal donnée à d'Estrades le 5 décembre (*Ambassades et négotiations...*, p. 34). De même, les événements ne se passèrent pas comme le raconte la lettre du 17 décembre (*Ibid.*, p. 36). Le P. Monod, qui avait fui de Coni, s'était réfugié « dans la maison des Jésuites du Moncenis » le 3 janvier 1639. Il y fut arrêté et conduit le 8 janvier au château de Montmélian. Cf. lettres de La Valette, 5 et 8 janvier 1639 (Aff. étr., Correspondance politique, Turin 28, pièces 1 et 12), et aussi les ouvrages cités à la note suivante.

1. Sur le cardinal de La Valette, voir vicomte de Noailles, *Épisodes de la guerre de Trente ans : le cardinal de La Valette, lieutenant général des armées du roi, 1635 à 1639*, Paris, 1906, in-8°, et sur l'affaire du P. Monod, Gabriel de Mun, *Richelieu et la maison de Savoie, l'ambassade de Particelli d'Émery*, Paris, 1907, et un article de Mugnier dans les *Mémoires de la Société savoisienne*, t. XL, 1901, p. xxviii.

2. Rosignano, à huit kilomètres sud-ouest de Casale.

3. La lettre est très probablement adressée à Léon Bouthillier, comte de Chavigny, secrétaire d'État des Affaires étrangères depuis 1632.

que nos advis et consels luy ont donné un grand repos
d'esprit. Il ne songe qu'à entreprendre quelque chose
de considérable pour l'année prochesne et à faire réussir par ses soings et son adresse ce que le Roy désire
de Madame[1]. S. A. est si mal d'une deffluction qui luy
est tombée sur un œil qu'elle en a la fieuvre. Cest accidant a empêché que je n'ay l'ay pas encores veue.
Je suis...

D'ESTRADES.

VI.

MÉMOIRE AU Sʳ D'ESTRADES
S'EN ALLANT POUR LE SERVICE DU ROY EN HOLLANDE.

Saint-Germain-en-Laye, 7 février 1639.

(Bibl. nat., Clairambault 572, fol. 29, original signé;
Aff. étr., Correspondance politique, Hollande 21, pièce 18, copie
avec la date du 6 février.)

Ledit sʳ d'Estrades ira en la plus grande diligence
qu'il pourra trouver M. le prince d'Orange pour se
plaindre de ce qu'il n'a fait aucune responce au mémoire que le sʳ Knut[2] emporta d'icy, dès le mois d'oc-

1. Cf. le « Mémoire à M. le cardinal de La Valette pour respondre à ses dépesches des 13, 14 et 19ᵉ novembre 1638 » (original non signé, Bibl. nat., Clairambault 572, fol. 15 à 21;
copie Aff. étr., Correspondance politique, Turin 25, fol. 129).
2. Jean de Knuyt était venu en France, en septembre 1638,
chargé par les États-Généraux d'essayer de réconcilier Marie
de Médicis avec Louis XIII et Richelieu. Marie de Médicis avait
brusquement quitté Bruxelles le 10 août et s'était rendue en
Hollande, dans l'intention de passer de là en Angleterre (cf.
Henrard, *Marie de Médicis dans les Pays-Bas*, Bruxelles, 1876,
et A. Waddington, *La République des Provinces-Unies*, t. I,
p. 308 et suiv.). Louis XIII répondit à Knuyt par un refus.

tobre dernier, pour luy communiquer, bien qu'il fût
dit exprès par ledit mémoire qu'on prendroit et qu'on
envoyeroit la résolution sur iceluy le plus tost que
faire se pourroit, la nature des affaires le requérant
ainsy.

Il dira audit s‍ʳ prince d'Orange que cela auroit fait
penser le Roy s'il ny avoit point quelque cause particulière d'un tel retardement, et que S. M. en auroit
pris plus de soubçon si elle n'avoit entière confiance
en la parolle dudit s‍ʳ Prince, les ennemis se laissans
souvent entendre quilz ont tousjours quelques gens
qui traittent secrettement avec lesdits s‍ʳˢ Estatz; mais
S. M. ne peut croire que telz discours puissent estre
bien fondez, son procéder ayant esté en toutes occasions si punctuel et si plain de franchise envers lesdits s‍ʳˢ Estatz.

Ledit sieur d'Estrades fera donc connoistre audit
s‍ʳ prince d'Orange que ce n'est pas pour s'esclaircir de
ce doute que le Roy lenvoie[1] présentement, mais que

Toutefois, Richelieu profita de la présence en France de ce
diplomate pour discuter avec lui les moyens de réparer les
échecs militaires de l'année et lui remit pour le Prince des
propositions « sur les moyens de faire utilement la guerre
l'année qui vient », 8 octobre 1638 (Bibl. nat., Clairambault 572,
fol. 13, et Aff. étr., Correspondance politique, Hollande 20,
fol. 432, avec la date du 27 octobre). Voir le texte reproduit
p. 19, note 2.

1. Voici le pouvoir donné à G. d'Estrades (Bibl. nat., Clairambault 572, fol. 25, original scellé) : « Le Roy, voulant pendant la campagne prochaine agir puissamment pour le bien
commun de cette couronne et des s‍ʳˢ Estats-Généraux des Provinces-Unies des Pays-Bas, ses très chers grands amis, alliez
et confédérez, a donné et donne pouvoir par ces présentes au
s‍ʳ Destrades de signer en son nom un article secret touchant
ce qui devra estre fait contre les ennemis de la part de S. M.

c'est pour ne plus perdre de temps, la saison estant desjà si avancée que le moindre délay que lon aportera désormais à la résolution des affaires est capable de les ruiner entièrement.

Pour cet effect, il pressera ledit s^r Prince d'ajouter le contenu au mémoire dont ledit s^r Knut a esté chargé, et particulièrement en ce qui concerne le temps préfix de sortir en campagne et le choix des desseins auxquelz on se devra attacher de part et d'autre.

Il luy représentera ensuitte que le Roy avoit fait venir cet hiver ceux qui doivent commander ses armées pour avoir sceu les sentiments dudit s^r Prince, leur donner les ordres de ce quils auroient à faire, qu'on les a retenus jusques à cette heure, quoy que leur présence fût entièrement nécessaire pour faire mettre ses troupes en estat de bien servir cette campagne, quilz ne sçauroient demeurer icy que jusques au huict ou dizième de l'autre mois au plus tard, et qu'il est du tout nécessaire que ledit s^r Prince face sçavoir ses pensées avant ce temps-là.

Il dira conformément à M. le prince d'Orange que le Roy lui a commandé de luy faire connoistre le mescontentement qu'il a de ce qu'il croit que le s^r d'Estempes[1] est en partie cause du retardement qui a esté

et desdits s^{rs} Estatz, promettant S. M. d'avoir agréable et d'observer ce qui aura esté signé en son nom par ledit s^r Destrades sur ce sujet et d'en faire expédier et délivrer sa ratiffication dans le temps que ledit s^r Destrade l'aura promise. Fait à Saint-Germain-en-Laye, le v febvrier 1639. Louis; BOUTHILLIER. » Voir aussi lettre du cardinal au prince d'Orange, 8 février 1639 (Aff. étr., Correspondance politique, Hollande 21, pièce 25).

1. Les États-Généraux désiraient négocier sur place avec l'ambassadeur. Ils nommèrent même des commissaires pour

aporté en cette affaire par le désir qu'il pouvoit avoir
qu'elle luy passast par les mains, que S. M. commande
expressément audit s[r] d'Estempes de la venir trouver,
tant pour ce sujet que parce qu'elle a trouvé très
mauvaise une proposition qu'il a faite audit s[r] prince
d'Orange sur le sujet de Milandre[1] sans ordre et contre
raison, et pour quelques autres choses semblables.

Ledit s[r] d'Estrades assurera ledit s[r] Prince que le
Roy est tousjours dans la mesme volonté d'assister les
s[rs] les Estatz cette année de la somme de douze cens
mil livres, comme il a fait les précédentes, mais que
S. M. entend aussi que ce soit aux mesmes conditions
de traitté et de l'article secret qui furent signez l'année dernière.

Que S. M. luy a commandé de luy en monstrer les
projetz qu'elle a fait dresser, auxquelz elle a adjousté
seulement deux articles[2]; l'un desquelz, qui concerne

s'entendre avec lui. Mais Richelieu était mécontent d'Étampes,
qui avait mal conduit les négociations avec les Hessois (cf.
Richelieu à d'Étampes, 8 février 1639, Avenel, t. VI, p. 279).
De là le rappel de l'ambassadeur, qui partit de La Haye le
18 février, le lendemain de l'arrivée de G. d'Estrades.

1. Melander, général en chef de l'armée hessoise.

2. « Propositions faites entre Monseigneur le Cardinal, duc
de Richelieu, et M. Knuit sur les moyens de faire utilement la
guerre l'année qui vient. — Qu'on entrera en campagne à
jour préfix sans faillir et de si bonne heure qu'on ne puisse
estre prévenu par ses ennemis pour les raisons que représentera ledit s[r] Knuit. — Que le secours que le Roi a donné cette
année à MM. les Estats-Généraux leur sera continué pour l'année qui vient et que dès cet hiver les payements en seront si
bien assurez qu'il n'y ait pas lieu d'en douter. — Que nonobstant le partage de la Flandre projetté entre la France et
MM. les Estats, si MM. les Estats prennent quelque chose en
cette province ils le pourront garder par certain temps, con-

les places de Flandres qui pourront estre attaquées par les s^rs les Estatz, a esté demandé par le s^r Knut, que S. M. acorde pour tesmoigner la facilité quelle aporte à se relâcher autant qu'elle peut aux choses qui regardent les intérests desdits s^rs Estatz.

L'autre est tellement avantageux au bien commun et ledit s^r prince d'Orange a tesmoigné si souvent en désirer l'exécution qu'on ne doute pas qu'il ne soit bien receu.

Ledit s^r d'Estrades demandera d'abord que les s^rs les Estatz fournissent trente vaisseaux pour joindre à trente autres que le Roy donnera de son costé, mais, s'ilz font difficulté à un si grand nombre, il se contentera de quinze. S'il peut obtenir que lesdits s^rs Estatz fournissent autant de gens que S. M. pour mettre pied

formément à ce qui a esté résolu sur le sujet de Dunquerque. — Que le Roy et MM. les Estats composent une armée navale de chacun trente vaisseaux pour aller faire la guerre à la coste d'Espagne, tant par mer qu'en mettant pied à terre dans quelque poste avantageux qu'on jugera pouvoir estre pris et gardé, et, bien qu'en ce dessein le Roy et MM. les Estats doivent fournir autant de vaisseaux l'un que l'autre, S. M. fournira néantmoins quatre mil hommes de pied à MM. les Estats pour mettre pied à terre. — Que pour faire la guerre aux Indes occidentales, si la Compagnie ne se sent assez forte, on y fera entrer des particuliers de France, aux mesmes conditions que tous les autres de ladite Compagnie, jusques à cinq ou six cents mil livres, pour luy donner moyen de faire l'année qui vient quelque entreprise signalée, pourveu qu'on soit assuré qu'ils y veullent employer cet argent. — Que la response au présent mémoire sera promptement renvoyée, afin que chacun pense à ce qu'il devra exécuter de son costé », 8 octobre 1638 (Bibl. nat., Clairambault 572, fol. 13, et Aff. étr., Correspondance politique, Hollande 20, fol. 432, à la date du 27 octobre 1638).

à terre, il y insistera; sinon il demeurera d'acord que S. M. donnera les deux tiers et lesdits s[rs] Estatz le tiers.

Le Roy n'a pas estimé à propos de donner pouvoir audit s[r] d'Estampes de passer le traitté, parce qu'il ne seroit pas bien scéant que S. M. envoyast offrir ausdits s[rs] Estatz une somme aussi considérable que celle qu'elle leur acorde, et que la moindre chose qu'ilz puissent faire est de suplier le Roy de leur faire cette grâce, ou par un exprès comme il fut fait l'année passée, ou d'en charger leur ambassadeur résident en cette Cour.

Ledit s[r] d'Estrades insistera que la chose passe ainsy et fera connoistre que c'est absolument l'intention de S. M.

Il sçaura particulièrement de M. le prince d'Orange, en cas que le Roy se résolve d'attaquer quelques-unes des places de la coste de Flandres, qu'elles asseurances lesdits s[rs] Estatz peuvent et veulent donner de garentir les secours que l'on y pourroit jetter par mer, et dira audit s[r] prince d'Orange qu'il sera bien à propos d'en mettre un article dans le traitté qui sera dressé lorsque l'on aura sceu ses sentimens, le Roy s'assurant en tout cas que lesdits s[rs] Estatz ne manqueront pas de tenir des vaisseaux à ladite coste, comme ils ont faict par le passé. Ledit s[r] d'Estrades pressera ledit s[r] Prince d'ordonner qu'ilz soient prestz de bonne heure pour toutes bonnes considérations.

Ledit s[r] d'Estrades remonstrera audit s[r] Prince combien il est important que les choses qui seront concertées soient exécutées punctuellement, et luy fera veoir adroitement qu'une bonne partie des mauvais succez qui sont arrivez l'année dernière à Calo et à Saint-

Omer vient du retardement qu'aporta ledit Prince de
mettre en campagne. Il luy fera ce discours en sorte
qu'il ne le pique pas, mais pour luy faire éviter à l'avenir une pareille faute.

Ledit s^r Prince pourra peut-estre désirer que le Roy
ne limite point quelles places il attaquera et qu'on
oste de l'article secret ces mots : comme Dunquerque,
Anvers ou Hulst; mais ledit s^r d'Estrades persistera
qu'ilz y soient mis, non pas pour obliger ledit s^r Prince
d'attaquer l'une de ces places, mais affin que, s'il fait
une autre entreprise, elle soit de pareille considération, S. M. consentant que ledit article secret soit à
son esgard couché comme il fut l'année dernière.

Fait à Saint-Germain-en-Laye, le septiesme février
1639.

Louis.
Bouthillier.

VII.

Richelieu a d'Estrades[1].

Rueil, 16 février 1639.

(Bibl. nat., Clairambault 572, fol. 37, original signé.)

Monsieur, les avis nouveaux et très asseurés que
nous avons eus depuis que vous estes party de ces

1. Avenel (*Lettres de Richelieu*, t. VI, p. 282) n'a pas donné
le texte de cette lettre d'après l'original, mais d'après la minute
écrite par de Noyers (Aff. étr., Correspondance politique, Hollande 21, pièce 29, fol. 38) et qui est assez différente. — Le
19 février, Chavigny dépêcha un courrier à Calais pour porter
à d'Estrades, dans le cas où il ne serait pas encore embarqué,
un duplicata de cette lettre. Il ajoutait que G. d'Estrades pouvait annoncer au Prince que le roi et le cardinal s'avanceront

quartiers, que la flotte[1] d'Espagne ne peut venir qu'en may ou en juin, m'obligent à vous faire cette lettre pour vous prier de faire cognoistre à M. le prince d'Orange la facilité qu'il y auroit d'entreprendre sur icelle en l'attendant proche d'Espagne, entre les Canaries et les Barlingues[2], vers le cap Saint-Vincent, et l'avantage que les affaires communes recevroient si, en un temps comme celuy-cy, on s'estoit rendu maistre d'une flotte semblable à celle-là. Le seul moyen d'en venir à bout et d'exécuter tous les autres desseins qu'on pourroit faire sur les costes d'Espagne seroit que MM. les Estatz joignissent une partie de leurs vaisseaux à ceux du Roy; auquel cas il est très certain que nous serions beaucoup plus puissans à la mer que les ennemis, quand mesmes MM. les Estats ne fourniroient que quinze vaisseaux de quatre cens tonneaux et au-dessus, et que nous pourrions faire de grandes choses. Ceste affaire est de telle importance que je ne doute point que M. le prince d'Orange ne l'embrasse avec chaleur et ne contribue tout ce qui deppendra de luy pour la faire réussir, ainsy que je le conjure de tout mon cœur.

Or, par ce que rien n'en peut d'avantage faciliter le bon succez que la diligence, je vous prie de représenter à M. le prince d'Orange qu'il seroit à propos de profitter du temps et travailler dès cette heure à l'armement desditz vaisseaux, et d'estre assemblez au

à la frontière pour donner plus de vigueur et de réputation à nos armes (Bibl. nat., Clairambault 572, fol. 41).

1. La flotte marchande qui, sous escorte de navires du roi d'Espagne, faisait le commerce entre Cadix et La Vera-Cruz.

2. Les îles Berlengas, à une vingtaine de kilomètres au nord-ouest du cap Carvoeiro.

quinziesme d'avril, auquel temps l'armée navale du
Roy sera preste à mettre à la voille à la rade de
Saint-Martin-de-Ré ou à Belle-Isle, afin qu'il donne
ordre aux vaisseaux qu'il voudra envoyer de ce rendre
à l'un de ces deux lieux en mesme temps. Vous luy
direz aussy qu'il faut que lesdits vaisseaux soient fournis de victuailles pour six mois, comme le seront ceux
de l'armée du Roy, afin que si l'on manque le premier dessein l'on soit en estat d'en faire d'autres de
pareille importance, ou mesme d'attendre la flotte de
septembre. Je vous recommande ceste affaire avec
d'autant plus d'affection que si elle réussit, comme il
y a grande apparence, pourveu que M. le prince
d'Orange y apporte de son costé ce qu'il ne sçauroit
reffuser, les Espagnolz en recevroient plus de préjudice que de la perte de trois de leurs meilleures places.
Vous me ferez sçavoir au plus tost la résolution de
M. le prince d'Orange et de MM. les Estats sur ce
sujet, afin que sur icelle nous prenions la nottre et que
nous nous disposions à l'exécuter. Cependant, je vous
conjure de croire que je suis véritablement, Monsieur,
vostre plus affectionné à vous rendre service.

Le cardinal DE RICHELIEU.

De Ruel, ce 16 febvrier 1639.

VIII.

D'ESTRADES A [CHAVIGNY].

La Haye, 21 février 1639.

(Aff. étr., Correspondance politique, Hollande 21, pièce 31, fol. 41-43,
autographe.)

Toutte la diligence que j'ay peu faire a esté de me
randre icy le 17 de ce mois; à l'instant mesmes je

vins trouver M. d'Estampes et luy donné les dépêches dont vous m'aviés chargé pour luy, suivant lesquelles il se résolust de partir dès le landemain, comme il fist, pour aller s'embarquer à Flexingues[1]. Le même jour, je vis M. le prince d'Orange et luy dis tous les poincts portés par mon instruction, sur le premier desquels, concernant le retour de M. Kenut, il me fist connoistre que ledit s^r d'Estampes l'avoit pressé plusieurs fois de le renvoyer, mais que MM. les Estats avoient tant trouvé à redire en ce qu'ils croyent qu'il s'est advancé de faire des propositions en France de son chef qu'il n'y avoit pas de disposition, qu'il juge bien l'importance d'user de diligence, et que, puisque je suis ici, il contribuera tout ce qui dépand de luy pour faire prandre une bonne et prompte résolution, ne désirant rien plus que de secunder les bonnes intantions du Roy et de Monseigneur, qu'ils se peuvent aussi asseurer de celles de MM. les Estats, estant bien aise que S. M. et S. É. (sur ce que je en touché en passant) ne fassent pas de réflecssion sur les discours qui se tienent quelque fois parmi le monde, et que les Espagnols eus-mêmes font courrir, des négotiations de tretté, cella estant sans fondemant ni apparance[2].

Quand au temps de sortir en campagne et du choix des desseins ausquels on deuvra s'attacher de part et d'auttre, sur le premier il me dit qu'il seroit impos-

---

1. Brasset écrit le 21 février 1639 (Aff. étr., Correspondance politique, Hollande 21, pièce 32, fol. 44) : « Le partement de M. d'Estampes fut vendredi dernier 18e pour s'aller embarquer à Flissingues, et M. d'Estrades travaille avec grande adresse et diligence à l'exécution de ses commissions. »

2. Le curé de Loon-op-Zand avait cependant amorcé des négociations. Cf. *infra*, pièce XI.

sible de mettre son armée en campagne au 20 du mois d'auvril, et que tout le plus tost pourroit estre au 10 de may, ce pays froid ne produisant pas plus tost de coy nourrir la cavallerie; outre que l'hyver ayant esté fort humide, il est à craindre que dans le printemps ne surviene des froidures qui retardent les herbes.

Sur l'auttre, qui regarde le chois des plasses qui se pourront attaquer, il fist grande difficulté sur celles qui sont nomées dans l'article secret, creignant que, s'il venoit à ne pas faire ce qui auroit esté promis par escript, ce luy feust un sujet de blasme et de reproche. Mais je luy dis que S. M. et S. É. désirent absolument qu'elles soient desnomées et que tout de mesmes qu'encores que S. M. se feust obligée l'année dernière d'assiéger Thionville, Mons ou Namur, l'on ne lessa pas de convenir qu'Elle feroit le siège de Saint-Omer, aussi se pourroit-il prandre expédiant pour remédier à la difficulté d'attaquer les plasses nomées par une autre entreprinse de parelle considération.

A coy il me respondit qu'il faudroit que, lorsque nous aurions esté d'accord de l'attaque d'une auttre place, je luy donasse un escript signé comme le Roy consentoit que, non obstant les plasses nomées, MM. les Estats pourroit attaquer celle dont on avoit convenu, veu les difficultés qui se rancontroit à celles qui sont dans le tretté. Je luy dis que je ne m'engageois pas à ceste déclaration que je n'eusse esté asseuré de son dessein et s'il estoit de la force des auttres. Je vous suplieré, Monsieur, de me donner vostre advis sur cest article et ce que j'aurai à faire en cas que S. A. persiste que cella soit de la sorte.

De là nous passasmes à l'assistence d'argent que le Roy doneroit à MM. les Estats pour la présante année, aus conditions que je luy dis semblables au tretté dernier. Il me parla là-dessus comme s'il eust entandu que les douse cent mille livres seroient fournies sans aucune condition; ce que j'ay fait cognoistre n'avoir jamais esté l'intantion de S. M., et que ce ne seroit pas aussi la raison qu'elle donast son argent sans estre asseurée d'un employ utille et advantageus aus intérêts communs; et qu'absolumant elle désire que le traitté soit signé à la Court, estant bien raisonable que ce respect soit defféré à S. M. qui a creu que MM. les Estats ne pouvoit moins faire que de l'envoyer suplier d'une assistance, à coy elle n'est obligée que par pure bonne vollonté qu'elle porte à cest estat et par la considération des despansses qu'il faict en de grandes et utilles antreprises. Il monstra qu'il y auroit beaucoup d'obstacles sur des points qui lui sembloit difficilles. Il le lessa entandre comme si je pourrois faire un voyage à la Cour pour les faire changer. Mais, m'apercevant de cella, je luy déclaré que ce que l'ons m'avoit mis en main est sans réplique et que je me garderois bien de me charger d'un tel voyage, dont S. M. et S. É. ne receuvroit aucune satisfaction; que mes ordres estoit de haster la conclusion des affaires mesmes dans un terme limitté de la fin de ce mois, je le supliois de ne point remettre les choses à une telle longueur que divers incidans au passage de la mer pourroit encores augmanter. Il me dit aussi que depuis quelques jours MM. les Estats avoint escrit à S. M. pour la suplier de trouver bon que l'argent qu'Elle leur donne leur soint fourni à Amstredam par banque comme celuy qu'elle fournist aus Suédois. A coy je luy ai dit et aus auttres qui m'en ont parllé (car je trouve que ceste prétantion est fort dans les esprits de dessa) qu'ils ne doivent

point prétandre de changemant en une chose qu'eus-
mesmes ont acceptée, qu'il y a des raisons pour les
Suédois qui sont en campagne, hiver et esté, et qui
font passer la mer à leurs troupes avec baucoup de
frais et de risques, lesquelles ne sont pas par dessa,
outtre que c'est une gratification volontaire et à laquelle S. M., comme j'ai desjà dit, n'est neullement
obligée, et qu'elle doit estre receue en la forme qu'elle
la veust donner.

Il faict grande considération sur les asseurances de
la guarantie et empêchemant du secours que l'ons
pourroit entreprandre de jetter par mer dans les
plasses que S. M. attaqueroit en la coste de Flandres,
douttant que cella tirast à un engagemant de cest Estat contre les Anglois.

Pour la diverssion en Espagne par une conjunction
de vesseaus tant de S. M. que de MM. les Estats, il
trouve la chose impossible pour ceste année, ayant
besoing de baucoup plus de vesseaus qu'ils n'ont présantemant pour garder leurs costes et fournir les pê-
cheries.

S. A. me dit qu'il falloit donner la lettre du Roy à
MM. les Estats. Je l'ai suplié de trouver bon que ce ne
feust pas à l'assamblée, affin que les choses feussent
plus secrettes, ce qu'il a aprouvé, et m'a faict donner des comissaires, et ceus en qui il a plus de confiance.

J'ay creu estre à propos de vous informer des premiers discours que j'ay eu avec M. le Prince. Il s'en
est allé depuis hier à la campagne, à une de ses maisons, et doit revenir demain. Il m'a aussi dit que ce
n'estoit qu'un pourparller et qu'il tâcheroit, autant
qu'il luy seroit possible, de contanter le Roy.

Je vous suplie aussi de me mander jusques où je dois relascher pour le temps de la campagne.

J'ay trouvé M. Brasset[1] fort affectionné au service du Roy. Il m'a tesmoigné que, quand je jeugerois qu'il seroit utille en quelque chose, de luy faire cognoistre. Je vous suplieroi, Monsieur, de me faire sçavoir vostre volontté que je suiuvré en cella comme en toutes auttres choses, comme estant avec toutte sorte de passion et de véritté, Monsieur, vostre très humble et très obéissant serviteur.

DESTRADES.

A La Hayée, ce 21 feuvrier 1639.

J'ai trouvé que M. Kenuit s'estoit retiré en Zellande, acablé des mauvais offices que ses anemis luy ont randu. J'ai expliqué ce mot de favorablement escoutté à S. A., qui a tesmoigné en estre bien aise, et n'a pas esté faché de ce que je l'ay dit à d'auttres, et que je l'ai deschargé des choses dont l'on l'accuse, come d'avoir prins en France douze mille liuvres.

IX.

D'ESTRADES A CHAVIGNY[2].

La Haye, 28 février 1639.

(Aff. étr., Correspondance politique, Hollande, pièce 41, fol. 60, original en partie chiffré[3].)

Monsieur, je receus hier vos deus despêches du 16 et 19 feuvrier avec la lettre que Monseigneur m'a faict

1. Secrétaire de l'ambassade de France à La Haye.
2. Au dos de la pièce : « M. le comte de Chavigni, conseiller du Roy en tous ses consels, secrétère de ses comandemants. »
3. Nous plaçons toujours le déchiffrement entre crochets.

l'honneur de m'escrire[1], et l'extrait d'une de Gennes[2]. J'ay esté tout aussitost trouver M. le prince d'Orange et luy ay faict entandre les advis très asseurés que [M. le Cardinal] avoit, que [la flotte d'Espagne ne peut arriver qu'en may ou en juin] et que, l'occasion se rancontrant si facille d'[entreprendre sur icelle], il espéroit que S. A. n'aporteroit ni retardemant ni difficultté pour [joindre quinze vaisseaux de quatre à cinq cens tonneaux] pour faire ceste [entreprise]; que la diligence y estoint entièrement nécessaire, affin qu'ils peussent estre en estat de [joindre la flotte du Roy, au quinzième avril, à la rade Saint-Martin-de-Ré ou à Belle-Isle]; que, quand ce dessein ne réussiroit pas, l'ons ne lessera pas d'en faire d'auttres de parelle considération ou mesme [d'attendre la flotte de septembre] et que, pour cest effect, il faut que [lesdits vaisseaux y soient fournis de vittuailles pour six mois]. Il me répondit qu'il estimoit ceste affaire fort importante et qu'il en parleroit à MM. les Estats, et qu'il envoyeroit par les villes pour sçavoir de ceus qui ont charge des [admirautez] pour user de toutte diligence possible pour en trouver, mais qu'il apréhandoit que l'ons n'eust bien de la penne à cause du peu de temps qu'il y a, MM. les Estats n'ayant [de service que trente vaisseaux] qui sont destinés pour les [convois] des marchans, [la pescherie] et pour [la garde des costes]; que de ce dernier [combat contre les Dun-

----

1. Cf. pièce VII et la note 1.

2. On y dénonçait des capitaines hollandais qui faisaient sur leurs navires le transport des poudres pour les Espagnols. Cf. lettre de d'Estrades, La Haye, 1er mars 1639 (Aff. étr., Correspondance politique, Hollande 21, pièce 43).

querkois][1] il y en a [huit] des plus [grands démâtez et brisez] et que l'amiral luy a dit qu'ils ne sçauroit estre [pretz de trois mois], mais qu'il me randroit une prompte réponsse sur cet article, voyant bien que ceste affayre le requiert. Il m'a demandé une copie de l'extret de la lettre de Gennes. Il m'a asseuré qu'il en fairoit une perquisition exacte contre ceus qui y sont nommés.

Par la lettre du 21 feuvrier que j'eus l'honneur de vous escrire, vous aurez veu les responsses de S. A. Du deppuis ayant donné celles du Roy aus comissères qui m'ont esté donnés de la part de MM. les Estats, ils se sont assemblés quattre jours de suitte, où je esté apellé, pour me déclarer qu'ils n'entandoit point mettre dans [l'art. secret Anvers ni Dunkerke], ny préciser les [places], sachant bien qu'ils ne les [peuvent attaquer]. Je feus trouver [le prince d'Orange] et luy représantté que, coy que [le Roy] désirast que l'ons ne changeast rien à [l'art. secret], ce n'estoit pas pour l'angager à [l'attaque d'Anvers ou Dunquerke], s'il les jeugeoit impossibles, mais qu'il croyoit qu'ils en feroit d'auttres qui esgaleroit l'eune de ces deus, comme [Hulst ou Dame et Bruges ou Genep, Venlo et Ruremonde] ensemble, ou l'eune de [ses trois] avec [Gueldre]. Il m'a respondu que cella n'estoit pas humenemant faisable, qu'il y avoit huit lieues de [Genep à Venlo], qui sont [deux journées d'armée, et quatre de Venlo à Ruremonde], et qu'il lui faudroit quarante

1. Combat du 18 février, en vue de Dunkerque, dans lequel Tromp a battu la flotte de Michel Dorne. Cf. Commelin, t. II, p. 30 et suiv., et H. Malo, *Les Corsaires dunkerquois*, t. I, p. 349.

mille homes pour [faire ses trois sièges]. Je luy ay demandé [Hulst] comme n'estant pas si difficille. Il m'a respondu qu'il croist que [le Roy et M. le Cardinal] ne désireroit de luy que ce qu'il peust, et que, pour haster les affaires, il faudroit faire dresser [l'art. secret] et y mettre [Venlo, ou Gueldre, ou Ruremonde], et oster les auttres, et que j'en nomasse trois du costé de France. A coy je luy ai respondu que ce n'estoit point l'intantion du Roy que l'ons les changeast, ainssi que je luy avois faict entandre, non plus que de tenir ces plasses d'assez grande considération pour obliger le Roy à leur accorder [l'argent] qui leur donna l'année passée, et que, pour mon particulier, après l'avoir suplié très humblemant de considérer le peu de satisfaction que le Roy et S. É. receuvront de ses résolutions qui ne tandent qu'à attaquer des [places] fort médiocres et au-dessous de sa grande expériance et ambition, je le supplieré de me permettre de luy faire dès à présant ma déclaration de ne signer point [l'art. secret] si l'ons change les noms des [places] de l'année passée. Il m'a respondu qu'il ne croyoit pas que MM. les Estats changeassent d'opinion; que, pour luy, c'estoit son sentimant, mais qu'il me parleroit encores demain.

Je vous advoue, Monsieur, que je m'estonne bien d'avoir trouvé [le prince d'Orange] résister et mesme s'opiniastrer si fort à touttes les choses que je luy ay proposées. Je m'asseure qu'il croist bien par l'espreuve qu'il en a faictte durant sinc jours qu'il ne me portera pas à signer [l'art. secret] s'il n'est en la mesme forme de celuy de l'année passée. Je verrai ce que produira la jornée de demain. Je faict dessein de luy parller avec le plus de douceur qu'il me sera possible, sans relâcher touttesfois de ce qui m'est ordonné.

Pour le temps de la campagne, je ne crois pas que l'ons les y puisse portter plus tost que vers le [dixième de may].

Je l'ay suplié aussi de haster la response touchant la dernière proposition que je luy ay faicte de [quinze] vaisseaus, ce qu'il m'a promis. Il m'a rappelé en sortant de sa chambre et m'a dit que demain ce seroit la dernière assamblée que les députés fairoit et qu'il me diroit leurs dernières volonttés. Je l'ay suplié très humblemant de leur vouloir donner d'auttres santimants que ceus qu'ils ont tesmoigné avoir. Il m'a respondu avec plus de douceur qu'il n'avoit faict, que son dessein estoit de donner contentemant au Roy auttant qu'il luy seroit possible, et que je le viensse trouver avant de voir les comisères. Je ne sçais ce que cella produira. Je vous puis asseurer, Monsieur, que si les choses ne réussissent au contantemant de Monseigneur que ce n'est pas que je n'y aye aportté de mon costé tout ce que l'affection et l'envie de servir peust produire. Si j'avois plus de capacité, je serois peut-estre plus heureus. Je vous ay randu mon compte punctuellemant par mes deus lettres de tout ce qui s'est passé, et par celle-ci je vous asseureré encores que vous n'aurés jamais personne qui soit plus véritablement que moy, Monsieur, vostre très humble et très obéissant serviteur.

D'ESTRADES.

X.

D'Estrades a [Chavigny].

La Haye, 7 mars 1639.

(Aff. étr., Correspondance politique, Hollande 21, pièce 46, fol. 68,
original en partie chiffré et déchiffré.)

Il a reçu les deux lettres par l'ordinaire du 26 et du
27 février.

Joie du prince d'Orange à cause de la bonne intelligence
qui existe entre le cardinal et lui.

D'Estrades a pressé le Prince d'envoyer dix ou douze
navires devant Dunkerque, ce qui a été arrêté aussitôt.

En ce qui concerne la résolution des États au sujet de
l'article secret, on ne doit l'avoir qu'à la fin de la semaine.
Il appréhende que l'affaire ne réussisse pas, ayant été communiquée à tant de personnes.

Le prince d'Orange est malade. M. d'Étampes a été
vingt-quatre heures en mer et contraint de faire relâche.

D'Estrades partira sans faute le 9 ou le 10 de ce mois[1],

1. Richelieu au prince d'Orange, 22 février 1639 : « Si ledict
s[r] d'Estrades n'est pas parti, vous le renvoierez, s'il vous plaît,
le plus tost qu'il se pourra, la saison nous pressant extraordinairement » (Avenel, t. VI, p. 286). Le 26 février, Chavigny
écrit à G. d'Estrades qu'on attend sa réponse ou son retour
pour faire les préparatifs de guerre (original, Clairambault 572,
fol. 53). — D'Estrades quitte La Haye le 10 mars, porteur de
lettres du prince d'Orange et des États au roi et au cardinal (voir Aff. étr., Correspondance politique, Hollande 21,
pièces 44, 48 et 49). Dans leur lettre au roi, 9 mars 1639 (original, Clairambault 572, fol. 57), les États se félicitent de la
« sage et prudente conduitte » de G. d'Estrades ; ils ajoutent :
« ... nous avons confié entre ses mains deux escrits touchant
la campagne prochaine pour estre communiquez à V. M., et
celuy qui vous plaira et agréera nous le tenons de ceste heure
pour conclu et arresté de nostre part ; mais, quant aux subsides
et adsistences pour l'entretien de nos trouppes extraordinaires,

avec la flotte de douze navires qu'il verra mettre l'ancre devant Dunkerque[1].

D'Estrades ajoute : « M. le prince d'Orange m'a faict l'honneur de me donner la lieutenance du régimant de M. Du Buat[2]... »

XI.

Project d'instruction pour le s^r Lestrade[3].

[Seconde quinzaine de mars 1639[4].]

(Aff. étr., Correspondance politique, Hollande 21, pièce 221, fol. 393.)

« Faut renvoyer le s^r d'Estrades avec la copie de la

nous en avons donné plein pouvoir au s^r d'Oosterwyck, notre ambassadeur ordinaire, pour le traitter avec les s^rs commissaires de la part de V. M... »

1. Chavigny à G. d'Estrades, 26 février 1639 (Bibl. nat., Clairambault 572, fol. 49). On a appris avec grand contentement l'avantage remporté par la flotte des États sur celle de Dunkerque. Il faut en tirer tout le fruit qu'on en peut attendre. Aussi on ne doute pas que l'amiral des États ne revienne en vue de Dunkerque pour empêcher la flotte ennemie de se rendre en Espagne.

2. L'ordre donné aux officiers et aux soldats de reconnaître le lieutenant-colonel d'Estrades pour capitaine de la compagnie du colonel Du Buat se trouve en original signé et scellé, daté du 18 avril 1639, à la Bibl. nat., Clairambault 572, fol. 61. — Dans les *Ambassades* (p. 166) est une prétendue lettre du prince d'Orange à d'Estrades, 15 avril 1639, par laquelle il lui donne « le régiment françois d'infanterie qu'avoit feu M. le duc de Candale ». Elle est fausse. Ce n'est pas d'Estrades, mais Du Buat, qui a été pourvu en mars 1639 du régiment de Candale (cf. lettre de G. d'Estrades à Chavigny, 20 mars 1640, Aff. étr., Correspondance politique, Hollande 21, pièce 276 : « S^r Du Buat, qui a esté pourveu du régimant de M. de Candalle dès l'année 1639, au mois de mars... »).

3. Cette pièce ayant été publiée par Avenel (t. VI, p. 309-310), nous n'en donnons qu'un résumé.

4. Ce projet d'instruction doit être daté entre le retour de

lettre que le prince Thomas a escrite au s[r] de Pesieu, par où ledit prince recognoist clairement que la proposition que ledit Pesieu a faicte d'une tresve ou de la paix vient de luy[1]... »

D'Estrades dira « confidemment » au prince d'Orange que l'Espagne a fait savoir que, dès 1636, les Hollandais se fussent accommodés avec l'Espagne « si l'Espagne eût voulu leur accorder les conditions qu'ils désiroient ».

Il dira aussi qu'on nous a fait savoir de Bruxelles que le curé de Loon[2] a fait plusieurs voyages pour la trêve, qu'il est vrai qu'on lui a dit en Hollande qu'on ne voulait rien faire sans la France, mais aussi qu'un député n'a pas caché qu'on irait à l'assemblée de Cologne avec la France, mais qu'on traiterait séparément et secrètement.

Le roi a confiance dans ses informateurs, mais il croit

d'Estrades en France, qui n'a pu avoir lieu avant le 16 mars (il était parti de La Haye le 10 mars), et le 30 mars (lettre de Richelieu au prince d'Orange, 30 mars, Avenel, t. VI, p. 307, qui annonce que d'Estrades, malade, ne peut repartir).

1. Le 22 février 1639, Richelieu écrivait au prince d'Orange : « Au mesme temps que le cardinal-infant vous a faict la dépesche, dont il vous a pleu m'envoyer la copie, le prince Thomas a donné charge à un gentilhomme de Mme de Savoie, qu'elle luy avoit envoyé sur le sujet de la mort du dernier duc son fils, de me tenir quelque langage qui va à mesme fin ; vous cognoistrés sa proposition par la copie de la response que j'ay faict faire audict gentilhomme, laquelle je vous envoie... » (Aff. étr., Correspondance politique, Hollande 21, pièce 35).

2. Le cardinal-infant, gouverneur des Pays-Bas catholiques, envoya à plusieurs reprises en Hollande le curé de Loon sous prétexte de discuter les termes des passeports à délivrer aux députés hollandais pour se rendre aux négociations de Cologne, mais en réalité pour essayer de détacher de la France les États-Généraux des Provinces-Unies. Cf. Waddington, t. I, p. 353-355, et Aff. étr., Correspondance politique, Pays-Bays espagnols 13, fol. 565. — Ce curé s'appelait Benoist van Ressel. Il était curé de Loon-op-Zand près Bois-le-Duc (Brabant), et non de Loon près Dunkerque, comme l'a écrit Avenel.

que cet avis qu'on lui a donné vient des Espagnols, désireux de faire naître la méfiance entre Français et Hollandais.

Comme remède, rompre tout commerce de ce genre et toute négociation cachée.

XII.

BROUILLARD D'INSTRUCTION DONNÉE A M. D'ESTRADES ALLANT EN HOLLANDE [1].

23 avril 1639 [2].

(Aff. étr., Correspondance politique, Hollande 21, pièce 73, fol. 107.)

D'Estrades parlera au prince d'Orange suivant les instructions données au s^r d'Amontot [3].

Remercier le Prince des renseignements envoyés au sujet de la négociation de trêves, proposée par le cardinal-infant.

1. Ce document étant reproduit par Avenel (t. VI, p. 328), nous n'en donnons qu'un résumé.

2. Richelieu annonce, le 22 avril, au prince d'Orange que d'Estrades part le lendemain.

3. G. d'Estrades était tombé malade, vers la fin de mars, au moment de repartir pour la Hollande, et Richelieu avait chargé le s^r d'Amontot, conseiller du roi, de se rendre auprès du prince d'Orange. Il devait lui remettre le traité passé le 24 mars à Paris avec Oosterwijck, ambassadeur des États, et l'article secret fait à Rueil le 29 mars (Aff. étr., Correspondance politique, Hollande 21, pièce 62). Par ce traité (Aff. étr., Correspondance politique, Hollande 21, pièce 59), Louis XIII promettait aux Hollandais un subside de 1,200,000 l. L'article secret (Aff. étr., Correspondance politique, Hollande 21, pièce 61) portait que chaque partie mettrait en campagne 18 à 20,000 hommes de pied et 4,500 à 5,000 chevaux, que l'entrée en campagne aurait lieu le 1er mai au plus tard, que l'armée des États attaquerait « une place de grande considération » et que S. M. attaquerait de son côté une place considérable. — Les instructions du s^r d'Amontot sont du 1er avril 1639 (Aff. étr., Correspondance politique, Hollande 21, pièce 63).

Rien n'empêche tant la paix que l'espérance qu'a l'Espagne de diviser les « coléguez ». Ses menées en 1635 et depuis. Maintenant encore elle tâche de donner à la France des craintes au sujet de la sincérité des États.

Pour avancer la paix, faire voir de tous côtés aux Espagnols que leurs efforts sont vains. S. M. fera savoir au nonce qu'elle ne veut pas entendre parler de traité séparé[1]. Si le curé de Loon reparaît en Hollande, lui faire la même réponse.

Offre du roi de passer un nouvel écrit réciproque avec les États, « par lequel celuy qui traictera séparément sera déclaré infâme et perdu de réputation et d'honneur pour jamais ».

Affection particulière de S. É. pour le prince d'Orange.

« De plus, il [d'Estrades] luy représentera qu'il faict tant d'estat des propositions qui viennent de luy qu'il a faict agréer au Roy celle que ledit s[r] d'Estrades luy a faicte de sa part, pour l'année qui vient, selon les mémoires particuliers qu'emporte ledit s[r] d'Estrades[2]. »

Véritable liaison que S. É. veut avoir avec le Prince et la Princesse.

1. Cf. Avenel, t. VI, p. 333.

2. Rentré de Hollande vers la mi-mars, d'Estrades avait apporté à Richelieu les propositions du prince d'Orange pour la campagne de 1640. On les connaît par une pièce écrite par d'Estrades et qui porte des corrections d'une autre main (Aff. étr., Correspondance politique, Hollande 21, pièce 207). Le prince d'Orange proposait d'attaquer, en 1640, « Bruges, Damme, tous les forts et villes qui se rancontrent sur le canal, et Blancemberghe, pourveu qu'il plaise au Roy luy donner l'argent nécessaire pour la levée de dix mille hommes et, pour les entretenir, six mois de gage de quarante-deus jours chacun ». Quant à l'armée du roi, ou bien elle se joindrait vers Bruges à l'armée des États, ou bien, se mettant en campagne un mois avant celle des États, elle attaquerait une place forte éloignée de la Flandre. — Ce fut à d'Estrades et non à d'Amontot que Richelieu confia le soin de porter sa réponse (Ri-

XIII.

RICHELIEU A D'ESTRADES.

« De Ruel, ce 27 avril 1639 »[1].

(Bibl. nat., Clairambault 572, fol. 85, original signé.)

Ce mémoire est pour avertir M. d'Estrade d'une chose qui l'estonnera, je m'asseure, qui est qu'encores que M. le prince d'Orange luy aye dit expressément qu'il ne manqueroit pas d'estre en campagne au 1er may, qu'encores que MM. les Estats luy ayent donné un

chelieu au prince d'Orange, 30 mars, Aff. étr., Correspondance politique, Hollande 21, pièce 62, et Avenel, t. VI, p. 307). Les « Mémoires particuliers » emportés par d'Estrades sont un projet de « Promesse réciproque entre le cardinal de Richelieu et le prince d'Orange » (Aff. étr., Correspondance politique, Hollande 21, pièce 71, fol. 104), daté de Rueil, 22 avril 1639. Mais d'Estrades eut tant de peine à décider le prince à faire quelque entreprise en 1639 qu'on remit à plus tard le projet pour 1640. Ce ne fut qu'en juillet 1639 qu'on recommença à parler de ces propositions (cf. lettres du 26 juillet et des 10 et 16 septembre). En octobre, le prince en fit de nouvelles (Mémoire du 24 octobre 1639). En novembre, d'Estrades repartit en Hollande avec les Instructions datées du 24 novembre et la copie de la « Promesse réciproque » (cf. *infra*, pièce XIX). Ce fut seulement fin décembre que les engagements réciproques purent être définitivement rédigés (cf. *infra*, lettre de Richelieu à d'Estrades, 23 décembre).

1. Cette lettre existe aux Aff. étr., Correspondance politique, Hollande 21, pièce 75, fol. 110, mais avec la date du 2 mai. Nous trouvons l'explication de ce fait dans une lettre de La Barde à G. d'Estrades, datée de Rueil le 3 mai 1639 (original, Clairambault 572, fol. 93). Saladin était parti pour Calais afin de remettre à G. d'Estrades, qu'on espérait trouver dans ce port, la dépêche du cardinal. Mais on a appris que d'Estrades n'y était pas même arrivé. C'est pourquoi S. É. envoie, le

escrit qui porte la mesme chose[1], il est arrivé aujour-
dhuy 27ᵉ un courrier desdits sʳˢ Estats qui porte de
nouvelles propositions, quelques-unes contraires à
celles de M. le prince d'Orange, en ce que celles-cy
désirent qu'on spécifie les places qui seroit attaquées
de part et d'autre, et qu'ils proposent de mettre en
campagne au 15 de may, au lieu que M. le prince
d'Orange a désiré qu'on ne spécifiast aucune place et
a promis d'entrer en campagne au 1ᵉʳ may.

M. d'Estrades n'oubliera rien de ce qu'il pourra
pour faire réparer cette mesprise et tesmoignera de
quelle conséquence elle est, veu que le Roy est si
fidelle à ses parolles qu'ayant promis d'estre au premier may en campagne, son armée ne tardera pas un
jour, ains peut-estre sera plus diligente.

Il n'est donc plus question maintenant de faire de
nouvelles propositions, mais seulement que M. d'Estrades presse autant qu'il pourra MM. les Estats de
mettre leur armée en campagne, si desjà ils ne l'ont
fait, lorsqu'il sera arrivé, pour exécutter ce qui a esté
porté par ledit sʳ d'Amontot.

Le cardinal DE RICHELIEU.

Je vous envoye la response pour MM. les Estats[2],
que vous leur donnerez, s'il vous plaist.

2 mai, un duplicata de cette dépêche par le retour du courrier
des États. G. d'Estrades doit apporter au prince d'Orange
l'article secret « en la forme qu'il a été rajusté ». Il n'y aura
de changement que pour la date, puisque le 1ᵉʳ mai est passé.
Les États devront s'engager à entrer en campagne présentement.

1. Voir page 37, note 3.

2. Lettre de Richelieu aux États pour réclamer d'eux l'exécution de leurs engagements (Aff. étr., Correspondance poli-

XIV.

LE ROI A D'ESTRADES.

Devant Hesdin, 3 juin.

(Bibl. nat., Clairambault 572, fol. 109, original signé.)

M. d'Estrade, l'on vous a fait desjà sçavoir que mon armée, commandée par mon cousin le s[r] de La Meilleraye[1], grand maître de l'artillerie de France, est devant la ville de Hédin[2], où j'ay trouvé cejourd'huy, que je suis venu faire un tour en ce camp, toutes choses si avancées par son soing et vigilance que selon toutes les apparences cette place sera bien tost entre mes mains. D'autre costé, le s[r] de Feuquières[3], qui commande une autre de mes armées, est maintenant devant Thionville[4] qu'il assiège, dont j'espère pareil succez en

tique, Hollande 21, pièce 74, fol. 109). Malgré tout, la déclaration, datée de La Haye, 10 mai 1639, porta que les armées entreraient en campagne le 15 mai (Aff. étr., *Ibid.*, pièce 79, fol. 115). Stella, secrétaire du comte d'Avaux, fut chargé par d'Amontot et d'Estrades de porter cette déclaration à la Cour. Il arriva à Paris le 24 mai (Boppe, *Correspondance inédite du comte d'Avaux*, Paris, 1887, p. 140).

1. La Meilleraie, petit-fils de l'avocat La Porte, commanda un régiment au siège de La Rochelle. Richelieu, qui se l'était attaché, lui donna la commission de grand maître de l'artillerie à la mort du maréchal d'Effiat.

2. Hesdin (Pas-de-Calais), investi le 19 mai. La garnison capitula le 29 juin. La Meilleraie fut fait maréchal de France.

3. Isaac-Manassès de Pas, marquis de Feuquières. Maréchal de camp en 1629, ambassadeur en Allemagne en 1633-1634, lieutenant général en 1637, il fut blessé mortellement en 1639 au siège de Thionville.

4. Feuquières investit Thionville le 26 mai. Piccolomini, accouru au secours de cette place, battit Feuquières le 7 juin

bref. C'est ce que vous ferez entendre à mon cousin le prince d'Orange[1], affin qu'estant averty de ce que l'on faict par deçà, il s'attache à quelque place considérable, comme je ne doute point qu'il ne face. Sur ce, je prie Dieu qu'il vous ayt, M. d'Estrade, en sa sainte garde. Escrit au camp devant Hédin, le IIIe juing 1639.

Louis.

Sublet[2].

XV.

Chavigny a d'Estrades.

15 août 1639.

(Aff. étr., Correspondance politique, Hollande 21, pièce 122, fol. 188.)

« La résolution qu'a prise M. le prince d'Orange d'aller où vous me mandez[3] a été bien agréable au Roy et à Monseigneur le Cardinal... »

Le roi a décidé de s'avancer jusqu'à Lyon « pour estre

(cf. Richelieu à La Meilleraie, 10 juin 1639, Avenel, t. VI, p. 380).

1. D'Estrades avait déjà reçu de Jean de La Barde, premier commis des Affaires étrangères, une lettre, datée de Rueil, 21 mai 1639, dans laquelle était exprimé l'espoir que le Prince compenserait son retard à entrer en campagne par l'importance de son entreprise (Bibl. nat., Clairambault 572, fol. 103).

2. De La Barde écrit : « Ce n'est que pour accompagner une lettre du Roy que j'ai fait signer à M. de Noyers, parce que nous n'avons point d'autre secrétaire d'État icy qui signe les dépesches du département de M. Bouthillier et de Chavigny en leur absence » (Bibl. nat., Clairambault 572, fol. 111).

3. Il s'agit du siège de Gueldre, qui fut investi par le comte Henri-Casimir. Mais 3,000 hommes s'étant jetés dans la place, le prince d'Orange ordonna de lever le siège.

en lieu plus commode afin de pourvoir aux affaires d'Italie[1]... »

Le dessein de la campagne prochaine[2] ne doit être communiqué à personne.

Le plan d'Hesdin[3] a été envoyé à Paris pour le faire imprimer. On enverra pour le prince d'Orange le premier exemplaire qui sera prêt.

XVI.

RICHELIEU A [D'ESTRADES][4].

« De Chalon-sur-Saône, 10 septembre 1639. »

(Bibl. nat., Clairambault 572, fol. 163, original chiffré;
Aff. étr., Correspondance politique, Hollande 21, pièce 126, fol. 198.)

Le roi, étonné d'apprendre la retraite du prince d'Orange de devant Gueldre et sa résolution de ne plus rien entreprendre le reste de cette campagne, malgré les assurances

1. Richelieu écrit à La Meilleraie, de Mouzon, 10 août : « Je dois vous dire en très grand secret, par ce porteur dont le voyage est asseuré, que le Roy faict estat, aussytost qu'il aura la nouvelle qu'il espère du chassement des ennemis de la ville de Turin, de partir pour s'y en aller... » (Avenel, t. VI, p. 465). Le prince Thomas s'était emparé, le 1er août, de la ville de Turin.

2. D'Estrades avait demandé, le 26 juillet 1639, à Chavigny (Aff. étr., Correspondance politique, Hollande 21, pièce 113, fol. 171) s'il pouvait communiquer à d'Amontot les projets de campagne pour l'année 1640, qui devaient rester secrets.

3. Le 16 juillet, G. d'Estrades avait écrit à Chavigny que le prince d'Orange désirait recevoir le plan d'Hesdin et de la circonvallation (Aff. étr., Correspondance politique, Hollande 21, pièce 102, fol. 152).

4. Cette lettre se trouve dans Avenel, t. VI, p. 518-521, d'après le texte des Affaires étrangères. L'original, chiffré en partie et non déchiffré, et le déchiffrement sur une feuille à part sont dans Clairambault 572, fol. 163.

qu'il avait données de réparer le temps perdu, S. M. a fait, pour l'aider, entrer l'armée de La Meilleraie en pays ennemi ; le maréchal a remporté un avantage à Saint-Nicolas et défait ensuite un quartier de Croates[1]. Il continue à retenir l'armée ennemie. De son côté, Châtillon occupe Piccolomini sur les Hauts-de-Meuse[2].

S. M. aurait lieu de se plaindre si le Prince ne demeurait pas en campagne jusqu'à la Toussaint.

Espoir qu'il entreprendra quelque chose de considérable l'année qui vient. Nécessité d'entrer de bonne heure en campagne.

Affaires d'Italie[3].

Les armées navales du roi ont empêché les flottes d'Espagne et de Dunkerque réunies de sortir de La Corogne[4]... Les Espagnols espèrent faire entrer leur flotte dans Dunkerque en septembre... Espoir que le prince d'Orange donnera des ordres pour l'empêcher[5].

1. Les Espagnols, campés à Saint-Venant, sur la Lys, avaient détaché un parti de Croates à Isbergues. C'est là que La Meilleraie les fit surprendre par 2,500 cavaliers commandés par La Ferté-Senneterre.

2. Le maréchal de Châtillon avait pris Mouzon (20 juin), Ivoy (2 août) et s'était établi à Consenvoye.

3. Dans un « Mémoire au s⟨r⟩ d'Amontot, conseiller du Roy, estant pour son service en Hollande » (Aff. étr., Correspondance politique, Hollande 21, pièce 125), il est question de la suspension d'armes en Italie : « Obvier aux mauvais discours que l'on pourroit faire par delà de ladite suspension... »

4. Voir lettre de Richelieu à l'archevêque de Bordeaux, 28-29 août 1639, dans Avenel, t. VI, p. 497, et *Correspondance de Sourdis*, éditée par Eug. Sue dans la Collection des documents inédits, t. II (1839), p. 127.

5. Il suffit de comparer ces renseignements avec ceux donnés par les lettres des 15 et 26 août insérées dans les *Ambassades* (p. 44-50) pour se rendre compte qu'elles sont fausses.

XVII.

D'Estrades a Chavigny[1].

« Du camp près du Poldre de Name[2],
ce 27 septembre 1639. »

(Aff. étr., Correspondance politique, Hollande 21, pièce 134, fol. 215,
autographe.)

Monsieur,

Je n'ay pas voulu lesser passer cest ordinère sans
vous donner advis de la diligence que M. le prince
d'Orange apportte pour le ranfort de la flotte de
MM. les Estats[3].

1. Cette lettre à Chavigny, datée du 27 septembre, et les
détails que l'on trouvera dans la note 3 ci-dessous prouvent
que la prétendue lettre de G. d'Estrades au cardinal, du 20 septembre (*Ambassades*, p. 51), est un faux. L'auteur a rédigé les
lettres du 26 août et du 20 septembre de mémoire et a résumé
en un seul combat les deux actions du 19 septembre et du
21 octobre (cf. note 3).

2. Namen, près d'Hulst, dans une région de polders.

3. Une puissante flotte espagnole, réunie à La Corogne, sous
le commandement de Don Antonio d'Oquendo, devait transporter à Dunkerque de gros renforts. Malgré la flotte française
qui croisait dans les parages (cf. Richelieu à d'Estrades,
10 septembre), elle réussit à sortir de La Corogne, mais elle
rencontra dans la Manche la flotte de Tromp, qui, malgré son
infériorité, l'attaqua le 19 septembre (cf. Aff. étr., Correspondance politique, Hollande 21, pièce 313, Relation du combat
naval qui fut commencé le 19ᵉ septembre...). Quelques navires
espagnols parvinrent à gagner Dunkerque. La plupart se reti-
rèrent sur la côte anglaise, aux Dunes.

Les Hollandais renforcèrent considérablement leur flotte et
ordonnèrent à Tromp d'attaquer les vaisseaux ennemis, malgré
la présence d'une escadre anglaise et les menaces de Charles Iᵉʳ.
Le 21 octobre, Tromp remporta une victoire complète (cf. Aff.

Il m'a comandé de vous escrire qu'il est parti dix-huit navires de Zellande, fournis d'homes et de touttes choses nécessères, et que, si les annemis demeurent huit jours là où ils sont, l'admiral aura soixante-deux vesseaus bien munis, sans conter ceus qui sont avec les pêcheurs du haran que l'ons a mandé.

L'ons prépare vingt brulos à Flessingue, qui seront prêts dans dis jours, à ce que les entrepreneurs asseurent.

Il a eu advis que le roy d'Angleterre fait mettre en mer tous les vesseaus qu'il trouve dans ses ports, ce qui lui donne du soubson qu'il n'aye dessein d'assister les anemis.

Il m'a dit que l'ons luy avoit escrit de Flandres que M. de Bourdeaus avoit envoyé vingt navires de la flotte du Roy; il ne tient pas ceste nouvelle fort asseurée, mais il croist que, si l'armée navale de S. M. arrivoit à temps, il ne doutoit pas que l'on ne fist périr celle des anemis, estant asseuré qu'ils souffrent beaucoup au lieu où il sont, et qu'ils ont quantitté de malades. Il y a quatre jours que les pluyes ont comancé, et nostre armée se doit embarquer le premier d'octobre pour prandre la routte que j'ay eu l'honneur de vous escrire par ma lettre du 23 de ce mois.

M. le prince d'Orange faict estat d'envoyer des

étr., Correspondance politique, Hollande 21, pièce 162, le « Mémoire donné par l'amiral d'Holande, escript de sa main, traduit en françois », La Haye, 29 novembre 1639, et *Ibid.*, pièce 163, « Récit bref du plus notable de ce qui s'est passé entre la flotte de ces païs et l'armada puissante d'Espagne, tant dans le canal qu'aux Dunes »). Voir Malo, *Les Corsaires dunkerquois*, t. I, p. 353 et suiv., et surtout le travail du Dr M. G. de Boer, *De armada van 1639*, Groningen, 1911, in-8°, 76 p.

troupes à Flessingues, à Mildebour et aus auttres hauvres de Zellande, affin d'estre prestes d'embarquer dans les navires en cas que l'admiral demande ranfort d'hommes. S. A. prant ceste affaire de bonne sortte. Je vous suplie...

XVIII.

MÉMOIRE DONNÉ A M. D'ESTRADES
POUR ESTRE COMMUNIQUÉ A M. LE CARDINAL [1].

Le 24 octobre 1639.

(Aff. étr., Correspondance politique, Hollande 21, pièce 140, fol. 225.)

Que s'il plaist au Roy d'assister MM. les Estats de la somme de 1,600,000 l. pour l'année 1640, quittes de tout change, en monoie d'Hollande, paiable en quatre termes, de trois mois en trois mois, chacun de 400,000 l., à commencer le 1er de janvier de l'an 1640, dans la banque d'Amsterdam, sous caution de personnes qualifiées dans laditte banque d'Amsterdam.

MM. les Estats, par-dessus les trouppes qu'ils ont maintenant en service, feront faire une levée de douze mille hommes de piedt en sis regimans, chascun de dis compagnies, à deux cents hommes par compagnie, qu'ils entretiendront six mois, et entreprendront de ce mettre en campagne à la my-may et ataquer Bruges, Dam, Blanquebergue et les fors aus environs de l'Écluse tout à la fois, ou bien Dunkerke.

---

1. A la même date, le prince d'Orange écrivait à Richelieu : « J'ai prié le sr d'Estrades, qui s'en retourne vous trouver, de communiquer à V. É. comme il m'a semblé que l'on pourroit le plus utilement employer les armées l'esté qui vient... » (Aff. étr., Correspondance politique, Hollande 21, pièce 139).

Bien entendu que lesdites villes venant à estre livrés elles demeureront à cest Estat, non obstant qu'il en aie esté autrement convenu par le traité de l'an[1]..., à condition aussi qu'en mesme temps que l'on fera l'ataque de l'un de ces deus desains, S. M. fera ataquer avec une puissante armée Gravelines, Saint-Omer, Arras ou Cambray, et se metera en campagne à la my-may.

Ce que M. le Cardinal prometera par escrit signé de sa main, de la part du Roy, de faire exécuter punctuelement, comme de mesme M. le prince d'Orange prometera, de la part de cest Estat, par escrit signé de sa main, de faire effectuer ce quy a esté aresté sy-desus.

XIX.

Instruction a M. d'Estrades[2].

Rueil, 24 novembre 1639.

(Aff. étr., Correspondance politique, Hollande 21, pièce 151, fol. 243, et minute, pièce 210 non datée.)

Le prince d'Orange connaît les dépenses faites par le roi pour la guerre; par le traité de 1635, S. M. s'était déchargée du secours d'argent qu'Elle donnait auparavant aux États. Néanmoins, ils ont reçu, en 1636, 1637, 1638 et 1639, des subsides extraordinaires : « L'effet de tels secours ne s'est pas toujours ensuivi tel qu'on eust peu le désirer. » Pour l'an prochain, S. É. promet la somme de 1,600,000 l., monnaie de France, mais non monnaie de Hollande. On estime que les desseins du prince d'Orange

---

1. L'an 1635.
2. Cette pièce, ainsi que la suivante, n° XX, a été publiée *in extenso* par Avenel, t. VI, p. 613 et suiv. Ces documents doivent être datés des 22-24 novembre 1639. La présente Instruction, non datée dans la minute, est datée de Rueil, 24 novembre, dans la pièce 151.

sont fort importants, mais de douteuse exécution[1]. Pour les lui faciliter, S. M. fera une puissante diversion. Entrée en campagne au 1er mai, sans faute. Le traité de 1635 l'oblige à y entrer en mars.

« Quelque dessein que fassent MM. les Estats, S. M. désire qu'ils ayent une armée de trente à quarante vaisseaux au travers de Calais pour empescher que les places des ennemis qui sont sur la coste ne puissent estre secourues, au cas que S. M. ou MM. les Estats viennent à les attaquer. »

Afin que le manque de traité ou le retard dans sa conclusion[2] ne puissent fournir prétexte pour ne pas entrer en campagne de bonne heure et le même jour, le roi donne pouvoir à G. d'Estrades, soit qu'il conclue un traité particulier, soit qu'il reste dans le sens de celui de 1636, de promettre que S. M. fera entrer son armée en pays ennemi le 1er mai et de déclarer à MM. les États que, s'ils veulent faire quelque chose de considérable, ils doivent être en campagne en même temps.

XX.

INSTRUCTION PARTICULIÈRE POUR M. D'ESTRADES.

Rueil, 22 novembre 1639[3].

(Aff. étr., Correspondance politique, Hollande 21, pièce 149, fol. 238,
et copie, pièce 152.)

Si le prince d'Orange réclame plus que les 1,600,000 l., monnaie de France, d'Estrades lui dira qu'il ne faut point

1. Voir la pièce précédente.
2. Les négociations au sujet de la campagne de 1639 avaient empêché de donner suite aux propositions faites dès mars-avril 1639 pour la campagne de 1640 (voir pièce XII et les notes). A la date du 24 novembre, Richelieu fit recopier le projet de « Promesse réciproque » qui avait été rédigé le 22 avril,

espérer obtenir davantage du consentement des surintendants des finances, mais que, si le Prince est bien assuré
de l'exécution de son dessein, le cardinal ferait donner
200,000 ou 300,000 l. en plus, sans que les surintendants
le sachent. D'Estrades peut s'engager jusqu'à 1,400,000
ou 1,500,000 l., monnaie de Hollande, pourvu que le
Prince promette que, au cas où il viendrait à manquer
l'exécution de son dessein, il ne réclamerait pas le payement des derniers termes.

« Ledit s[r] d'Estrades portera ledit Prince à presser le
Roy d'entreprendre le siège de Dunkerque ou de Gravelines... Ledit s[r] d'Estrades saura que la proposition qu'on
sera bien aise qu'il fasse du siège de Dunkerque n'est pas
que l'on juge que le Roy doive maintenant entreprendre
cette place pour le bien de la cause commune, mais seulement à ce que, si le cours des affaires porte S. M. à cette
résolution, lesdits sieurs des Estats luy en aient grande
obligation et soient obligés de le secourir en ce dessein
autant qu'ils pourront... »

Il faut coordonner les attaques. « Je croy que M. le
prince d'Orange, attaquant Dam et Bruges, ce ne seroit
pas prudence d'attaquer en mesme temps Dunkerque par
les forces du Roy et que la raison veut qu'on porte ses desseins plus loin. »

D'Estrades est autorisé à dire, un jour, au Prince, « sous
prétexte de grande franchise », que le cardinal ne craignait
point un traité entre les États et les Espagnols, car il ne
pouvait soupçonner le Prince de pareille infidélité, et que

et le remit à d'Estrades, en même temps que les autres documents des 22-24 novembre, pour le faire agréer par le prince
d'Orange (Aff. étr., Correspondance politique, Hollande 21,
pièce 150, fol. 242, copie au net, 24 novembre 1639, à comparer avec la pièce 71, fol. 104, Rueil, 22 avril 1639).

3. [Voir page précédente.] Voir les notes de la pièce précédente. Dans la pièce 152 (copie), la date est du 24 novembre.

d'ailleurs un traité séparé avec l'Espagne ne donnerait pas aux États la sécurité, car les Français, s'unissant à leurs ennemis, les réduiraient à leur merci.

Addition d'instruction.

(Aff. étr., Correspondance politique, Hollande 21, fol. 241.)

D'Estrades doit dire au prince d'Orange qu'il le sait trop raisonnable pour prétendre être déchargé du dessein qu'il propose, par suite de quelque empêchement, si ce n'est en exécutant un autre dessein en Flandre de pareille importance.

Autrement, il vaudrait mieux s'en tenir aux termes du traité de 1635, « où chacun doit faire la guerre à ses dépens ».

XXI.

[MÉMOIRE POUR G. D'ESTRADES[1].]

Saint-Germain-en-Laye, 24 novembre 1639.

(Bibl. nat., Clairambault 572, fol. 178 *bis*.)

Le Roy, ayant fait expédier au s[r] d'Estrades un pouvoir[2] de convenir avec M. le prince d'Orange d'une somme dont il a proposé que S. M. assiste MM. les Estats-Généraux des Provinces-Unies des Païs-Bas, pour leur donner moien de faire l'année qui vient

---

1. Ce Mémoire se trouve en copie aux Aff. étr., Correspondance politique, Hollande 21, pièce 153, avec, au-dessous, de la main de G. d'Estrades, les lignes suivantes : « Je certifie avoir l'original de ce Mémoire et du pouvoir de tréter avec M. le prince d'Orange et MM. les Estats, lesquels je promets n'outrepasser pas, en pas un article. Faict à Paris, ce 25 novembre 1639. D'ESTRADES. »

2. Pouvoir donné à d'Estrades le 24 novembre (Bibl. nat., Clairambault 572, fol. 179, original signé).

quelque chose de considérable et avantageux pour le bien commun,

S. M. ordonne audit s^r d'Estrades de proposer premièrement audit s^r Prince qu'elle face remettre en Amsterdam la mesme somme qu'elle a donnée cette année par assignations auxdits s^rs Estats.

Ensuite, il proposera de leur donner icy par assignation valable ou en argent comptant ès mains du s^r Heufft[1] jusques à quatorze et mesme quinze cens mil livres, et enfin, par degrez, il yra jusques à seize cens mil, disant que S. M. s'estend jusques-là en considétion du change.

Et, à toute extrémité, il conviendra que S. M. fera remetre en Amsterdam quinze cens mil livres en quatre termes pour estre délivrez auxdits s^rs Estats en monnoye du païs.

Il sera desduit sur le dernier terme la somme de soixante-unze mil cinq cens livres, à quoy se montent les gratifications destinées pour les officiers françois qui servent MM. les Estats.

Fait à Saint-Germain-en-Laye, le XXIIIIe novembre 1639.

Louis.

Bouthillier.

XXII.

D'Estrades a Chavigny.

La Haye, 11 décembre 1639.

(Aff. étr., Correspondance politique, Hollande 21, pièce 179, fol. 317,
autographe en partie chiffré et déchiffré.)

D'Estrades lui a écrit, le 7 décembre, ce qui s'était

1. Le s^r Hœufft, banquier hollandais, en résidence à Paris,

passé dans la première conférence qu'il a eue avec le prince d'Orange[1].

Le Prince voudrait « trouver les moyens de contanter Monseigneur, sans estre obligé de donner un combat général, et pour obtenir la somme de 1,600,000 l. portées en Amsterdam, s'opiniastrant ne pouvoir exécutter son dessein qu'il n'aye laditte somme ».

Marchandages. D'Estrades finit par lui offrir 1,600,000 l., monnaie de France, à condition qu'il se mette en campagne « au 1er jour de may » et qu'il combatte « avec toute son armée ce qui s'oposeroit à luy ».

Enfin, « sous prétexte de grande franchise », d'Estrades parla au Prince selon son instruction particulière.

Après de longues discussions, d'Estrades et le Prince s'entendent sur la somme de 1,500,000 l. rendues à Amsterdam. En ce qui concerne les places à attaquer, d'Estrades amène le Prince à proposer le siège de Dunkerque ou celui de Gravelines, et à promettre toute l'assistance possible dans ce cas.

Il est entendu que des promesses seront signées. D'Estrades en envoie à Chavigny des projets[2].

Il presse le Prince d'envoyer une flotte pour empêcher

était ordinairement chargé de payer les subsides français pour la Hollande.

1. Dans cette lettre du 7 décembre 1639 (Aff. étr., Correspondance politique, Hollande 21, pièce 175, autographe), date de son arrivée à La Haye, d'Estrades annonce que le prince d'Orange a désiré avoir une copie des Instructions données par le cardinal (cf. *supra*, pièce XX), qu'il prétend ne pouvoir signer la promesse qui l'engage à donner un combat général, dans le cas où il ne pourrait exécuter son dessein, et qu'il trouve insuffisante la somme de 1,600,000 l., monnaie de France, promise par le cardinal.

2. Ces projets, de l'écriture de d'Estrades, se trouvent aux Aff. étr., Correspondance politique, Hollande 21, pièces 196 et 197. Le texte en est repris mot à mot dans la lettre de Richelieu à d'Estrades du 23 décembre 1639. Cf. *infra*, pièce XXIV.

les ennemis de sortir de Dunkerque ou pour les combattre.
Il lui suggère l'idée d'incendier les vaisseaux qui sont sous
le fort de Mardyck.

XXIII.

RICHELIEU A D'ESTRADES.

22 décembre 1639[1].

(Bibl. nat., Clairambault 572, fol. 205 *bis*, original.)

C'est une affaire de telle importance de ruiner l'armée
navale d'Espagne et d'empêcher les transports de troupes
d'Espagne en Flandre qu'il ne faut rien négliger dans
ce but.

« Nous avons avis certain que le cardinal-infant fait travailler puissamment en Angleterre et à Dunkerque pour
remettre le débris de son armée[2] navale en estat d'aller en
Espagne avec les vaisseaux de Dunkerque et qu'il prétend
la faire partir en janvier... »

Tromp, avec trente vaisseaux, peut achever ce qu'il a
commencé. Lui dire qu'on lui enverra « une lettre de
noblesse, avec un vaisseau pour armes et une fleur de lys »,
et de plus une médaille.

Pousser cette affaire. « Si l'amiral a nombre de bruslots
avec luy, il se peut faire que, par un temps favorable, il
aura commodité de brusler les vaisseaux ennemis au lieu
où il les trouvera entre Dunkerque et Mardyck. »

Salces tient encore[3].

1. Cette lettre a été publiée par Avenel, t. VI, p. 657, d'après
une minute de la main de Cherré, datée du 23 décembre. Une
copie (Aff. étr., Correspondance politique, Hollande 21,
pièce 186, fol. 333) donne également la date du 23.

2. Cf. pièce XVII et note 3 de la p. 45.

3. Salces (Pyrénées-Orientales) avait été pris le 29 juillet
par Condé. Les Espagnols vinrent l'assiéger le 20 septembre.

« Je serai bien ayse que vous vous esclaircissiez avec
M. le prince d'Orange si, au cas qu'on ne fasse pas le siège
de Dunkerque cette année, MM. les Estats pourroient
joindre une escadre de douze vaisseaux à ceux du Roy
pour faire quelque entreprise ou à la côte d'Espagne, ou
au détroit, ou aux isles des Açores ou des Canaries. »

Ou si le Prince voulait faire quelque grande entreprise,
où S. M. contribuerait avec pareille escadre de vaisseaux.

Ou si les États voulaient, avec les forces de la Compagnie des Indes occidentales et une partie de celles du roi,
entreprendre quelque dessein aux Indes ou sur Carthagène
et Porto-Bello.

Pénétrer les sentiments du prince d'Orange à ce sujet.

XXIV.

RICHELIEU A D'ESTRADES.

[23 décembre 1639[1].]

(Bibl. nat., Clairambault 572, fol. 229, original.)

Monsieur, après avoir veu toute vostre dépesche du
XIe de ce mois[2], je n'ay autre chose à vous dire sinon
que le Roy trouve bon que vous adjoustiez à la promesse que vous avez portée, signée de moy, pour

Richelieu espérait qu'on pourrait garder la place et battre les
ennemis. Mais l'armée de Condé fut mise en déroute devant
Salces le 2 novembre et Salces capitula le 24 décembre. La
garnison sortit de la place le 6 janvier 1640.

1. L'original (Bibl. nat., Clairambault 572, fol. 229) ne porte
pas de date. La date 23 décembre est donnée par une copie
(Aff. étr., Correspondance politique, Hollande 21, pièce 187,
fol. 335). Ce document est reproduit en partie par Avenel,
t. VI, p. 659, d'après une mise au net de la main de Cherré.

2. Aff. étr., Correspondance politique, Hollande 21, pièce 179,
fol. 317.

M. le prince d'Orange[1], les deux articles dont vous avez envoié le project, telz qu'ils s'ensuivent :

Je[2] prometz, en vertu du pouvoir que le Roy m'a donné de concerter les desseins de l'année mil six cens quarante avec M. le prince d'Orange, que S. M. fera un siège de considération cette campagne prochaine.

Je prometz en outre, au nom du Roy, que les places de Dam ou de Bruges estant prises par les armes de MM. les Estats, en 1640, elles seront gardées par MM. les Estats jusqu'à ce que les conquestes des Pays-Bas projetées par le traitté de 1635 seront faites, selon la teneur dudit traitté.

S. M. approuvant aussy les deux nouveaux articles que vous avez proposez à M. le prince d'Orange, et qu'il demeure d'accord de signer, outre le projet de la promesse qu'il doit faire, lequel vous avez emporté d'icy.

Je[3] prometz aussy que MM. les Estats entretiendront trente ou quarante vaisseaux au travers de Calais, pour empescher que les places des ennemis qui sont sur la coste ne puissent estre secourues, au cas que le Roy ou MM. les Estats viennent à les attaquer, et asseurer le passage des vivres de France et de Hollande

1. Voir *supra*, pièce XIX, note 2 de la p. 48.

2. Les deux alinéas suivants reproduisent le texte de la promesse tel qu'il avait été envoyé par d'Estrades, chiffré de sa main (Aff. étr., Correspondance politique, Hollande 21, pièce 196). Cette promesse fut signée par d'Estrades, à La Haye, le 17 janvier 1640 (Aff. étr., Correspondance politique, Hollande 21, pièce 319, copie).

3. Même observation que plus haut pour les deux alinéas suivants (*Ibid.*, pièce 197).

selon les divers veus à ceux qui voudront faire une telle entreprise.

Je prometz de plus qu'il sera desduit à Paris, sur le dernier terme, la somme de soixante et unze mil cinq cens livres, à quoy se montent les gratiffications destinées par S. M. pour les officiers françois qui servent MM. les Estats.

On a ajousté au project que vous avez emporté de la promesse que doit faire M. le prince d'Orange les propres termes que vous mandez dans vostre lettre, de ce qu'il veut faire au cas qu'il donnast un combat aux ennemis qui s'opposeroient à son premier dessein, ainsy que vous verrez par la coppie de la promesse qui est cy-après.

Je[1] prometz à M. le cardinal de Richelieu, moyennant l'exécution de ce que dessus, de faire lever les trouppes spéciffiées dans sa promesse, outre toutes les trouppes qu'ont accoustumé d'avoir MM. les Estats, pour faire un corps si puissant qu'avec iceluy je puisse attaquer tout à la fois les places de Dam et de Bruges et les forts qui sont aux environs de l'Écluse et de Blancemberghe, et accomplir entièrement la proposition y dessus spéciffiée, faite de ma part par le s^r d'Estrades ; ce à quoy je m'oblige en foy et parole de prince, sans pouvoir prétendre estre à ce sujet dégagé de ce à quoy m'oblige cest escrit que par l'exécution dudit dessein ou un combat général donné aux ennemis qui se présenteront pour m'en empescher et[2],

1. Même observation que plus haut (*Ibid.*, pièces 208 et 209). Sur la minute (pièce 209), on lit : « Je prometz au Roy », modifié comme ci-dessus.

2. Cette fin de phrase a été ajoutée par Richelieu.

ensuitte d'iceluy, l'entreprise de quelque nouveau dessein de grande importance en Flandres, au cas qu'il me reste après le combat des forces suffisantes pour cet effect.

Je prometz, en outre, d'estre précisément à la campagne, pour exécutter le dessein que dessus, le premier jour de may, avec les forces y dessus désignées, et d'exécuter tout le contenu de ma promesse, sous peyne d'estre estimé manquer à ce qui a esté convenu entre M. le Cardinal et moy pour S. M. et MM. les Estats.

Je n'ay rien à adjouster à ceste dépesche[1], sinon que je suis, Monsieur, votre très affectionné à vous servir.

Le cardinal DE RICHELIEU.

XXV.

D'ESTRADES A CHAVIGNY.

La Haye, 9 janvier 1640.

(Aff. étr., Correspondance politique, Hollande 21, pièce 224, autographe.)

Monsieur,

J'ay receu la despèche que Monseigneur m'a faict l'honneur de m'escrire par le secrétère de M. d'Amontot, en la forme que M. le prince d'Orange désire, et estant demeuré d'accord de touttes choses avec

---

1. Le même jour, Chavigny écrit à d'Estrades (Bibl. nat., Clairambault 572, fol. 209, original) : « J'ay rendu compte à Monseigneur le Cardinal de vostre dépesche du XI de ce mois, à laquelle S. É. s'est voulu donner elle-mesme la peine de faire responce, estant une affaire qui se traitte particulièrement entre Elle et M. le prince d'Orange. »

luy, il ne reste plus qu'à les signer pour dernière conclusion, ce qui se faira demain sans retarder davantage. J'ay accordé les quinse cens mil livres, ne l'ayant peu faire contanter à moins; les panssions des officiers seront déduittes à Paris sur le dernier terme[1].

Il a comancé à deslivrer quatre comissions pour des régimans, et a faict advancer l'argent de la levée par son trésorier. Je l'ay asseuré que vers la fin de janvier le premier terme seroit à Amsterdam[2] et que le s'r Heuft auroit la comission de la remise, dont il a esté satisfaict.

Je l'ay pressé de faire sortir l'admiral et luy ay représanté qu'il estoit très important à la France, à MM. les Estats, et pour les bons succès de ceste campagne, que l'ons brulast les vesseaus anemis au lieu ou ils sont[3].

Il me respondit qu'il estoit très marri de ce que les navires n'estoit pas prêts et que le longtemps qu'ils avoit esté à la mer empêchoit que la flotte ne pourroit pas sortir toutte entière, mais qu'il fairoit partir le vice-admiral avec dis navires et sept de Zellande, en attendant que le reste puisse sortir. J'ay esté voir l'admiral, à qui j'ay dit le présant que le Roy luy vouloit faire[4],

1. Le prince d'Orange avait d'abord refusé de laisser prélever sur le subside promis la solde des officiers français qui servaient en Hollande.

2. Chavigny avait informé d'Estrades, le 10 janvier 1660 (Bibl. nat., Clairambault 573, fol. 257), que d'Amontot recevrait une lettre de change de 375,000 livres, « lesquelles vous ferez paier, lorsque tout sera adjusté avec ledit s'r Prince et qu'il vous aura délivré ses promesses selon les projets qui vous en ont été envoyez ».

3. C'est-à-dire à Dunkerque.

4. Cf. *supra*, pièce XXIII.

et que je le priois d'user de toutte la diligence possible
pour faire assembler sa flotte et ses bruleaus, ce qu'il
m'a promis; mais j'en doute fort, veu qu'il est sur le
point de se marier et qu'il a permission de MM. les
Estats de demeurer deus mois à terre, et cependant
il y a à craindre que la flotte ne sorte de Dunquerque
pendant ce temps-là.

J'ay aussi parllé au vice-admiral, lequel tesmoigne
grande jalousie des présans que l'ons a donnés à l'admiral, et m'a dit que, coy qu'il n'aye que dis-sept
navires, si les Dunqerquois sortent qu'il les combatra.
J'ay l'ay asseuré que, s'il le faisoit, S. M. recoignois-
troit ce service par quelque présant. Je crois que c'est
tout ce que l'ons peust espérer présantemant sur ceste
affaire.

Pour ce qui est des auttres propositions, M. le prince
d'Orange m'a dit que l'ons ne pouvoit rien faire avec
la Compagnie des Indes[1], d'autant que tous leurs vesseaus estoit prêts à partir et les despansses faictes pour
cest effect, et que ce seroit une affaire à projetter d'une
année à une auttre.

Et pour la demande que je luy ay faicte de douse
navires, en cas que l'ons n'attaquast point quelque place
sur la coste de la mer, il m'a demandé du temps pour
comuniquer cest affaire à MM. les Estats, et m'a promis de les y porter auttant qu'il pourroit. Ce matin il
m'a envoyé chercher et m'a dit que je pouvois asseurer Monseigneur de sa part qu'il fourniroit, au mois de
mars ou d'avril, vingt navires fournis d'homes et de
touttes choses nécessaires, commandés par l'admiral
Tromp, pour se joindre à la flotte du Roy et aller brus-

1. Cf. *supra*, pièce XXIII.

ler ou combatre celle des anemis en Espagne dans leurs hauvres ou en quel lieu qu'ils feussent, et qu'il me prometoit cella par advance, et qu'avant partir il me parleroit plus amplement sur cest affaire pour le comuniquer à Monseigneur.

Le curé de Loon[1] est ici depuis sinc jours. S. A. m'a dit que le subject de son voyage estoit pour tretter avec le conssel d'Estat des contributions qui sont aus environs de Bréda, et qu'il luy avoit dit que les difficultés qu'il avoit faictes sur les passeports n'avoit peu estre surmontées. A coy il avoit respondu qu'il en demeuroit dans les premiers termes sans en vouloir rien relâcher, et m'a adjousté que ledit curé n'avoit plus ceste affaire entre les mains, l'ambassadeur de Venise en estant chargé, qui luy a faict cognoistre que les passeports estoit en bonne forme. Ensuitte de cella il me dit come il estoit arrivé deus députés de la part de l'archevesque de Cologne[2] pour faire diverses propositions à MM. les Estats, meslées de plaintes de ce que la neuttralitté n'est pas bien observée et que la rante que Mastric doit de sinc mil livres n'est plus payée. Il y a d'auttres demandes dont S. A. m'a dit qu'il me doneroit un mémoire. Lesdits députtés l'exhortèrent fort d'eus-mesmes de se porter à un accomodemant et l'asseurèrent que leur archevesque en faciliteroit les moyens. A coy il respondit que MM. les Estats et luy n'entendroit jamais à pas un accomodemant que conjoinctemant avec la France et qu'il n'en falloit plus parller.

1. Cf. *supra*, p. 36, note 2.
2. L'électeur de Cologne était en même temps évêque de Liége.

Il m'a prié de vous escrire pour asseurer Monseigneur que, si ledit curé de Loon ou auttres faisoit quelque proposition nouvelle, qu'il luy doneroit tout aussi tost cognoissance et qu'il l'asseuroit de n'entandre à pas un tretté quel qu'il soit sans luy en donner promptemant advis[1]. Ce sont les mesmes parolles qu'il m'a dittes.

Il a aussi donné ordre à des comissères de faire une exacte recherche des vesseaus qui se vandent, et à qui, pour esvitter, auttant qu'il se pourra, que les Espagnols n'en profitent, mais il m'a dit qu'il y auroit bien de la penne à l'empêcher, par ce que ils employeront des Embourcois[2] et auttres, à qui la liberté d'achepter et de trafiquer estoit permise.

Je vous suplieré très humblemant, Monsieur, d'obtenir un billet de Monseigneur pour panssion de mon père[3] de l'année 1639, et qu'il plaise à S. É. me recomander à MM. de Bullion et de Tubeuf[4] pour une bonne assignation, et me vouloir changer celles de 1637 et

1. Déjà, en juillet 1639, le prince d'Orange avait envoyé au Cardinal des pièces concernant le curé de Loon, et Richelieu avait remercié Frédéric-Henri (lettre du 30 juillet 1639, Avenel, t. VI, p. 455).

2. Hambourgeois.

3. François, s[r] de Bonel, de Colombes, de Campagnac..., d'Estrades, avait épousé, en 1604, Suzanne de Secondat, sœur de Jacob de Secondat-Montesquieu, bisaïeul de Montesquieu. Gentilhomme de la Chambre du roi, il fut fait en 1620 gouverneur du comte de Moret, puis des ducs de Mercœur et de Beaufort; en 1630, capitaine et gouverneur des ville et duché de Vendôme; en 1632, à la mort de Henri de Savoie, gouverneur de ses trois fils, Louis, duc de Nemours, Charles, duc d'Aumale, Henri, marquis de Saint-Sorlin.

4. Voir p. 119, note 1.

1638, desquelles je n'ay peu rien tirer, coy que Monseigneur m'eust faict l'honneur de me donner des billets signés de sa main. C'est la seulle récompensse qu'il reste à mon père de quarante années de service, laquelle il m'a résignée en se retirant chez luy pour m'aider à subsister avec ce que je retire de ma charge. Je vous suplie m'excuser de la libertté que je prans de vous en importuner...

DESTRADES.

A La Hayée, ce 9 janvier 1640.

XXVI.

CHAVIGNY A D'ESTRADES.

Paris, 27 février 1640.

(Bibl. nat., Clairambault 572, fol. 325, autographe.)

Monsieur, je suis bien marry de l'accident qui vous est arrivé par le chemin[1], craignant qu'il ne vous donne plus d'incommodité que vous ne le faites paroistre par votre lettre.

Celle-ci sera pour vous dire que je dépesche ce courrier exprès pour la résolution sur le traitté de

---

1. D'Estrades avait quitté la Hollande à la fin du mois de janvier 1640, après avoir réglé avec le prince d'Orange les questions relatives à la campagne. Le 23 janvier, Chavigny lui écrivait « qu'on a esté icy très satisfait » de ses négociations (Bibl. nat., Clairambault 573, fol. 273). La reconnaissance royale s'était déjà manifestée à son égard par un don de 2,000 l. de pension sur l'épargne (Saint-Germain-en-Laye, 28 décembre 1639, Arch. nat., P 2367, p. 355, et copie collationnée, à la date du 29 décembre 1654, Bibl. nat., Clairambault 572, fol. 213). — D'Estrades avait fait une chute pendant son voyage de retour en Hollande, cf. note 2 de la p. suivante.

Mme la Landgrave, lequel est entièrement ajusté, suivant ce que M. de Choisi[1] nous en a rapporté, de sorte que vous n'aurez point à faire le voiage qu'on vous avoit ordonné[2], M. Damontot ayant tout ce qu'il fault pour le passer à La Haye[3]; il vous communiquera sa dépesche, ce qui m'empeschera de vous encore répéter par celle-ci. Je m'assure que vous serés bien aise aussi que la chose se soit passée ainsi.

Si vous avez veu en partant, dans l'esprit du Roy et de Monseigneur le Cardinal, des dispositions grandes d'aymer et d'estimer M. le prince d'Orange, assurez-vous que non seulement elles y sont tousjours, mais qu'elles augmentent à tous momens et qu'on est en résolution de prendre à l'avenir une entière confiance en ses parolles, dont on n'a pourtant jamais douté, et en son affection. S. É. en son particulier veult plus que jamais lier une estroitte correspondance avec luy et je mestimerai heureux d'y pouvoir contribuer quelque chose. Vous sçavez ce que je vous ay dit sur ce sujet. Je vous assure que les discours que vous m'avez dit que M. Gomin[4] avoit faits, dont M. le prince

1. M. de Choisy, conseiller au Parlement et intendant de l'armée d'Allemagne.

2. D'Estrades avait reçu l'ordre de se rendre auprès du duc de Longueville et d'aller voir auparavant la landgrave de Hesse « pour terminer avec elle ce qui a esté adjusté du traitté qui a esté commencé » (Bibl. nat., Clairambault 573, fol. 303). Il avait quitté la France pour la Hollande vers le milieu de février.

3. Voir aux Aff. étr., Hollande 21, pièce 242, le Mémoire au « s^r d'Amontot estant pour le service de S. M. en Hollande, 2 février 1640 ».

4. Gomin ou Gaulmin, maître des requêtes au Parlement de Paris. Il venait d'être envoyé à la Bastille à la suite d'une mutinerie des maîtres des requêtes. Cf. Bassompierre, *Journal de*

d'Orange n'estoit pas demeuré satisfait, n'ayderont pas à le faire sortir de la Bastille; au contraire, on le chastiera pour avoir parlé si mal à propos. Nous avons nouvelles de tous costez que les troupes se mettent en estat d'estre prestes à bien servir dans le temps que vous sçavez, auquel je vous puis assurer que M. le mareschal de La Melleraye sortira présentement en campagne, et qu'il a ordre exprez de tenir bonne correspondance avec M. le prince d'Orange, à quoy il ne manquera pas.

On fit avant-hier sortir le prince Casimir[1] du bois de Vincennes, l'ambassadeur de Pologne ayant donné parolle par escript qu'il ne porteroit jamais les armes contre S. M. et ses alliés, et que le Roy et la République de Pologne ne feroient aucune alliance avec des ennemis de S. M. et de ses alliés, et qu'il ne permettroient ni ne souffriroient qu'il se fist aucunes levées dans la Pologne pour les princes qui nous font la guerre. Cette affaire s'est passé à mon advis avec autant de réputation qu'il se pouvoit.

Je crois que celle du prince Palatin[2] s'accommodera aussi dans peu de jours, quoy que les Anglais ne veulent pas parler, le Roy n'en voulant point à la personne du-

ma vie (Soc. Hist. de Fr.), t. IV, p. 329; Mme de Motteville, _Mémoires_, éd. Riaux, t. II, p. 6.

1. Le prince Casimir, frère du roi de Pologne, nommé par le roi d'Espagne vice-roi de Portugal, s'était embarqué en Italie pour l'Espagne. Descendu sur la côte de Provence, il fut arrêté à Martigues, emprisonné à Salon, puis au château de Vincennes.

2. Charles-Louis, électeur palatin, avait été arrêté parce qu'il avait traversé la France sans la permission du roi et sous un déguisement.

dit prince et ne cherchant que les moiens, en luy donnant la liberté, de lui procurer des advantages qui puissent servir au bien de la cause commune. J'attends de vos nouvelles avec impatience, et je n'en ay pas moins d'avoir quelque bonne occasion de vous tesmoigner que je suis de tout mon cœur, Monsieur, vostre humble et très affectionné serviteur.

CHAVIGNY.

XXVII.

D'ESTRADES A CHAVIGNY.

La Haye[1], 11 mars 1640.

(Aff. étr., Correspondance politique, Hollande 21, pièce 265, fol. 478, autographe en partie chiffré.)

Monsieur,

J'ay receu la lettre que vous m'avés faict l'honneur de m'escrire par Saladin, laquelle j'ay monstrée à M. le prince d'Orange, coy que fort travallé d'une colique graveleuse qui le tient depuis hier. Il l'a leue avec plaisir et a esté très satisfaict de voir l'estime et l'amitié que Monseigneur continue de luy tesmoigner...

Il m'a dit qu'il vous escriroit par le prochain ordinère touchant le tretement des ambassadeurs[2] de

---

1. D'Estrades était arrivé à La Haye le 28 février (d'Estrades à Chavigny, 6 mars 1640, Aff. étr., Hollande 21, pièce 261, fol. 473).

2. Louis XIII avait décerné, en 1636, le titre d'Altesse au prince d'Orange. Les États-Généraux, qui, le 26 novembre 1639, avaient décidé de prendre le titre de « Leurs Hautes Puissances — Hooge Mogende Heeren », tenaient à ce que leurs ambassadeurs fussent traités sur le même pied que ceux de la République de Venise. Or, en 1637, à Venise, d'Avaux et

MM. les Estats, pour vous prier de parler à Monseigneur, afin qu'il trouvast bon que les choses feussent remises au mesme estat où elles estoient avant le différant arrivé entre MM. d'Avaux et Dostruic, comme l'ons pourra estre informé par ceus qui estoit employés dans les ambassades avant eus. C'est une affaire qui passione beaucoup, ayant esté prié, depuis la responsse de M. Dostruic, par MM. les Estats, d'intercéder pour eus envers Monseigneur. Il m'a dit confidamant qu'il y alloit fort de son intérest auprès de MM. les Estats, lesquels avoit tesmoigné jalousie du tittre d'Altesse que Monseigneur luy avoit procuré, et que, s'il obtenoit ceste affaire pour eus, il en tireroit de grands advantages; c'est ce qui l'oblige à se porter avec tant de chaleur.

Avant sortir d'auprès de luy, il est tombé d'accord que le rendés-vous de [toutes les trouppes] seroit [à Ramequen[1]], sur les difficultés que j'ay apréhandé qu'il y auroit au [passage de toute l'armée] dans [le canal de Trétole, où il ne peut passer que deux batteaux à la fois, lorsque la marée est haute, et ce passage] seroit capable [de retenir l'armée par un vent contraire ou fort plus de trois jours]; de sorte qu'à présant il ni peut plus avoir neul retardemant [pour l'exécution du dessain, toute l'armée pouvant tenir à la rade de Ramequens et faire voile toute ensemble jusques au lieu

La Thuillerie avaient refusé de donner le titre d'Excellence à M. d'Oosterwijck. L'affaire traîna jusqu'en 1645. Cf. A. de Wicquefort, *Mémoires touchant les ambassadeurs...* La Haye, 1677, p. 381 et 482. Voir *infra* les pièces de janvier et février 1645.

1. Rammekens, sur la côte méridionale de l'île de Walcheren, à l'est de Flessingue.

où il faudra faire la descente, où il n'y a pas plus de
quatre heures]. Il a aussi donné [ordre que tous les
foins de l'Issel, du Oual[1], de la Meuse et de Rhein
fussent arrestez, et en faict faire des magasins]. Il me
semble qu'il ne reste plus qu'à essayer de gagner
quelques jours avant le terme arresté pour le temps
de la campagne. Je tâcheré insensiblemant à engager
M. le prince d'Orange à le promettre. Mais j'estime que,
s'il plaisoit à Monseigneur accorder ce qu'il luy demande
touchant leurs ambassadeurs, qu'il seroit aisé à le porter à tout ce que l'ons désireroit.

Il sera, s'il vous plaist, nécessaire que Monseigneur
comande que le segont terme de l'argent qui eschest
le 20 d'avril soit payé ponctuélemant, affin que toutte
sorte de prétexte de sortir en campagne soit levé et que
rien ne nous puisse retarder.

J'ai esté très aise de ce que M. d'Amontot a receu
ordre d'achever le tretté de Mme la Lantgrave[2]. S. A.
m'a tesmoigné estre fort satisfaict de ce que je ne faisois point ce voyage[3], parce que il ne croyoit pas que
je peusse estre de retour auprès de luy assez tost pour
la campagne. M. de Nordvic m'a demandé la responsse
que Monseigneur m'avoit faicte touchant l'advis que je
luy ay porté[4]. J'ai creu estre obligé de luy dire que
S. É. se souviendroit de luy en cas que la proposition
réussit.

1. Wahal.

2. D'Amontot négociait à La Haye avec Grossic, envoyé de
la landgrave de Hesse; mais la landgrave traînait les affaires
en longueur (voir deux lettres de d'Estrades à Chavigny,
6 mars, Aff. étr., Hollande 21, pièces 261 et 263).

3. Vers la landgrave de Hesse et auprès du duc de Longueville.

4. Le s[r] de Noordwijck, député aux États-Généraux.

L'admiral attand avec grande impatiance ses lettres de noblesse avec le présant que le Roy luy veut donner[1]; il prépare ses vesseaus pour le mois d'auvril.

Je ne suis pas bien remis de ma cheutte; le grand froid que j'ai souffert sur la mer et le long temps que je y suis demeuré a retardé ma guérison...

DESTRADES.

A La Hayée, ce 11 mars 1640.

XXVIII.

D'ESTRADES A CHAVIGNY.

La Haye, 11 mars 1640.

(Aff. étr., Correspondance politique, Hollande 21, pièce 266, fol. 480, autographe.)

J'eus l'honneur de vous parler avant partir comme M. de Vandambour[2], homme intelligent et qui gouverne les finances de MM. les Estats, m'avoit communiqué qu'il travailloit à mettre divers advis en estat d'estre proposés en France, lesquels aporteroit grand revenu au Roy, sans fouller le peuple.

Depuis mon arrivée en ceste ville, il m'est venu trou-

1. Cf. *supra*, p. 54.
2. Il s'agit de van Brœck et de ses projets d'extraire de la tourbe en France. Il désirait obtenir un privilège. Dans une lettre à Chavigny, La Haye, 31 mars 1640, d'Estrades écrit : « Il m'a fait voir que, sur la permission que le greffier Mus et luy ont obtenue de MM. les Estats d'en faire la recherche [de la tourbe] en Hollande, ils ont profitté chacun de cent mille liuvres... En trettant avec ledit sieur Vandenbourc, nous sommes convenus que vous auriés la moitié de ce que le Roy doneroit pour luy et ses associés, ce qu'il confirme par la lettre qu'il vous escrit. » La lettre de van Brœck à Chavigny, 31 mars 1640, est aux Aff. étr., Hollande 21, pièce 284.

ver et me les a communiqués. J'estime que, celon les projects qu'il m'a faict, il en peust revenir au Roy plus de quinze millions, et du moins un million pour vous. Ce qui me confirme dans ceste opinion est que le mesme homme a augmenté depuis dis ans le revenu de MM. les Estats de huict millions...

Saladin m'a dict que vous aviez obtenu un passeport à Bruxelles pour vingt chevaus[1]. Je vous suplie me mander par le prochain ordinère le temps que vous voulés que l'ons vous les achepte et entre les mains de qui il les faudra mettre pour les conduire...

XXIX.

RICHELIEU A D'ESTRADES.

Rueil, 12 mars 1640.

(Bibl. nat., Clairambault 572, fol. 333, original.)

Monsieur, je vous fais ceste lettre pour vous dire que si MM. les Estats eussent tenu vingt ou vingt-cinq vaisseaux au travers de Calais, comme ils vous l'avoient promis, ils eussent pu deffaire aussy aisément la flotte qui est partie de Dunquerque comme ils firent cet esté celle qui venoit d'Espagne. Mais j'ay tousjours bien creu que la pensée qu'ils avoient de beaucoup gagner en laissant sortir les ennemis de leur pays les empescheroit de vouloir hazarder aucune chose pour s'opposer à leur dessein. Aussy le vice-admiral n'avoit-il que cinq vaisseaux au travers de Calais, au lieu du nombre qu'il avoit promis. Maintenant, je vous donne avis que

---

1. G. d'Estrades achetait des chevaux en Hollande pour le Cardinal et pour Chavigny.

les vaisseaux de Dunquerque doivent revenir le plus tost
qu'ilz pourront, chargez de trois mil cinq cens Espagnolz. M. le prince d'Orange a tant d'intérest à faire
faire toute sorte d'effortz pour les deffaire que je croy
superflu de vous avertir de l'en conjurer. Cependant
je ne laisse pas de le faire, désirant que vous luy repré-
sentiés que, si ce bon hœur luy arrivoit, cela rendroit
sa campagne du tout assurée, ne doutant point que
Dieu ne la bénisse, veu l'intention que nous avons tous
pour une si bonne paix. Faites donc toutes vos dili-
gences à ce que l'admiral soit promptement en mer
avec un corps de vaisseaux suffisant pour faire une
pareille action que celle de l'année passée. Vous pouvez asseurer M. le prince d'Orange que nous ne manquerons pas d'un jour à ce qui a esté arresté entre nous ;
faisant le mesme de sa part, comme je n'en doute pas,
j'espère que toutes choses iront à souhait.

Vous nous manderez souvent de vos nouvelles et
vous asseurerez que je suis, Monsieur, vostre très affectionné à vous servir.

Le cardinal DE RICHELIEU.

XXX.

CHAVIGNY A D'ESTRADES.

Paris, 23 mars 1640.

(Bibl. nat., Clairambault 572, fol. 359, original.)

Le Cardinal et Chavigny sont désolés de savoir que le
prince d'Orange est souffrant ; ils sont satisfaits d'apprendre
la continuation des bons desseins de S. A.

Le roi de Grande-Bretagne, « avant que d'entrer en
aucune négociation », a demandé la mise en liberté du

prince palatin[1], que le roi a accordée. « J'allay pour cet effect avant-hier quérir ledit s[r] Prince au bois de Vincennes et le conduisis chez l'ambassadeur d'Angleterre, où il doit loger pendant trois jours, inconnu, jusques à ce que le prince Cazimir soit party. Après quoy, ledit s[r] prince palatin sera logé et deffrayé pour quelque temps, S. M. voulant faire connoistre à tout le monde qu'elle n'agist point par passion et que la raison est la reigle véritable de toutes ses actions. » Le faire valoir auprès du prince d'Orange et de la reine de Bohême[2].

« Il est arrivé un petit accident en notre Cour, dont vous ne vous estonnerez pas, quelque chose qu'on vous puisse dire. M. le Grand[3], ayant eu quelque mauvaise satisfaction de M. Lachenay[4], a fait un esclaircissement au Roy sur son sujet; ensuitte duquel S. M. a commandé à ce pauvre misérable de se retirer. Cet éloignement a donné beaucoup de sujet de parler, mais ce qui est véritable est que Monseigneur le Cardinal est mieux que jamais auprès du Roy et

1. Sur l'affaire du prince palatin, cf. *supra*, p. 65, la lettre du 27 février 1640.

2. Mère du prince palatin.

3. Cinq-Mars avait reçu la charge de grand écuyer en novembre 1639. Il était à l'apogée de la faveur. Le 26 octobre 1639, Chavigny écrivait à Mazarin : « Nous avons un nouveau favori à la Cour, qui est M. de Saint-Mars, fils de feu M. le mareschal d'Effiat, dépendant tout à fait de Mgr le Cardinal. Jamais le Roy n'a eu passion plus violente pour personne que pour luy. S. M. rescompense la charge de grand escuyer de France qu'a M. le duc de Bellegarde pour la luy donner. Ce n'est pas un trop vilain début pour un homme de dix-neuf ans. » Cf. Avenel, t. VI, p. 643.

4. Charles d'Esmé de La Chesnaye, premier valet de chambre du roi depuis 1636, était dans la confiance de Richelieu, qui s'en servait pour « apporter quelque dégoût » du favori dans l'esprit de S. M. Cinq-Mars, s'étant aperçu de ses « artifices », obtint du roi le renvoi de La Chesnaye.

que M. le Grand est entièrement dans la dépendance de
S. É. ».

XXXI.

D'Estrades a Chavigny.

La Haye, 4 avril 1640.

(Aff. étr., Correspondance politique, Hollande 21, pièce 288, fol. 510.)

Le prince d'Orange « a bien remarqué que la rétention
[du prince palatin] n'a esté que pour obliger le roy de la
Grande-Bretagne à entrer dans quelque tretté. Maintenant
sa sortie faict changer de discours à tous les estrangers ».

Des lettres adressées de Paris au prince d'Orange lui
marquaient que « M. de La Chesné » avait été disgracié
par M. le Grand[1], « coy qu'il feust entièremant attaché à
Monseigneur ». Par la lettre de Chavigny, le prince a vu
« comme M. le Grand est entièremant despendant de
Monseigneur, ce qui l'a destrompé qu'il n'y eust eu
quelque chose entre le Roy et Monseigneur ».

Mise sur pied de l'armée : 30,000 à 40,000 fantassins,
3,000 chevaux. Le comte Henri de Frise[2] aurait, vers la
Meuse, 6,000 hommes de pied et 2,000 chevaux. Le prince
d'Orange a proposé la levée de « 6,000 ouapegueldres[3] ».

D'Estrades a fait de nouvelles instances pour presser la
sortie de la flotte. Les matelots, qui n'ont pas été payés l'an
passé, sont mécontents.

S. A. a été très aise de la conclusion du traité fait avec
la landgrave[4].

1. Voir la pièce précédente.
2. Henri-Casimir de Nassau, fils d'Ernest Casimir, comte
de Nassau-Dietz, était gouverneur de Frise et Groningue.
3. Waertgelders ou waardgelders = miliciens.
4. Traité avec la landgrave de Hesse conclu par le duc de
Longueville, le 1er février 1640 (Dumont, *Corps diplomatique*,

Nouvelles des mouvements de troupes en Allemagne.
« J'estime qu'il seroit nécessaire de me faire sçavoir au
plus tost par une lettre[1], que je puisse monstrer à M. le
prince d'Orange, le temps que l'armée du Roy se doibt
trouver au randés-vous et le lieu où il doibt estre, come
aussi les préparatifs que l'on faict. Il m'a demandé plusieurs fois si je ne le sçavois pas et qu'il seroit bien aise
d'en estre informé. »

Il craint que les grands froids ne retardent la mise en
campagne du côté français. Pour lui, il partira au temps
fixé.

XXXII.

RICHELIEU A D'ESTRADES[2].

Rueil, 13 avril 1640.

(Bibl. nat., Clairambault 572, fol. 377, original signé, chiffré et déchiffré.)

Monsieur, je vous fais dépescher expressément ce
courrier pour vous asseurer que les armes du Roy n'en-

t. VI, 1re partie, p. 190). Cf. M. Le Vassor, *Histoire générale
de l'Europe*, t. X, 1re partie, p. 186 et suiv.

1. Voir la pièce suivante.

2. Cette lettre se trouve dans le portefeuille Clairambault 572
en plusieurs exemplaires : 1° au fol. 385, copie écrite de la main
d'un secrétaire de Richelieu, sans signature, et au dos : pour
envoyer à M. d'Estrades. Elle donne le même texte que celui
que nous publions avec la variante signalée plus bas; 2° au
fol. 373, l'original, chiffré et non déchiffré, signé et scellé de
deux cachets de cire rouge aux armes de Richelieu, avec la
suscription : « A M. d'Estrades, ayde de camp ès armées du
Roy »; 3° au fol. 377, original signé, même suscription, chiffré, avec déchiffrement de la main de G. d'Estrades entre les
lignes; 4° au fol. 381, déchiffrement et falsification de la main
de G. d'Estrades. D'Estrades avait demandé, le 4 avril, de
lui envoyer une lettre qu'il pût montrer au prince d'Orange.

treront pas seulement dans le païs des ennemis au jour
que vous sçavez avoir esté arresté, mais y seront certainement quatre jours plus tost, ce que j'ay estimé
vous devoir faire sçavoir[1] (afin d'en avertir M. le prince
d'Orange et vous donner lieu de le solliciter d'en faire
autant, s'il se peut, ou au moins d'estre si ponctuel à
ce qu'il a promis qu'il ne manque pas au jour préfix
par le traitté dont vous avez esté entiérement instruit).
Vous lui direz, s'il vous plaist[2], que l'armée de M. de
La Meilleraie sera de plus de 20,000 hommes de pied
effectif et 7,000 chevaux, et qu'outre cette armée MM. de
Chaulnes[3] et de Châtillon en commanderont une autre qui
regardera les Flandres et qui sera de 15,000 hommes
de pied, 4,500 chevaux. Outre cela, M. du Hallier[4] aura
1,500 chevaux et 6 à 7,000 mille hommes de pied en
Lorraine, du costé du Luxembourg, et le marquis de
Villeroy[5] autant en Bourgogne. Voilà l'estat de nostre
campagne pour ce qui est de la France, à l'esgard des

Il ne jugea pas à propos de lui faire voir la lettre de Richelieu
telle qu'il l'avait déchiffrée et il lui fit subir quelques modifi-
cations (texte n° 4). Nous donnons ici le texte n° 3 avec, en
notes, les variantes des autres textes. D'Avenel a publié cette
lettre (t. VI, p. 680) d'après une copie des Aff. étr., Hollande 21, pièce 299.

1. Les lignes entre parenthèses sont supprimées dans le texte
n° 4. Les mots *dont vous avez esté entièrement instruit* sont
remplacés, dans le texte n° 1, par ceux-ci : *dont vous avez
esté entremetteur*.

2. Dans le texte n° 4 : vous direz, s'il vous plaît, à M. le
prince d'Orange que...

3. Honoré d'Albert, duc de Chaulnes, maréchal de France
en 1619, mort en 1649.

4. Le marquis François du Hallier, plus tard maréchal de
L'Hôpital.

5. Charles de Neuville, marquis de Villeroy.

costez de deçà. Je ne comprends point la Guienne
et le Languedoc, qui ont pour faire une armée de
15,000 hommes de pied et 3,000 chevaux. Pour ce qui
est des païs estrangers, les recrues arrestées, paiées et
asseurées pour le cours de cette année en Italie viennent à
plus de 30,000 hommes, sans compter 8 à 9,000 hommes
de pied et 1,200 chevaux que M. de Bordeaux[1] aura
en Provence, avec une armée navale de vingt-deux
galères et de cinquante vaisseaux destinés pour le secours d'Italie.

Je ne vous dis rien de l'armée de M. de Longueville[2]
et de l'union de Mme la landgrave de Hesse, parce que
vous en sçavez autant que nous. Seulement, dois-je vous
faire sçavoir qu'on luy envoie 4,000 hommes de pied
et 1,000 chevaux de recrues.

Je vous advous qu'en vous escrivant ce que je fais,
j'ay de la peyne à le croire, mais cependant c'est chose
si véritable que je puis vous asseurer que le tout sera
effectif. Et qu'outre ce que dessus le marquis de Brézé[3],
assisté de bons tuteurs pour aprendre son mestier,
sera en la mer Océane avec vingt-quatre bons vaisseaux
de guerre et dix brûlots.

Je m'asseure que, comme nous faisons beaucoup
plus que nous n'avons fait espérer, que M. le Prince

1. Henri d'Escoubleau de Sourdis, archevêque de Bordeaux.

2. Henri d'Orléans, duc de Longueville. Il commandait
alors l'armée du duc de Saxe-Weimar. Cf. la notice sur
Henri II, duc de Longueville, dans vicomte de Noailles, *Le
maréchal de Guébriant*, p. 61-64.

3. Armand de Maillé, fils du maréchal Urbain de Brézé et de
Nicole, la plus jeune sœur de Richelieu. En 1640, le marquis
de Brézé défit la flotte d'Espagne près de Cadix.

fera aussi de mesme de son costé[1]. Quand nous serons
en campagne nous ne manquerons pas de vous faire
avertir soigneusement, de temps en temps, de tout ce
qui se passera.

Je vous prie estre soigneux de faire le mesme et de
nous envoyer un courrier le lendemain du mois prochain pour nous advertir lors que S. A. sera entré
dans le païs des ennemis, car je vous asseure encore
une fois que nous ne manquerons pas d'y estre quatre
jours devant.

Je suis, Monsieur, vostre très affectionné à vous
rendre service.

Le cardinal DE RICHELIEU.

De Ruel, ce 13 avril 1640.

XXXIII.

CHAVIGNY A D'ESTRADES.

Rueil, 21 avril 1640.

(Bibl. nat., Clairambault 572, fol. 399, autographe.)

Monsieur, la goutte qui a pris à M. le prince d'O-
range auroit donné beaucoup de peyne au Roy et à

1. D'Estrades a introduit ici, dans le n° 4, le passage suivant :
« Vous lui dirés aussi, s'il vous plaist, que le Roy a receu
nouvelle instance du Pape d'envoyer les députés à Cologne et
que S. S. a bien fait entendre qu'il ne tenoit qu'au Roy que
la chose ne feust commancée.
« A coy S. M. a respondu que le deslay en a esté parce que
ses alliés n'ont pas bien receu leurs passeports en bone forme
et que, dès qu'ils seront contants, il y envoyera les desputés,
du nombre desquels M. Masarin a esté nomé pour partir;
mais asseurés M. le prince d'Orange qu'il ne partira pas encores

Monseigneur le Cardinal, si vous ne nous assuriez en mesme temps que les médecins espèrent qu'il en sera guéry dans la fin de ce mois, n'ayant point eu de fiebvre. Vous luy tesmoignerez donc, s'il vous plaist, de la part de S. M. et de S. É., quel est leur ressentiment sur son indisposition, laquelle ils s'asseurent ne debvoir pas retarder les desseins qui ont esté concertez, que vous continuerez à le presser d'exécuter punctuellement, ainsy qu'il l'a promis, toutes les entreprises que M. le mareschal de La Meleraie a ordre de faire cette année n'estant fondées que sur cela.

Mais, s'il arrivoit que la maladie de M. le prince d'Orange fût telle quelle l'empeschast absolument d'aller en campagne, vous ferez instance la plus pressante qu'il vous sera possible affin qu'on ne laisse pas d'exécuter les desseins qui ont esté projettez, et que S. A. face commettre quelqu'un pour cet effect. Il est bien certain que qui que ce puisse estre ne sera pas capable comme elle pour exécuter ce qu'elle s'est proposé, mais au moins il fera ce qu'il pourra. Si M. le mareschal de La Meleraie tomboit malade, l'armée du Roy ne lairroit pas d'entreprendre les mesmes choses qui ont esté résolues, parce que S. M. y mettroit à l'heure mesme un autre chef qui auroit de la peyne à faire aussy bien que luy, mais il ne faut manquer à rien de ce qui

si tost et qu'il en sera averti ponctuellement et de touttes les propositions qui se fairont, non seulement parce que le Roy y a sa parolle engagée, mais encore par l'estroite amitié et confidance que j'ay liée avec luy.

« J'aurai soing de donner ordre que le segond terme soit payé. Continués à randre de bons offices à M. le maréchal de La Meilleraye auprès de S. A., car je désire qu'il suive ses ordres et qu'il l'honore particulièrement. »

peut advancer le bien publicq. Ce poinct est si important que vous n'obmettrez rien de ce qui dépendra de vous pour porter M. le prince d'Orange à exécuter punctuellement les choses qu'il a promises, ou pour faire que, si son indisposition l'en empeschoit, il en donne le soin à quelqu'un qui soit capable et en qui il ayt confiance.

J'envoie la lettre de change de trois cens soixante-quinze mil livres à M. d'Amontot, que nous n'avons pu obliger M. Hoeuft de faire aquiter plus tost que dans la fin du mois de may, à cause des sommes qu'il est chargé de fournir à Amsterdam pour l'armée de M. de Longueville et pour ce qu'on donne aux Suédois[1]. Je ne doute pas que M. le prince d'Orange ne soit satisfait de cela, car, quand bien mesme il ne recevroit pas à point nommé l'argent contenu en laditte lettre de change, il ne lairroit pas d'en trouver sur le crédit de M. Hoeufft. Assurez tousjours S. A. que nous serons ponctuelz en ce que nous promettons et qu'il peut agir avec toute sorte de seureté de ce costé-là.

Je vous envoie une copie de la lettre que Monseigneur le Cardinal vous escrivit la sepmaine passée[2], affin quelle vous tombe entre les mains en cas que vous n'eussiez pas l'original par Saladin qu'on a faict partir exprez pour cet effect.

1. Voir aussi lettre de Chavigny à G. d'Estrades, 21 avril également (Clairambault 572, fol. 403). Chavigny adresse à M. d'Amontot la lettre de change de 375,000 l. pour le terme d'avril. Hœufft a ordre de l'acquitter en mai; cependant, il pourra y avoir quelques retards, car il doit fournir de grandes sommes pour Hambourg et l'armée du duc de Longueville.

2. Voir lettre du 13 avril et la note 1. Ce duplicata se trouve dans Clairambault 572, fol. 373.

Nous avons eu advis que Casal estoit assiegé[1], ce qui ne nous a pas surpris parce que nous avons tousjours bien creu que c'estoit le dessein des Espagnols, mais, quelque diligence que nous ayons peu faire, nous n'avons peu jusques à cette heure obliger les princes d'Italie à prendre part en cette affaire qui les regarde bien plus que le Roy. S. M. fait toutte sorte de diligence pour faire passer les troupes qui ont esté destinées pour l'Italie, affin de donner moyen à M. le comte d'Harcourt d'agir puissamment en cette occasion. Cela ne destournera en aucune façon les projects qui ont esté faits pour la Flandre. De cela vous en pouvez assurer M. le prince d'Orange.

On a esté très satisfait de ce que S. A. a escrit à M. de Bouillon touchant son entremise sur le traitté des Liégeois avec l'archevesque de Cologne[2]. Je croy vous avoir mandé que nous avions dépesché M. l'abbé

---

1. Le gouverneur du Milanais, Leganez, assiégeait Casal avec 18,000 hommes. Henri de Lorraine, comte d'Harcourt, s'empressa de marcher au secours de la ville assiégée. Chavigny écrit à G. d'Estrades, le 28 avril (Clairambault 572, fol. 407) : le siège de Casal n'entravera en rien les opérations du côté de la Flandre. Le gouverneur de Casal, M. de La Tour, ne craint en rien les ennemis. On fait passer des troupes au comte d'Harcourt afin de secourir la place. — Le comte d'Harcourt attaqua les ennemis dans leurs retranchements le 29 avril, leur tua 5,000 hommes et les força de se retirer.

2. Le prince d'Orange avait écrit à Bouillon qu'il trouvait mauvais qu'il se mêlât de l'accommodement des Liégeois. Il en avait informé d'Estrades et lui avait montré « une lettre par laquelle l'on luy mande que lesdits Liégeois sont plus mal que jamais avec leur esvecque, lequel s'en est retorné à Cologne, après avoir faict acte d'hostillitté contre eus. » D'Estrades à Chavigny, La Haye, 9 avril (Aff. étr., Hollande 21, pièce 294, fol. 518, autogr.).

de Mouzon[1] pour aller à Liége. Je suis de tout mon cœur, Monsieur, vostre très humble et très affectionné serviteur.

CHAVIGNY.

XXXIV.

D'ESTRADES A RICHELIEU.

Au camp de Maldeghem[2], 25 mai 1640.

(Aff. étr., Correspondance politique, Hollande 21, pièce 315, fol. 549, autographe.)

« Il n'y a plus rien à espérer des promesses de M. le prince d'Orange[3]; celle qu'il a faicte au Roy et à V. É. pour le dessein de ceste campagne a esté si mal exécuttée que je n'y puis songer qu'avec estonemant... » Il s'est borné, le 20 courant, à faire tenter le passage du canal, près de Bruges, par le comte Henri de Frise.

D'Estrades lui représenta, « comme rien ne le pouvoit desgager de sa parolle ni de sa proposition, qu'un combat général et en suitte l'attaque de [*mot chiffré, non déchiffré*] ».

« Coy que je luy puisse dire, je ne peus tirer auttre chose de luy si ce n'est qu'il fairoit ce qu'il pourroit et

1. L'abbé de Mouzon était résident de France à Liége.
2. Maldeghem, aujourd'hui Flandre orientale (Belgique), entre Bruges et Eecloo.
3. Le prince d'Orange s'était embarqué, le 8 mai, à Delfshave avec H.-Casimir de Nassau, gouverneur de Frise, pour Dordrecht, où étaient leurs troupes. La cavalerie, rassemblée à Berg-op-Zoom, avait été embarquée le 12 et était arrivée le 13 à Rammekens. Henri-Casimir avait ordre de passer la Lise, mais le cardinal-infant, ayant eu vent de son projet, avait envoyé des renforts de ce côté, et le canal de Bruges à Gand était bien gardé. Les deux armées restèrent ainsi en présence jusqu'à la fin de juin.

I 6

qu'il se tiendroit campé à Maldegam pour fournir son
armée de vivres, et après, s'il voyoit lieu d'entreprandre
quelque chose, qu'il le fairoit. »

D'Estrades n'a pas « osé esclatter[1] », dans la crainte que
le prince ne retire son armée ou qu'il ne cherche « quelque
accomodemant ». Il a découvert depuis peu « qu'il y a
grande intelligence entre le roy d'Angleterre et luy[2]. Je
n'ay pas peu pressantir ce qui se trette, mais je soubçone
qu'il ne le mesnage pour servir de médiateur, touchant
quelque tretté entre les Espagnols et cest Estat, en cas
qu'il se voye tout à faict ruiné dans l'esprit de V. É. ».

Il prie Richelieu de l'excuser s'il ne lui a pas répondu
par l'ordinaire précédent[3].

XXXV.

CHAVIGNY A D'ESTRADES[4].

Blérancourt[5], 15 juin 1640.

(Bibl. nat., Clairambault 572, fol. 441, original chiffré en partie, non
déchiffré.)

Monsieur, nous attendons de vos nouvelles avec impatience pour savoir à quoy M. le prince d'Orange se

1. En réponse, Chavigny écrit le 1er juin (Bibl. nat., Clairambault 572, fol. 438) : « Tout ce que vous luy avez représenté sur ce subject a esté fort approuvé, et l'on a trouvé bon
aussi que vous n'ayez pas esclatté. »
2. Il s'agissait des pourparlers pour un mariage. Cf. *infra* la
pièce XXXVII*bis*, p. 92.
3. Chavigny avait rappelé à d'Estrades, le 3 mai 1640 (Bibl.
nat., Clairambault 572, fol. 411), qu'il n'avait pas répondu à la
lettre du Cardinal, qui avait « trouvé à redire » à ce procédé.
4. Nous publions deux textes de cette dépêche, celui de l'original, en partie chiffré, reçu par d'Estrades (Bibl. nat., Clairambault 572, fol. 441), et, à la suite, le texte déchiffré et

résoudra en suite des mauvaises rencontres qu'il a
eues en son premier dessein. Je vous ai desjà mandé
que M. le mareschal de La Meilleraye s'est opiniastré
au sien[1] jusques à ce que nous ayons sceu que M. le
prince d'Orange n'a peu exécuter ce qu'il avoit projetté
et lorsqu'il a cédé aux difficultez qui l'ont empesché de
le poursuivre, mais, comme nous espérons que ledit
s^r Prince ne demeurera pas inutile au post où il est et
qu'il fera ce qu'il a promis en quelque façon que ce
soit, le Roy est demeuré en cette frontière, résolu
[*passage chiffré*] avec [*passage chiffré*], dont j'espère
vous donner avis au premier jour. Cependant exhor-
tez, s'il vous plaist, ledit s^r Prince et le pressez d'agir
sans se rebuter pour les difficultez qu'il a trouvées au
commencement de cette campagne, comme nous
n'avons pas fait de notre part.

Nous avons avis [*passage chiffré*] et lieux voisins
qu'on [*passage chiffré*] et spécialement pour ce qui
est du [*passage chiffré*] que c'est [*passage chiffré*] ou
pour faire quelque [*passage chiffré*] ou pour [*passage
chiffré*] qui [*passage chiffré*]. Pour ce qui est [*passage
chiffré*] rien, et nous ne voyons [*passage chiffré*] pourquoy ou nous avons donc [*passage chiffré*] M. le prince
d'Orange [*passage chiffré*] qui [*passage chiffré*] à quel
autre dessein [*passage chiffré*]. Vous le prierez et l'o-

modifié par lui pour être communiqué au prince d'Orange.
Nous reproduisons en italique les variantes introduites dans le
texte en clair et les passages traduits et modifiés. La fin de ce
texte est conforme à l'original.

5. [Voir page précédente.] Aujourd'hui département de
l'Aisne, près de Coucy-le-Château.

1. Le siège de Charlemont (cf. Chavigny à d'Estrades, Soissons, 15 mai 1640, Bibl. nat., Clairambault 572, fol. 427).

bligerez de [*passage chiffré*] et de [*passage chiffré*] parce que cela [*passage chiffré*] qui [*passage chiffré*].

Vous aurez sceu ce que M. le comte d'Harcour[1] a fait depuis quelques jours contre le marquis de Leganez, qui a voulu faire effort pour secourir Thurin par trois attaques, deux qu'il a faites en divers endroitz de nostre camp, et la troisiesme sur laquelle il faisoit plus de fondement n'a pas réussy, parce que M. le vicomte de Thurenne est allé au-devant de ceux qui estoient destinez pour la faire et les a deffaitz, leur tuant sept ou huit cens hommes. Il a esté blessé en cette rencontre, mais sans péril. Sur ce, je vous supplie de croire que je suis toujours, Monsieur, vostre très affectionné serviteur.

CHAVIGNY.

XXXV *bis*.

MÊME LETTRE.

*(Texte déchiffré et arrangé par d'Estrades
pour être communiqué au prince d'Orange.)*

(Bibl. nat., Clairambault 572, fol. 445.)

Monsieur, nous attandons de vos nouvelles avec impatience pour savoir à quoy M. le prince d'Orange se résoudra en suitte des mauvaises rencontres qu'il a eues en son premier dessein. Je vous ai desjà mandé

---

1. Après avoir forcé les Espagnols à lever le siège de Casal, Harcourt avait marché sur Turin. Le prince Thomas de Savoie était maître de la ville, et les Français de la citadelle. Leganez suivit d'Harcourt et voulut lui couper les vivres. Richelieu envoya des renforts à d'Harcourt qui battit Leganez et le prince Thomas, le 11 juillet, et força Turin à capituler, le 22 septembre 1640.

que M. le mareschal de La Meilleraye s'est opiniastré
au sien jusques à ce que nous ayons sceu *par vous* que
M. le prince d'Orange n'a peu exécutter ce qu'il avoit
projetté et lorsqu'il a cédé aux difficultez qui l'ont empesché de le poursuivre. Mais, comme le *Roy et S. É.*
espèrent que ledit s^r Prince ne demeurera pas inutile
au lieu où il est et qu'il faira quelque entreprise consi-
dérable, le Roy s'est résolu, ne doutant point d'estre
secondé par S. A., de faire attaquer par ses deux armées
Arras ou Saint-Omer. MM. les maréchaux de La Meil-
leraye et de Chatillon ont ordre d'attaquer plus tost
Arras que l'auttre, à cause de l'incommoditté des ma-
rets, et S. M. s'aprochera dès que la plasse sera inves-
tie. Il est du tout important pour le bien de la cause
commune que S. A. agisse. Il peust voir la confiance
que nous avons en luy, et, nous engageant à une si
grande plasse, de laquelle nous ne sçaurions venir à
bout, si M. le prince d'Orange n'attaque de son costé.

Nous avons advis de quelques personnes confidantes
à Dunquerque et lieus voisins qu'on y prépare une armée
navalle fort secrettement. Celuy qui donne l'advis mande
que c'est pour aller en Espagne, ou pour faire quelque
ravage à la coste de Normandie, ou pour aller au-devant
de la flotte hollandoise qui reviendra des Indes. Pour
ce qui est de la coste de Normandie, nous ne craignons
rien. Nous avons estimé estre à propos d'avertir M. le
prince d'Orange de faire prendre garde à sa ditte flotte
qui viendra des Indes, ou de songer à quel autre dessein
cest armemant peust estre destiné. Vous le prierés de
garder le secret en cela et de ne faire aucune démons-
tration d'avoir receu cest avis, parce que cella ruineroit
et perdroit ceus qui nous en donent.

Vous aurez sçeu ce que M. le comte d'Harcourt a

fait depuis quelques jours contre le marquis de Leganez, etc.

XXXVI.

D'Estrades a Chavigny.

Du camp de Maldeghem, 18 juin 1640.

(Aff. étr., Correspondance politique, Hollande 21, pièce 320, fol. 55.)

Le prince d'Orange, ayant appris que La Meilleraie n'avait pas assiégé Charlemont, a déclaré à d'Estrades « que par le tretté le Roy devoit attaquer une place de considération, et luy devoit exécutté son dessein, que l'eun et l'auttre ayant manqué, il s'estonoit extrêmemant de ce que l'ons luy mandoit de Paris qu'à la Court on se pleignoit de luy, comme s'il avoit trompé S. M.; que les mesmes raisons que je luy alléguois pour faire voir les difficulttés que M. le maréchal de La Meilleraye avoit rancontrées pour l'exécution de son dessein luy servoint, n'ayant peu faire diversses attaques au canal à cause du desbordemant de l'eau. »

D'Estrades a répondu avec calme que le maréchal de La Meilleraie n'avait pas perdu de temps et que son dessein était d'attaquer les ennemis, tandis que, du côté de la Hollande, rien n'avait été fait, et que la campagne allait en être complètement perdue.

Le prince promet que, « dès qu'il sçauroit que l'armée du Roy s'attacheroit à quelque chose de considérable, il fairoit de mesme sans perdre de temps ».

D'Estrades demande l'autorisation de remettre « sa compagnie et sa lieutenance-coronelle » à M. le prince d'Orange et d'aller trouver le Cardinal[1].

1. D'Estrades avait déjà demandé son rappel le 8 juin (Aff. étr., Hollande 21, pièce 317) : « Je quiterois mes charges avec

XXXVII.

RICHELIEU A D'ESTRADES[1].

Blérancourt, 18 juin 1640.

(Bibl. nat., Clairambault 572, fol. 459, original chiffré en partie et
déchiffré.)

Monsieur, j'ai différé jusques à présent à vous faire
une dépesche, parce que le temps que nous avons
perdu en nous esloignant des lieux que M. le prince
d'Orange devoit attaquer suivant son avis et son désir,
pour luy donner par ce moyen plus de facilité de faire
réussir ses desseins, nous a empeschés de nous pouvoir attacher à aucune entreprise.

Maintenant qu'ayant laissé 10,000 hommes et
3,000 chevaux en Champagne, et 6,000 hommes de
pied et 1,500 chevaux à M. du Hallier en Lorraine,
les armées que commandent M. de Chaune et de Chastillon, d'une part, et M. de La Meilleraie, de l'autre, se

joyee, puisque doresanavant je ne sçaurois servir avec satisfaction sous le commandemant d'une personne qui luy (au Cardinal) a manqué de parolle. »

1. De cette lettre il existe deux originaux signés, en partie
chiffrés (Bibl. nat., Clairambault 572, fol. 459 et 463). Comme
on le voit dans une lettre de Richelieu à d'Estrades, datée
d'Amiens, 26 juin 1640 (Clairambault 572, fol. 491), l'un de ces
originaux avait été confié à Saladin le 18 juin; mais Saladin
ayant été arrêté à Bruxelles, Richelieu avait envoyé à d'Estrades, le 26 juin, un duplicata par une autre voie. Il en existe
aussi deux copies, dont l'une (Clairambault 572, fol. 467) est
conforme aux originaux, et l'autre (Clairambault 572, fol. 471),
écrite de la main de d'Estrades, en diffère sensiblement, comme
on peut le constater ici. Cette dernière porte la mention « dé-

sont jointes et assiégent Arras[1], je vous dépesche ce courrier pour vous dire que je ne sçaurois [assez m'estonner] de ce [qui se passe au lieu où vous estes]. En relisant [la promesse[2] que vous m'aportastes cet hiver signée de]…, quand je considère qu'il a [voulu que le trété] aist été entre [luy et moy] pour estre [plus seur et plus effectif], qu'on lui [donne par ce tretté] pour [lever] 12,000 hommes [un secours] inouy [jusques à present], que nous avons |perdu] pour [luy complaire] l'occasion d'attaquer avec [facilité] ce que nous [attacquerions] maintenant avec grande [difficulté], ayant [une armée en teste], qui n'eust sceu estre [sur pied] que notre [circonvalation] n'eust été faite, si nous eussions faict [cette entreprise] au commencement [de la campagne], je ne sçaurois croire qu'il ne se sente tellement [obligé] par ce [que nous avons fait] que, quand il n'y auroit que ceste [considération] pour le [porter à quelque chose de grand], il ne veuille [l'entreprendre].

Et lorsque je fais réflexion sur les grandes [qualités] qui sont en [la personne du] prince d'Orange, sur ce que [porte sa promesse] et sur sa [réputation], il n'y a rien qui ne puisse empescher de tenir pour tout asseuré et d'en respondre [au Roy, come je fais, qu'il fera quelque grand effect], digne [de luy], correspon-

chiffré ». Elle avait été sans doute arrangée ainsi par d'Estrades en vue de la communiquer au prince d'Orange. Nous la publions sous le n° XXXVII *bis*.

1. Le siège d'Arras a commencé le 13 juin. La garnison battit la chamade le 8 août (Richelieu à d'Estrades, 12 août, Bibl. nat., Clairambault 572, fol. 523).

2. Voir *supra*, pièce XXIV.

dant à son obligation. Je le suplie [de si résoudre] et de considérer ce qu'il [se doit à lui-mesme].

Nous avons à faire à des ennemis qui n'ont autre but que de nous consumer par le temps et par leurs artifices qu'ils emploient de tous costez pour tascher de nous diviser. Vous représenterez, s'il vous plaist, à M. le prince d'Orange que non seulement nous avons perdu un mois de temps pour nous esloigner des lieux qu'il vouloit attaquer, mais qu'ensuite, bien que [nous n'y soyons point obligés], nous sommes venus attaquer Arras, qu'il avoit tesmoigné désirer que nous assiégeassions. Je suis seur que toutes ces choses [le porteront à quelque entreprise d'importance].

L'armée de MM. de Chaunes et de Chastillon a 13,000 hommes de pied effectifs et 4,500 chevaux. Celle de M. de La Melleraie a autant de gens de pied et 4,000 chevaux; ce que je vous dis est si vray qu'il y en a plus que moins, et il faudra payer à la montre plus de 30,000 hommes de pied et 10,000 chevaux. Les affaires vont fort bien en Italie. En Allemagne, elles sont en fort bon train. Il n'est pas raisonnable qu'elles demeurent en Hollande.

Don Philippes de Silva et Lamboy estant à Béthune avec toutes leurs forces, M. le prince d'Orange n'aura pas plus d'ennemis sur les bras qu'il en a deub prévoir. Ainsy il pourra sans quelque grand hazard faire une bonne entreprise et digne de luy.

Si nous faisons de part et d'autre quelque chose de grand cette campagne, la dureté de nos ennemis pourra s'amolir et apparemment ils se roidiront à une bonne paix. Sans cela ils n'auront d'autre but que de nous consumer par le temps et nous diviser. Vous en sçaurez davantage par M. de Chavigny. Cependant vous vous asseurerez, s'il vous plaist, de l'affection que je vous ai promise et croirez que je suis, Monsieur, vostre très affectionné à vous rendre service.

Le cardinal DE RICHELIEU.

Depuis[1] cette lettre escrite nous venons de recevoir une dépesche d'Italie qui porte que le marquis de Léganez a voulu tenter de secourir une seconde fois Turin, ce qui luy a si mal réussy qu'on luy a tué 1,000 Espagnols naturels sur place. M. le comte d'Harcourt a passé luy-mesme une rivière, où luy et ses gens avoient de l'eau jusques à la ceinture, pour aller combattre ledit secours.

De Blérancourt, 18 juin 1640.

XXXVII *bis*.

MÊME LETTRE.

(Copie arrangée par d'Estrades
pour être communiquée au prince d'Orange.)

(Bibl. nat., Clairambault 572, fol. 471.)

Monsieur, j'ai différé jusques à présent à vous faire une dépesche, par ce que le temps que nous avons perdu en nous esloignant des lieux que M. le prince d'Orange devoit attaquer suivant son avis et son désir,

---

1. Ce post-scriptum est inséré dans l'espace laissé en blanc dans la formule de politesse, entre : Monsieur, et les mots qui la terminent.

pour luy donner par ce moyen plus de facilité de faire réussir ses desseins, nous a empeschés de nous pouvoir attacher à aucune entreprise.

Maintenant que le Roy a laissé 5,000 hommes de pié et 2,000 chevaux en Champagne, et 6,000 hommes de pied et 1,500 chevaux en Lorraine, les armées que commandent les maréchaus de Châtillon, de Chaunes, d'une part, et de La Meilleraie, de l'autre, se sont jointes et ont attaqué Arras, je vous dépesche *Saladin, afin que vous en informiés M. le prince d'Orange et que vous le priés de ma part que je le conjure d'entreprendre quelque chose digne de luy.*

Et lorsque je faits réflection sur les grandes qualités qui sont en sa personne, il n'y a rien qui me puisse empescher de tenir pour tout asseuré et d'en répondre au Roy, comme je faits, qu'il faira quelque grand effect, digne de luy *et de l'engagement où l'armée du Roy est.*

Nous avons affaire à des enemis *qui ne tachent qu'à nous diviser* et n'ont d'autre but que de nous consumer par le temps et par leurs artifices qu'ils employent de tous costés, *ainsi que vous verrez par un mémoire*[1] *que je vous envoyee sur les advis qu'un Liégeois nous a donés, lesquels nous avons refusés par pure confiance que nous avons de MM. les Estats et de M. le prince d'Orange, nous ayant desjà faict sçavoir ce qui se trette en Angleterre. J'ai bien vouleu continuer à vous doner cognoissance de ce que l'on m'escrit de Londres, du dernier may, que le s*[r] *Hanvelit est venu en aparance pour se faire payer de 50,000 l. dont il est caution pour la Reine mère*

---

1. Voir la pièce suivante.

envers les marchans d'Amsterdam, ce qui n'est qu'un prétexte, d'autant que ladite Reine a lessé entre les mains de la Compagnie des bagues estimées deus fois autant. Ceus qui m'escrivent mandent que le véritable subject est pour le mariage dont je vous ay desjà parrlé[1], et aussi qu'il avoit ordre de prier le roy de la Grande-Bretagne de ne rien conclure avec l'Espagne à leur préjudice, et luy promettre qu'en récompansse ils n'assiégeroit point Dunquerque et qu'ils ne favorisent point les desseins du Roy sur les places qui luy pouroit doner jalousie, et qu'ils ne fairont jamais de paix avec l'Espagne qu'il n'en feust arbittre. Outtre diverses lettres que j'ay receues, j'en ay esté encores asseuré par l'ambassadeur de Venise, qui m'a dit sçavoir la mesme chose de bone part. Sur tout je vous recomande le secret.

Mais il est à propos que vous le fassiés cognoistre adroitement à M. le Prince[2] et que vous lui tesmoigniés que la princesse d'Angleterre estant niepce du Roy, et luy dans les intérêts de France, S. M. se resjouira de ceste alliance et de son contantemant.

Je ne doutte pas que M. le prince d'Orange ne rande au Roy ce qui luy est deu en luy communiquant son dessein, lorsqu'il sera résolu.

1. Le mariage de Guillaume, fils aîné de Frédéric-Henri, avec Marie, fille aînée du roi d'Angleterre.

2. D'Estrades a résumé ici un passage de la lettre que Chavigny lui avait adressée de Blérancourt le 19 juin (Bibl. nat., Clairambault 572, fol. 479, orig. chiffré en partie). Chavigny dit de plus : « Cependant, il faut prendre garde que cette considération (du mariage) ne le porte à complaire au roy d'Angleterre plus que de raison, et en choses qui fussent d'importance, ce que nous ne croyons pas qu'il voulust faire... »

XXXVIII.

« MÉMOIRE AU Sʳ D'ESTRADES »[1].

Magny, 19 juin 1640.

(Bibl. nat., Clairambault 572, fol. 475, entièrement chiffré et déchiffré.)

Il a passé icy un homme se disant Liégeois, certainement envoyé de nos ennemis, lequel s'est adressé au
sʳ de Chavigny. Son but a esté de persuader que, en
trente-six (1636), MM. les Estats avoient voulu se séparer de la France[2], nonobstant les traitez qu'ils avoient
fait avec elle. Il a assuré que Don Martin d'Aspres luy
a fait veoir toutes les particularitez de la négociation
qui fut faite en ce temps entre luy et le greffier Mus.
Entre autres, il a dit qu'on offrit deus millions de flo-
rins pour les porter à se départir du Brésil, que les
Estats en demandoient cinq. Il a dit de plus que le ra-
sement de Maestrich estoit comme d'accord et surtout
que les traittans pour les Estats avoient franchi le mot
que, moyennant qu'ils s'accordassent du reste, il donnoit parolle de quitter la France.

Après avoir escouté tout ce discours, on luy a respondu

1. Ce mémoire existe en deux exemplaires, tous deux signés :
le premier, non déchiffré, daté du 16 juin ; le deuxième, daté
du 19, déchiffré par d'Estrades en interligne (Clairambault 572,
fol. 451 et 475). Chacun de ces exemplaires est accompagné
d'une lettre de Chavigny (Blérancourt, 19 juin).

2. Il s'agit des pourparlers de l'année 1635-1636. Dès octobre 1635, Charnacé avait eu vent des conférences entre Don
Martin de Axpe, secrétaire de l'Infant, et Cornelis Musch, greffier des États-Généraux, et il avait reçu de Richelieu l'ordre de
se plaindre. Cf. Waddington, t. I, p. 347-351.

qu'on voyoit bien que son dessein estoit de diviser la France de ses alliez, soubz prétexte de quelques avantages qu'ilz voudroient luy offrir. S. É. ayant fait entendre au Roy sa proposition, S. M. a commandé audit s^r de Chavigny de luy dire qu'elle estoit bien informée de ce qui s'estoit passé en mil six cens trente-six, aux conférences de Don Martin d'Aspre et du greffier Mus.

Qu'Elle sçauroit certainement que M. le prince d'Orange et MM. les Estatz ne manqueroient pas au contenu de leur traitté, et qu'Elle ne désiroit point sçavoir de luy le reste de la commission qu'on luy pouvoit avoir donnée, parce qu'il n'y a rien au monde qui fût capable de porter S. M. à manquer à ses alliez.

On adjousta cette dernière circonstance à sa responce sur ce que ledit homme avoit dit que, quand il sçauroit que le Roy auroit receu son advis, il en diroit davantage.

Ledit s^r Destrades dira en grand secret ce que dessus à M. le prince d'Orange, et luy fera veoir de plus la sincérité de la France qui ne manquera jamais à la teneur de ses traittez.

Il luy dira en suitte que M. le Cardinal a une telle confiance aux promesses dudit s^r Prince qu'il assure tous les jours le Roy que la campagne ne se passera point sans qu'il face quelque grand effect. Le siège d'Arras doibt faire connoistre comme l'on va icy en besongne, entreprenant cette place à la veüe d'une armée ennemie forte de 13 à 14,000 hommes de pied et 6,000 chevaux.

Fait à Magny, le xviiie juin 1640.

LOUIS.
BOUTHILLIER.

XXXIX.

CHAVIGNY A D'ESTRADES.

Amiens, 13 juillet 1640.

(Bibl. nat., Clairambault 572, fol. 503, original.)

Monsieur, nous voyons par vostre dépesche du 7e juillet comme les desseins de M. le prince d'Orange ne succèdent pas ainsy que nous désirons, et que le décez du comte Henry de Frise et la deffaite des trouppes qu'il avoit avec luy, lorsqu'il a esté tué, ont destourné tout à fait ledit sr Prince de la pensée qu'il pouvoit avoir du siège de Hultz[1]. Monseigneur le Cardinal a extrêmement approuvé tout ce que vous lui avez dit dans cette conjoncture et auparavant pour le faire haster d'un jour plus tost à faire attaquer le post, où ledit comte a trouvé les ennemis fortz pour avoir trop tardé de faire cette entreprise; mais je ne vous puis dire ce déplaisir que le Roy et Monseigneur ont de voir par votre dite lettre ledit prince et tout le monde de delà si abatu et descouragé de rien faire davantage pendant le reste de cette campagne.

Néantmoins, nous ne pouvons croire que M. le prince

1. Le comte H.-Casimir de Nassau avait reçu, le 30 juin, l'ordre d'attaquer, de concert avec les régiments français du colonel d'Hauterive, les forts de Nassau et de Moervaert, de s'en emparer et d'attendre l'arrivée du gros de l'armée (Bibl. nat., Clairambault 572, fol. 499). D'Hauterive prit, le 1er juillet, le fort de Nassau, mais le comte Henri-Casimir fut mortellement blessé à l'attaque du fort de Moervaert. Le prince d'Orange, ayant appris que la garnison de Hulst avait été renforcée, se retira. Dans la nuit du 13 au 14 juillet, l'armée débarquait à Berg-op-Zoom.

d'Orange soit si peu soigneux d'observer ce qu'il a promis si positivement et signé, que de ne rien tenter pour y correspondre. Nous avons maintenant toutes les forces ennemies sur les bras, et il ne peut plus avoir en teste que fort peu de gens, de sorte que, s'il veust un peu se remettre de l'eschec reçeu par le comte de Frise, il semble qu'il peut encore faire quelque chose, à quoi vous l'exhorterez vivement. Et, en tout cas, il est plus à propos qu'il ne bouge de Flandre que d'aller en Brabant ou vers la Meuze, à quoy vous tiendrez la main qu'il ne se résolve pas sans savoir auparavant le sentiment de deçà, protestant tousjours, comme vous avez faict, que ce n'est pas le moyen d'accomplir ce qu'il a promis.

Je vous exhorte en mon particulier à la patience pour le reste de cette campagne[1], pendant laquelle vous jugez bien qu'il est absolument nécessaire que vous demeuriez près de ce prince pour en tirer ce que vous pourrez et le faire agir, s'il se peut, ou au moins le divertir de se retirer de la Flandre pendant notre siège d'Arras.

C'est une chose bien fascheuse de ne pouvoir faire aucun fondement sur luy et que nul concert ny traitté ne nous asseurent de ce qu'il doit faire, joinct que nostre despence extraordinaire à laquelle il nous a obligé nous sera absolument inutile. Mettez-luy, s'il vous plaist, tout cela devant les yeux et voyez s'il y a aura encore moyen de l'esbranler, maintenant qu'il n'a pas si grand nombre de gens pour s'opposer à ce qu'il pourroit entreprendre.

1. D'Estrades, désolé de l'inaction du prince, désirait rentrer en France. Voir p. 86, note 1.

Les ennemis se sont saisis du mont Saint-Éloy[1], à dessein seulement, comme l'on croit, de rompre nos convoys et de ruiner notre cavalerie en luy empeschant le fourrage. Comme ils ont fait venir, pour faire un puissant corps, leur trouppes de Lorraine et de Luxembourg, aussy S. M. a fait approcher celles qu'elle avoit en Champagne, soubz M. de La Ferté-Imbault[2], et en Lorraine, soubz M. du Halier[3], pour empescher qu'ils ne nuisent au siége dont nous avons tousjours bonne espérance, pourveu que M. le prince d'Orange ne laisse pas les ennemis sans occupation.

Je n'ay point encore eu le mesmoire du s[r] Vandenbourc. Sur ce, je vous supplie de croire que je suis tousjours, Monsieur, vostre très affectionné serviteur.

CHAVIGNY.

XL.

CHAVIGNY A D'ESTRADES.

Amiens, 12 août 1640.

(Bibl. nat., Clairambault 572, fol. 525, original.)

Il lui envoie une copie de la Relation du siège d'Arras pour la faire voir au prince d'Orange. Le s[r] d'Amontot est en possession de la lettre de change de 375,000 livres pour le troisième paiement du subsisde[4]. « Le prince d'Orange verra par là que l'on est icy punctuel en ce qu'on promet... »

1. Près d'Arras.

2. Jacques d'Étampes, marquis de La Ferté-Imbault, maréchal de France.

3. Les troupes du marquis du Hallier firent leur jonction avec celles de La Meilleraie le 2 août.

4. Le 10 juillet 1640, Richelieu écrit à M. de Bullion. Il lui

I

XLI.

CHAVIGNY A D'ESTRADES.

Amiens, 13 août 1640.

(Bibl. nat., Clairambault 572, fol. 529, original.)

Monsieur, vous pouvez croire que, vous aymant et estimant comme je fais, je compatis autant qu'il se peut à la peyne que vous avez de veoir comme vont les choses au lieu où vous estes. Il faut néantmoins que vous agissiez tousjours avec prudence et retenue et que vous pressiez M. le prince d'Orange, en sorte qu'il ne puisse pas penser que vous le vouliez désespérer.

Vous verrez par la relation que je vous envoie ce qui s'est passé au siège d'Arras, dans lequel personne ne peut nyer que M. le mareschal de La Meleraie n'ay

fait part du « desplaisir » qu'il a du procédé de M. le prince d'Orange, qui ne tient aucune de ses promesses : « Je sçay bien, ajoute-t-il, qu'en une justice resglée je ne serois point obligé de luy continuer le troisième payement dont on en a desjà fait deux ; mais, voyant le procédé de ce prince, je ne désire pas, encores que nous ayons tout sujet de plainte, qu'il ait lieu de prendre prétexte de mescontentement sur l'inexécution de ce que j'ay promis. » En même temps, le prince négocie le mariage de son fils avec la cadette des filles du roi d'Angleterre, et ce roi penche du côté d'Espagne. Mais il faut dissimuler notre mécontentement et continuer les payements. S'entendre pour les avances avec Hoeufft. « J'ay à Paris pour 50,000 escus de vaisselle d'argent et pour autant de pierreries que je vous offre, si vous en avez besoin en ceste occasion, car je vendrois plus tost ma chemise que je n'exécutte ce que j'ay promis, quoy qu'on ayt manqué d'autre part. Je prie M. de Bullion de ne monstrer cette lettre à qui que ce puisse estre » (Avenel, t. VIII, p. 165).

eu la meilleure part, ayant deffait les trouppes de Lamboy à Sailly, taillé en pièces celles du comte de Buquoy, repoussé l'armée des ennemis des lignes où elle avoit desjà pris un fort, et ayant fait un effet si avantageux par la première mine qu'il avoit fait jouer que ceux de la ville ont esté contraints de capituler, conoissant que cela seul les pouvoit garantir d'une ruyne inévitable. L'ordre qu'ils ont donné à leur tambour pour demander à traitter estoit adressé à M. le mareschal de La Meleraie seul, comme estant celuy qui les pressoit davantage et de qui ilz recevoient plus de mal. Vous ferez valoir cela le plus adroitement qu'il se pourra (sans affectation) auprès de M. le prince d'Orange[1] et de ceux à qui vous en parlerez.

Vous ne m'avez rien mandé dans vos dernières lettres touchant les marchands. Vous pourrez tousjours les assurer qu'ils ne réusciront point par autre voie que la vôtre, et essayez avant que de partir de les porter à quelque accommodement[2]. Monseigneur le Cardinal ne désire point que vous quittiez M. le prince d'Orange que la campagne ne soit finie. Nous avons eu advis que S. A. alloit faire le siège de Gueldres[3],

1. D'Estrades écrit, le 28 août, à Chavigny (Aff. étr., Hollande 21, pièce 331) que les ennemis reconnaissent que c'est le maréchal de La Meilleraie qui les a battus et que le prince d'Orange admire cette campagne.

2. Cf. lettre du 30 avril 1640 (Aff. étr., Hollande 21, pièce 308). Il s'agissait de dédommager les marchands hollandais pour leurs vaisseaux coulés en 1625 devant La Rochelle (cf. Mémoire au Cardinal, Aff. étr., Hollande 23, pièce 156).

3. Le prince d'Orange s'était présenté le 3 août devant Gueldre, dont il avait commencé l'investissement. De fortes pluies ayant inondé les tranchées à peine tracées, il avait ordonné, le 5 août, de se replier sur Rheinberg.

mais nous ne croyons pas encore cela certain. Nous apprendrons toutes choses par le retour de Saladin, que je vous dépesche exprès. Je vous prie de le renvoyer le plus tost qu'il se pourra et de croire que je seray toute ma vie, Monsieur, vostre bien humble et très affectionné serviteur.

CHAVIGNY.

XLII.

RICHELIEU A D'ESTRADES.

Amiens, 4 septembre 1640.

(Bibl. nat., Clairambault 572, fol. 549, original signé et scellé.)

Monsieur, je ne sçay qui peut avoir voulu persuader à M. le prince d'Orange que vous ne désirassiés pas le payement que j'ay fait faire du troisième quartier[1], mais en vérité il doit se garder de ceux qui sont capables de telles impostures. Je ne sçay encores quy luy peut donner avis qu'on parle mal de luy en France[2], mais je suis sûr que le Roy en parle comme il le peut désirer et qu'à son égard j'ay tesmoigné à tout le monde qu'il ne falloit pas mesurer les conseilz par l'événement et que, s'il a eu du mauvais succez ceste année, ce n'est point sa faute. Il sçait trop par expérience ce que c'est que des peuples, qui blasment tousjours ceux

---

1. Cf. *supra* la pièce du 12 août 1640. D'Estrades montra la lettre de Richelieu au prince qui fut satisfait. « Il me trette à présent, écrit d'Estrades, le 24 septembre, avec toutte la civilitté et confiance que je sçaurois souhetter... » (Aff. étr., Hollande 21, pièce 339).

2. En France, on chantait :

« Le prince Henri est sans courage
Il ne prend ville ni village. »

Cf. Pseudo-Mémoires de J. de Witt, p. 142.

qui n'ont pas une prospérité présante, et je le puis asseurer que, si les affaires du Roy avoient mauvais succez une année, toute la bénédiction qu'elles ont eu depuis son règne n'empescheroit pas qu'on ne parlast contre moy. Je ne sçay s'il en est ainsy aux autres pays, mais j'ay de la peyne à croire que les peuples s'y conduisent autrement.

Vous pouvez asseurer M. le prince d'Orange que le Roy l'ayme et l'affectionne et que je prendray tousjours part à ses desplaisirs et contribueray ce que je pourray à son contentement.

Estant avertis comme nous sommes par divers habitants d'Arras que le dessein des ennemis est de tascher de faire sur la fin de la campagne ce que nous fismes à Corbie et ce qu'ilz ont fait à Salces, et qu'ilz attendent pour cet effect que M. le prince d'Orange ait mis en garnison, pour fortiffier leur armée de deçà de celle du comte de Fontaine[1], j'escris à M. le prince d'Orange pour le prier de ne mettre en garnison qu'au 1er de novembre, afin de contribuer de sa part à empescher les ennemis d'un tel dessein, et que nous ayons tout moyen de faire l'année qui vient de si bons progrez contr'eux qu'ilz soient contrainctz de venir à une paix juste et raisonnable.

Vous ferez voir ce que je vous en escris à M. le prince d'Orange, qui ne manquera pas, je m'asseure, à une chose si nécessaire à la cause commune et qui deppend purement et simplement de sa volonté.

---

1. Paul-Bernard, comte de Fontaine, souverain de Fougerolles, etc., né en Lorraine vers 1576. Nommé en 1616 mestre de camp d'un tercio d'infanterie wallone, il devint général de cavalerie, maître général de l'artillerie et mestre de camp général de l'armée espagnole. L'Empereur lui avait accordé, en 1627, le titre de comte.

Il peut arriver que le cardinal-infant, prévoyant que M. le prince d'Orange ne veut rien faire ceste année, joindroit à son armée les trouppes que commande le comte de Fontaine, pour faire quelque entreprise à nostre préjudice du costé de deçà. Il est nécessaire que vous tiriez parole de M. le prince d'Orange qu'en tel cas il fera quelque effect qui puisse rapeller une partie des ennemis de son costé. Ce qu'on désire en ce suject est si raisonnable que je m'asseure qu'il n'en fera pas de difficulté[1].

Quand ceste campagne sera passée vous pourrez vous en revenir[2], ce dont je seray bien aise, vous asseurant que vous me trouverez tousjours, Monsieur, vostre très affectionné à vous servir.

Le cardinal DE RICHELIEU.

XLIII.

D'ESTRADES A CHAVIGNY.

La Haye, 1er octobre 1640.

(Aff. étr., Correspondance politique, Hollande 21, pièce 342, fol. 597, autographe.)

Les États se sont empressés de casser[3] les quatre régiments nouveaux, « avant que S. A. soit arrivée à La Hayée, contre les formes ordinères et contre ce qui est deu à la

---

1. Chavigny, sur l'ordre du Cardinal (Avenel, t. VI, p. 721), écrit dans le même sens à d'Estrades le 7 septembre (Bibl. nat., Clairambault 572, fol. 553, orig. signé).

2. Le 28 août, d'Estrades avait de nouveau demandé à être rappelé, « maintenant que M. le prince d'Orange a desclaré qu'il ne pouvoit rien faire » (Aff. étr., Hollande 21, pièce 331, fol. 576, autogr.).

3. D'Estrades avait déjà annoncé cette intention des États dans une lettre du 13 septembre (Aff. étr., Hollande 21, pièce 335).

première place qu'il tient dans le Conseil d'État et à sa charge de général ». Les gens d'Amsterdam parlent même de casser les quatre-vingts compagnies levées au siège de Bois-le-Duc et de Maestricht, « ce que ayant fait une fois, ils réduisent M. le prince d'Orange au petit pié ».

Mais, « les peubles n'ayant qu'une boutade », le prince la laissera passer et arrivera par la patience à rompre ce dessein.

D'Estrades a fait connaître au prince « qu'il trouveroit Monseigneur porté à le favoriser dans les desseins qu'il pourroit avoir d'entreprandre quelque chose de considérable l'année prochesne et que, pour peu qu'il se vouleust aider, il trouveroit un si grand apuy en l'amitié de Monseigneur qu'il luy seroit aisé de venir à bout de ses anemis qui sont dans l'Estat et de faire de grands progrès sur les Espagnols ».

Le prince montre aux provinces les lettres qu'il a reçues de Richelieu. « Tout son procédé va maintenant à faire cognoistre aus provinces que la France n'est pas mal satisfaicte de luy. »

D'Estrades a fait part au prince de l'avantage que le marquis de Brézé a remporté sur la flotte espagnole[1] et du départ de Mazarin pour le Piémont[2].

D'Estrades demande que sa pension soit portée sur « l'estat de ceux qui sont payés comme estant de la maison de Monseigneur ».

Il compte partir pour la France le 15 octobre.

1. La flotte d'Espagne se rendait aux Indes. La bataille fut livrée au large de Cadix.

2. Richelieu avait chargé Mazarin, qui venait de quitter le service du pape pour celui de la France, d'aller négocier avec les princes de Savoie le détail des restitutions qui devaient être faites de part et d'autre. Sur les pourparlers avec le prince Thomas, voir, notamment, Avenel, t. VI, p. 589 et suiv., et aussi M. Le Vassor, *Histoire générale de l'Europe*, t. X, 1re partie, p. 174-179.

XLIV.

Pouvoir de traiter.

Saint-Germain-en-Laye, 24 janvier 1641.

(Bibl. nat., Clairambault 573, fol. 3, original signé et scellé.)

Le Roy, ayant veu le project du traitté proposé entre le s[r] Destrade[1], de la part de S. M., et Dom Francisco d'Albelda, de la part du cardinal-infant d'Espagne, pour l'eschange des prisonniers faicts de part et d'autre, et ayant sceu que les Espagnols en demandent l'exécution, S. M. renvoye ledict s[r] Destrade sur la frontière de Picardie pour conclure ledict traitté et luy donne pouvoir de le signer en la forme et manière qu'il a été présenté à S. M., et de convenir des lieux et du temps de l'eschange desdits prisonniers et de toutes les choses qui seront à faire en conséquence dudict traitté, pour lequel S. M. mande aux gouverneurs de ses villes et places de la frontière et toutes autres, ses officiers et subjects, de donner audict s[r] Destrade toute l'ayde et assistance dont ils seront

1. Rentré en France fin octobre 1640, d'Estrades fut aussitôt chargé de poursuivre des pourparlers avec un agent espagnol au sujet de l'échange des prisonniers. Il arriva à Péronne le 25 novembre, mais il n'eut sa première entrevue avec D. Francisco Gonzalès d'Albelda que le 4 décembre. D'Estrades a exposé cette négociation dans une relation conservée à la Bibl. nat., Clairambault 572, fol. 603-607. De nombreux documents qui la concernent se trouvent dans le même volume. Nous ne donnons ici que cette seule pièce, pour montrer que d'Estrades était en France en janvier 1641 et que les pièces insérées dans les *Ambassades* à la date du 10 janvier 1641 et à celle du 21 janvier 1641 ne peuvent être que des documents supposés.

par luy requis. Faict à Saint-Germain-en-Laye, le xxiiiie janvier 1641.

LOUIS.

SUBLET.

XLV.

« MÉMOIRE ET INSTRUCTION AU S^r D'ESTRADE S'EN ALLANT DE LA PART DU ROY EN HOLANDE ».

Saint-Germain-en-Laye, 23 avril 1641.

(Bibl. nat., Clairambault 573, fol. 41, original.)

Ledit s^r d'Estrade se rendra le plus diligemment qu'il pourra à La Haye[1], où estant il communiquera au s^r de La Thuilerie[2], ambassadeur de S. M. prez de

1. A la date du 15 avril 1641, Richelieu recommandait à Chavigny de « faire partir M. d'Estrades, avec copie de l'instruction envoyée à M. de La Thuillerie pour le traicté des Portugais, afin qu'il sollicite de son costé le traicté des Hollandois avec les Portugais, duquel dépend la ruine d'Espagne, s'il est bientost fait et qu'on l'exécutte. M. d'Estrades n'a point de temps à perdre, car à peine arrivera-t-il à temps pour soliciter que M. le prince d'Orange soit à la campagne au temps qu'il l'a promis, ce qui est de telle importance que de là deppand le bon enfournement de nostre campagne » (Avenel, t. VI, p. 772). D'Estrades reçut son passeport le 23 avril (Bibl. nat., Clairambault 573, fol. 40). Il partit, emportant une lettre de Chavigny à La Thuillerie (Arch. nat., K 114, n° 75³⁸, Musée des Arch. nat., p. 486). Il dut attendre à Calais un navire de guerre hollandais, parce que les corsaires de Dunkerque surveillaient le détroit (d'Estrades à Chavigny, de Calais, les 1er et 6 mai, Aff. étr., Hollande 23, pièces 69 et 72); il n'arriva à La Haye que le 12 mai.

2. Gaspard Coignet de La Thuillerie était entré dans la diplomatie en 1632. Nommé à l'ambassade de La Haye, ses instructions sont datées du 17 septembre 1640 (Aff. étr., Hollande 21, pièce 336).

MM. les Estatz, la présente instruction, ensemble le project cy-joinct d'un traitté d'alliance entre le Roy et le roy de Portugal[1], en laquelle lesdits s^rs Estatz doivent aussy entrer.

Il sçaura dudit s^r ambassadeur ce qu'il a avancé en cette affaire[2] sur une dépesche que Saladin luy a portée et sollicitera avec luy MM. les Estats et M. le prince d'Orange de prendre une bonne et prompte résolution de conclure ledit traitté d'alliance conjoinctement avec S. M.

MM. les Estatz et ledit s^r Prince peuvent aisément juger l'importance de cette affaire, qui leur sera représentée par ledit s^r ambassadeur et ledit s^r d'Estrade comme le meilleur moyen de ruiner celles du roy d'Espagne en l'occupant dans son propre pays, surquoy il les faudra exhorter à l'embrasser tout de bon.

Ce qui presse maintenant est qu'ilz envoyent vingt vaisseaux pour joindre à vingt vaisseaux du Roy et autant de Portugal, selon un article dudit project. Ceux de S. M. sont pretz pour partir au commencement du mois prochain, soubz le commandement du s^r marquis de Brézé.

1. Le 23 avril, Richelieu écrivait à Chavigny qu'il avait reçu le projet du traité, mais que rien ne pressait de le conclure, « puisqu'il est bon de ne le passer qu'avec les Hollandois ». Le traité fut signé le 12 juin (V. S.) entre l'ambassadeur portugais Tristan de Mendoza, au nom de Jean IV de Portugal, et huit commissaires des États-Généraux : trêve de dix ans, règlement des conditions de commerce et de navigation, secours mutuel contre l'Espagne (Bibl. nat., ms. fr. 3752, fol. 66).

2. La Thuillerie avait écrit de La Haye, le 18 février : « Les Estats se préparent de bonne sorte pour le Portugal. Sur mes instances, ils ont arresté d'envoyer vingt-trois vaisseaux de guerre, et les admirautez quinze, qui font trente-huit » (Aff. étr., Hollande 23, pièce 30).

Ledit s^r d'Estrade fera entendre audit s^r Prince et à
MM. les Estatz que l'on sçait icy certainement que
M. de Bouillon[1] a traitté avec les ennemis communs, ce
que l'on ne peut mesme ignorer par delà, estant désormais chose publicque, de sorte que lesdits s^rs Estatz et
ledit s^r Prince le doivent traitter doresnavant comme
ennemy de la cause commune, le déclarer tel, luy oster le gouvernement de Maestric, d'où il a tiré sa compagnie et débauché des soldatz, et bref faire toute
sorte de démonstration d'hostilité contre luy.

Il sollicitera M. le prince d'Orange de mettre en
campagne au jour porté par le traitté[2] et tiendra la

1. Frédéric-Maurice de La Tour d'Auvergne, duc de Bouillon et prince de Sedan, était le neveu du prince d'Orange. Sa
femme, Éléonore de Bergh, était dévouée à l'Espagne. Depuis
1638, la petite cour de Sedan était un centre de conspirations
contre Richelieu. C'est à Sedan que s'était retiré le comte de
Soissons. En mars 1641, un traité venait d'être signé entre les
ducs de Guise et de Bouillon, d'une part, et Don Miguel de Salamanca, secrétaire d'État et de guerre, de l'autre. Voir *infra*
la pièce du 7 juillet, p. 111.

2. Le traité entre Louis XIII et les États-Généraux avait été
signé, le 14 février 1641, par Chavigny et Oosterwijck (Aff.
étr., Hollande 21, pièces 23, 35 et 36). Le roi, « considé-
rant le peu d'inclination que les ennemis communs ont à la
paix, et qu'il est impossible de les y porter, s'ils n'y sont contraints par la force, a résolu de les attaquer le plus puissamment ». Pour ce faire, il accorde aux États, pour cette année,
un subside extraordinaire de 1,200,000 l. aux mêmes conditions que les années précédentes. L'article secret stipulait que
le roi et les États-Généraux mettraient en campagne chacun
18,000 à 20,000 hommes et 4,500 à 5,000 chevaux, et que les
armées entreraient en campagne le 1er mai. L'armée des États
attaquerait Gueldre, Anvers, Hulst ou une autre place importante, pendant que les armées du roi en attaqueraient une autre
« aussi considérable », ou feraient une diversion en s'avançant
en pays ennemi. De plus, les États devaient faire passer, le

main qu'il ne soit point de cela usé de remise et de longueur, comme il est cy-devant arrivé. Il sollicitera aussy ledit s^r Prince et MM. les Estats d'envoyer au travers de Dunquerque le nombre de vaisseaux dont on est demeuré d'accord et fera entendre audit s^r Prince que le Roy a fait fondement pour cela.

Fait à Saint-Germain-en-Laye, le 23 avril 1641.

Louis.

Bouthillier.

XLVI.

D'Estrades a [Chavigny].

La Haye, 13 mai 1641.

(Aff. étr., Correspondance politique. Hollande 23, pièce 77, fol. 141, autographe.)

Monsieur,

J'arrivé hier à La Hayée. Après avoir veu M. l'ambassadeur, je feus trouver M. le prince d'Orange, à qui je fis les propositions portées par mon instruction, lesquel m'a dit qu'il avoit accomodé avec M. l'ambassadeur l'affaire de Portugal, que l'admiral partoit ce matin avec le reste des vesseaus pour se tenir devant Donquerque et qu'il partiroit demain pour aller au randés-vous. Pour ce qui est de M. de Boullon, il m'a tesmoigné que, s'il a signé le tretté avec les Espagnols[1], que

8 avril, trente vaisseaux de guerre, bien équipés, de 200 à 500 tonneaux, au travers de Calais, et cette flotte devait stationner dans le canal tant que dureraient les opérations sur le continent.

1. Quelques jours après, la princesse d'Orange faisait la

c'est sans doutte que MM. les Estats luy osteront ses charges; mais que l'ons luy a donné des advis depuis peu qu'il faict son accomodemant avec le Roy, que jusques à ce qu'il soit asseuré de ce qui en arrivera il ne peut pas pourveoir au gouvernemant de Maestricht.

Il me tesmoigna ensuite avoir envie d'attaquer Gueldres ou Hulst, mais qu'il estoit bien empêché en l'eun et en l'auttre à cause de la saison qui estoit si reculée qu'il ne paroist pas encores d'herbe à la campagne, et que aus environs de Gueldres tout est inondé. Il se résoult d'attandre au randés-vous qu'il y aye de coy faire subsister la cavalerie, ce qui me faict croire qu'il ne marchera pas jusques au 1er juin.

Dès le mesme jour que M. de Buat mourust, il signa ma comission de coronel[1]. Il n'a pas vouleu pourvoir

même réponse à d'Estrades (lettre à Chavigny, La Haye, 20 mai, Aff. étr., Hollande 23, pièce 79), ce qui faisait écrire à Richelieu : « ... Je craindrois que le discours que Mme la princesse d'Orange a fait à Destrade, disant qu'aussy tost qu'il aparoistra que M. de Bouillon aura signé le traitté avec l'Espagne, M. le prince d'Orange le despouillera de ses charges, fust captieux, si, avoir voulu entreprendre sur le Montolimpe, faire des levées publiquement de l'argent d'Espagne, voir M. de Guise, son associé au traitté dans Bruxelles, et sa femme dans Namur, n'estoit une preuve évidente de sa mauvaise volonté et de son engagement avec l'Espagne, qu'il n'en faut pas davantage » (Aff. étr., France 245, fol. 367 v°).

1. Du Buat était mort le 27 avril. Le même jour, le prince d'Orange avait signé une commission de colonel en faveur de d'Estrades. Le 26 mai, ordre aux officiers et soldats de la compagnie colonelle de feu le colonel Du Buat de reconnaître d'Estrades pour leur capitaine (Bibl. nat., Clairambault 573, fol. 53). A partir de cette époque, la suscription des lettres adressées à d'Estrades par Chavigny porte : « A M. d'Estrades,

à la charge de major et à deus compagnies vacantes que je ne feusse venu, et les a données à ceus que je luy ay nommé. Il me demanda si vous l'aimiés toujours ; à coy luy ayant respondu comme je dois, il me dit qu'il vous avoit escrit touchant la monoyee d'Orange[1] et que c'estoit une affaire qui luy importoit beaucoup, et qu'il vous suplioit de luy favoriser. Je ne verrai que demain Mme la princesse d'Orange. Je resteré à La Hayée sinc ou six jours après le départ de M. le prince d'Orange pour y attandre les marchans des vesseaus[2] et les destromper tout à fait, affin que M. Heuft ne trouve plus de retardemant dans ceste affaire.

J'ay esté sinc jours à passer par marée et ay esté attaqué par deus navires de Donquerque, de trente pièces de canon chacun, lesquels nous ont laissé continuer nostre routte après trois heures de combat. Par bonheur, le vice-admiral de Hollande m'avoit donné deus frégattes, l'eune de vingt-six pièces de canon, l'auttre de dix-huit, et de fort braves capitènes, lesquels combatirent vallamant, coy que les vesseaus de Donquerque feussent beaucoup plus grands. Nostre capitène y feust blessé d'un coup de pique, le lieutenant tué et plusieurs matelots et soldats. Nos deus frégates ne seront pas si tost prestes d'aller en mer, estant fort mal menées et leur grand mas coupé ; les navires de Donquerque ne sont pas en melleur estat. Je vous suplie très humblemant...

mestre de camp d'un régiment d'infanterie (*ou de gens de pied français*) en Hollande. » Jusqu'alors la suscription était : « A M. d'Estrades, ayde de camp ès armées du Roy. »

1. Cf. *infra*, pièce du 19 juillet 1641, p. 112.
2. Cf. *supra*, p. 99, note 2.

XLVII.

CHAVIGNY A D'ESTRADES.

Péronne, 7 juillet 1641.

(Bibl. nat., Clairambault 573, fol. 65, original.)

Chavigny a reçu ses lettres des 15 et 22 juin, relatives au siège de Gennep[1].

« Le siège d'Aire va toujours parfaitement bien[2]. »

Le maréchal de Châtillon a repoussé dans la ville les troupes de Sedan qui avaient fait une sortie[3]. Lamboy s'est joint à elles. Après la prise d'Aire, le roi ira en personne « mettre ordre aux affaires de Sedan ». « Nous ne doutons pas icy que MM. les Estats et M. le prince d'Orange n'ayent fait toutes les démonstrations qu'il convient contre M. de Bouillon, dont la mauvaise conduite ne peut plus estre ignorée[4]. »

1. D'Estrades à Chavigny, au camp devant Gennep, 15 et 22 juin (Aff. étr., Hollande 23, pièces 89 et 93). Gennep, dans le duché de Clèves. Le siège dura du 9 juin au 27 juillet.

2. Cf. *Mémoires de Montglat*, éd. Michaud et Poujoulat, p. 104 et suiv. Aire se rendit le 27 juillet, mais les Espagnols reprirent cette place le 7 décembre.

3. Soissons et Bouillon avaient envoyé des troupes occuper Grand-Torcy et Petit-Torcy, pour empêcher les Français de s'y loger. Le 25 juin, Châtillon chassa les Sedanais de ces postes. « Durant ce petit combat, le canon de Sedan tira la première fois contre les François » (Montglat, p. 107). Un arrêt du Parlement de Paris déclara, le 5 juillet, coupables de lèse-majesté les princes confédérés de Sedan.

4. Malgré les craintes de Richelieu (cf. *supra* la pièce du 13 mai, p. 108, note 1), le prince d'Orange se montra ferme. Le 28 mai, d'Estrades écrit à Chavigny (Aff. étr., Hollande 23, pièce 82) que le prince d'Orange a retiré de Maestricht les compagnies de cavalerie qui y avaient été mises par M. de Bouillon et

M. de Lorraine s'est enfin résolu à servir le Roi[1]; il va commander les troupes de Châtillon, qui sera son lieutenant général.

Remercier le prince d'Orange pour le présent « en un fort beau diamant » que les États ont ordonné de lui offrir.

XLVIII.

D'Estrades a [Chavigny].

Au camp devant Gennep, 19 juillet 1641.

(Aff. étr., Correspondance politique, Hollande 23, pièce 109, fol. 199, autographe.)

D'Estrades a reçu sa lettre du 7 juillet[2].

Le prince d'Orange a parlé à d'Estrades plus de dix fois de l'affaire des monnaies d'Orange, « à coy il est fort intéressé, tant à cause de ce privilège que pour la ferme de la principautté qui diminuera de baucoup si ses monnoyees n'ont pas de débit ».

qu'il a ordonné de nouveau au commandant de Maestricht de punir de mort tous ceux qui sortiraient de la place pour aller à Sedan. Le 7 juillet, il lui annonce que le prince « a faict escrire audit sieur de Boullon par MM. les Estats comme ses charges sont vacantes, et que l'ons y pourvoyera au premier jour, tant pour avoir tretté et receu de l'argent des anemis de cest Estat, contre sa foy et son sermant, que pour estre dans le parti des anemis du Roy » (Aff. étr., Hollande 23, pièce 102).

1. Le duc Charles IV de Lorraine avait signé un traité avec Richelieu (Dumont, *Corps diplomatique*, t. VI, 1re partie, p. 211), mais, comme il « changeait tous les jours de pensées et de paroles », il avait offert ses services au cardinal-infant, tout en promettant de joindre ses troupes aux troupes françaises. Au mois d'août 1641, il était en révolte ouverte (cf. Avenel, t. VI, p. 748 et 765, et comte d'Haussonville, *Histoire de la réunion de la Lorraine à la France*).

2. Chavigny à d'Estrades, Péronne, 7 juillet 1641 (Bibl. nat., Clairambault 573, fol. 65).

Le prince témoigne la plus grande confiance à d'Estrades. Ce dernier voudrait engager le prince à tenter quelque chose en Flandre.

Détails sur le siège de Gennep.

D'Estrades, satisfait de sa condition en Hollande, n'en souhaite pas d'autre en France. Il désirerait aller passer l'hiver à la Cour et il prie Chavigny de lui écrire une lettre, qu'il pourrait montrer au prince d'Orange, « par laquelle vous me donniés ordre, de la part de Monseigneur, de luy venir randre conte de ce qui se sera passé durant la campagne ».

La victoire de Wolfenbuttel[1] et la mort de M. le Comte, à La Marfée, permettent de croire « que les révoltés de Sedan ne profiteront pas beaucoup de la deffette de M. de Châtillon[2]. C'est l'opinion de S. A. qui m'a dit ce matin qu'il tient M. de Boullon et ses associés entièrement ruinés ».

Son désir de procurer quelque bénéfice à son frère[3].

1. Les troupes de Lunebourg tenaient cette place bloquée. Le 24 juin, les armées, impériale et bavaroise, s'approchent pour faire lever le blocus. Guébriant veut s'y opposer. Le 29 juin, les Impériaux attaquent, mais sont repoussés avec des pertes sévères (cf. lettre de Guébriant à de Noyers, du camp de Wolfenbuttel, 3 juillet 1641. Le Laboureur, *Histoire du maréchal de Guébriant*, Paris, 1656, p. 349, et vicomte de Noailles, *Le maréchal de Guébriant*, p. 206 et suiv.).

2. Le 6 juillet, Châtillon avait été complètement battu à La Marfée par les troupes de Sedan et de Lamboy, mais le comte de Soissons avait été tué. Richelieu, qui voyait en lui le principal meneur, estima que sa mort équivalait à une victoire. En effet, Donchery, qui avait été perdu le 14 juillet, fut repris le 2 août par les maréchaux de Brézé et de Châtillon. Le duc de Bouillon implora son pardon, qu'il obtint à condition d'être fidèle et de laisser entrer à volonté des gens de guerre français dans sa ville de Sedan (cf. Aubery, t. II, p. 736).

3. Il a déjà écrit à ce sujet à Chavigny le 9 juillet (Aff. étr.,

XLIX.

D'Estrades a Chavigny.

Gennep, 4 septembre 1641.

(Aff. étr., Correspondance politique, Hollande 23, pièce 129, fol. 230,
autographe.)

Plaintes au sujet des irrésolutions du prince d'Orange[1].

« M. le prince d'Orange a tesmoigné de la joye de l'accomodemant de M. le duc de Boullon[2], mais cella n'a pas
empêché que ses charges n'ayent esté déclarées impétrables
depuis deus jours[3]. Les amis dudit sieur de Boullon ayant
parllé à S. A. pour luy, il leur a respondu que c'estoit une
affaire faicte, à coy il ne pouvoit remédier, la résolution
en ayant esté prinse par touttes les provinces et confirmé
par MM. les Estats.

Hollande 23, pièce 103) et le 12 juillet (*ibid.*, pièce 105). Le
23 juillet, il remercia Chavigny d'avoir bien voulu demander
au roi l'abbaye de Bonnefont (Aff. étr., Hollande 23, pièce 111).

1. Mêmes plaintes dans une lettre du même jour, adressée à
Richelieu (Aff. étr., Hollande 23, pièce 127, fol. 228). Le prince
d'Orange se contenta de faire, au milieu de septembre, une tentative sur le Sas de Gand.

2. Le 12 août, de Rethel, Chavigny avait écrit à d'Estrades :
« Je vous informay par le dernier ordinaire que l'accommodement de M. le duc de Bouillon estoit faict, qu'il avoit veu le
Roy et avoit demandé pardon à S. M., mettant le genouil en
terre, et qu'ensuite il avoit renvoyé les prisonniers et les canons
qui avoient esté perdus au dernier combat » (Bibl. nat., Clairambault 573, fol. 87). Pour l'accommodement de M. de Bouillon, cf. Avenel, t. VI, p. 851-855.

3. Cf. la lettre de d'Estrades à Chavigny, 7 juillet 1641 (Aff.
étr., Hollande 23, pièce 102), citée p. 111, note 4.

« Le s^r de Montaut, qui estoit avec ledit s^r de Boullon, a esté quassé, et le s^r de Gassion a eu sa compagnie[1].

« M. l'ambassadeur m'a tesmoigné un extresme desplaisir de ce que vous vous pleigniés de luy. J'estois dans sa chambre lorsqu'il mist le paquet de Monseigneur dans le vostre, et il fault qu'il ayt esté séparé à Paris. »

Achat de quatre belles juments grises.

« M. le prince d'Orange faict quelque difficulté de me permettre d'aller cest hiver en France, et m'a témoigné qu'il désireroit que je le passasse en ce païs.

« Je vous suplie me faire ceste grâce de m'escrire une lettre que je luy puisse monstrer, par laquelle il voye que vous me consellés d'aller en France. Par ce moyen, je suis asseuré qu'il me le permettra, sans diminuer la bonne volonté qu'il a pour moy... »

L.

D'ESTRADES A [CHAVIGNY].

La Haye, le 29 octobre 1641.

(Aff. étr., Correspondance politique, Hollande 23, pièce 151, fol. 260, autographe.)

Monsieur,

J'ai receu les trois lettres que vous m'avez faict l'honneur de m'escrire des 14 et 20 de ce mois. M. le prince d'Orange m'a accordé mon conget, après avoir leu celle que je vous avois demandé[2], dont je vous rands très humbles grâces.

1. Le sieur de Montaut était capitaine d'un régiment français au service des États. Gassion était déjà réputé pour sa vaillance (cf. lettre de Richelieu, 29 novembre 1641, Avenel, t. VI, p. 888).

2. Une première lettre de Chavigny à d'Estrades lui disant,

Je me suis donné l'honneur de vous escrire sur ce que, le Roy ayant escrit une lettre à mon père[1], à la prière de M. de Nemours[2], pour le faire venir auprès de luy, MM. de La Nauve en ont obtenu une de M. le surintandant coutrère à la première[3]. J'estime mon père bien malheureux de ce que, ayant de tout temps fait profession particulière d'honnorer M. le surintendant et d'estre son très humble serviteur, il voyee à présent ses ennemis dans sa protection contre luy. Je

sur sa demande, de rentrer en France, n'avait pas décidé le prince d'Orange à le laisser partir (d'Estrades à Chavigny, 7 octobre 1641, Aff. étr., Hollande 23, pièce 142). D'Estrades demanda alors à Chavigny de lui écrire de nouveau.

1. Cf. *supra*, p. 62, note 3.

2. Charles-Amédée, troisième fils de Henri de Nemours et d'Anne de Lorraine, devenu chef de la famille à la mort de son frère Louis, décédé le 16 septembre 1641. « C'est un enfant qui a l'esprit très bon, mais qui n'a pas encore le discernement des choses qui lui sont propres... », écrit de lui Bouthillier, qui le dirigeait comme aurait pu le faire un tuteur.

3. Un M. de La Nauve était conseiller au Parlement de Paris. En juillet 1641, il avait informé contre les ducs de Guise et de Bouillon. — Le 3 octobre 1641, d'Amiens, Richelieu écrit à Bouthillier : « M. de Noyers vous envoye une lettre pour desmander M. d'Estrade. Quand on l'a escrite, on croyoit qu'elle eust esté concertée par M. de La Nauve. Il est fort à propos que M. le surintendant voie M. de Nemours pour luy dire de la part du Roy ce qu'il estimera à propos pour sa conduitte, luy conseillant de demeurer à l'Académie encore un an » (Avenel, t. VI, p. 879-880), et le même jour il mande à Sublet de Noyers : « M. Bouthillier escrit qu'il n'est pas à propos de faire revenir M. d'Estrades auprès de M. de Nemours, qui luy et tout son mesnage luy coustoient douze mil francs par an, et que la demande qu'on en a fait faire par M. de Nemours a esté par monopole d'un parent dudit s^r d'Estrades et d'un secrétaire, qui l'ont circonvenu... »

m'asseure que, s'il luy plaist de se ressouvenir que
MM. de La Nauve ne sont entrés dans la maison de feu
M. de Nemours qu'à la sollicitation de mon père, et
qu'au lieu de lui en tesmoigner quelque recognoissance
ils l'ont payé d'ingratitude, il n'aprouvera pas leur
procédé. Je réserveré à vous entretenir plus ample-
mant du peu de seureté qu'il y a dans l'amitié de ses
gens-là, lorsque j'aurai l'honneur d'estre auprès de
vous. Maintenant, M. de Nemours d'à présent, fileul de
mon père, et qui a toujours eu beaucoup d'amitié pour
luy, cognoissant le mauvais trettement qu'il a receu
de ces MM. de La Nauve, leur a vouleu tesmoigner
qu'il avoit plus de bon naturel que feu son père. Je
vous suplie très humblemant, Monsieur, d'obtenir de
M. le surintendant de laisser agir M. de Nemours dans
ceste affaire, lesquel persévère toujours à désirer mon
père auprès de luy.

Affaire de l'achat des juments. On les débarquera à
Dieppe.

Renseignements sur le prix des armes blanches.

Il compte partir dans quinze jours[1].

D'ESTRADES.

A La Hayée, ce 29 octobre 1641.

---

1. Le 10 novembre 1641, d'Estrades fait savoir à Chavigny
qu'il compte quitter La Haye dans dix jours. La prétendue instruction du prince d'Orange à d'Estrades de s'en retourner en
France, du 15 décembre 1641, et la lettre de d'Estrades au prince
de Paris..., 1642, insérées dans les *Ambassades*, sont des faux.
A la date du 15 décembre, d'Estrades était en France, d'où le 7
et le 14 décembre il écrivait au prince (cf. lettre du prince
d'Orange à d'Estrades du 23 décembre 1641, Bibl. nat., Clairambault 573, fol. 153).

LI.

Chavigny a d'Estrades.

Narbonne, 15 mai 1642[1].

(Bibl. nat., Clairambault 573, fol. 179, autographe.)

Monsieur, j'ay receu vostre lettre du 29 du mois passé, dont aussitost jay rendu conte à Monseigneur le Cardinal. S. É. vous prie de vous en aller en Hollande le plus tost qu'il vous sera possible, de presser M. le prince d'Orange de donner les 3,000 hommes qui ont esté promis à M. le maréchal de Guébriant, s'il ne l'a pas encore fait, et d'agir aussi puissamment qu'il y est obligé par le dernier traitté contre les Espagnols en Flandre[2]. Je suis assuré que vous n'oublierés rien de

1. A cette date, d'Estrades était à Agen. Il avait quitté Paris dans les derniers jours de mars (d'Estrades à Chavigny, Paris, 23 mars 1642, Aff. étr., Hollande 23, pièce 235). Richelieu et Chavigny suivaient le roi dans sa campagne en Roussillon. Ils n'ont donc pu adresser, de Rueil, à d'Estrades *en Hollande* les prétendues lettres insérées dans les *Ambassades*, à la date du 13 mai, et relatives en partie à la « conspiration que M. de Cinq-Mars a faite contre son maître et bienfaiteur, » et où Richelieu réclame une intervention du prince d'Orange en sa faveur.

2. Le 8 mars 1642, La Thuillerie, ambassadeur de France, avait signé à La Hayé le traité de subsides (cf. lettre de La Thuillerie, La Haye, 9 mars, qui donne des détails sur les négociations qu'il vient de conduire à bonne fin, Aff. étr., Hollande 23, pièce 230). La France promettait 1,200,000 l. pour l'entretien des gens de guerre; cette somme serait payée en trois termes. Les États s'engageaient à mettre en campagne une armée bonne et forte pour faire une entreprise considérable : 18,000 à 20,000 fantassins et 4,500 à 5,000 chevaux. Entrée en campagne à la mi-mai; dès le 8 avril, trente vaisseaux de guerre

ce qui dépendra de vous pour advancer le service du
Roy et que peut-estre vous aurez plus de moien d'y
estre utile, estant sans aucune commission de S. M. Je
souhaitte que vous faciez un voiage heureux, mais je
suis très fasché de ce que vous me dites que nous ne
vous verrons de longtemps. J'espère que quelque bonne
occasion vous fera faire quelque voiage par deçà cet
hyver. Je vous envoie la lettre que vous me demandés
pour M. Tubeuf[1] ; je ne doute pas qu'il ne vous procure tout le contentement que vous désirés, vous protestant que je n'en sçaurois recevoir de plus grand que
de vous pouvoir tesmoigner comme je suis véritablement, Monsieur, vostre humble et très affectionné serviteur.

CHAVIGNY.

au travers de Calais. De plus 3,000 hommes licenciés par les
États seraient à la disposition du roi, qui s'engageait à les
rendre au bout d'un an (Aff. étr., Hollande 21, pièce 214).
Le 17 janvier 1642, Guébriant a remporté la victoire de
Kempen et fait prisonnier Lamboy et Mercy. Il est maréchal
de France (22 mars 1642). Ses troupes occupent presque tout
l'électorat de Cologne. Il prévoit que toutes les forces de la
maison d'Autriche et de ses alliés vont être dirigées contre lui
et il réclame aux États-Généraux l'envoi des 3,000 hommes
promis. Le 29 mai, il reçoit trente compagnies. Le 6 mai, les
troupes impériales et bavaroises ont passé, par Cologne, sur la
rive gauche du Rhin. En juin, Melo et Fontaine marchent également contre Guébriant. Le 20 juin, il se replie sur Urdingen
pour se rapprocher de l'armée du prince d'Orange qui campe,
le 22 juin, entre Rheinberg et Orsoy. Cf. vicomte de Noailles,
Le maréchal de Guébriant, p. 250 et suiv.

1. Jacques Tubeuf, surintendant des finances d'Anne d'Autriche et contrôleur des bâtiments, puis président de la Chambre
des comptes. Tubeuf fit payer la pension de G. d'Estrades
argent comptant (d'Estrades à Chavigny, La Haye, 20 juin 1642,
Aff. étr., Hollande 23, pièce 269).

En marge : Si M. le prince d'Orange n'agit fortement, la trefve estant proche[1], comme elle le sera sans doute, tout l'effort sera sur nos bras.

Vous estes adroit et intelligent. L'affaire que vous sçavez va bien. M. Heeft est presque satisfait; nous ménagerons vos intérest.

LII.

D'Estrades a Chavigny.

Agen, 26 mai 1642.

(Aff. étr., Correspondance politique, Hollande 23, pièce 260, fol. 470, autographe.)

Reçu sa lettre du 15. Remerciements de ce qu'il a envoyé pour M. Tubeuf.

« Je parts demain en poste pour Hollande. Je ne manqueré pas d'agir auprès de M. le prince d'Orange autant qu'il me sera possible. S. A. m'a escrit de m'informer avec soing ce que c'est que les bruits qui ont couru que S. É. estoit mal satisfaicte de M. le Grand[2]. Je vous suplie, Monsieur, me mander en quels termes je luy dois parller

1. Il s'agit des négociations poursuivies à Hambourg sous la médiation du roi de Danemark. Le 25 décembre 1641, le traité préliminaire avait été signé, et Louis XIII l'avait ratifié par lettres patentes du 26 février 1642.
2. M. le grand écuyer Effiat de Cinq-Mars (cf. *supra*, p. 72) avait obtenu, grâce à Richelieu, la faveur du roi; il croyait pouvoir supplanter son protecteur. Les ennemis de Richelieu s'en réjouissaient. Le 11 février 1642, un espion que Richelieu avait auprès de Marie de Médicis écrivait de Cologne : « Ils publient que Monseigneur mourra de la maladie dont il est atteint; ils l'ont fait imprimer dans la gazette... ils adjoustent que Cinq-Mars possède le Roy et gouverne ses affaires... » (Avenel, t. VII, p. 913).

là-dessus. Si vous envoyés la lettre à M. de Saint-Sauveur[1], peut-estre me trouvera-t-elle à Paris, ou bien il me l'envoyera en Hollande par l'ordinère et je la recevré avant parler à S. A. »

Il recommande son frère pour l'abbaye de Notre-Dame de Bonnefont[2].

Il invite Chavigny à loger chez son père, en cas qu'il se rende à Agen.

LIII.

CHAVIGNY A D'ESTRADES.

Béziers, 30 mai 1642.

(Bibl. nat., Clairambault 573, fol. 183.)

Monsieur, encores que je ne croie pas que cette lettre vous trouve à Agen, je ne laisse pas de vous l'y adresser, ne doutant pas qu'on ne vous la face tenir si vous n'y estes plus, pour vous dire que, grâces à Dieu, S. É. est partie de Narbonne[3] et qu'elle est arrivée icy en très bon estat. Le changement d'air[4] a desjà si fort

1. M. de Saint-Sauveur était l'intendant de Chavigny (cf. *Mémoires du comte de Brienne*, édit. Paul Bonnefon, t. III, p. 10).

2. Cf. *supra*, p. 113, note 3.

3. Richelieu quitta Narbonne le 27 mai. Le 30 mai, il était à Béziers, le 4 juin à Agde, le 5 à Marsillan, le 10 à Arles et le 11 à Tarascon, où il resta jusqu'au 17 août.

4. Le Cardinal ... « commença d'appréhender que le Roi ne l'abandonnât et qu'on entreprît sur sa personne. C'est pourquoi, sous le prétexte de *changer d'air* à cause que celui de Narbonne n'étoit pas bon, il en partit sans prendre congé du Roi, pour s'éloigner et se mettre en lieu de sûreté » (*Mém. de Montglat*, édit. Michaud et Poujoulat, p. 128). En réalité, Richelieu était malade. Il avait des abcès sur le corps et au bras. Le 23 mai il n'avait pu signer son testament.

advancé sa santé que nous sommes certains qu'elle la recouvrera parfaitement dans peu de temps. Vous pouvez assurer M. le prince d'Orange non seulement de cela, mais que jamais elle n'a mieux esté auprès du Roy, que tous les bruits qui courent n'ont aucun fondement, que je n'estime pas qu'il y ait personne assez imprudent pour avoir de mauvaises pensées contre elle, mais que, quand cela seroit, elle les distrairoit avec autant de facilité qu'elle a fait toutes les autres par le passé[1]. Je vous prie vous-mesme de vous en mettre l'esprit en repos, et que la passion que vous avés pour le service de Monseigneur le Cardinal ne vous donne pas de l'inquiétude sans raison. J'espère que nous aurons souvent de vos nouvelles lorsque vous serés en Hollande, et qu'il se rencontrera quelque occasion qui me donnera moien de vous faire cognoistre que je suis passionnément, Monsieur, vostre bien humble et très affectionné serviteur.

CHAVIGNY.

Suscription : Monsieur Destrades, colonel d'un régiment d'infanterie françoise en Hollande, à Agen.

LIV.

D'ESTRADES A CHAVIGNY.

Près Orsoy[2], 25 juin 1642.

(Aff. étr., Correspondance politique, Hollande 23, pièce 273, fol. 491, autographe.)

Arrivé depuis deux jours auprès du prince d'Orange[3].

1. Cf. la pièce suivante. Noter l'allusion aux complots précédents que Richelieu avait réussi à déjouer.
2. Le prince d'Orange, qui ne s'était mis en marche que le

Reçu la lettre de Chavigny du 30 mai.

Joie du prince à la nouvelle du rétablissement du Cardinal. Le prince ne peut assez blâmer l'ingratitude de M. le Grand et ne croit pas que le roi le puisse garder auprès de lui, « ayant voulu choquer[1] S. É. ».

Frédéric-Henri est prêt à favoriser de toutes les façons l'armée de Guébriant.

« Ceus qui ont vouleu proposer une treuve avec les Espagnols[2] à M. et Mme la princesse d'Orange ont receu une responsse à quoy ils ne s'attendoit pas, qui est qu'on ne vouloit recevoir neulle proposition que conjointemant avec la France ».

Au camp proche d'Orsoy, ce 25 juin 1642.

D'ESTRADES.

17 juin, était venu s'établir, le 22, entre Rheinberg et Orsoy, d'où il communiquait facilement avec les troupes de Guébriant, campées à Urdingen.

3. [Voir page précédente.] Le 20 juin, il a écrit à Chavigny qu'il venait d'arriver à La Haye et qu'il partait aussitôt pour rejoindre le prince près de Rheinberg (Aff. étr., Hollande 23, pièce 269, fol. 486). Les lettres insérées dans les *Ambassades*, datées de Berg-op-Zoom, 10 juin 1642, et adressées par d'Estrades à Richelieu et à Chavigny, sont donc fausses.

1. Comme on le voit par ce terme, il n'était pas question du complot de Cinq-Mars et Bouillon, mais uniquement des mauvais procédés de M. le Grand à l'égard du Cardinal.

2. Dans une lettre du 26 octobre 1642 adressée à Chavigny (Aff. étr., Hollande 23, pièce 305), d'Estrades répéta ce que le prince d'Orange lui avait redit et ajouta à propos des propositions espagnoles : « Du depuis, il [le prince] m'a juré et protesté n'en avoir pas ouï parller. »

LV.

D'Estrades a Chavigny.

Près d'Orsoy, 10 juillet[1] 1642.

(Aff. étr., Correspondance politique, Hollande 23, pièce 282, fol. 512.)

D. Francisco de Melo[2] marche sur Namur.

D'Estrades se rend souvent au quartier du maréchal de Guébriant.

« Les Impérialistes seuls ne sont pas assez forts pour entreprandre quelque chose sur l'armée du Roy, qui est très bien retranchée... »

Éloge de Guébriant. Son dévouement au Cardinal[3].

1. Les pièces insérées dans les *Ambassades* : instruction du prince d'Orange pour d'Estrades s'en retournant en France, les lettres du prince au roi et au Cardinal, datées d'Ordinghen, 18 juillet 1642, sont des faux. C'est le 13 août que d'Estrades reçut du prince une instruction relative à son voyage en France en vue d'intercéder en faveur du duc de Bouillon (cf. la pièce suivante). Naturellement on n'y trouve pas, comme dans la pièce fausse, la menace de traiter avec les Espagnols, si le Cardinal est disgracié.

2. Don Francisco de Melo, comte d'Assumar et marquis de Tor de Laguna, gouverneur et capitaine général des Pays-Bas en remplacement de Don Ferdinand, décédé le 9 novembre 1641. Melo et Fontaine avaient eu l'intention de combiner avec les armées, impériale et bavaroise, une attaque générale, mais le prince d'Orange ayant rejoint Guébriant, Melo ne resta que dix à douze jours près de Venloo et retourna dans les Pays-Bas.

3. Richelieu avait fortement contribué à l'élévation de Guébriant au maréchalat. Le 3 avril 1642, Chavigny et de Noyers avaient écrit au nouveau maréchal qu'il devait cet honneur à Richelieu, qui attendait de lui reconnaissance et affection (cf. vicomte de Noailles, p. 272-273). Dans une lettre datée de Fontainebleau, 2 août (Bibl. nat., Clairambault 573, fol. 187), Cha-

« Parmi les mauvais bruits qui avoient couru de dessa, il avoit résoleu d'aller trouver Monseigneur le Cardinal avec 6,000 chevaus effectif, en quel lieu il eust esté, et eust combattu tout ce qui se feust opposé pour l'en empêcher. Voillà la résolution qu'il avoit prinse et laquelle sans doutte il eust exécuttée, si les affaires n'eussent prins une auttre face[1]. »

Mort de la reine mère[2] il y a quatre jours.

LVI.

« INSTRUCTION POUR LE Sʳ D'ESTRADE, CORONEL[3] ».

Au camp de Bodberg, 13 août 1642.

(Bibl. nat., Clairambault 573, fol. 195, original signé.)

Le sʳ d'Estrade partira d'icy au premier jour vers Zélande et, au moyen des lettres que luy donne S. A.

vigny dit qu'il a fait savoir au Cardinal ce que Guébriant et d'Estrades étaient disposés à faire pour son service.

1. C'est le 9 juin que Richelieu avait dû recevoir des révélations précises au sujet de la trahison de Cinq-Mars et de Bouillon. Il avait aussitôt préparé avec soin pour le roi, qui était à Narbonne, un message qu'il avait confié à Chavigny (11 juin). Après une conférence avec Chavigny, le roi ordonna, le 12 juin, dans la soirée, d'arrêter Cinq-Mars. Le 13, on le découvrit dans la maison où il s'était caché (cf. Avenel, t. VI, p. 935). Le duc de Bouillon fut arrêté à Casal, le 23 juin. Il commandait alors l'armée française en Italie.

2. Marie de Médicis avait quitté l'Angleterre, en septembre 1641, pour se rendre en Italie, par la Hollande et l'Allemagne. Elle mourut le 3 juillet 1642 à Cologne (cf. Avenel, t. VII, p. 910).

3. D'Estrades, porteur de cette instruction et des lettres du prince d'Orange pour le roi et Richelieu (voir page 127, note 1), n'arriva à Paris qu'à la fin d'août. Chavigny écrit de Paris, 2 septembre, à Richelieu : « M. Destrades s'en va trouver

pour ceux de l'admiraulté à Middelbourg et pour le
s[r] de Knüyt, s'accommodera là d'un vaisseau de guerre
qui le transportera jusques à Calais.

Arrivé qu'il sera en France, il s'acheminera vers la
Cour et d'abord s'adressera à M. le comte de Chavigny
et luy fera cognoistre :

Que S. A., ayant sceu avecq beaucoup de déplaisir
comme il a pleu au Roy de faire arrester la personne
de M. le duc de Buïllon, esmeüe par la considération
du proche parentage dont il le touche et nommément
par les prières très instantes de Mmes les duchesses de
Buïllon, mère et femme dudit s[r] duc, s'est trouvée
obligée d'envoyer faire office auprès de S. M. sur ce
subject.

Priant en suitte ledit s[r] de Chavigny[1], en vertu de la
lettre de S. A., qu'il luy rendra, de vouloir non seulement luy départir l'honneur de ses bons advis sur la
forme et manière dont il aura à se comporter en cest
affaire, selon quoy il a ordre de se régler absolument,

Monseigneur de la part de M. le prince d'Orange. Je ne répé-
terai rien à S. É. de ce qu'il aura à luy dire pour ne la pas
importuner, mais je m'asseure qu'Elle demeurera satisfaitte de
ce dont il lui rendra conte. Ledit s[r] Destrades mérite que Monseigneur tesmoigne luy sçavoir gré du service qu'il avoit dessein de luy rendre en luy menant des gens de guerre, si les
détestables cabales qui s'estoient formées eussent esté les plus
puissantes » (Aff. étr., Mém. et Doc , France 288, pièce 76,
fol. 141).

1. Dans une lettre adressée à Chavigny, le 14 août, La Thuillerie le prie d'excuser d'Estrades qui n'aurait pas entrepris ce
voyage « si tout le fruict que l'on en espère n'estoit absolument remis à vostre direction, S. A. n'ayant desseing quel-
conque de pousser cette affaire qu'auttant que vous le jugerez
à propos et que Monseigneur le Cardinal ne le trouvera pas
mauvais » (Aff. étr., Hollande 23, pièce 291).

mais aussy contribuer sa faveur auprès du Roy à ce que
S. M. soit disposée à enteriner la supplication très
humble que S. A. luy envoye faire en faveur dudit
s^r duc. Approché du Roy soubs la conduicte et
assistence dudit s^r de Chavigny, ledit s^r de Strade, en
rendant sa lettre de créance, luy représentera comme
dessus que la proximité du sang qui est entre S. A. et
M. le duc de Buïllon et nommément les fortes et assi-
duelles prières de Mmes duchesses de Buïllon, sa mère
et femme, ayant desjà porté S. A. à avancer quelque
mot de lettre en sa faveur à S. M.[1], les mesmes considérations luy ont faict espérer que S. M. voudra n'avoir
désaggréable qu'en suitte de ces devoirs S. A. retourne
à la supplier très humblement de vouloir user de sa
grande bonté et miséricorde envers mondit s^r de Buïllon, et de pure grâce lui remettre et pardonner la faute
qu'il peut avoir commise, laquelle estant jusques ores
incognue à S. A. elle ose s'y entremettre d'autant plus
librement, S. M. se pouvant asseurer que par ce
moyen elle n'obligera pas seulement et S. A. et tant
qu'il y a de parens et d'amis de considération dudit
duq et luy donnera subject de se ressentir des effects

---

1. Le 25 juillet 1642, du camp de Bodberg, le prince avait
fait appel à la clémence du roi et du Cardinal. Ces lettres ont
été publiées par Groen van Prinsterer, *Archives de la maison
d'Orange-Nassau*, 2e série, t. IV, p. 53. — Le 13 août 1642,
il confia à d'Estrades de nouvelles lettres pour le roi et le Cardinal. Elles se trouvent en copie jointes à la présente instruction (Bibl. nat., Clairambault 573, fol. 203 et 207). Ces copies
portent ces mots, l'une : « Au Roy très chrétien »; l'autre :
« A Monsieur l'éminantissime cardinal duq de Richelieu. » Une
autre copie de cette dernière lettre (Aff. étr., Hollande 23,
fol. 528) porte seulement : « A Monsieur le cardinal duq de
Richelieu. »

d'une si grande clémence tous les jours de sa vie pour ne l'employer plus qu'à rendre très humble et très fidéle service à S. M.

A cette prière ledit s^r d'Estrade adjoustera toutes autres inductions à pitié et comisération dont il se pourra aviser, selon l'estat de l'affaire et le conseil que lui donnera ledit s^r comte de Chavigny.

Par l'advis et soubs l'adresse duquel aussi il se rendra vers M. le Cardinal et, après avoir délivré sa lettre de créance et représenté le subject de son voyage, le priera très humblement de la part de S. A. de vouloir prendre compassion du misérable estat dudit s^r duq de Buïllon et de toute sa maison, intercédant envers le Roy à ce qu'il plaise à S. M., de sa bonté et grâce singulière, luy pardonner la faute qu'il peut avoir commise, ce que venant à réussir que ce sera proprement et uniquement à S. É. que S. A. et tous autres parens et proches dudit s^r duq de Buïllon en auront la parfaicte et éternelle obligation, dont tous mettront peine de se ressentir toute leur vie par leurs très humbles services.

Avecq ce que dessus, ledit s^r d'Estrade n'oubliera pas de prier aussi mondit s^r le Cardinal de vouloir pardonner de son costé audit s^r de Buïllon ce en quoy il pourroit l'avoir offensé en son particulier; de quoy S. A., n'ayant non plus cognoissance que de ce que dessus, elle ne lairra de s'en tenir également obligée à S. É. qui, en suitte, s'en acquerra tousjours ledit s^r duq de Buïllon et tous ceux qui ont l'honneur de luy appartenir.

Après ces choses faictes, ledit s^r d'Estrade s'en retournera faire aussitost rapport à S. A. du succès de sa négociation, si ainsi se trouve convenir, de l'advis dudit s^r comte de Chavigny, auquel il se conformera en tout et partout.

Prenant la peine entre temps d'advertir S. A. par lettres de ce qui se passera tant au regard du présent affaire que de tout autre de considération.

Faict au camp de Bodberg, le 13e aoust 1642.

F.-H. DE NASSAU.

Par ordonnance de S. A. :

HUYGHENS.

LVII.

D'ESTRADES A MAZARIN.

Sedan, 24 septembre 1642.

(Arch. nat., KK 1071, autographe[1].)

J'ay trouvé Mme la duchesse de Boullon très disposée à satisfaire à la volonté de M. le duc de Boullon en tous points[2]. Je m'asseure que, lorsqu'elle aura l'honneur

---

1. Pièce reproduite dans le *Musée des Archives nationales* (Paris, 1872), p. 490.

2. Arrêté le 23 juin à Casal, le duc de Bouillon avait été transféré, fin juillet, à Lyon. C'est là que Mazarin le vit et lui arracha tout ce qu'il savait du complot. Le duc remit une « reconnaissance de ce qu'il avait fait ». Richelieu demanda au roi, le 23 août 1642 (Avenel, t. VII, p. 103), de trouver bon qu'il promette sa grâce au duc dans le cas où il achèverait de tout dévoiler et de livrer la place de Sedan. Le 3 septembre, Richelieu annonce à Chavigny et à de Noyers que le duc, qui a confessé tout ce qu'il faut pour se faire trancher la tête, demande grâce au roi, et qu'il remettra Sedan. C'était ce qu'on voulait. Déjà, le 13 juillet, Chavigny avait écrit à Richelieu que

de vous voir, vous approuverés son procédé qui a
esté de rejetter avec fermetté tous les soubsons que
l'ons luy a vouleu donner touchant la liberté de M. son
mari. Sa réponsse a esté que, comme son malheur est
arrivé par la méfiance, elle y veust remédier en tesmoignant une confiance entière et se prépare à obéir
aveuglément à ce que V. É. ordonnera...

Il ne se peust aussi rien adjouster à l'adresse dont
elle a usé pour remettre les esprits de ses publes, dont
l'apréhantion de quelque changemant dans leur reli-

---

le Roi lui avait dit à l'oreille que « Sedan valoit bien une abolition. » Cependant, le duc était inquiet de ce qui se passait à
Sedan et des sollicitations de Francisco de Melo auprès de la
duchesse et de la duchesse douairière, en vue de lui livrer la
place (cf. Prison de M. de Bouillon, notes de la main de d'Estrades, Bibl. nat., Clairambault 573, fol. 211, et Mémoire de
M. d'Estrades touchant M. de Bouillon, Aff. étr., Mém. et Doc.,
France 288, fol. 259). De plus, la population de Sedan craignait pour ses privilèges et pour sa religion. Sur ces entrefaites,
la duchesse douairière vint à mourir (2 septembre). La duchesse,
anxieuse du sort de son mari, n'espérait plus qu'en la démarche
du prince d'Orange (la duchesse au prince d'Orange, 16 septembre 1642, *Groen van Prinsterer*, 2ᵉ série, t. IV, p. 67). Le
13 septembre, le duc avait écrit de Pierre-Cise à Richelieu qu'il
remettait Sedan à la France (Aubery, *Mémoires*, édit. de 1667,
t. V, p. 225); le 15 septembre, Mazarin prend l'engagement
que, dès que Sedan sera entre les mains de S. M., on fera sortir le duc « du château de Pierrencise pour aller à Roussy,
Turenne, ou autre de ses maisons, telle qu'il luy plaira ». Le
même jour, Richelieu écrivait à Chavigny : « M. de Bouillon a
eu si grande peur de l'exécution de ces Messieurs (Cinq-Mars
et de Thou) que, s'il avoit trois Sedan, il les donneroit pour
sauver sa vie. M. le cardinal Mazarin partira demain avec
M. le comte de Roussy et M. d'Estrades, et je croy que, la vieille
dame de Bouillon estant morte, cette affaire ne recevra point
de difficulté. » D'Estrades fut envoyé à la duchesse pour se
concerter avec elle au sujet des volontés de son mari.

gion et privilèges leur faisoit prandre des résolutions extravagantes. Je reserveré de dire davantage à V. É. lorsqu'elle me faira l'honneur de me donner advis du lieu où je la pourrai voir avant son arrivée à Sedan[1]...

LVIII.

LE PRINCE D'ORANGE A D'ESTRADES.

La Haye, 13 octobre 1642.

(Bibl. nat., Clairambault 573, fol. 223, original signé.)

Monsieur, après les informations que vous avez prins la peine de me donner de jour à autre du succès de votre négociation à la Cour, j'ay esté bien ayse d'apprendre par vos dernières le voyage que vous avez faict à Sedan et l'estat auquel enfin vous avez mis la personne de M. le duc de Buïllon et ses affaires, au moyen des bons et prudents offices que vous y avez

1. Mazarin, qui attendait à Rethel, répondit à d'Estrades le 26 septembre (Bibl. nat., Clairambault 573, fol. 219). Une lettre de la duchesse le remercia « d'avoir pris à cœur la conservation de son mari » (lettre d'Éléonor de Bergh à Mazarin, 25 septembre, Arch. nat., KK 1071, fol. 105). Il se rendit à Sedan le 28 septembre et le lendemain la duchesse sortit de la ville avec ses enfants et se retira chez son beau-frère le comte de Roussy, où son mari ne tarda pas à la rejoindre (Mazarin à Richelieu, Sedan, 29 septembre, Aff. étr., Mém. et Doc., France 288, fol. 204). Les lettres d'abolition en faveur du duc de Bouillon furent expédiées quelques jours après (Aubery, édit. de 1667, t. V, p. 227).

Il suffit de comparer les renseignements donnés ci-dessus avec les détails inexacts que l'on trouve dans la lettre des *Ambassades* (d'Estrades au prince d'Orange, Lyon, 4 septembre 1642) pour se rendre compte que c'est un document apocryphe.

contribuez[1]. Vous me ferez faveur de croire que je tien le tout à une obligation très particulière et de laquelle, après le remerciement que je vous en fay en paroles, je conserveray tousjours la mémoire, pour m'en descharger envers vous et les vostres en vous tesmoignant par des services effectifs que je suis véritablement, Monsieur, vostre très affectionné à vous faire service.

F.-H. DE NASSAU.

A La Haye, le 13ᵉ d'octobre 1642.

LIX.

« MÉMOIRE AU Sʳ DESTRADE
S'EN ALLANT EN HOLLANDE[2]. »

Fontainebleau, 15 octobre 1642.

(Bibl. nat., Clairambault 573, fol. 225-232, original signé.)

Ledit sʳ d'Estrade essayera de pénétrer les sentiments

1. Richelieu avait écrit le 15 septembre à Chavigny : « Il est important que M. d'Estrades croye que le Roy accorde principalement la grâce à M. de Bouillon en considération de M. le prince d'Orange. Je luy en ay parlé ainsy, et pour lui faire croire je luy ay dit que S. M. estimoit que, pour avoir Sedan, ce qu'elle voit bien luy estre du tout utile, le moyen de faire trancher la teste à M. de Bouillon estoit un moyen plus asseuré que de luy faire grâce, mais qu'Elle a changé sur l'instance de M. le prince d'Orange » (Avenel, t. VII, p. 129). Richelieu fit insérer dans la *Gazette* que le roi avait accordé la vie et la liberté au duc par l'intercession du prince d'Orange et à cause des services du vicomte de Turenne. Les lettres d'abolition furent expédiées, dit le roi, à la prière de notre cousin le prince d'Orange et de notre cousine la landgrave de Hesse.

2. Ce mémoire, qui a été inséré sous le titre d'Instructions de Monseigneur le cardinal-duc de Richelieu dans les *Ambassades* et les *Lettres, Mémoires... d'Estrades* (édit. de 1718; 1719 et 1743),

de M. le prince d'Orange sur le suject de la paix[1], c'est-à-dire de reconnaitre à quelles conditions il estime qu'elle peut et doit estre faitte, tant pour les intérestz de MM. les Estats que pour ceux de la France et de la couronne de Suède.

avait déjà été publié par Aubery, avocat au Parlement de Paris et au Conseil du roi, dans ses *Mémoires pour l'histoire du cardinal-duc de Richelieu*, édit. de Paris, 1660, t. II, p. 843; édit. de Cologne, 1667, t. V, p. 370, avec ce titre : Instruction dressée par M. le Cardinal pour M. d'Estrades allant en Hollande, six semaines devant la mort de S. É. Le texte donné par Aubery ne s'écarte guère de l'original. Le texte des éditions de 1718, 1719 et 1743 présente des variantes et une lacune (le dernier alinéa manque). Il est daté faussement du 4 octobre. Le nom de d'Estrades est accompagné du titre de comte, qu'il ne portait pas alors. Mêmes observations au sujet de la lettre de Richelieu au prince d'Orange, datée dans les éditions du 4 octobre 1642. Elle est authentique et a été publiée par Aubery (*Ibid.*, édit. de Paris, 1660, t. II, p. 844; édit. de Cologne, 1667, t. V, p. 372), mais sans date. Le texte des éditions est mal daté, tronqué et donne à d'Estrades le titre de comte. — Mazarin et d'Estrades n'avaient pas encore terminé leur mission à Sedan que le Cardinal écrivait à Chavigny, le 25 septembre (Aff. étr., Mém. et Doc., France 288, fol. 190) : « Je serai très aise que M. le cardinal Mazarin, destiné pour traiter de la paix, soit de retour, et que vous y soyés aussi pour porter à S. M. ce que nous avons pensé. En cette considération, je croy qu'aussy tost que M. le cardinal Mazarin aura faict à Sedan et qu'il aura veu le Roy, vous devés tous deux me venir trouver, amenant M. d'Estrades, dont nous aurons besoin pour sçavoir particulièrement ce qu'il sçait des pensées de M. le prince d'Orange et l'envoyer aussi tost le trouver. » D'Estrades vit Chavigny et Richelieu vers le 9 ou le 10 octobre à Montargis (cf. lettre du 2 novembre). Muni de la présente instruction et d'une lettre de Richelieu, il partit pour Calais et arriva le 24 octobre auprès du prince d'Orange.

1. Les négociations devaient avoir lieu à Munster et à Osnabrück.

Après avoir tiré son sentiment autant qu'il pourra, il lui dira comme de lui-mesme qu'il estime que la meilleure façon de faire la paix avec les Espagnols est que la France et la Suède suivent l'exemple des Holandois, qui ne rendent rien de ce qu'ilz ont pris quand ils font la paix, parce que, si on faisoit autrement, les Espagnols ne craindroient point de rentrer en guerre et en prendre le hazard, sur l'espérance que, si leur entreprise leur estoit désavantageuse, on leur rendroit tousjours une partie de ce qu'ilz auroient perdu.

Il luy dira ensuite qu'il a souvent ouÿ dire en France qu'il n'y a quazy point d'autre moyen de faire une paix seure qu'en la faisant à conditions si cuisantes pour l'Espagne qu'elle apréhende de rentrer en guerre, de peur de recevoir un pareil traitement.

Ledit s[r] d'Estrade doit sçavoir que, par le traité fait à La Haye le 15e avril 1634[1], MM. les Estats ne peuvent faire la paix sans que Pignerol demeure au Roi paisible, sans que les traitez faits avec l'Empereur et l'Espagne pour le sujet de Mantoue ne soient entièrement exécutés, sans que les Grisons demeurent seigneurs de la Valteline et sans que le roi d'Espagne abandonne le duc de Lorraine, étant expressément porté qu'il ne lui pourra donner aucun secours contre les intéretz qu'a la France en l'exécution des traittez faitz avec luy.

Par tout ce que dessus, il apert que, puisque dès lors

---

1. Ce traité, négocié en Hollande par Charnacé, comprenait treize articles, un certain nombre de déclarations séparées et enfin cinq « articles concernans les intérêts que le Roy a à démesler avec le roi d'Espagne » et qui étaient relatifs à Pignerol, Mantoue, etc. Cf. Dumont, *Corps diplomatique*, t. VI, 1re partie p. 68-71.

qu'on fit ledit traitté il fut stipulé que MM. les États ne pourroient faire la paix sans que les avantages que la France s'estoit acquis fussent asseurez, la raison ne leur permet pas d'y penser maintenant, sans que ceux que ce royaume s'est acquis depuis soient à couvert, principalement puisque la plus grande part de ce que la France a repris est son ancien domaine.

Cette raison est d'autant plus considérable pour MM. les Estats que moins la paix sera avantageuse pour l'Espagne, moins elle sera en état de les attaquer, et que plus elle le sera pour la France, plus le Roy sera en estat de les assister et en volenté de le faire.

[*Suivent* : 1° l'article 8ᵉ du traité fait à La Haye, le 15 avril 1634, et 2° les articles concernant les intérêts que le Roy a à démêler avec le roi d'Espagne.]

Le sʳ d'Estrade tesmoignera à M. le prince d'Orange que le Roy et M. le Cardinal désirent le bien de MM. les Estats, et le sien particulier, jusques à tel poinct qu'il a été chargé de voir avec ledit sʳ Prince s'il ne peut point, l'année qui vient, emporter quelque place notable qui puisse favoriser la communication et conservation de Mastric; ce qui est désiré avec tant de franchise qu'en ce cas S. M. donneroit ordre au sʳ maréchal de Guébrian d'en favoriser le dessein en ce qu'il pourroit, sans abandonner ceux qu'il doit avoir aux lieux où il est.

On a cette pensée en France, affin que MM. les Estats peussent avoir, lorsqu'on fera la paix, quelque place importante entre les mains, laquelle ils puissent conserver par la conclusion d'icelui.

Au cas que ledit sʳ prince d'Orange juge pouvoir faire quelque chose de cette nature, et non seulement le tenter, ledit s^r d'Estrade pourroit en aller communiquer avec ledit s^r maréchal de Guébrian, à ce qu'on prenne si bien ses mesures de toutes parts que le dessein qu'on aura soit effectif.

Ledit s^r d'Estrade verra avec M. le prince d'Orange et avec ledit s^r maréchal de Guébrian tous les moyens possibles de grossir l'armée dudit s^r maréchal de Guébrian, affin qu'on y travaille sans perdre aucun tempz.

Fait à Fontainebleau, le xve octobre 1642.

Louis.

Bouthillier.

LX.

D'Estrades a Chavigny.

La Haye[1], 2 novembre 1642.

(Aff. étr., Correspondance politique, Hollande 23, pièce 309, fol. 567, autographe.)

Achat d'étoffes des Indes pour Chavigny et de porcelaines pour Mazarin[2].

« J'ai receu par le s^r Morel les lettres pour S. A. et un mémoire qui se raporte à celui que j'eus l'honneur d'escrire sous vous à Montargis[3]. S. A. est du santimant que le Roy garde tout ce qu'il a prins quand l'ons viendroit dans un

1. D'Estrades était arrivé le 24 octobre à La Haye (d'Estrades à Chavigny, La Haye, 26 octobre, Aff. étr., Hollande 23, pièce 305).

2. Il annonçait dans sa lettre du 26 octobre qu'il irait le lendemain à Amsterdam « pour voir ce qu'il y aura de plus curieus de ce qui est arrivé des Indes ».

3. Les 9 et 10 octobre, Richelieu avait conféré à Montargis avec Chavigny et d'Estrades au sujet des affaires de Hollande.

trellé de paix et trouve très bonnes les raisons que je luy
ay alléguées là-dessus de moy-mesmes, conformémant à
mon instruction... »

La Thuillerie, auquel d'Estrades a fait part du mémoire
et de l'instruction ci-dessus, agit près de S. A. sur tous
ces points.

« Si le vant continue bon, nous faisons estat de partir
bientost[1]. »

Les juments et hongres pour Chavigny et Mazarin ont
été achetés.

LXI.

« MÉMOIRE POUR LE S^r D'ESTRADES S'EN ALLANT EN HOLLANDE[2] ».

Saint-Germain-en-Laye, 7 février 1643.

(Bibl. nat., Clairambault 573, fol. 249, original.)

La principalle fin que ledit s^r d'Estrades doit avoir
dans son voiage est de continuer à affermir l'esprit

1. D'Estrades quitta La Haye au début de novembre, emportant des lettres du prince d'Orange, datées du 3 novembre,
pour Richelieu et Chavigny (Aff. étr., Mém. et Doc., France
288, fol. 223, et Aff. étr., Hollande 23, pièce 312). Le
17 novembre, d'Estrades écrivit de Paris à Frédéric-Henri, qui
lui répondit de La Haye le 24 novembre (Bibl. nat., Clairambault 573, fol. 235).

2. Richelieu est mort le 4 décembre 1642. En notifiant cette
nouvelle aux États, Louis XIII a exprimé son désir de continuer avec eux son alliance et les a informés qu'il avait investi
du pouvoir le cardinal Mazarin. Les États avaient répondu en
chargeant Oosterwijck de remercier le Roi, de féliciter Mazarin et de lui recommander leur demande de subsides pour l'année 1643 (résolution des États-Généraux, 13 décembre 1642).
Mazarin écrivit au prince d'Orange une lettre qui est reproduite dans les *Ambassades* (t. I, p. 91) avec la date du 15 fé-

de M. le prince d'Orange dans la résolution où il est
de demeurer inséparablement uni aux intérests du
Roy, en lui faisant connoistre que S. M. n'est pas
moins disposée à le protéger que du vivant de M. le
Cardinal, que les affaires de la France, se conduisans
à présent par des raisons et par des maximes bien
solides, ne sont plus sujettes aux divers changemens
qu'elles ont souffert par le passé[1], et qu'ainsi il doit
prendre une entière assurance qu'il n'en arrivera aucun

vrier 1643 et dans les éditions de 1719 (t. I, p. 81) et de 1743
(t. I, p. 89) à la date du 18 février. Aubéry l'avait déjà publiée,
mais sans lui donner de date (*Mémoires pour l'histoire du cardinal de Richelieu*, éd. de Paris, 1660, t. II, p. 875; éd. de
Cologne, 1667, t. V, p. 432).

Depuis son retour en France, au mois de novembre 1642,
d'Estrades avait partagé son temps entre Paris et Agen. C'était
à Agen qu'il avait appris la mort de Richelieu. Il avait aussitôt adressé ses condoléances à Chavigny. Ce dernier l'en
remercia le 23 décembre (Bibl. nat., Clairambault 573,
fol. 239, orig.) et le « conjura » de venir à Paris : « Vous
jugés bien que, dans la conjoncture présante, une personne
qui est aussi confidente que vous de M. le prince d'Orange ne
nous est pas peu nécessaire auprès de luy pour le service du
Roy. » D'Estrades répondit, le 8 janvier 1643 (Aff. étr., Hollande 24, pièce 6), qu'il partirait d'Agen dans deux jours pour
se rendre auprès de Chavigny et « faire tout ce qu'il lui commandera ». Muni du Mémoire du 7 février, d'Estrades arriva
à La Haye le 26 février.

1. Comparez avec ce passage des *Mémoires* de Montglat :
« La mort du cardinal de Richelieu ne parut d'abord apporter
aucun changement parce que, le Roy ayant déclaré le cardinal
Mazarin, Chavigny et des Noyers ministres, ils continuèrent de
gouverner sur les maximes du défunt, qui étoit tellement
redouté qu'on n'osoit débiter la nouvelle de sa mort, même
dans les pays étrangers, comme si on eût craint le retour de
son âme. »

qui puisse ébranler l'affection que le Roy a pour luy et pour toute sa maison, dont il recevra des marques en toutes occasions. Il luy dira de plus que, s'il a esté satisfait autrefois de la confiance qu'on a eu en luy et de la sincérité dont on a usé pour luy faire voir l'artifice des ennemis communs, il ne le sera pas moins à l'avenir, que, pour luy en donner une preuve très claire, le Roy luy a commandé de lui faire sçavoir que ceux de la maison d'Autriche ayant toujours tenté toute sorte de moiens pour donner du soupçon de MM. les Estatz et de luy particullièrement à S. M., ilz ont, du vivant de feü Monseigneur le Cardinal, laissé pénétrer que ledit s[r] prince d'Orange avoit, il y a quelque temps, esté en traitté avec le roy d'Hongrie par l'entremise de quelque personne particullière, et que, les conditions estans de le faire souverain d'une partie des Provinces-Unies[1], ils l'auroient entièrement attaché à leur party, s'ils eussent voulu entendre à bon escient. Le voiage du moine qui a esté envoié au Roy après la perte de la bataille de Leipsic[2] n'a pas esté pour détromper S. M. de cette créance et, si les ennemis l'avoient pu trouver susceptible de telles impressions, ils luy auroient sans doute fait faire des propositions très avan-

1. Voir la pièce suivante.
2. Les Suédois ont battu les Impériaux à Breitenfeld, le 2 novembre 1642, et ont pris Leipzig le 5 décembre. Cf. vicomte de Noailles, *Le maréchal de Guébriant*, p. 295 et suiv. — Le moine dominicain Georges d'Herberstein a été envoyé en France par le comte de Trautmansdorf pour se rendre compte de l'état des esprits. Aux propositions d'accommodement séparé du Roi avec l'Empereur, Mazarin a répondu que le Roi ne traiterait qu'avec tous ses alliés. Cf. A. Waddington, t. II, p. 19-20.

tageuses pour lui témoigner qu'ilz aimeroient incomparablement mieux s'accommoder avec la France séparément qu'avec des peuples qu'ilz tiennent pour leurs sujetz.

Que depuis peu les Espagnolz, se voians entièrement sans espérance de secours du costé d'Allemagne et craignans d'estre attaquez puissamment par la France et par MM. les Estatz, connoissans d'ailleurs que leurs affaires vont mal dans l'Italie par la prise de Tortone[1] et dans l'Espagne mesme par le mauvais succez qu'ont eu les extraordinaires effortz que leur Roy a faitz contre la Cattalongne cette année, ont essaié de redonner au Roy les mesmes ombrages qu'ilz luy voulurent faire prendre, il y a quelque temps, d'un traitté secret entre D. F. de Mello et ledit sr prince d'Orange[2], dont ledit sr Destrades l'informa, pour voir si par cette considération il ne pourroit point porter la France à en faire un particullier avec eux. Mais les Espagnolz, voians que leurs artifices ordinaires n'estoient pas capables d'ébranler l'esprit du Roy et que S. M. avoit peu de créance en leurs parolles, ils ont fait ajouter cette fois que, pour marque que D. F. de Mello s'entendoit secrètement avec ledit sr prince d'Orange, ils espéroient que l'armée de MM. les Estatz n'entreprendroit rien cette campagne et qu'il leur donneroit moien de disposer de toutes leurs forces contre la France, qu'ilz ne demandoient

1. Tortone, investi en septembre 1642. Le château s'était rendu le 26 novembre.

2. En 1642, D. Francisco de Melo avait essayé d'amorcer avec les Hollandais des négociations dont il avait espéré grand succès.

point que S. M. les creust jusques à ce qu'elle eust veu l'effect de ce qu'ils disoient.

Sa dite Majesté ne peut douter que tout ce discours ne soit une pure invention de la malice des ennemis et que, si par quelque voie que ledit s^r Prince n'auroit pu éviter, il estoit venu jusques à luy, il ne luy en donne aussitost part.

Ledit s^r Destrades fera voir audit s^r Prince que le véritable moien d'éclaircir les impostures des Espagnolz est de faire une bonne campagne cette année et de se servir de leur faiblesse pour tirer des avantages qui contribuent à l'acroissement de l'Estat et de sa gloire particullière.

Il fera naistre de ce discours l'occasion de lui parler des desseins qu'il pourra entreprendre et l'assurer qu'on fera en France tout ce qu'il peut désirer pour faciliter celluy auquel il s'attachera.

Ledit s^r Destrades essaiera de le pénétrer et, en cas qu'il ne soit pas tel qu'il fault pour obliger les ennemis à tenir une bonne partie de leurs forces pour s'y opposer, il l'engagera, s'il peut, à un plus grand.

Il remarquera, pendant qu'il l'entretiendra des artifices des Espagnolz, quelz seront ses mouvemens, et le portera autant qu'il pourra à découvrir ingénument l'intelligence qu'il a eü avec eux, S. M. estant assurée qu'il y en a eu quelqu'une. S'il la nie absolument, le s^r Destrades, sans le presser jusques au point qu'il pût s'imaginer qu'on est en soupçon de luy, se contentera des assurances qu'il luy donnera de la résolution où il est de ne se séparer jamais des intérests du Roy et d'agir puissamment en cette campagne.

Ledit s^r d'Estrades sçait le défault qui est dans le pouvoir qu'on a envoié au s[r] d'Osterwich pour le renouvellement du traitté du subcide[1]; s'il n'est pas réparé, sans faire paroistre qu'on en ait impatience en France, portera M. le prince d'Orange à le conclure le plutost qu'il pourra par son intérestz particulier.

La seule condition que S. M. y veut ajouter cette année est qu'elle désire que MM. des Estatz luy prestent dix bons vaisseaux, de la portée dont on luy baillera le mémoire, pour joindre à son armée navalle. Ledit s[r] Destrade fera connoître audit s[r] prince d'Orange qu'il obligera particullièrement le Roy en ce point et le convira par toutes les raisons dont il pourra s'aviser à en faciliter l'exécution.

S'il y avoit moien d'obtenir qu'ilz en fissent tous les frais, l'obligation en seroit plus grande; sinon il pourra promettre que S. M. en fera une partie, mais il ne l'engagera pas à plus de la moitié. Ce que M. le prince d'Orange fera en cette occasion regardant purement la satisfaction du Roy, rien ne pourra plus persuader son affection à S. M. ni l'engager davantage à luy donner des marques de la sienne.

Ledit s[r] d'Estrades s'informera très particullièrement ce que peut produire le retranchement des troupes[2] et offrira audit s[r] prince d'Orange, s'il y a quelque chose qui le blesse en cela, de faire toutes les instances qu'il voudra, de la part de S. M., auprès de MM. les Estatz,

1. En décembre 1642, les États-Généraux avaient chargé d'Oosterwijck de féliciter Mazarin et de lui présenter une demande de subsides pour la campagne de 1643.

2. La province de Hollande venait de voter une réduction des troupes.

pour remettre les choses en leur premier estat[1]. Surtout il prendra garde que leur armée soit aussi forte qu'ils le promettront par le renouvellement de traitté du subcide; autrement l'argent du Roy seroit mal emploié, et, si M. le prince d'Orange ne pouvoit se tenir que sur la deffencive, il ne seroit point nécessaire d'en faire d'autre que celluy de 1635 qui l'oblige précisément à attaquer.

Ledit s^r Destrades avertira ledit s^r Prince que nos espions de Flandres, qu'il sçait ne nous avoir jamais donné de faux advis, nous ont fait sçavoir que les vaisseaux de Dunquerke qui doivent porter des troupes en Espagne partiroient sans doute dans la fin de ce mois ou au commencement de l'autre. Il l'obligera, s'il luy est possible, à envoier l'admiral pour les attendre et les combattre, et luy fera connoistre que deffaire des soldatz qui vont en Espagne est diminuer ceux de Flandres, parce que D. F. de Mello l'en desgarniroit plutost entièrement que d'en laisser manquer au Roy son maistre, qui en a nécessairement affaire pour se deffendre du costé de Cattalongne et de Portugal.

Enfin ledit s^r Destrades n'oubliera rien pour faire voir audit s^r Prince l'entière confiance qu'on a en luy et pour l'obliger à en prendre une semblable en la France.

Fait à Saint-Germain-en-Laye, le vII^e feuvrier 1643.

LOUIS.

BOUTHILLIER.

1. Par l'alliance du 8 février 1635, la France et les Provinces-Unies s'étaient engagées à mettre en campagne deux armées de 25,000 fantassins et de 5,000 chevaux.

LXII.

D'Estrades a Chavigny.

La Haye, 2 mars 1643.

(Aff. étr., Correspondance politique, Hollande 24, piece 14, fol. 27,
autographe.)

Monsieur,

Je suis arrivé le 26 de feuvrier à La Hayée. Je vis
le mesme jour M. le prince d'Orange, et après luy
avoir donné asseurance de l'affection du Roy et de sa
protection dans touttes les choses qui regarderoit ses
intérêts, je luy dis ce que S. M. me commanda et sui-
vis les points de mon instruction. Il me tesmoigna estre
extrêmemant obligé au Roy de la confiance qu'il avoit
en luy et me protesta avec sermant n'avoir point
ouï parller d'aucun tretté depuis le mois d'auvril de
l'année passée[1], qui n'eust auttre suitte que celle qu'il
m'advoua au dernier voyage que je fis vers luy; que,
pour ce qui estoit du tretté d'avec le roy de Hongrie
par l'entremise de quelques personnes particulières
dont la condition estoit de le faire souverain, il ne
pouvoit assés s'estonner de l'artifice des Espagnols et
des faus prétextes qu'ils prennent pour mettre de la
division entre le Roy et luy, qu'il me vouloit ample-
mant esclaircir là-dessus; et me dit qu'il y avoit dis
ans qu'un certain nommé Isma, Frison de nation, et
qui avoit grand accès auprès du feu Empereur, luy
offrit de faire un voyage en Allemagne vers ledit
Empereur pour faire mettre ses terres d'Allemagne et

1. Cf. pièce LIV, p. 123.

le comté de Mœurs[1] en neutralitté; qu'il luy respondit qu'il en parlast à MM. les Estats et qu'il agréeroit tout ce qu'ils voudroit, lesquels y consantirent. Ledit Isma fut en Allemagne et n'aporta pas seulement le pouvoir de faire mettre ses terres en neutralitté, mais mesmes de les recognoistre pour souverènes, si M. le prince d'Orange vouloit favoriser l'Empereur dans ses prétantions qu'il avoit sur les terres de MM. les Estats, ce qu'il refusa; et après l'avoir communiqué ausdits sieurs les Estats, la neutralitté feust simplement acceptée; et six mois après ledit Isma feust chassé du pays de MM. les Estats et est mort du depuis en Allemagne. Il m'a protesté n'avoir ouï parller du depuis d'aucun tretté de souverénetté. Il me dit ensuitte que les artifices des Espagnols ne se pouvoit mieus descouvrir que par la sincéritté dont il plaisoit au Roy d'user avec luy, qu'ausy de son costé il ne manquera pas à donner cognoissance de tous les advis que l'ons luy donne; que depuis huict jours l'ons luy a escrit deus lettres qu'il m'a montrées, lesquelles portent que le moisne[2] s'est retiré de France avec responsse particulière du Roy sur les propositions qu'il a faictes de la part du roy de Hongrie, que les bruits que l'ons a faict courre en France que l'ons l'a renvoyé sans satisfaction ne sont que pour persuader les alliés que le Roy ne veust pas tretter sans eus, ce que l'ons asseure n'estre qu'un prétexte, puisque le moine s'est engagé d'estre de retour auprès du Roy vers la fin du mois d'octobre. Il m'a communiqué ensuitte qu'un Brabansson l'estant venu trouver pour l'exhorter et le prier

1. Comté de Meurs, sur la rive gauche du Rhin.
2. Cf. le Mémoire du 7 février 1643, p. 139.

d'entandre à un accomodemant avec les Espagnols, il luy a respondu qu'il le souhétoit, pourveu que ce feust conjoinctemant avec la France et par le moyen du Roy, duquel il ne se sépareroit jamais des intérêts. Ce même homme, sous prétexte de neutralitté, le vint voir le lendemain, le pressa sur le même subject, luy dit qu'il luy avoit recognu de si bons sentimants qu'il le prioit de luy donner un escript par lesquel il tesmoignast simplemant désirer la paix, et qu'en vertu de cest escript il lui aporteroit des conditions si advantageuses qu'il s'asseuroit qu'il ne les refuseroit pas. Sur quoy il lui respondit qu'il luy en donneroit un, en la forme dont il luy en avoit parllé, par lequel il fairoit cognoistre qu'il le désire conjoinctemant avec la France et par le moyen du Roy. Il n'en vouleust point en ceste forme. Son Altesse m'a dit que, confrontant les discours que les Espagnols tiennent de luy et les ombrages qu'ils veulent donner à S. M. de sa personne, il ne doutte pas que, sous le prétexte de neutralitté, les Espagnols n'ayent envoyé ce Brabansson vers luy, affin de se servir de cest escrit auprès du Roy, en cas qu'il l'eust donné. Je l'ay suplié de chasser telles personnes d'auprès de luy et ne leur donner neulle audiance; il m'a promis qu'il luy envoyeroit ordre de se retirer, ce qui a esté faict aujourd'huy.

Je l'ay pénettré autant qu'il m'a esté possible sur la conférance que j'ay eue avec luy par deus jours consécutifs. J'oserois vous asseurer que les choses sont comme il me les a dittes. Ce qui m'i confirme davantage sont les lettres qu'il m'a faict voir dudit Isma, des années 1632, 1633 et 1634, parlant de ceste neutralitté et souverénetté; et, de plus, c'est que les mesmes

soubçons qu'ils veulent donner au Roy ils tachent de
les donner à M. le prince d'Orange; et j'ay remarqué
joyee à Son Altesse d'avoir lieu de descouvrir les artifices des Espagnols par la confiance que le Roy luy
tesmoigne.

J'ay fort insisté sur lesdis vesseaus que le Roy
demande[1]. M. le prince d'Orange m'a dit qu'il souhé-
teroit que S. M. eust le contantemant qu'elle désire
sur ce subject, mais qu'il trouve la chose impossible,
à cause du peu de navires qu'ils ont. Il a envoyé, dès
le 21 de feuvrier, en Zellande pour faire partir quatre
navires et aller joindre le vice-admiral de Vuite[2], qui
en a quatorse et a ordre d'aller devant Dunquerque.
L'admiral de Hollande, avec sept navires, a ordre aussi
de joindre la flotte, dès qu'il aura mis à terre la reine
d'Angleterre[3]. Ce sera en tout vingt-cinq vesseaus,
qui est ce qui reste à MM. les Estats, en ayant perdu
dis ceste année, ou par la tempeste ou par les Dunquerquois.

Il m'a adjousté que les grandes pertes que l'ons a
faict sur la mer par la prise des flottes de Moscovie[4] et

1. Chavigny avait informé d'Estrades, le 25 février (Bibl.
nat., Clairambault 573, fol. 273), que l'ambassadeur de Hollande lui avait fait savoir que les États ne voulaient pas accorder ces vaisseaux. Il avait invité d'Estrades à insister auprès
du Prince.

2. Le vice-amiral Witte-Wittens. Cf. Commelin, t. II,
p. 124.

3. La reine d'Angleterre quitta la Hollande le 26 février sur
un vaisseau de l'amiral Tromp et arriva sans encombre à New-
castle.

4. Le 6 novembre 1642, dix navires dunkerquois avaient
rencontré la flotte de Moscovie et s'en étaient emparés après
un vif combat.

auttres navires des Indes randoit ceste demande plus difficile.

Je luy dis que j'avois ordre du Roy de presser ceste affaire comme estant très importante au bien de la cause commune et que, s'il arrivoit que l'ons peust deffaire les Dunquerquois, et après cella ruiner la flotte en Espagne, que ceste perte accableroit entièremant les annemis sans se pouvoir remettre, et qu'ainsin je le supliois de ne rejetter pas ceste proposition. Il me respondit que c'estoit une affaire qui ne despandoit pas de luy et qu'il faloit le consantemant des provinces. Il feust d'avis que j'en parlasse à MM. les Estats et me fist cognoistre qu'il seroit bien aise que je les pressasse de se préparer à mettre en campagne de bonne heure, par les raisons que je luy avois alléguées, et leur faire voir comme, tous les ans en ceste saison, les anemis se servent de l'artifice de faire quelques propositions d'accomodemant pour retarder les préparatifs de la campagne; qu'ainsin, sans s'arester à la venue des passe-ports[1], le plus asseuré est de se mettre en estat d'entreprendre vigoureusemant quelque chose d'importance.

MM. les Estats m'ont respondu sur la demande des vesseaux qu'ils ont fait sçavoir à M. d'Ostruicht, leur ambassadeur, ne le pouvoir accorder, leur estant impossible, sans mettre les peubles au désespoir et leur Estat en péril par le peu de forces qu'il leur resteroit sur la mer, que les Provinces sont à présant assamblées pour remédier à leurs foiblesses sur ce point; que, pour tenir une flotte devant Dunquerque, ils le

---

1. Les passeports des plénipotentiaires pour se rendre au congrès de Munster.

trouvent juste et fairont tous leurs efforts pour empêcher les Dunquerquois de sortir; qu'ils adviseront avec
S. A. de ce qu'ils pourroit faire du plus advantageus
pour ceste campagne, pour le bien de leur Estat et pour
la satisfaction du Roy; qu'ils me prient d'asseurer
S. M. qu'ils demeureront inséparables de ses intérêts
et recognoistront toujours avec grand respect les
obligations qu'ils luy ont.

M. le prince d'Orange n'a point jeugé à propos que
je parlasse de la réduction des compagnies, d'autant
que c'est une chose faicte. Pour cet année, les troupes
n'en seront pas moindres, parce que j'ay donné espérance aus officiers qu'à la fin de la campagne cella se
pourra remettre. Par ce moyen ils gardent leur mesme
nombre.

C'est une affaire qui s'est faicte par la province de
Hollande contre M. le prince d'Orange, à quoy il
conssant, parce qu'il ne peust remédier. Son authoritté
se diminue baucoup, et j'aprehande que cella n'empire
par la jalousie que les peubles et provinces ont pris de
luy par ceste alliance d'Angleterre. M. le prince
d'Orange demande avec instance que le Roy rande
à MM. les Estats les trente compagnies qu'ils donnèrent l'année passée[1], ce corps luy estant nécessaire
pour la campagne.

Il y a ici des députtés de l'esvesque de Cologne
qui font à MM. les Estats des propositions affin de ne
souffrir point d'armée des alliés sur leurs frontières
ni dans les pays dépandant de l'esvesque de Cologne[2].

1. Il s'agit de trente compagnies prêtées à Guébriant. Cf.
lettre du 15 mai 1642, p. 118.
2. Cf. la pièce LXIV, p. 156.

M. le prince d'Orange m'a dit qu'il avoit été d'avis
que MM. les Estats leur respondissent que si le Roy,
les Suédois et Mme la Lantgrave consentoit aus propositions qu'ils leur faisoit, qu'il y consantiroit aussi,
pourveu que la responsse soit parelle. Je crois qu'il y
aura subject d'estre satisfaict. C'est à quoy je tiendré
la main comme à touttes les autres choses qui regarde-
ront le service du Roy, vous suppliant, Monsieur,...

D'ESTRADES.

A La Hayée, ce 2 mars 1643.

Comme je fermois ma lettre, M. le prince d'Orange
m'a envoyé chercher pour me dire que, suivant les
instances que le Roy faict de mettre de bonne heure
en campagne, il va donner ordre que les munitions,
l'artillerie et tout le bagage soit au quinsiesme de mars
à Nimègues; il a esté aussi d'avis que demain je parlle
à MM. les Estats de la réduction, de la part du Roy;
il ne l'avoit pas trouvé à propos jusqu'à ceste heure.
Nous avons encore les mesmes hommes, et quoy
qu'il arrive, nous les conserverons pour ceste campagne.

LXIII.

« MÉMOIRE AU S^r D'ESTRADE,
COLONEL D'UN RÉGIMENT D'INFANTERIE FRANÇOISE
EN HOLANDE[1] ».

Saint-Germain-en-Laye, 3 mars 1643.

(Bibl. nat., Clairambault 573, fol. 325, original.)

Comme on estoit prest de renouveller le traitté du

1. Chavigny annonce à d'Estrades, le 3 mars 1643 (Bibl.

subside[1] on a demandé à M. l'ambassadeur de Holande qu'il obligeast MM. les Estatz de mettre leur armée en campagne au mois d'avril.

La raison qu'on a eu de faire cette instance est les avis que D. Francisco de Melo doit sortir avec son armée au commencement dudit mois d'avril, auxquelz on a ajousté d'autant plus de foy qu'on sçait qu'il y a quelques années qu'il n'a pas manqué de faire la mesme chose, ce qui luy a tousjours si bien réussy, et particulièrement l'année dernière qu'il eut le tempz d'assiéger La Bassée et de la prendre[2], que M. le prince d'Orange estoit seulement à son rendez-vous à Vore[3].

Il est certain que l'armée du roy d'Espagne pâtit en agissant de si bonne heure, mais l'incommodité qu'elle reçoit n'est pas comparable à l'avantage qu'a D. Francisco de Melo de mettre toutes ses forces contre la France sans en laisser aucune partie sur les frontières de MM. les Estatz, parce qu'il est assuré qu'ils ne mettront en campagne que six semaines après luy, ce qui fait ou que ses entreprises réussissent contre nous, ou que nous n'en pouvons faire aucune considérable et que M. le prince d'Orange n'est pas en estat d'en tenter aucune, parce qu'aussy tost que D. Francisco de Melo le voit remuer il envoye contre luy les corpz qui doivent deffendre son païs.

nat., Clairambault 573, fol. 281), l'envoi de ce Mémoire, auquel est jointe une copie des « Articles secrets comme ils furent signés l'année passée ».

1. Cf. la pièce LXVI, p. 160.

2. D. Francisco de Melo, secondé par le baron de Bek, s'était emparé de Lens et de La Bassée et avait battu le comte de Guiche à Honnecourt, au nord-ouest du Câtelet, le 26 mai 1642.

3. Le fort de Voorn, sur la Meuse.

Quoy qu'on ait allégué ces raisons audit s[r] ambassadeur de Holande, il a dit ne pouvoir rien changer à ce qui avoit esté arresté par le dernier traitté, ce qui a donné suject au Roy de dépescher ce courrier en toute diligence au s[r] d'Estrade pour luy donner ordre très exprez de représenter ce que dessus à M. le prince d'Orange en particulier et en suite aux s[rs] Estatz, ainsy qu'il le jugera à propos, et leur faire cognoistre qu'il ne leur importe pas moins qu'au Roy de se mettre en campagne aussy tost que D. Francisco de Melo, qui autrement fera une partie de ce qu'il voudra contre la France et empeschera ledit s[r] prince d'Orange de faire aucun progrès contre luy.

On est d'accord de renouveller le traitté du subside aux mesmes termes qu'il fut passé l'année dernière; il n'y a que le seul premier article des articles secretz, lequel a esté réformé, ainsy que ledit s[r] d'Estrade verra par les motz qui sont soulzlignez. On a peine à croire que M. le prince d'Orange puisse refuser une chose si raisonnable, parce que, s'il ne l'accorde, ceux qui ne le cognoistroient pas pourroient juger que, ne voulant rien faire, il ne veut pas donner moyen à la France de faire quelque chose de son costé.

Ledit s[r] d'Estrade sçaura que le Roy est très bien averty que D. Francisco de Melo mettra en campagne dans le commencement du mois d'avril, et sur ce fondement il n'oubliera rien de tout ce qui dépendra de luy pour porter M. le prince d'Orange à condescendre à ce que S. M. désire avec tant de justice et de raison. Et en cas qu'il le face, il aura le soing très particulier de faire que ledit s[r] Prince tienne toutes choses prestes pour se mettre en campagne aussy tost qu'il aura appris que D. Francisco de Melo aura fait la mesme chose, affin de l'obliger à séparer son armée, ou d'en laisser une partie pour garnir leur frontière du costé de la Holande; on ne s'estend pas davantage sur ce suject parce qu'on sçait que ledit s^r d'Estrade est assez capable de luy mesme pour faire tout ce qu'il faudra pour le service du Roy. Il insistera encore sur les dix vaisseaux, ainsy qu'il luy a esté ordonné par le mémoire qu'il a emporté avec luy.

Le temps pressant extraordinairement, le s^r d'Estrade aura soing que ce courrier soit redepesché en toute diligence, affin que chacun puisse prendre ses mesures de son costé.

Il n'oubliera pas de faire valoir à M. le prince d'Orange et à MM. les Estatz que le Roy fait plus en leur donnant douze cens mille francz cette année que si S. M. leur eust donné deux millions, il y a deux ans, à cause que plus on va en avant tant plus la difficulté d'avoir de l'argent augmente.

On a donné ordre au s^r de Beauregard de faire remettre Kempen à Mme la Landgrave[1] soubz quelque condition. Il y a apparence que les 3,000 hommes que MM. les Estatz avoient presté au Roy[2] seront extrêmement diminuez; mais, comme le s^r de La Thuilerie ne s'est point obligé de les faire rendre completz, ledit s^r d'Estrade empeschera que lesdits s^rs Estatz ne puissent rien prétendre pour la diminution desdits 3,000 hommes, et fera en sorte que M. le prince d'Orange ne se serve point de cette raison pour

1. Cf. vicomte de Noailles, *Le maréchal de Guébriant*, p. 321. Beauregard était résident de France à Cassel.

2. Cf. lettre du 2 mars 1643, p. 149.

tenir son armée moins forte en campagne qu'il n'est
obligé par le traitté.

Fait à Saint-Germain-en-Laye, le IIIe mars 1643.

LOUIS.

BOUTHILLIER.

LXIV.

D'ESTRADES A CHAVIGNY.

La Haye, 9 mars 1643.

(Aff. étr., Correspondance politique, Hollande 24, pièce 18, fol. 36,
original chiffré en partie et déchiffré.)

D'Estrades a fait connaître au prince d'Orange l'ordre
donné au s^r de Beauregard de remettre Kempen à Mme la
Landgrave[1]. Les troupes que les États ont prêtées au Roi
en 1642 vont être licenciées pour rentrer à leur service.
Les États s'attendent à ce qu'on les rende complètes[2], mais
beaucoup d'hommes ont déjà regagné la Hollande.

Le Prince tient André d'Harbenfeld pour fou, car « il
luy a faict des propositions de destruire la maison d'Austriche[3] par l'union de la maison palatine avec celle de
Bavière, à quoy il vouloit que M. le prince d'Orange s'em-
ployast pour les remettre en bonne intelligence. »

1. Cf. pièce précédente.
2. Cf. pièce précédente.
3. Dans un post-scriptum à sa lettre du 23 mars (Aff. étr.,
Hollande 24, pièce 26), d'Estrades écrit : « Le s^r d'Harbenfeld m'est venu trouver et m'a dit qu'il avoit moyen de
ruiner la maison d'Autriche, la Bohême et le pays héréditère
de Hongrie, n'atandant que de ses nouvelles pour se révol-
ter... » Il demandait deux millions de livres pour lever une
armée. « Par ceste proposition, vous pouvez jeuger de l'esprit
du personage. Je le trouve tel que S. A. me l'avoit des-
peint. »

Au sujet des dix vaisseaux demandés aux États, d'Estrades a proposé que, « du jour que les vesseaus entreroit à son service, S. M. payeroit la moitié des gages des officiers et la moitié de la paye des soldats, pourveu qu'ils vouleussent courre tous les risques de la guerre et de la mer et que sur ce que ils n'allèguent ne pouvoir dégarnir le nombre qui doivent estre devant Dunquerque... ». Refus des États...

« M. le prince d'Orange est fort travallé des gouttes depuis quatre jours... » D'Estrades reçoit ses confidences.

[Il me dit qu'il me vouloit aprendre une chose, aux conditions que je n'en parlasse jamais à personne], comme l'ayant estoufée dès l'instant qu'il en eust cognoissance, et ensuitte me dit [M. de Montégu[1]] ayant faict [un voyage à Brusselles de la part de la roine d'Angleterre, ledit s^r de Montégu] aporta [une lettre de Don Francisco de Mello à la Roine par laquelle il] l'asseuroit du désir qu'il avoit [de la servir], qu'il [la suplioit de] l'employer, et que si [elle] estoit aussi disposée à procurer [la souveraineté au mari de sa fille] comme luy, qu'il ne seroit pas mal aisé d'en venir à bout, et [qu'elle] se devoit servir de l'occasion de [son séjour en Hollande] pour en parller à ceus qui y estoit intéressés. [Le s^r Germain[2]] feust porter [la lettre

1. Walter Montagu, converti au catholicisme, déployait une grande activité en faveur des catholiques et du gouvernement royal. Après s'être retiré en France, il rentra en Angleterre en 1643, mais il fut arrêté et jeté à la Tour, où il resta jusqu'en juillet 1647. Réfugié en France, il fut abbé du monastère bénédictin de Nanteuil, diocèse de Metz, puis abbé de Saint-Martin, près Pontoise.

2. Probablement Henry Jermyn, comte de Saint-Albans en

à **M. le prince d'Orange**], lequel rejetta ceste proposition et feust à l'heure mesme trouver la [roine d'Angleterre pour... si elle] avoit résolu [de le perdre et sa fille] et [toute sa maison], que c'estoit des propositions si pernitieuses qu'il [la] suplioit de ne faire [nulle réponse à ceste lettre] et de croire qu'il n'avoit pas si peu de jugemant que de ne voir pas les mauvaises suittes d'une telle affaire, qu'il ne vouloit jamais d'accomodemant avec les Espagnols que par le moyen de la France et demeurant [auprès de MM. les Estats] dans la mesme condition où il est. Je luy demandé s'il croyoit que le [s^r de Montégu] sçeust ce que [Don Francisco de Mello] avoit escrit, et si son voyage n'estoit pas pour ce subject. Il m'asseura que non, et me confirma depuis qu'il estoit asseuré qu'il n'en sçavoit rien, lorsqu'il randist le paquet. Quoy que [M. le prince d'Orange aie tiré parole de moy de n'en parler jamais], j'ay creu qu'il y alloit du service du Roy de vous en advertir, et qu'estant ce que je vous suis, je ne le vous devois pas taire.

Je trouve M. le prince d'Orange très bien intantionné, mais je doutte de son pouvoir, veu les jalousies que les peubles ont de luy, et principallemant la province de Hollande, qui attire à elle, autant qu'elle peust, les auttres provinces. Il s'est faict depuis hier une proposition par les députtés de Cologne pour l'eslire général de l'armée qu'ils veulent entretenir dans leur païs, que s'il ne la rejette il en pourra arriver de

1660. Vice-chancelier de la reine d'Angleterre en 1628, il s'était chargé, dès le début des hostilités, de recruter des hommes et du matériel. Il rentra en Angleterre en 1643 comme secrétaire de la Reine et colonel de ses gardes.

mauvaises suittes. Il s'est desjà dit parmi les villes que M. le prince d'Orange sous ce prétexte vouloit s'asseurer d'une armée à luy. Je luy en ai dit mon santimant. Il m'a remercié et m'a dit que ce n'estoit point son dessein, et qu'après que le peuble auroit bien parllé, ils seroint contraints de se taire. Il m'a reconfirmé la response que MM. les Estatz fairoit aus desputtés de Cologne sur la première proposition[1], que lesdits s[rs] les Estats leur fairoit entandre que si le Roy consantoit ausdittes propositions qu'ils y consantiroit aussi. M. et Mme la princesse d'Orange m'ont prié plusieurs fois de vous tesmoigner qu'ils vous seront obligés si M. le comte de Solms est payé de sa panssion[2]. Je vous puis asseurer, Monsieur, que ceste faveur à leur recommandation les obligera beaucoup.

Les asseurances qu'il vous a pleu me donner de la santté du Roy[3] m'ont servi à destruire les advis de plusieurs qui faisoit courre le bruit que S. M. estoit très mal. Je souhette qu'elle la possède bonne, longues années, et que vous me croyés toujours, Monsieur...

D'ESTRADES.

A La Hayée, ce 9 mars 1643.

1. Il s'agissait d'obtenir la neutralité pour les États de Ferdinand de Bavière, électeur de Cologne, évêque de Liége et de Munster. C'était le premier pas vers le projet « de ligue neutre westphalique » dont il sera question plus loin.

2. D'Estrades avait reçu à Agen une lettre du comte de Solms, frère de la princesse d'Orange, qui demandait à toucher sa pension. Cf. d'Estrades à Chavigny, Agen, 2 janvier 1643 (Aff. étr., Hollande 24, pièce 1), et Chavigny à d'Estrades, 25 février (Bibl. nat., Clairambault 573, fol. 273).

3. Chavigny à d'Estrades, 25 février : « Le Roy a eu un assez grand dévoiement avec deux accès de fièvre, mais accidentelle. Il se porte à présent si bien qu'il parle d'aller à Chantilli. »

LXV.

D'Estrades a Chavigny.

La Haye, 17 mars 1643.

(Aff. étr., Correspondance politique, Hollande 24, pièce 24, fol. 46, autographe.)

Affaire des sauf-conduits pour les plénipotentiaires au Congrès pour la paix[1].

Affaire « du redressement de l'article secret, en la forme que le Roi désire[2] ».

Demande réitérée des dix vaisseaux. Le Prince exprime ses « regrets de ne pouvoir satisfaire le Roy là-dessus... Il m'a monstré une lettre du vice-admiral qui est devant Dunquerque, par laquelle il suplie S. A. de luy envoyer encore six navires pour joindre à vingt-quatre qu'il a. Moyennant cella il espère empêcher la sortie des Dunquerquois, quoyqu'ils aient quarante navires. S. A. m'a protesté que, pour envoyer ses six navires, il fault desgarnir la pesche du haran et les convois ordinaires, tant leurs affaires de la mer sont en désordre par les pertes qu'ils ont faict ceste année ».

Quinze navires dunkerquois ont essayé de sortir[3].

Avis d'Anvers et de Gand que les Espagnols font de grands préparatifs pour combattre la flotte de Hollande.

Affaire des troupes prêtées à Guébriant.

1. Cf. Alb. Waddington, t. II, p. 30.

2. Cf. la pièce suivante.

3. La rade de Dunkerque était bloquée par le vice-amiral Witte-Wittens. Cependant, du 17 au 28 mars, onze vaisseaux sortirent de Dunkerque à la faveur de l'obscurité de la nuit. Cf. Commelin (continuation), t. II, p. 124. « Le capitène qui avoit la garde au canal a esté envoyé prisonier par le vice-admiral » (Estrades à Chavigny, La Haye, 6 avril 1643, Aff. étr., Hollande 24, pièce 35).

Remerciements du prince et de la princesse d'Orange pour « les asseurances du payement de la panssion de M. le comte de Solms[1] ».

Le Prince écrira à Chavigny « touchant les intérêts de M. de Beringhen[2] ».

Le s^r Derosiers, qui a apporté le Mémoire [du 3 mars], retournera avec la réponse des États et avec une lettre du Prince pour Chavigny.

LXVI.

D'Estrades a Chavigny.

La Haye, 11 avril 1643.

(Aff. étr., Correspondance politique, Hollande 24, pièce 39, fol. 102, autographe.)

Monsieur,

J'ai reçeu les deux lettres que vous m'avés faict l'honneur de m'escrire par le s^r Derosiers; vous aurez veu par ma dernière comme les espions de M. le prince d'Orange lui donnoit advis d'un tretté particulier entre D. F. de Mello et vous[3], et quoy que S. A. m'eust tes-

1. Cf. la pièce suivante, p. 162.
2. Henri de Beringhen, bien que protestant, avait été l'un des favoris du Roi. Mal vu de Richelieu, il avait été exilé à cause de son dévouement à Marie de Médicis. A la mort du Cardinal, il demanda à rentrer en France (d'Estrades à Chavigny, 2 janvier 1643, Aff. étr., Hollande 24, pièce 1) et il reçut son passeport au début de janvier 1643. Il sut gagner les bonnes grâces de la Reine et de Mazarin. Il devint en 1645 premier écuyer de la petite écurie.
3. Le prince d'Orange avait dit à d'Estrades que ses espions lui avaient donné avis que « le Roy et le roi d'Espagne sont convenus d'une treuve, ne douttant pas de réduire les alliés à ce qu'ils voudront, pourveu qu'ils soit tous deus d'accord »

moigné ne le croire pas, néantmoins cella luy donnoit de l'inquiétude. Maintenant je vous puis asseurer que la copie de la lettre de M. Mondin[1], la réponsse qu'il doit faire à D. F. de Mello et l'ordre qu'il a de s'en retourner en France luy donnent une telle confiance qu'il ne si peust rien adjouster, et m'a commandé d'asseurer le Roy qu'il ne sera jamais mescognoissant des obligations qu'il a à S. M.

Je l'ay asseuré qu'il ne pouvoit rien faire de plus agréable au Roy ni de plus advantageux au bien des affaires communes que de mettre de bonne heure en campagne, S. M. estant asseurée par divers advis que D. F. de Mello faict estat d'y estre au 15 auvril. Il m'a dit de vous escrire que, dès qu'il sçaura que ledit Mello assamble ses troupes (dont il sera adverti par des personnes affidées qu'il a à Anvers), qu'il envoyera les patantes pour la campagne, lesquels il a commandé de dresser, et que dès aujourd'hui il pressera MM. les Estats affin que l'argent soit prest, ce qu'ils différoit jusques à ce qu'ils eussent eu nouvelles de la conclusion du traitté[2], dont ils ont esté asseurés par vostre dépesche et par la copie qui en a esté envoyée par leur ambassadeur.

(d'Estrades à Chavigny, 6 avril, Aff. étr., Hollande 24, pièce 35).

1. L'abbé Mondini s'était rendu en Flandre « pour visiter des bagues qui avaient été engagées par la deffuncte Roine-mère ». Il avait vu D. Francisco de Melo, qui lui avait parlé d'une intervention des reines de France et d'Espagne en faveur de la paix.

2. Il s'agit du traité de subsides conclu le 30 mars, ratifié par les États le 13 avril et par Louis XIII au mois de mai 1643 (Aff. étr., Hollande 24, pièce 29).

Et comme la province de Hollande aporte tousjours du retardemant quand il est question de contribuer de l'argent, j'apréhande que ses longueurs ne retiennent l'armée dans les garnisons plus longtemps qu'il n'est nécessaire.

Ce qui m'oblige à vous suplier de m'envoyer par le prochain ordinaire une lettre du Roy, accompagnée d'une des vostres pour S. A., pour le presser de sortir en campagne. Je sçais qu'il envoyera ses lettres à l'assamblée de Hollande, qui hasteront la résolution de ses Messieurs.

S. A. m'a tesmoigné beaucoup de joyee de l'espérance qu'il a de vous voir[1] et de vous remercier du favorable trettemant qu'il reçoist de S. M., qu'il attribue à vos bons offices. Il advoue qu'il ne si peust rien adjouster à la sincéritté du Roy ni à la fasson dont S. M. se gouverne avec ses alliés.

Selon ce que j'ay peu pénettrer, S. A. ne désire point de paix, mais bien une treuve. Il m'a faict cognoistre qu'il espère s'aprocher du lieu où vous passerés, affin de vous entretenir particulièremant sur baucoup de choses. Il m'a prié de sçavoir au vray le chemin que vous tiendrés.

Je n'ay pas jeugé à propos de parller que vous deussiés passer par La Hayée pour voir les Estats, parce que je luy ay faict entandre que sa considération seulle

---

1. Chavigny avait été désigné comme plénipotentiaire pour aller à Munster. Le prince d'Orange pensa que c'était une sorte de disgrâce (d'Estrades à Chavigny, 30 mars 1643, Aff étr., Hollande 24, pièce 33). D'Estrades répondit qu'il n'en était rien, et Chavigny fit savoir qu'en se rendant à Munster il passerait voir le prince à La Haye (Chavigny à d'Estrades, 3 avril, Bibl. nat., Clairambault 573, fol. 401).

vous avoit porté de faire agréer au Roy que vous pas-
sassiés par le lieu où il seroit. Quand vous vous serés
vus, il sera assés temps de publier ce voyage, en cas
que vous le trouviés nécessaire.

Plusieurs personnes qui sont en ce païs avoit vouleu persuader M. et Mme la princesse d'Orange que
vostre voyage ne vous estoit pas advantageus, à cause
de l'esloignemant de la personne du Roy, et j'avois
veu au commencemant Leurs Altesses eu penne sur
ce subject; mais à présent ils voyent bien que c'est
une chose que vous avés désirée et qui vous est advan-
tageuse. La plus part de MM. les Estats ne la tiennent
pas telle et persistent à croire que c'est une disgrâce.
Aussi ne sont-ils pas capables de comprandre les raisons qui vous ont obligé de désirer un tel employ.

Je vous advoue, Monsieur, que je ne sçaurois assés
vous tesmoigner la joyee que je reçois de me voir si
proche d'estre auprès de vous. J'espère que vous me
fairés ceste grâce de me permettre de vous suiuvre.

J'ay asseurée M. et Mme la princesse d'Orange de
vostre part que M. le comte de Solms seroit payé de sa
panssion, à leur considération. Je vous suplie de faire
en sorte que M. Heufft l'escrive audit comte de Solms.

J'ay communiqué touttes les dépêches que je reçois
de vostre part à M. Brasset[1], comme à une personne
très capable et affectionnée au service du Roy, et de
qui je suis très aise de prendre le consels et advis.

Les draps que le s^r Derosiers a levés partiront au
premier bon vant. Je les adresse à M. de Courtebonne,
à Calais, et le prie de vous les envoyer au plus tôt.

---

1. En l'absence de l'ambassadeur La Thuillerie, le secrétaire
Brasset gérait l'ambassade de France à La Haye.

J'ay esté extrêmemant aise d'avoir apris la bonne
santté du Roy. Je prie Dieu qu'elle luy continue longues
années et que vous me fassiés l'honneur de croire...

D'ESTRADES.

LXVII.

D'ESTRADES A CHAVIGNY.

La Haye, 19 avril 1643.

(Aff. étr., Correspondance politique, Hollande 24, pièce 42, fol. 108,
autographe.)

Monsieur,

J'estois à Unselardic[1] avec S. A. quand vostre dépêche du 12 de ce mois m'a esté randue. Je luy ay
faict entandre la retrette de M. Denoyers[2] en la forme
que vous me commandés. Il m'a respondu qu'il le
veust croire ainssi, puisque vous le voulés, mais de
quel biais qu'elle soit venue il veust m'advouer libre-
mant qu'il en est très aise, ne le tenant pas de ses
amis ni des vostres.

Je suis venu à La Hayée pour en parller à tout le
monde, ainsi que vous le désirés. Il sera malaisé de persuader que ceste retrette soit volontère, vue les lettres
de l'ambassadeur de Hollande et celle de plusiurs particuliers qui en parlent autremant. Je suis obligé de
vous dire que, dans les premiers advis qui viendrent
de vostre voyage d'Allemagne, M. de Hauterive[3] tes-

---

1. Le château de Honsclaersdijk, une des résidences du
prince d'Orange.

2. Sublet de Noyers est remplacé par Michel Le Tellier.

3. Hauterive, colonel français à la solde des États. C'était le
frère du garde des sceaux Châteauneuf. Lors de l'arrestation

moigna de grands déplaisirs de vostre esloignemant et dit en plusiurs lieus et dans les maisons des personnes les plus qualifiées de ce païs que, comme il n'avoit espéré que par vostre intercession la liberté de M. de Châteauneuf pour pouvoir passer le reste de ses jours dans une de ses maisons, il en désespéroit, si les bruits qui couroit de vostre disgrâce estoit véritables. Ce discours en ce temps-là et celuy qu'il m'est venu faire aujourd'huy, me tesmoignant joyee de voir réussir tout le contraire de ce que l'ons avoit mandé par les précédants ordinaires, m'ont obligé de le remercier de la bonne volontté qu'il vous tesmoigne, comme je faits à tous ceus qui se font paroistre estre vos serviteurs.

Je ne puis vous mander l'estat de la santté de M. le prince d'Orange qu'avec douleur. Il ne croist pas estre si mal qu'il est. Sa gouste l'a prins par le cou et les espaulles, avec une deffluction sur les paumons qu'à penne peut-il respirer. Mme la princesse d'Orange s'est enfin résolue de se servir d'un empirique boulonnois qui, par le moyen d'une poudre, promest divertir ceste fluction...

La campagne sera sans doute retardée.

Le Prince est de l'avis de Chavigny « qu'il ne fault point tesmoigner désirer la paix, parce que l'ons est las de la guerre, ni mesme que l'ons soit dans l'impuissance de la continuer, crainte que les annemis ne s'en prévalent... ».

Remerciements de la princesse d'Orange.

D'Estrades remercie Chavigny d'avoir pensé à lui pour le gouvernement de Moyenvic.

Le s^r Jean de Vandambroec[1], intendant des finances de

de ce dernier, le marquis d'Hauterive s'était réfugié en Hollande.

1. Cf. *supra*, lettre du 11 mars 1640, p. 69.

MM. les États, qui « est homme de considération parmi ses peubles » et qui peut faire payer à d'Estrades ce qu'on lui doit pour trente recrues qu'il paye de son argent, serait heureux d'obtenir l'ordre de Saint-Michel, « ainsin que plusieurs auttres qui ne sont pas de sa qualitté ont eu en ce païs ».

LXVIII.

D'Estrades a Chavigny.

Au fort de Buren, 17 juin 1643.

(Aff. étr., Correspondance politique, Hollande 24, pièce 58, fol. 140, avec post-scriptum chiffré.)

Monsieur,

Ceste lettre ne sera que pour accompagner celle de M. Hauterive, qui m'a tesmoigné souhéter que vous le croyés vostre serviteur[1].

M. et Mme la princesse d'Orange parlent tout haut de la perte que la France faira en cas que vous quittiés les affaires et de la créance que tous les estrangers ont en vostre personne. L'ons les a voulu persuader de ne me tretter pas avec confiance, ma disgrâce estant asseurée par la retrette de M. de Bouthelier[2] et la vostre, que l'ons a mandé estre asseurée. Je luy ay ceste obligation d'avoir respondu que, quoy qu'il arrivast, il ne m'abandonneroit jamais, et je vous puis

1. Cf. pièce précédente.
2. Louis XIII est mort le 14 mai 1643. Bouthillier est disgracié et remplacé aux finances par le président Le Bailleul et M. d'Avaux. « Je n'ay rien à vous dire sur mon particulier, sinon qu'à vous remercier de tout mon cœur de tous les témoignages d'affection que vous me donnés », écrit Chavigny à d'Estrades le 13 juin 1643 (Bibl. nat., Clairambault 573, 55).

dire, Monsieur, que l'eun et l'auttre me tesmoignent plus d'affection que auparavant, et qu'il ne s'y peust rien adjouster à l'estime qu'ils font voir par tous leurs discours qu'ils ont pour vostre personne.

Je vous suplie me continuer, Monsieur...

[Le prince d'Orange a été extrêmement surpris de veoir un si prompt changement aux volontés du feu Roy[1]. Il m'a dit en confidence qu'il estoit temps que chacun songeast à ses affaires, et qu'il voyoit bien que les choses alloient prendre un train tout différent à celuy que feu M. le Cardinal avoit establi, et que doresnavant la fermeté ordinaire ne se rencontreroit plus.]

LXIX.

D'Estrades a Mazarin.

Au camp d'Assenède[2], 14 juillet 1643.

(Aff. étr., Correspondance politique, Hollande 24, pièce 69, fol. 161, autographe.)

Monseigneur[3],

J'ay creu ne pouvoir mieus persuader M. le prince d'Orange de la tranquillitté qui est à présent à la Court et des bonnes intantions que la Reinne a pour ses alliés qu'en luy faisant lisre la lettre[4] que V. É. m'a

1. Le 22 juin, d'Estrades écrit à Chavigny (Aff. étr., Hollande 24, pièce 61) que le prince d'Orange « trouve bien estrange tous ces changemants ».

2. A l'ouest du Sas-de-Gand.

3. La suscription est : « A Monseigneur, monseigneur le cardinal Mazarini. »

4. Il s'agit de la lettre datée de Paris, 27 juin 1643, dont l'original se trouve à la Bibl. nat., Clairambault 573, fol. 460.

faict l'honneur de m'escrire, dont il est resté très satisfaict, et a esté destrompé des fausses nouvelles que l'ons luy mande de plusieurs divisions qui sont en France.

Ce que l'ons luy avoit escrit de l'esloignemant de M. de Chavigni et ensuitte de vostre retrette à Romme lui avoit donné de l'inquiétude, ayant une particulière confiance sur l'amitié de l'eun et de l'auttre. Il m'a commandé de vous suplier de sa part de luy continuer la vostre et de croire qu'il se sant très obligé des tesmoignages que V. É. luy en donne par sa dernière lettre[1], laquelle il a faict veoir à MM. les Estats, et leur a faict entandre comme il ne faloit pas adjouster foy à ce qui avoit esté mandé de la disgrâce de M. de Chavigni[2], et qu'il estoit très bien avec la Reinne, S. M. l'ayant choisi comme une des plus capables personnes de son royaume pour traitter la paix...

Remerciements pour l'abbaye de Bonnefont accordée à son frère[3]. Cette grâce lui a servi à « faire cognoistre

Elle a été publiée par Chéruel, *Lettres du cardinal Mazarin*, t. I, p. 205.

1. Le 14 juillet, le prince d'Orange répondit à la lettre de Mazarin datée du 3 juillet (Aff. étr., Hollande 24, pièce 68).

2. Le 3 juillet, de Loménie de Brienne donne avis à d'Estrades « comme il a pleu à la Royne me gratiffier de la charge de secrétaire d'État qu'avoit M. de Chavigny, sur la démission volontaire qu'il en a faite en ma faveur ».

3. Déjà, il avait été question en 1641 de l'abbaye de Bonnefont pour le frère de d'Estrades (Aff. étr., Hollande 23, pièce 111). Le 25 juillet 1643, d'Estrades réclama instamment l'aide de Chavigny, parce que M. de Tréville désirait obtenir cette abbaye pour son beau-frère. Mais M. de Tréville a été souvent récompensé. Quant à lui, d'Estrades, depuis neuf années qu'il sert, il n'a reçu d'autres gratifications que celles

aus plus puissants de ce païs » qu'il n'était pas disgracié,
« comme la pluspart l'ont publié ici ».

LXX.

MAZARIN A D'ESTRADES.

Paris, [1er][1] août 1643.

(Bibl. nat., Clairambault 573, fol. 507, original.;
Aff. étr., Correspondance politique, Hollande, supplément 2, fol. 5, copie.)

Monsieur, M. le prince d'Orange m'a tesmoigné par
ses lettres tant de bonté et de confiance que cela m'o-
blige de vous supplier de l'asseurer de ma part d'une
très parfaite correspondance. Quelque avance que vous
luy fassiez pour cela, tenez pour certain que vous n'en
serés pas désavoué et que je confirmeray par les ef-
fets dans les occasions les asseurances que vous luy
donnerez de mon très humble service. Je reçois à faveur

données par Chavigny et qui n'ont servi qu'à payer les dettes
contractées pour le service (Aff. étr., Hollande 24, pièce 79).
Le 8 août 1643, Chavigny écrit à d'Estrades : « Je n'ay pas
ouï parler de l'abbaïe de Bonnefons depuis plusieurs jours.
Cela me fait croire que l'abbé se porte mieux... » (Bibl. nat.,
Clairambault 573, fol. 499).

1. Cette lettre de Mazarin est non du 31 août, comme le
porte l'original, mais du 1er août, date donnée par la copie des
Aff. étr. Le 31 août, Mazarin n'aurait pu écrire que le siège de
Thionville s'avançait fort, puisque les Français étaient dans la
place depuis le 10 août. C'est d'Estrades qui a falsifié la date
sur l'original en faisant précéder le chiffre 1 du chiffre 3, de
façon à obtenir 31. D'Estrades a de plus falsifié le texte, puisqu'il a ajouté de sa main le passage entre parenthèses dans le
blanc laissé entre le corps de la lettre et la formule de politesse. Cornelis Musch, greffier des États, était hostile à la
France. D'Estrades lui fait des avances. Cette lettre a été

la peine que s'est donnée M. d'Hauterive[1] de m'escrire,
et les offres qu'il me fait par sa lettre de son affection. Il y a long temps que je connais son mérite, et
que je regrète que la condition du temps luy ait esté
moins favorable. Le siège de Thionville s'avance fort,
et l'on nous fait espérer que dans le quinziesme de ce
mois les armes du Roy seront dedans. Cependant, je
croy que M. le prince d'Orange continuera à donner de
l'exercice à Melos et à achever en nostre faveur ce qu'il
a si bien commencé. Je ne doute point que M. de La Tuil-
lerie et vous ne le teniez tousjours en cette disposition,
puisque de nostre prospérité il se doit faire une généralle réflexion sur la bonne cause et que MM. les
Estats en tireront des avantages particuliers. C'est ce
qu'à mon avis il n'aura point peine de comprendre,
non plus que vous de croire que je suis véritablement
et avec grande passion,

(M. Mus m'a tretté avec tant de civillitté la dernière
fois que vous m'avés envoyé des chevaus que je vous
prieré de luy demander la mesme courtoisie pour les
seize chevaus gris dont je vous escris. S'il si présente
quelque chose de dessa pour son service, dites-luy
qu'il m'y trouvera disposé à le servir. C'est un présant
que je veus faire à la Reine; je vous prie ne rien espargner pour les avoir beaux.)

Monsieur, vostre très affettioné à vous faire service.

A Paris, ce 31 aoust 1643.

Le cardinal MAZARINI.

publiée par Chéruel, *Lettres de Mazarin*, t. I, p. 268, d'après
le ms. 1719 de la bibliothèque Mazarine. Le texte ne contient
pas, naturellement, le passage ajouté par d'Estrades.

1. Cf. p. 163, la lettre du 19 avril 1643.

LXXI.

D'ESTRADES A CHAVIGNY.

La Haye, 20 septembre 1643.

(Aff. étr., Correspondance politique, Hollande 24, pièce 93, fol. 196,
autographe.)

Chevaux achetés en Hollande pour Chavigny.

A propos de M. de Beringhen.

« Je loue Dieu de tout mon cœur de vous voir si bien
establi auprès de la Reine. Je vous suplieré d'avoir agréable
la suplication que je vous faits de ne me tenir plus esloigné comme par le passé. Tous vos annemis ne sont pas
détruits, et croyez-moy qu'une persone eu qui l'ons se
peust fier et bien asseurée, n'est pas inutille. J'employe-
rois ma vie de bon cœur pour vous tesmoigner et à Monseigneur le cardinal Mazarin l'envie que j'ay de vous servir tous deux[1]... »

En post-scriptum : « Je vous aporte des lettres de
S. A.[2], qui auroit eu baucoup de joyee de vous voir, mais
il m'a advoué qu'il la recevoit plus grande de ce que vous
estiés demeuré si bien avec la Reine... »

1. D'Estrades avait déjà exprimé à bien des reprises son
dévouement à Mazarin, qui lui avait répondu le 15 août 1643
(Aff. étr., Hollande, supplément 2, fol. 5), et à Chavigny, qui, le
8 août (Bibl. nat., Clairambault 573, fol. 499), lui avait écrit :
« Vous ne devés pas douter que je ne face tout ce que je doibs
pour votre satisfaction, qui ne m'est pas moins chère que la
mienne propre... »

2. Lettre du prince d'Orange à Chavigny, La Haye, 19 septembre 1643 (Aff. étr., Hollande 24, pièce 91, fol. 194); lettre
du prince à Mazarin, même date (*Ibid.*, pièce 90, fol. 193).
Chavigny avait été désigné comme plénipotentiaire à Munster,
voir p. 161, note 1, mais la Reine avait changé d'avis et l'avait
retenu auprès d'elle, « à cause des brouilleries qui se font à la
Cour ».

LXXII.

D'ESTRADES A CHAVIGNY.

Paris, [12 décembre 1643[1]].

(Aff. étr., Correspondance politique, Hollande 21, pièce 241, fol. 436,
autographe.)

Monsieur, je me sers d'un des gens de Mme la maréchalle de Guébriant, affin que mon nom ne paraisse pas. Vous sçaurez que l'affaire est arestée à trois heures après-midi à la plasse Royalle[2], où nous nous devons trouver. Comme j'estois avec M. le comte de Coligni, à son logis, M. le comte de Guiche est arrivé, qui nous a trouvés en particulier. Je ne pansse pas qu'il aye eu neul soubson. J'ay à vous suplier de lesser passer ceste

1. Ce billet, mal placé dans le vol. Aff. étr., Hollande 21, et faussement attribué à l'année 1640, est du samedi 12 décembre 1643. D'Estrades était à Paris depuis son retour de Hollande, en octobre.

2. Il s'agit du duel de la place Royale entre Maurice de Coligny et le duc de Guise, à propos de l'affaire des lettres trouvées chez Mme de Montbazon. Coligny avait pris comme second d'Estrades, qui vint « appeler » le duc de Guise, qui désigna comme second le marquis de Bridieu. On prétexta une querelle de laquais pour faire croire à une rencontre fortuite. Le duel eut lieu le 12 décembre. D'Estrades et Bridieu furent tous deux blessés. Guise terrassa Coligny et lui fit une grave blessure. Le duc d'Enghien donna asile à Coligny et à d'Estrades. Ce dernier guérit rapidement, mais Coligny mourut de sa blessure. L'intervention du duc d'Enghien fit cesser les poursuites intentées aux duellistes devant le Parlement. Sur ce duel, qui fit grand bruit, voir les Mémoires du temps, le livre de V. Cousin, *Madame de Longueville*, t. I, p. 251 et suiv., et aussi un roman sur les amours de Maurice de Coligny avec Mme de Longueville, l'*Histoire d'Isménie et d'Agesilan*, Cologne, 1668, in-12, à la Bibl. nat., Clairambault 261.

affaire, puisqu'elle est venue si avant. Je ne doubte pas qu'elle ne réussisse, si la personne à qui j'ay parllé y procède sans faire bruit dans sa maison. Suis et serai toutte ma vie...

A Paris, ce samedi à midi.

D'ESTRADES.

Je vous prie de respondre au porteur de ceste lettre qu'il dise que l'affaire de Mme la maréchalle de Guébriant est résolue.

LXXIII.

LA MARÉCHALE DE CHATILLON[1] A D'ESTRADES.

Décembre 1643.

(Bibl. nat., Clairambault 573, fol. 541, original.)

Elle est confuse quand elle pense que l'amitié pour son fils a poussé d'Estrades à exposer pour lui sa fortune et sa vie.

En post-scriptum : « Je ne sçay comment comparestre devant Madame vostre femme, à laquelle je voudrois demander mille pardons. »

LXXIV.

LA MARÉCHALE DE CHATILLON A D'ESTRADES.

30 décembre 1643.

(Bibl. nat., Clairambault 573, fol. 545, original.)

L'état de son fils est meilleur[2], « la fièvre l'ayant abso-

1. Anne de Polignac, maréchale de Châtillon, mère de Maurice de Coligny.

2. Le 21 mai 1644, la maréchale de Châtillon écrit à d'Estrades que « le mal de son fils a toujours empiré, encore que

lument quitté il y a trois jours, et ses playes estant très belles ».

Elle espère que « l'accident » qui est arrivé à d'Estrades n'aura pas de conséquences.

En post-scriptum : « Monseigneur le duc, ayant fait l'honneur à mon fils de le venir voir, m'a dit que les informations alleyent à faire passer l'affaire pour rencontre, et que bientost cela se termineroit[1]. »

LXXV.

BRIENNE A D'ESTRADES.

Paris, 14 mai 1644.

(Bibl. nat., Clairambault 573, fol. 573, original signé, chiffré en partie et déchiffré.)

Monsieur, peut-être croyez-vous que, pour n'estre party[2] de Calais que le IXe du mois et ne devoir arriver à La Haye que vers le XXe, vous y devez estre quelques jours sans estre surchargé d'affaires; mais comme ce n'est pas nostre intention, en voicy une preuve. Diverses lettres qui nous sont escrites de La Haye nous ap-

de fois à autre il y ait eu quelque apparence de soulagement, et c'est merveille comme ses forces ont pu durer jusques icy. A la fin, il faudra qu'elles cèdent et absoluement les médecins n'en attendent plus rien » (Bibl. nat., Clairambault 573, fol. 589). Maurice de Coligny mourut le 24 mai.

1. L'affaire de la place royale fut déférée au Parlement, mais les poursuites furent vite arrêtées; d'Estrades ne fut pas disgracié, comme le porte la lettre du 16 avril 1644 dans les *Ambassades* (p. 93).

2. D'Estrades resta à Paris jusqu'au moment où il reçut une nouvelle mission en Hollande (2 mai 1644). C'est une preuve de plus que la lettre du 16 avril 1644, publiée dans les *Ambassades* et dans les éditions postérieures, est un faux.

prennent que l'on y parle tousjours un peu insolemment et au préjudice du respect qui est deu à cette Couronne, dont les ministres aïants fait des offices en faveur des catholiques, cela a paru aux peuples et à l'Estat une recommendation téméraire, et telle l'ont-ils qualiffiée[1]. Je pourrois bien vous asseurer qu'il a esté fait sans ordre, mais pourtant l'on ne peut pas approuver que l'on entreprene de parler comme l'on fait, et l'on désire qu'avec adresse vous en faciez voir les conséquences à M. le prince d'Orange, affin que par son authorité il empesche la publication des nouveaux placarts qu'on dit avoir esté résoluz et qu'il adoucisse l'extrême rigueur que l'on exerce contre les catholiques : ce n'est pas un moïen, en leur ostant l'exercice de leur religion, de les faire bons patriotes, ny les réduire à en professer une contraire; plustost on les faict ennemis de l'Estat et athées.

[Vous avez en mains un moyen pour le persuader, c'est que l'on sçait qu'il est dans ce sentiment et qu'il a desiré que l'on établist dans les régiments françois des aumôniers, affin que nos soldatz malades et blessez ne soient pas privés de l'assistance spirituelle. Pour la despence, nous la ferons, et donnerons bien la somme de trois mille livres par an pour estre départie à trois ecclésiastiques. C'est à vous, à M. de Hauterive et à un lieutenant-colonel qui est catholique, et dont le colonel

1. D'Avaux était passé par la Hollande pour se rendre à Munster. Le 3 mars 1644, il avait été reçu par les États-Généraux; avant de prendre congé et, dans son discours, il avait fait un appel à la tolérance en faveur des catholiques. Les États trouvèrent déplacée l'ingérence d'un étranger dans leurs affaires et décidèrent de promulguer de nouveaux placards contre les intrigues des papistes.

est de la religion, de chercher les gens qui nous soient propres. Le soin vous en est donné, et vous avez à les désirer sages et s'occupants à ce seul office de piété, sans se mesler de donner des conseils qui puissent effaroucher les consciances. Le peu que on a eu de M. Lopez[1], lequel a changé par sa propre confession six perles du collier[2] qu'on avoit marchandé, dont on estoit dejà mis d'accort, nous force à en chercher un auttre. L'on nous faict espérer de le recouvrer, et au moment qu'il sera acheté je vous l'envoyeré et la lettre.]

Mais, comme vous sçavez, il fault tenir le cas secret, de crainte qu'il n'y arrive du changement; presser M. le prince d'Orange à se mettre en campagne et de faire quelque chose de signalé. Nos généraux sont en marche; je dis Gassion. Les deux autres partiront demain, et sans que M. d'Orléans s'est senty de la goutte, il eust passé le reste de demain à Roye; M. le maréchal de La Meilleraie, qui est desjà avancé, poussant un cheval, s'est un peu blessé, mais cela ne l'empeschera pas d'agir. J'ay fait vos compliments à S. É. Elle les a bien reçeus, et m'a dit M. d'Estrades est *un homme solide, capable et mon amy*. Je feray par le prochain ordinaire réponse à M. le comte de Solm, et je luy envoieray la sauvegarde qu'il a demandée.

---

1. Lopez, « morisque espagnol venu en France au temps de Henri IV ». Il achetait en Hollande des chevaux, des navires, et s'était fait une spécialité du commerce des pierres précieuses. On trouve de nombreuses lettres de ce personnage dans les vol. des Aff. étr., Hollande 21 et suiv.

2. Mazarin voulait offrir un présent à la princesse d'Orange. Voir le Mémoire remis à Beringhen, le 15 mars, par Mazarin (Chéruel, t. I, p. 623). Le cardinal soupçonnait déjà Lopez d'avoir enlevé les plus belles perles du collier.

Je vous asseure que je suis et que je seray toute ma vie, Monsieur, vostre très humble et très obéissant serviteur.

DE LOMÉNIE BRIENNE.

A Paris, ce 14 may 1644.

LXXVI.

D'ESTRADES A MAZARIN[1].

La Haye, 16 mai 1644[2].

(Aff. étr., Correspondance politique, Hollande 31, pièce 18, fol. 37, original chiffré en partie et déchiffré.)

Le prince d'Orange doit partir de La Haye le 19 mai.

[« Il m'a parlé fort amplement du desseing qu'il a, et s'il exécute les choses ainsi qu'il les a projetées, je ne fais point de doubte qu'il ne réussisse...] [Il espère un bon succès du siège de Gravelines[3]] et a trouvé très à propos [les divers rendévous que l'on a donnés à l'armée du Roy pour oster le soupçon aux ennemys de l'entreprise que l'on veult faire. M. le prince d'Orange a dépesché exprès à l'admiral pour obéyr à tous les ordres qui viendront de la Cour et fournir ce qu'il a de petites frégates. L'on faict partir de Roterdam un basteau faict exprès, nommé le ponton, pour accrocher les costes, qui ne prend que quatre pieds d'eau, sur quoy il y a six pièces de gros canon. Il n'y a point de

1. Une copie de la main de d'Estrades est envoyée en même temps à Brienne (Hollande, pièce 21, fol. 44).

2. D'Estrades était arrivé le 10 mai 1644 à Dordrecht (d'Estrades à Chavigny, de Dort, 10 mai, Aff. étr., Hollande 31, pièce 9).

3. C'est en 1644 que Gravelines et le Sas-de-Gand furent enlevés aux Espagnols. La lettre du 17 avril, qui est insérée dans les *Ambassades* (p. 94) et dans les éditions postérieures, devrait donc être datée de l'année 1644 et non de l'année 1645, mais elle est entièrement apocryphe.

basteau chargé d'infanterie que celuy-là ne coule à fondz en deux ou trois coups de canon. Il y aura de braves hommes dessus et intelligens »].

Le Prince et la Princesse ont été aises d'apprendre la conduite de M. de Turenne[1]; ils blâment extrêmement celle de M. de Bouillon[2].

« Mme la princesse d'Orange se loue fort de la lettre obligeante que V. É. luy a escrit. Je luy ai dit, comme de moy-mesme, que V. É. luy auroit envoyé les perlles que la Reinne a résoleu de luy donner, sans ce que le s^r Loppès en a changé, qui randent le tour moins beau qu'il n'estoit, et qu'elle cognoist par expériance combien il est difficille de conclure une affaire avec ledit s^r Loppès, mais que j'avois ouï dire à V. É. que soit celuy-là ou un auttre, que l'ons luy envoyeroit bientost. »

Béringhen[3] fait état de partir dans huit ou dix jours.

1. Le vicomte de Turenne était fils de Henri de La Tour d'Auvergne, duc de Bouillon, et d'Élisabeth de Nassau, fille du prince d'Orange Guillaume Ier. Il avait fait ses premières armes dans les troupes hollandaises. Entré au service de la France en qualité de colonel d'infanterie en 1630, il avait été fait successivement maréchal de camp, lieutenant général et, en 1643, maréchal de France. En décembre 1643, il avait réorganisé en Lorraine l'armée weimarienne. Il venait de commencer la campagne de 1644 en franchissant le Rhin. Voir les *Mémoires du maréchal de Turenne* publiés pour la Soc. de l'Hist. de Fr. par P. Marichal, t. I, p. 3 et suiv.

2. Au lendemain de la mort de Louis XIII, le duc de Bouillon avait espéré recouvrer Sedan et il s'était fait recommander à la reine Anne d'Autriche par le prince d'Orange. Il était impossible de lui rendre Sedan; on lui offrit une compensation. Mal satisfait, le duc de Bouillon se retira en Suisse, au commencement d'avril 1644, bien résolu à entrer dans toutes les conspirations contre la France.

3. Beringhen avait été envoyé en Hollande pour acheter le cadeau que la Reine désirait offrir à la princesse d'Orange.

LXXVII.

D'Estrades a Mazarin[1].

Buren, 30 mai 1644.

(Aff. étr., Correspondance politique, Hollande 31, pièce 26, fol. 53, autographe.)

« V. É. aura sçeu par la dépêche de M. de Beringhen comme S. A. déclara que MM. les Estats n'avoint point respondu dans les termes que l'ons a mandé en France touchant la proposition que M. d'Avaus avoit faicte pour les catholiques[2]. Il est vray que les villes et les provinces s'en sont scandalisées, mais que les députtés ne sont pas sortis du respect qu'ils doivent à la Reinne. Je luy parllé ensuitte pour souffrir des aumosniers dans les régimants dont les colonels sont catholiques. Il a esté d'avis de différer la proposition pour quelques jours, jusqu'à ce que nostre armée soit occupée, où il n'y aura pas tant de survellans ; le nombre des Estats estant moindre, il sera plus facile d'obtenir ce que nous désirons. »

Consentement des villes et provinces à la levée de 4,000 waerdgelders ; préparatifs de guerre.

Le Prince a fait connaître son projet de campagne aux députés des provinces, en conséquence du « règlement que la province de Hollande a faict qu'il ne seroit rien proposé que les députtés n'en randissent conte à leur province, sur quoy on leur a faict faire sermant[3] ».

1. Copie de la main de d'Estrades adressée à Brienne (Aff. étr., Hollande 31, pièce 38) avec une lettre d'envoi dans laquelle il le prie de lui adresser « une lettre de la Reinne par laquelle S. M. me donne ordre de parller à S. A. pour faire remettre des Jacobins qui ont esté chassés de leur couvant, proche de Vésel, et qu'il leur soit permis d'exercer leur religion... » (*Ibid.*, pièce 37).

2. Cf. lettre du 14 mai 1644, p. 174.

3. D'Estrades avait écrit à Chavigny, le 19 mars 1643 (Aff. étr., Hollande 24, pièce 25) : « MM. de Hollande ont faict pas-

LXXVIII.

LA REINE A D'ESTRADES.

Rueil, 11 juin 1644.

(Bibl. nat., Clairambault 573, fol. 635, original.)

M. d'Estrades, ayant escoutté la juste plainte des relligieux jacobins, qui ont esté chassez de leur couvent proche de Vezel[1], je ne puis estre satisfaitte que ce mauvais traittement ne soit réparé, et ne doutant pas que mon cousin le prince d'Orange n'y contribue à ma recommandation, je vous escris celle-cy pour vous dire que vous ayez à luy faire cognoistre avec secret et discrétion qu'il ne peut rien faire pour moy qui me soit plus agréable et plus sensible que de procurer le restablissement de ces relligieux dans leur maison et qu'il leur soit permis de faire leur queste à Vesel, comme ils avoient accoustumée les années précédentes. Je me promets que vous obtiendrez cette faveur en mon nom et que vous prendrez plaisir d'agir en une chose que je vous recommande avec beaucoup d'affection; de quoy me reposant sur votre prudence, je ne m'estendray davantage que pour prier Dieu qu'il vous ayt, M. d'Estrades, en sa sainte garde.

Escrit à Ruel, le xie jour de juin 1644.

ANNE.

DE LOMÉNIE.

ser dans l'assamblée que chaque députté aus Estats-Généraux recevra instruction de sa province et faira sermant de donner cognoissance à saditte province de tout ce qui se proposera dans lesdits Estats-Généraux. C'est une affaire directement contre l'authoritté de M. le prince d'Orange. »

1. Cf. la pièce précédente, note 1, et la note 1 de la p. 183

LXXIX.

D'Estrades a Mazarin[1].

Assenède, 12 juin 1644.

(Aff. étr., Correspondance politique, Hollande 31, pièce 50, fol. 94, autographe.)

Monseigneur,

V. É. sera informée, par la lettre que j'escrivis il y a trois jours à M. le comte de Brienne[2], du mauvès succès du dessein[3] de M. le prince d'Orange et du désordre qui est arrivé à nostre armée par une tempeste de six jours, la plus grande que l'ons aye veu il y a longtemps en ce païs.

Nous sommes à presans campés à Assenné, à deus lieus de Gant, avec peu d'espérance d'entreprandre quelque chose de ce costé.

J'ai pressé M. le prince d'Orange de ne perdre pas une conjoncture si favorable, mais, comme il ne faict rien à présant sans le communiquer à MM. les Estats, il fault du temps à prandre une nouvelle résolution.

J'ay creu cependant qu'il estoit à propos de luy de-

1. D'Estrades adresse d'habitude à Brienne une copie des lettres qu'il écrit à Mazarin. La copie de la lettre du 12 juin et la lettre d'envoi se trouvent aux Aff. étr., Hollande 31, pièces 51 et 52.

2. D'Estrades à Brienne, 9 juin (Aff. étr., Hollande 31, pièce 53).

3. D'Estrades écrit à Servien, le 8 juin 1644 (Aff. étr., Hollande 31, pièce 44), que l'entreprise sur le Sas-de-Gand fut manquée « par le désordre qui est arrivé à nostre armée, laquelle a esté échouée vers les isles de Zellande par une très grande tempeste... ».

mander des doubles chaloupes dont il se sert pour favoriser les dessanttes en Flandres, lesquelles ne prennent
que deus piés d'eau, sont armées d'une pièce de canon
de six liuvres et de quoy y plasser trente hommes,
pour les envoyer à l'admiral, affin qu'il les puisse tenir proche de la cotte, avec les auttres petits bateaus
armés que l'ons pourra envoyer de France, lesquels
composeront une petit flotte qui, estant soutenue de nos
grands vesseaus, sera capable d'empêcher le secours
que les annemis pourroit jetter par mer dans Gravelines[1]. Il les a accordées et a envoyé le vice-admiral de
Zellande à Flessingues pour les faire partir au premier
vant et escorter par un navire de guerre.

Les annemis ont faict des feus de joyee d'une grande
batalle qu'ils publient avoir gagnée en Catalogne devant Lerida; mais ayant sçeu par la despêche de M. le
comte de Brienne[2] du dernier ordinère qu'il n'y avoit
eu que 2,500 hommes de deffets, lesquels l'ons avoit
faict avancer pour jetter ce secours dans la plasse, j'ay
destrompé M. le prince d'Orange de l'opinion qu'il
avoit que nos affaires feussent ruinées de ce costé-là[3];

1. Mazarin avait ordonné à d'Estrades, le 4 juin 1644 (Bibl.
nat., Clairambault 573, fol. 627), de demander au prince
d'Orange des bateaux et des troupes pour l'attaque de Gravelines. Voir les *Mémoires de Nicolas Goulas*, publ. par Ch.
Constant, pour la Soc. de l'Hist. de Fr., t. II, p. 29 et suiv.

2. Brienne à d'Estrades, 28 mai 1644 (Bibl. nat., Clairambault 573, fol. 605-609).

3. Les Espagnols ont investi Lérida le 8 mai et ont battu
l'arrière-garde du maréchal de La Mothe, qui avait réussi à
jeter des secours dans la place. Malgré les renforts qu'il reçut,
La Mothe ne put empêcher Lérida de capituler le 31 juillet. Il
fut lui-même forcé de lever le siège de Tarragone. Cf. les
Mémoires de Nicolas Goulas, t. II, p. 35.

à quoy je luy ay adjousté l'ordre que V. É. avoit donné du mesme temps à 6,000 hommes de pié et à 1,500 chevaus qui estoint en Limousin de marcher en diligence pour se joindre à M. le maréchal de Lamothe, dont il a esté très aise, et a jeugé à propos de l'escrire luymesme à MM. les Estats à La Hayée, affin qu'ils voyent avec quelle vigueur l'ons répare les accidants qui arrivent.

Je suplieré très humblemant V. É...

D'ESTRADES.

A Assenné, ce 12 juin 1644.

LXXX.

D'ESTRADES A MAZARIN[1].

Assenède, 16 juin 1644.

(Aff. étr., Correspondance politique, Hollande 31, pièce 57, fol. 107, autographe.)

Les treize chaloupes destinées au siège de Gravelines sont parties hier de Flessingue.

D'Estrades a proposé au prince d'Orange d'envoyer au duc d'Orléans, pour fermer l'estran de Gravelines à marée basse, 600 à 700 chariots à deux roues, accommodés avec des demi-piques, qui se trouvent dans ses magasins. Offre faite au duc d'Orléans.

Le prince d'Orange est décidé à donner aux ennemis diverses alarmes « tantost vers Gant et puis vers Bruges, et s'ils dégarnissent leurs postes, où les forts sont situés, à tenter avec vigeur le passage du canal... ».

D'Estrades a proposé au Prince de lui emprunter 2,000 hommes de pied. « Il m'a dit que cella ne despan-

1. Même lettre à Brienne, 16 juin 1644 (Aff. étr., Hollande 31, pièce 55).

doit pas de luy et qu'il les faloit demander à La Hayée à
MM. les Estats et m'a tesmoigné n'avoir pas ceste demande
fort agréable, veu que MM. les Estats prandront ce prétexte de donner conget à ses 2,000 hommes pour les quas-
ser... »

LXXXI.

D'ESTRADES A MAZARIN[1].

Assenède, 24 juin 1644.

(Aff. étr., Correspondance politique, Hollande 31, pièce 66, fol. 124,
autographe.)

A la demande du maréchal de La Meilleraie, le prince
d'Orange a permis au s[r] de La Valette, à « un capitaine
des ponts » et à cinq charpentiers d'aller servir au siège de
Gravelines.

Lettres interceptées, où Bek se plaint du petit nombre
de ses troupes.

1. Même lettre adressée à Brienne avec lettre d'envoi (Aff.
étr., Hollande 31, pièce 67). Dans cette lettre, d'Estrades
ajoute qu'à la demande de la Reine le prince d'Orange « a tout
aussitôt donné ordre à M. le comte de Stirom, gouverneur de
Vésel, de laisser entrer les Jacobins dans la ville, faire leur
queste et exercer leur religion sans en estre inquiétés. La
mesme grâce a esté accordée à un couvant des Carmes... ».
M. d'Andelot, « pour faire cognoistre qu'il est fort zellé
catholique, a entendu ce matin la messe fort dévotement... ».
— Sur M. d'Andelot, cf. p. 185, note 4. — Dans une lettre
de la même date (*Ibid.*, pièce 65), d'Estrades donne à Chavigny les mêmes détails qu'à Mazarin. Il ajoute que le comte de
Marcheville est arrivé et a demandé au prince d'Orange des
ingénieurs et charpentiers pour les travaux du siège de Gravelines. Le comte de Marcheville, qui avait été chargé précé-
demment de plusieurs missions en Allemagne, servait, en 1644,
dans l'armée du duc d'Orléans. Cf. *infra*, lettre du 18 juillet
1644, p. 191.

Avis donnés au maréchal de La Meilleraie concernant les projets des ennemis du côté de Gravelines.

Le prince d'Orange est satisfait de savoir le bon état de l'armée du roi.

LXXXII.

BRIENNE A D'ESTRADES.

Rueil, 2 juillet 1644.

(Bibl. nat., Clairambault 573, fol. 699, original en partie chiffré et déchiffré.)

Reçu ses lettres des 16 et 24 juin.

Remercier le prince d'Orange qui aide si libéralement l'armée qui assiège Gravelines.

Du Plessis-Besançon[1], qui a vu M. de Lorraine, assure que Bek « a pris tant d'allarme de la marche de M. d'Anguien qu'il s'est renfermé dans Luxembourg et a abandonné la ville d'Arlon[2]. La nouvelle ne nous en est pas encore confirmée, et si ledit Plessis-Bezançon ne se trompe

1. Bernard, seigneur du Plessis-Besançon, avait été envoyé à Bruxelles au printemps de 1644 sous prétexte de négocier un échange de prisonniers. Il avait eu plusieurs entretiens avec D. Francisco de Melo, qu'il avait essayé de détacher de l'Espagne. Puis, en mai, il s'était rendu auprès du duc de Lorraine. Cf. ses *Mémoires* publiés par le comte Horric de Beaucaire pour la Soc. de l'Hist. de Fr., p. 39, 166 et suiv.

2. Le duc d'Enghien avait été chargé de s'avancer dans le Luxembourg, afin d'assurer le ralliement des recrues que faisait Marchin (Marcin) au pays de Liége. Vers la mi-juin, il avait reçu l'ordre d'aller renforcer les troupes occupées au siège de Gravelines. Il a quitté Verdun avec 8,000 à 10,000 hommes, a suivi le cours de la Meuse, s'est montré devant Longwy et Arlon. Le 2 juillet, il rallie Marchin vers Carignan et s'établit, le 6 juillet, près de Mouzon. Cf. duc d'Aumale, *Histoire des princes de Condé*, t. IV, p. 294.

[M. de Lorreine se mettra de nostre costé[1], mais il ne faut pas le publier qu'on en soit assuré; son humeur inconstante me fait toujours peur...] ».

Que pense le prince d'Orange des affaires du roi d'Angleterre[2], qui « se perdra faute de résolution »?

L'armée du maréchal de La Mothe, renforcée, peut tenter le secours de Lérida et entreprendre le siège d'une place plus importante. Si les ennemis affaiblis subissaient un échec, « non seullement la Catalogne seroit perdue pour eulx, mais l'Arragon courroit fortune... ».

Le cardinal Mazarin a eu un accès de fièvre.

Bon succès de la lettre de la Reine en faveur des Jacobins et des Carmes[3]. « C'est à eux d'estre sages et à ne se mesler que de prier Dieu. »

M. d'Andelot confondra les ministres de Hollande[4]. « Il a bien résisté à ceux de Paris, à la colère et aux larmes de sa mère, qui estoient plus à craindre que la presse ny le savoir des ministres... »

1. Le duc Charles IV de Lorraine négocie un traité avec la France le 24 juin 1644 à Gemingen, près Coblentz (Dumont, t. VI, 1re partie, p. 300). Le mois suivant, il revient à l'alliance espagnole.

2. La guerre entre Charles Ier et le Parlement intéresse directement le prince d'Orange, puisque son fils avait épousé la princesse Marie, et les États-Généraux, parce que le Parlement avait pris des mesures qui gênaient le commerce des Hollandais.

3. Cf. *supra*, pièce LXXVIII.

4. Gaspard de Coligny, marquis d'Andelot, était le second fils du maréchal de Châtillon. Il s'était converti au catholicisme en 1643. Il avait reçu, à la mort de son frère Maurice de Coligny, le commandement du régiment que ce dernier avait en Hollande.

LXXXIII.

D'Estrades a Chavigny.

Flessingue, 8 juillet 1644.

(Aff. étr., Correspondance politique, Hollande 31, pièce 82, fol. 157, autographe.)

Monsieur,

J'ay reçeu la lettre que vous m'avés faict l'honneur de m'escrire du 29 juin. Je vous ai desjà mandé[1] ce que M. le prince d'Orange m'avoit dit touchant les neuf compagnies que le comte d'Emden a prins en service, que ce n'estoit que pour conserver son païs[2]. Ce n'est pas que dans l'aliance où il est avec ce comte[3] il ne le favorise pour quelque chose de plus, mais cella ne paroist pas encore, et il est assés délicat de le presser làdessus. Je luy en ay parllé comme de moy-mesme, apréhandant les inconvéniants qui en pourroit arriver entre Mme la Lantgrave et ledit comte, dont la cause commune en pourroit pâtir, les Suédois estant privés du secours de ses troupes, si Mme la Lantgrave est obligée à les retenir pour conserver ses quartiers. A quoy il m'a respondu que neuf compagnies d'infanterie n'estoit pas capables d'occuper trois mille chevaux et quatre mille hommes de pié, que Mme la Lantgrave avoit en service, et qu'il ne croyoit pas qu'il y eust rien à apréhander de ce costé-là.

1. Lettre du 1er juillet (Aff. étr., Hollande 31, pièce 75).
2. La landgrave Amélie de Hesse avait pris l'habitude de faire vivre ses troupes aux dépens de ses voisins et notamment de l'Ost-Frise. Le comte Ulrich voulait s'y opposer.
3. La plus jeune fille de Frédéric-Henri avait été, dès 1641, promise en mariage au fils du comte d'Ost-Frise.

L'électeur de Brandebourg a envoyé, il y a quelque temps, un gentilhomme à S. A. pour se condouloir avec luy de la mort de Mme sa sœur, l'Électrice palatine[1]. Je tâcheré de pénétrer s'il a tretté de quelque auttre chose, ce que je ne crois pas, et vous en donneré advis dès que je l'aurois aprins.

Vous verrés par la lettre de S. É.[2] ce qui m'a amené à Flessingues. J'ay mis dans sa lettre un extraict de la lettre de Bruxelles pareil à celuy que je vous envoyee. Je me sers de la voyee de la mer comme croyant plus prompte pour ceste fois que celle de l'ordinaire, le vesseau estant prêt de faire voille. M. le prince d'Orange m'a dit plusieurs fois qu'il ne recevoit point de lettres de Monseigneur le Cardinal, et il est nécessaire qu'il luy escrive ; comme aussi, si vous le jeugés à propos, une lettre de la Reinne, qui tesmoignast satisfaction des assistances qu'il donne à l'armée du Roy, seroit bien utile.

Je suis et serai...

D'Estrades.

A Flessingues, ce 8 jeullet 1644.

1. Louise-Julienne de Nassau, fille de Guillaume d'Orange et de sa troisième femme, Charlotte de Bourbon, avait épousé l'électeur palatin Frédéric IV. De ce mariage était née Élisabeth-Charlotte, qui avait épousé l'électeur de Brandebourg Georges-Guillaume. Frédéric-Guillaume, le Grand Électeur, était leur fils.

2. Lettre de la même date à Mazarin (Aff. étr., Hollande 31, pièce 84). D'Estrades était arrivé la veille à Flessingue « pour faire embarquer huict moulins qui tirent six piés d'eau chacqun ».

LXXXIV.

D'Estrades a Brienne.

Maldegem[1], 11 juillet 1644.

(Aff. étr., Correspondance politique, Hollande 31, pièce 87, fol. 165,
original chiffré en partie.)

La lettre que vous m'avés faict l'honneur de m'escrire du 2 de ce mois[2] m'a esté randue ce matin. Je vous rands très humbles grâces de la confiance que vous me tesmoignés touchant ce qui concerne [M. de Lorraine]. Je vous puis asseurer que j'observeré le secret jusques à [ce que j'en sois asseuré].

M. le prince d'Orange a esté très aise d'apprandre que la Reine est persuadée qu'il désire la prinse de Gravelinne et qu'il assiste ce dessein de tout ce qui dépand de luy. Il feust hier avec 4,000 chevaus à la portée du canon de Bruges et de Dam, et envoya les coureurs jusques aux portes. Les annemis sont très forts en ses quartiers, et cella n'est pas croyable la quantitté de troupes qui y viennent tous les jours. Il est arrivé de nouveau sept régimants d'infanterie et quarante compagnies de cavalerie, et se logent entre Gant et Bruges.

Je ne vous ay rien mandé de [ce que pense M. le prince d'Orange des affaires du roy d'Angleterre], parce qu'il ne s'en mesle plus, tant à cause du désordre qui a panssé arriver en ce païs que par le peu de résolution qu'il a remarqué en [ce prince] et peu de capacitté en ceus qui le consellent.

Mme la princesse d'Orange doit venir à L'Écluse, qui

1. Entre le Sas-de-Gand et Bruges.
2. Voir pièce LXXXII, p. 184.

nous affermit plus notre séjour en Flandres, où nous
faisons toutte la diverssion que l'on sçauroit souhetter.
Je sçais bien qu'elle me donnera quelque attaque sur
les [perles][1], et je crois qu'il est temps ou de les y donner ou de luy faire entandre par quelque moyen que
cella ne se peust, ce que je vous prieré de me faire sçavoir, et en attandant vostre responsse et la volontté de
S. É. je mesnageré son esprit le mieus qu'il me sera
possible. J'ay esté très aise d'avoir aprins la guérison
de Monseigneur le Cardinal aussi tost que sa maladie.
Je vous suplie me faire l'honneur de l'asseurer de mon
très humble et très obéissant service. Les annemis
publient avoir secouru Gravelinne[2] et y avoir jetté
500 hommes avec un sac de poudre chacqun de 20 l.,
ce que je ne crois pas, n'ayant neulle nouvelle de l'admiral. Ils disent que ça esté la nuit du 4 au 5 de ce
mois. Je suis...

D'ESTRADES.

A Maldeguant, ce 11 jeullet 1644.

LXXXV.

D'ESTRADES A MAZARIN[3].

Maldegem, 18 juillet 1644.

(Aff. étr., Correspondance politique, Hollande 31, pièce 93, fol. 178,
original chiffré en partie et déchiffré.)

Monseigneur,

J'ai représanté à M. le prince d'Orange les raisons

1. Voir pièce LXXV, p. 175.
2. Piccolomini avait, en effet, essayé de jeter dans Gravelines 400 officiers réformés, mais ils avaient été faits prisonniers.
3. Mêmes renseignements dans une lettre à Brienne, 18 juil-

qui sont alléguées dans la lettre de V. É.[1] sur les inconvéniants qui pourront arriver si l'ons souffre la levée de ceste armée destinée pour conserver le cercle vestphalique, et l'ay prié de tâcher à s'y opposer et de rompre ce dessein.

Il en a escrit à l'Électeur de Cologne[2] et au duc de Nieubourg[3], mais, comme il cognoist ses princes estre tout à faict dans les intérêts de la maison d'Austriche, il doutte pouvoir rompre ce dessein par eus. Il espère que le peu d'argent qu'ils ont randront ses levées inutilles. J'ay faict de fortes insistances à S. A. touchant les affaires de Mme la Lantgrave[4]. Il m'a tesmoigné

let 1644 (Aff. étr., Hollande 31, pièce 94, chiffrée en partie). Il y est, de plus, question des ennuis causés à « nos catholiques, qui donnent prinse sur eus par leur mauvèse conduitte et par des zelles indiscrets ». D'Estrades s'emploiera en leur faveur, mais on ne peut rien attendre de bon de la part des États.

1. Copie de cette lettre de juin 1644 (Aff. étr., Hollande, supplément 2, fol. 7 v°). Mazarin invite d'Estrades à écrire au prince d'Orange que « les princes et États du cercle westphalique » veulent former une armée, « qui ne peut être que suspecte, de quelque titre qu'on la colore, aux armées de S. M., et qui le doit estre particulièrement à MM. les Estats, à cause du voisinage, et d'autant que, si elle est une fois sur pied, ce ne sera pas l'armée défensive du cercle westphalique, mais l'armée de l'Empereur ou du roi d'Espagne ».

2. Ferdinand de Bavière, électeur de Cologne, évêque de Liége, etc.

3. Wolfgang-Guillaume de Neubourg.

4. Voir *supra*, lettre du 8 juillet 1644, et *infra*, lettre du 24 juillet. Le 9 juillet, Mazarin avait ordonné à d'Estrades (Aff. étr., Hollande, supplément 2, fol. 8) de faire des « offices puissants et réitérés auprès de M. le prince d'Orange » en faveur de la landgrave.

n'estre pas satisfaict de ses plaintes, lesquelles sont
sans subject, puisque le comte d'Emden n'a que neuf
compagnies d'infanterie et une de cavalerie, qu'il a mises
en quartier dans trois villes qui luy appartiennent;
qu'il ne peust obliger le comte d'oster des troupes
qu'il entretient de ses terres, mais qu'il tiendra la main
en considération qu'il ne sera rien osté des contributions de Mme la Lantgrave; qu'elle le tient pour suspect
et qu'ainsin il ne peust estre arbittre de leur différent;
mais que, si la Reinne avoit agréable d'escrire à MM. les
Estats de tacher d'accomoder ceste affaire avec la participation de MM. les plénipotentiers, il fairoit que lesdits s^rs les Estats y agiroit avec affection, et en espéreroit
une bonne issue. [M. le prince d'Orange m'a proposé
d'aller attaquer Venlo et Ruremonde pour dégager
Mastrich[1].] Comme je vois que tous les passages sont
si bien guardés en Flandres, qu'il n'y a neulle aparance d'i rien entreprandre et que doresanavant la diverssion y sera inutille, le Roy estant mettre de Gravelinne[2], j'ay creu que l'ons ne pouvoit pas mieus
employer le reste de ceste campagne [qu'en attaquant
ces deux places qui nous rendent la Meuse libre] et nous
facilitent [pour l'année] prochesne [l'attaque de Bu-
chores (?) ou de Stevanvert].

M. de Marcheville arriva hier de la part de S. A. R.[3]

1. La garnison hollandaise de Maëstricht s'était donné de
l'air en prenant Dalhem, Fauquemont et Roleduc. — Venlo et
Roermonde sont sur la Meuse.

2. Voir *infra*, la pièce LXXXVIII, p. 195.

3. Le comte de Marcheville était employé comme agent de
liaison entre l'armée de Gaston d'Orléans et les alliés hollandais. Le 13 juillet 1644, le duc d'Orléans annonçait à d'Es-

pour donner advis à M. le prince d'Orange du dessein
que les parlementères ont de secourir Gravelinne avec
leur flotte, et le prier de ranforcer celle de l'admiral et
luy donner ordre de combattre.

Il a trouvé que S. A. avoit satisfaict par avance à tout
ce qu'il demandoit, ayant envoyé, il y a deux jours, en
Hollande et Zellande pour faire partir les vesseaus qui
s'i trouveront, et du mesme temps a dépéché exprès
à l'admiral de combattre tout ce qui se présanteroit
pour le secours de Gravelinne. Ledit sr de Marcheville
s'en est retorné aujourd'huy. Nous avons aprins par
luy la prinse du ravelin qui est dans le fossé, qui faict
espérer que celle de la plasse suivra bientost. M. le
prince d'Orange m'a commandé de tesmoigner à V. É.
qu'il se sant infinimant vostre obligé des marques
qu'elle luy donne de son affection. Il la suplie de luy
continuer et de croire qu'il l'a toutte entière pour sa
personne.

Mme la princesse d'Orange a esté très mal de la pierre,
et en danger de la vie. Elle est à présant sans fieuvre
et ses douleurs sont diminuées. Elle estoit sur le point
de venir en Zellande lorsque le mal l'a print, qui l'obligea de demeurer à Buren.

Je vous suplie très humblemant, Monseigneur...

D'ESTRADES.

Au camp de Maldeguant, ce 18 jeullet 1644.

trades la mission de Marcheville et lui demandait d'insister
auprès du prince d'Orange pour que la flotte des États fût
renforcée, dans le cas où les Anglais, à la demande de l'ambassadeur d'Espagne, se décideraient à secourir Gravelines (Bibl.
nat., Clairambault 573, fol. 743, autographe).

LXXXVI.

Mazarin a d'Estrades[1].

Paris, 23 juillet 1644.

(Bibl. nat., Clairambault 573, fol. 797, original signé, en partie chiffré et
déchiffré. — Copie Aff. étr., Correspondance politique, Hollande, supplément 2, fol. 8 v°).

« Gravelines ne doit pas être loin de se rendre. » On
s'en remet au prince d'Orange pour former un « dessein
considérable... pour l'exécuter conjointement ou séparément et en la manière qu'il trouvera la plus avantageuse ».

Profiter de la consternation où la perte de Gravelines
va mettre les Flamands. « Il n'y auroit point [danger qu'on
fît courir parmi eux des billets pour les exorter à songer
sérieusement à leurs affères et à se soustrère volontère-
ment de la domination d'Espagne[2], de laquelle ils ne
sçauroient éviter qu'on ne les force de sortir, et qu'il vaut
mieux qu'ils soient à eux, puisqu'il n'est pas en leur pouvoir de continuer d'estre longtemps au roy d'Espagne, et
qu'ils s'unissent à MM. les Estats, comme les cantons des
Suisses catholiques et les protestants sont unis ensemble
et en la manière qu'ils croient estre la plus comode aux
uns et aux autres. Je[3] crois que, dans la consternation où
ils sont d'estre attaqués de tous costés, cella pourra faire
quelque effect sur leur esprit]. »

Affaire d'Ost-Frise[4]. « On pourroit prendre un expédient avantageux au service du Roy, qui seroit que S. M.
prît à son service les troupes qu'il (le comte d'Emden) a

1. Publiée par Chéruel, *Lettres de Mazarin*, t. II, p. 12.
2. Voir *infra*, p. 201, la lettre de d'Estrades du 25 août 1644.
3. Cette dernière phrase ne se trouve pas dans la copie des
Aff. étr.
4. Voir *supra*, pièce LXXXIII, p. 186.

sur pied, qui pourroient estre transportées en France en deux fois vingt-quatre heures. »

LXXXVII.

D'Estrades a Mazarin.

Au camp de Maldegem, 24 juillet 1644.

(Aff. étr., Correspondance politique, Hollande 31, pièce 107, fol. 210, original chiffré en partie et déchiffré; pièces 103 et 106, copies de la main de d'Estrades[1].)

Le prince d'Orange « [s'est résolu de faire trois attaques à trois forts qui sont sciituez sur le canal de Guand au Saz ». Si ce dessein réussit, on fera le siège du Sas. Si on est repoussé, le Prince ira attaquer Venlo. « Soit d'un costé ou d'autre, il entreprendra quelque chose]. »

Il s'emploie tout de bon pour accommoder l'affaire de la landgrave et du comte d'Emden.

M. de Montigny lui a été envoyé par les plénipotentiaires pour presser cette affaire et pour traiter la question du rang des députés de MM. les États. « Il a remis le s[r] de Montigni ausdits s[rs] les Estats pour délibérer de cest affaire... », qui lui tient fort au cœur[2].

[Rien à craindre pour l'armée du cercle westphalique.]

1. Avec lettres d'envoi à Brienne (pièce 102) et à Chavigny (pièces 104 et 105).

2. Voir copie (Aff. étr., Hollande 31, pièce 108) d'une lettre du prince d'Orange (25 juillet 1644) aux comtes d'Avaux et Servien, plénipotentiaires à Munster. Il s'étonne de la conduite de la landgrave au sujet des levées faites par le comte d'Emden, qui n'a aucune mauvaise intention contre elle. L'accommodement lui semble assez facile, « pourveu qu'on s'entende parler avec patience de part et d'autre ». Il a proposé aux États-Généraux d'envoyer des députés pour aplanir ce différend. Montigny pourra en rendre compte aux plénipotentiaires. Cf. lettre de Montigny à d'Avaux et Servien (*Ibid.*, pièce 112, fol. 219). — Au sujet du rang des ambassadeurs des États à

D'Estrades heureux des nouvelles du siège de Gravelines et « de voir les desseins de France réussir si heureusement sous la conduitte de V. É. ».

LXXXVIII.

LE MARÉCHAL DE LA MEILLERAIE A D'ESTRADES.

Au camp [de Gravelines], 29 juillet 1644.

(Bibl. nat., Clairambault 573, fol. 827, original.)

Monsieur,

Vos soins et vos advis n'ont pas peu contribué au
bon succès de l'entreprise de S. A. Roialle[1] ; l'on a exécuté partie de ce que vous aurés projetté à Paris ; il ne
s'en est manqué que Bourbour. Mais, comme les
trouppes ne se sont pas treuvées si fortes que l'on s'estoit persuadé, il a fallu se restreindre à ce qui a esté
emporté. Le porteur vous dira que, comme lorsque
nous creions donner un combat et qu'ils nous menas-
soient de venir attaquer nos lignes, la ville a tombé ;
aussi leur principalle espérance estoit sur M. de Lo-
raine, que l'on tient maintenant de rechef raccommodé
avec nous[2]. Il y a huit jours que l'on pensoit la mesme
chose ; tout d'un coup il est venu nouvelle du contraire,
et maintenant encores l'on assure la chose entierement
faitte. Tout cela n'est pas aussi solide que la conqueste
de Gravelines, qui seroit parfaittement accomplie si

Munster, cf. lettre de d'Estrades à Servien, 22 juillet 1644
(Aff. étr., Hollande 31, pièce 97).

1. Gravelines capitula le 28 juillet et la garnison sortit de la
place le lendemain. Voir *Mémoires* de Monglat (éd. Michaud et
Poujoulat, p. 150).

2. Cf. *supra*, pièce LXXXII, p. 184.

Dunquerque y estoit. Comme je n'estime pas que ce soit pour ceste année, et j'espère qu'au premier voiage que vous ferés à Paris vous n'y contribuerés pas peu, je m'en vais dans peu vous y attendre. Durant cela nous renverrons à S. A. M. le prince d'Orange ses ouvriers et ingénieurs. Je tascherai de faire que ce soit avec satisfaction; la mienne sera entière si vous me continués vostre amitié et que vous me creiez, comme je le suis avec passion, Monsieur, vostre très humble serviteur.

La Melleraie.

Au camp, le 29 juillet 1644.

LXXXIX.

Mazarin a d'Estrades.

Le 30 juillet 1644.

(Aff. étr., Correspondance politique, Hollande, supplément 2, fol. 9, copie.)

Réponse à la lettre du 18 juillet.

Affaire d'Ost-Frise. La meilleure solution serait que le Roi donnât assurance au comte d'Emden que la landgrave lui remettra le pays dans l'état où il était, et cela « quand les causes qui obligent Mme la Lantgrave de retenir les postes qu'elle a dans l'Ostfrise cesseront, qui sera tout au plus tard par la paix ».

Difficultés que rencontre la constitution de la ligue westphalique.

Remercier le prince d'Orange de son concours pour le siège de Gravelines[1] et surtout de la nouvelle preuve qu'il a donnée de son affection « sur l'avis qu'on avoit eu dans

---

1. Le 29 juillet, Gaston d'Orléans avait annoncé à d'Estrades qu'il chargeait Marcheville, qu'il avait envoyé en Hollande, de

l'armée de S. A. R. qu'on se vouloit remuer en Angleterre en faveur des Espagnols[1] ».

XC.

D'Estrades a Mazarin[2].

Au camp devant le Sas, 31 juillet 1644.

(Aff. étr., Correspondance politique, Hollande 31, pièce 116, fol. 234.)

On travaille à la circonvallation[3]. Le prince d'Orange
compte sur la diversion puissante promise par Mazarin.

Affaire de la landgrave. Le prince d'Orange a dit confi-
dentiellement à d'Estrades que les levées du comte d'Emden n'avaient d'autre objet que de [réduire les caballes que
formait contre lui un certain parti de la noblesse et de la
ville d'Emden[4]]. D'Estrades donna au Prince l'assurance
que la Reine soutiendrait les intérêts du comte lors du
traité de paix. Il espère que la landgrave, qui a la garantie
des États, pourra joindre ses troupes à celles des Suédois,
« si ce n'est qu'elle en soit encore dissuadée par ses ministres et officiers, qui la portlent à ses extrémittés par
leur intérest particulier ».

D'Estrades ne peut pas exécuter les ordres de Mazarin

remercier les États et le prince d'Orange. Mais Marcheville
était en route pour Gravelines, où il arriva le 1er août. Le
2 août, Gaston invita d'Estrades à faire « tous les compliments
convenables » (Bibl. nat., Clairambault 573, fol. 857).

1. Cf. *supra*, p. 192, un passage de la lettre du 18 juillet 1644.

2. Duplicata de la main de d'Estrades (Aff. étr., Hollande 31,
pièce 115) avec lettre d'envoi, probablement à Brienne (*Ibid.*,
pièce 117).

3. Mêmes renseignements sur le siège du Sas-de-Gand et sur
l'affaire de la landgrave de Hesse dans la lettre de d'Estrades
aux plénipotentiaires d'Avaux et Servien (*Ibid.*, pièce 118).

4. Depuis longtemps le comte d'Ost-Frise et le Sénat d'Emden étaient en conflit.

très promptement, car « l'humeur de M. le prince d'Orange est de ne rien résoudre d'abord... Si l'ons le vouloit presser pour avoir des responsses, elles seroient si ambiguës que l'ons n'y cognoistroit rien ».

Après la campagne, le Prince s'occupera des démêlés que Portugais et Hollandais ont aux Indes[1].

Le présent de perles à faire à la princesse d'Orange arriverait à propos.

Le Prince vient d'être informé que les troupes du duc de Lorraine et de Lamboy[2] sont passées à Namur le 22.

XCI.

D'Estrades a Mazarin[3].

Au camp devant le Sas, 2 août 1644.

(Aff. étr., Correspondance politique, Hollande 31, pièce 123, fol. 254,
original en partie chiffré et déchiffré.)

Réponse à la lettre du Cardinal du 24 juillet[4].

1. La trêve signée en juin 1641 avec le Portugal était mal observée. Les colons portugais du Brésil se soulevaient contre les Hollandais. Après le départ du gouverneur général Jean-Maurice de Nassau (mai 1644), la révolte s'étendit. Même situation à Ceylan. En avril 1644, le roi de Portugal avait fait proposer aux États-Généraux, par son ambassadeur, la conclusion d'une paix perpétuelle.

2. Le général impérial Lamboy et le duc de Lorraine venaient renforcer les troupes du comte d'Isembourg, afin d'obliger le prince d'Orange à lever le siège du Sas-de-Gand.

3. Mêmes renseignements dans les lettres du 3 août adressées par d'Estrades à Brienne (Aff. étr., Hollande 31, pièce 126) et à Chavigny (*Ibid.*, pièce 127). Dans la première, il parle « de l'entreprinse qui a été découverte à Sedan » et que le prince blâme fort. Dans un post-scriptum sur une feuille séparée, d'Estrades s'étonne qu'il ne soit plus question des perles pour Mme la princesse d'Orange. « Après ce qui luy a esté dit, nous l'aurons fort contrère à l'advenir. »

4. La lettre est du 23 juillet. Cf. *supra*, pièce LXXXVI, p. 193.

Obligation qu'aurait le Prince si l'armée royale entreprenait un siège. Au sujet de l'offre faite par Mazarin de prendre au service de la France les troupes du comte d'Ost-Frise, le prince d'Orange en est très obligé au Cardinal, mais il attend des informations de La Haye. Il s'élève contre les prétentions de la landgrave, qui veut que le comte rase « les villes et châteaux qu'il a toujours teneus et qui n'ont jamais payé contribution à Mme la Lantgrave, ni esté de ses quartiers ».

Détails sur le siège du Sas.

Le Prince a envoyé M. de Zulstein, son fils naturel[1], féliciter le duc d'Orléans de la prise de Gravelines.

« Je vois une si bonne union entre la France et cest Estat qu'il y a lieu d'espérer de grandes choses l'année qui vient. »

XCII.

MAZARIN A D'ESTRADES.

Le 24 août 1644.

(Aff. étr., Correspondance politique, Hollande, supplément 2, fol. 11 v°, copie.)

La présence de S. A. R. à l'armée et l'expédition de Gassion[2] retiendront de ce côté des troupes qui seraient allées vers le Sas-de-Gand. On n'oubliera rien ici de ce qui pourra contribuer au bon succès de l'entreprise du Prince.

Presser le règlement de l'affaire d'Ost-Frise.

1. M. de Zulestein était colonel de l'infanterie hollandaise.

2. D'Estrades avait écrit, le 15 août, à Mazarin (Aff. étr., Hollande 31, pièce 138) que l'action de l'armée royale rendra le prince « plus facile à l'advenir pour l'exécution des desseins qui seront concertés... ». Gassion venait de s'emparer de Watten, sur l'Aa.

« Nous voudrions bien pouvoir envoier à Mme la princesse d'Orange le filet de perles[1] que la Reyne luy a destinez, mais nous avons de la peine à le trouver tel que
nous le voudrions, à cause de l'humeur de Lopès, qui est
fâcheuse en cecy comme vous le sçavez et nous tient le
pied sur la gorge. Je croy qu'il n'y auroit point danger
que vous pressentissiez si Mme la princesse d'Orange
auroit aussy agréable de la vaisselle de vermeil doré,
qui est une chose à mon avis qui a son prix certain
et réglé; sinon nous ferons notre possible pour envoyer
les perles, incontinant après que nous aurons de vos nouvelles. »

Espoir dans le succès du duc d'Enghien pour le secours
de Fribourg[2].

XCIII.

D'Estrades a Mazarin.

« Au camp devant le Sas, ce 25 aoust 1644 ».

(Aff. étr., Correspondance politique, Hollande 31, pièce 154, fol. 320,
autographe en partie chiffré et déchiffré.)

Le prince d'Orange acquiesce entièrement aux raisons
alléguées par la dépêche du Cardinal du 6 de ce mois. Il
est d'avis que Mme la Landgrave accepte que le comte
d'Emden désarme peu à peu. Il s'était attendu à une autre
conduite envers lui.

Maintenant autre affaire : le comte d'Erbestein[3] a commencé à construire un fort sur les frontières de Frise et
de Groningue. Ces provinces ont adressé leurs plaintes aux
États-Généraux. D'Estrades a prié le Prince d'arranger

1. Cf. lettres des 14 mai, 31 juillet, 25 août et 3 octobre
1644.
2. Cf. la pièce suivante.
3. Général de la landgrave de Hesse.

cette affaire. Il a dit au représentant de la landgrave à La Haye d'aller voir le Prince.

[« Je luy ai présenté les liuvres que V. É. m'a envoyez[1]. Il a donné ordre] de [les faire imprimer et les envoyer par les villes de Flandres], comme aussi les auttres [billets] que j'ay receu le treisième de ce mois. [Ceux qu'il a fait semer commencent à opérer]; plusieurs [des principaux des villes] ont fait entandre [qu'ils n'attandent que l'occasion, et son opinion] est qu'après [la lecture de ce liuvre, ils] seront fortifiés [par les pressantes raisons qui y sont alléguées]. »

La lettre que Mazarin a écrite au Prince le touche infiniment. Il remercie de la diversion faite en Flandre. Il estime le poste de Watten autant que Saint-Omer ou Aire. [« Il a pensé, conservant ce poste, que nos armées se pourront joindre dans la Flandres l'année prochaine. »]

La princesse d'Orange est arrivée à Flessingue. « Je n'ai pas jeugé par ses discours [qu'un service de vermeil doré la peut satisfaire à l'esgal des perles[2]]. Elle m'a demandé confidament si l'ons ne m'en avoit rien mandé; je luy ay respondu que j'estois asseuré que V. É. travalloit à ne se [laisser pas surprendre par Lops] et que vous désiriés [que le fil feust complet avant les y envoyer] et que j'espérois que bientost [elle seroit satisfaite de ce costé-là]. »

Joie du prince d'Orange à la nouvelle de la défaite de l'armée du duc de Bavière[3].

1. On en revenait, en 1644, à l'idée que l'on avait eue déjà de soulever les Flamands contre l'Espagne. Mazarin écrivait à d'Estrades (Aff. étr., Hollande, supplément 2, fol. 10 v°, copie datée du mois d'août 1644) de pousser le Prince à envoyer de forts partis en Brabant et en Flandre pour exciter les Flamands à se soulever. Il ajoutait : « J'estime qu'il n'y a point d'inconvénient que vous fassiez traduire en flamand le livret que je vous ay envoyé affin de le rendre plus commun en ce païs là. »

2. Cf. pièce précédente.

3. Le 16 août 1644, Brienne avait ajouté en post-scriptum à

Détails sur le siège du Sas[1]. « Je comance à proposer à S. A. [d'envoyer après le siège 4,000 chevaux dans la Flandre, du moins dans le Brabant, pour espouvanter les villes et les obliger par là à prendre plustôt une bonne résolution pour se soustraire de la domination du roy d'Espagne]. »

XCIV.

D'Estrades a Brienne.

Au camp du Sas, 7 septembre 1644, au soir.

(Aff. étr., Correspondance politique, Hollande 31, pièce 172, fol. 352, autographe.)

Il annonce la prise du Sas[2]. Il envoie un plan du siège et de la circonvallation. 1,200 hommes et 300 blessés sont sortis de la place.

XCV.

D'Estrades a Chavigny.

Au camp du Sas, 12 septembre 1644.

(Aff. étr., Correspondance politique, Hollande 31, pièce 182, fol. 368, autographe.)

Il a reçu ses lettres des 27 août, 3 septembre et celle destinée au prince d'Orange.

une lettre à d'Estrades (Bibl. nat., Clairambault 573, fol. 901) : « Il est arrivé un autre courrier qui porte nouvelles que M. le duc d'Anguien a chargé les ennemis si rudement qu'ilz ont abandonné leur canon et leur infanterie, qui a été toutte taillée en pièces, et que notre cavallerie poursuit la victoire. » Cf. le duc d'Aumale, *Histoire des princes de Condé*, t. IV, ch. v.

1. Dans une lettre du 15 août à Mazarin, d'Estrades avait annoncé qu'il avait enlevé une demi-lune (Aff. étr., Hollande 31, pièce 138).

2. La nouvelle attaque du Sas-de-Gand avait réussi. La place capitula le 5 septembre 1644.

Le Prince a l'intention d'envoyer constamment des partis dans le pays de Waes.

Le camp est inondé; un tiers de l'armée est malade.

D'Estrades demande l'autorisation de quitter la Hollande dès que le présent de perles sera arrivé. « M. Brasset peust faire aussi bien que qui que ce soit ce qu'il y aura à négotier. »

XCVI.

D'ESTRADES A MAZARIN[1].

Au camp du Sas, 20 septembre 1644.

(Aff. étr., Correspondance politique, Hollande 31, pièce 187, fol. 380, autographe.)

Il a pressé le Prince d'arranger définitivement l'affaire de la landgrave et du comte d'Emden.

Il fera traduire en flamand le livre[2].

Nouvelle de la prise de Philippsbourg[3].

Le prince d'Orange a l'intention d'entreprendre quelque chose de grand la campagne prochaine, si les États ne l'empêchent pas de faire de nouvelles levées.

1. Mêmes renseignements envoyés par d'Estrades à Brienne et à Chavigny (Aff. étr., Hollande 31, pièces 188 et 189). Il annonce à ce dernier que la calèche pour Mme de Chavigny a été adressée à Rouen, à M. Hœuft.

2. Le livre destiné à pousser les Flamands à se soulever, cf. *supra*, p. 201.

3. Philippsbourg avait capitulé le 9 septembre. Cf. le duc d'Aumale, *Histoire des princes de Condé*, t. IV, p. 374. Dans sa lettre du 17 septembre (Bibl. nat., Clairambault 573, fol. 1007), Brasset avait annoncé cette nouvelle à d'Estrades.

XCVII.

D'Estrades a Brienne.

Au camp du Sas, 28 septembre 1644.

(Aff. étr., Correspondance politique, Hollande 31, pièce 197, fol. 401,
autographe.)

Reçu sa lettre du 18 septembre.

Les ennemis font grand bruit de la prise de la citadelle
d'Asti[1]. D'Estrades a dit au prince d'Orange que cette perte
était de peu d'importance, les Français tenant la ville et
le château.

Conquêtes du duc d'Enghien sur le Rhin[2]. « Tous les
Allemands parlent de M. le duc d'Anguin avec admiration,
et ceus de Mayence ont escrit que c'est un prince si
aimable qu'ils s'estiment heureus d'estre à la France. »

Actes d'hostilité entre les troupes de la landgrave et
celles du comte d'Emden.

D'Estrades espère recevoir bientôt son congé.

XCVIII.

Mazarin a d'Estrades.

Fontainebleau, 3 octobre 1644.

(Bibl. nat., Clairambault 573, fol. 1041, original signé, en partie chiffré et
déchiffré.)

Monsieur, je dépesche exprès vers M. le prince d'O-
range le gentilhomme qui vous rendra la présente[3],

1. Les Espagnols avaient enlevé la citadelle par surprise.
Elle leur fut reprise quelque temps après, le 30 septembre.

2. Cf. le duc d'Aumale, *Histoire des princes de Condé*, t. IV,
ch. vi.

3. Ce gentilhomme était Clair-Gilbert d'Ornaison, comte de
Chamarande.

pour me resjouir avec luy de l'heureux succez du siège
du Sas-de-Gand. Je vous supplie, en luy rendant celle
que je luy escris sur ce sujet, de lui confirmer bien de
vive voix que personne ne sçauroit estre plus sensiblement touché que moy de la gloire qu'il vient d'a-
quérir par la prise d'une place si forte et si importante. Vous sçavez avec quelle passion j'ay souhaité
pour l'amour de luy, dez le commencement de la campaigne, qu'elle ne se passât point sans qu'il la signalât
par quelque action mémorable comme il a fait, et il
aura pû juger, par la vigoureuse diversion que nous
avons faite en sa faveur des forces espaignolles, des
soins que j'ay apportez à luy rendre plus aisé le progrez de son entreprise. Mais il est trop sage pour s'arrester là, et pour ne profiter pas des avantages qu'il a
gaignez et qui luy ouvrent le chemin à des succez encore plus grands. C'est pourquoy je vous prie de luy
représenter avec vostre adresse accoustumée que,
comme nous avons jusques icy agy de concert en ce
que nous avons entrepris les uns et les autres pour
acheminer les desseins que nous avons [en la Flandre],
nous devons aussi continuer à nous [donner réciproquement ces avis[1]] et à concerter ce que nous aurons
à faire; que personne ne peut mieux juger cela que
M. le prince d'Orange, ayant une si exacte connois-
sance [de ce pays] et estant d'intelligence aux choses
de la guerre. Que [pour cela] nous recevons ses avis
avec l'estime qu'ils méritent et contribuerons de nostre
costé tout ce qui se trouvera estre nécessaire pour
avancer nostre commun dessein.

1. Dans la copie (Aff. étr., Hollande, supplément 2, fol. 13) :
réciproquement les mains.

Vous ne laisserez pas néantmoins de luy représenter adroitement, et plus par manière de proposition que par forme d'avis, qu'il semble qu'il ne seroit pas hors de propos [qu'il prît un poste sur la rivière ou le canal de Bruges à Gand], les troupes qui se pourroient en cela opposer à luy n'estant pas fort considérables, en la qualité ni en la quantité.

Que ce sera le moyen de ruiner et de mètre en désordre [tout le reste de la Flandre, les ennemis nous ayant en queue s'ils tournent la teste contre luy, et l'ayant à dos s'ils la tournent contre nous. S'il peut fortifier le poste qu'il prendra et faire hiverner partie des troupes, il métra toute la Flandre sous contribution, ostera aux Flamans le moyen d'assister les Espagnols, et le mécontentement de ces peuples] s'augmentera de telle sorte qu'il en pourra réussir quelque effect considérable pour le bien de la cause commune. Il y a encore un autre moyen de jetter [ces peuples en un entier désespoir et de les porter tout à fait au soulèvement[1], si l'on le vouloit embrasser. C'est qu'il est indubitable que la Flandre, le Haynaut et d'autres provinces des Pays-Bas ne produisent pas le quart des grains qui sont nécessaires pour la nourriture des habitans, qui tiroient le reste, avant la rupture, de l'Arthois et de la France; du depuis, l'Artois se trouvant ruiné, et le commerce de la France se trouvant interdit, ils sont contraints d'achepter les bleds hollandois, qu'il les vont quérir dans la mer Baltique et les leur fournissent par la rivière de l'Escaut. De sorte que si MM. les Estats venoient à leur fermer ce passage, ce qui ne leur cousteroit qu'une simple deffense et un ordre

______

1. Voir *supra* la lettre du 25 août 1644.

aux forts de Lillo et de Liskensone[1], qu'ils tiennent, de ne laisser point passer de bleds, il est indubitable que toutes ces provinces crieroient à la faim, et que bien loing de pouvoir entretenir leurs armées et de faire des magasins dans leurs places les habitants n'auroient pas moyen d'y vivre eux-mesmes et que Dunquerke ne sçauroit remédier à cet inconvénient.

Il est vray que cette proposition ne manquera point d'estre d'abord choquée par l'intérest mesme de MM. les Estats, qui retirent un grand denier des péages qu'ils lèvent sur ladite rivière, et par celuy des marchans particuliers, qui y négotient et font de grands gains]. Toutefois, à le bien prendre, cela seroit si peu de chose, au prix du bien qui reviendroit à tous de cette deffense, puisqu'on en pourroit espérer [la fin de la guerre], de sorte qu'il semble qu'ils ne devroient pas faire difficulté de le faire.

Il y a néantmoins de l'apparence que cette difficulté sera forte à surmonter à cause de l'intérest qui est violent [dans l'esprit de la plupart des particuliers de ce pays-là]. C'est pourquoy je vous prie de songer aux moyens qu'il y pourroit avoir de les pouvoir desintéresser ou du tout ou en partie, affin que, s'il s'en trouvoit quelqu'un de supportable dans l'excessive despence que nous sommes obligez de soustenir, nous avisassions de nous en servir.

Je vous conjure de ne vous lasser point de presser l'accommodement du différent de Mme la Lantgrave de Hesse et du comte d'Embden jusqu'à ce qu'il soit exécuté. M. le prince d'Orange peut assés juger combien

1. Ces forts étaient situés, en face l'un de l'autre, sur l'Escaut occidental, en aval d'Anvers.

il importe au bien de tout le party confédéré que les troupes hessiennes puissent agir contre le commun ennemy en une conjoncture où, Philippsbourg estant pris avec plusieurs places du Rhin et M. Torstenson retourné en Allemagne[1], toutes choses semblent nous y estre favorables, si nous ne laissons perdre les avantages que nous y avons, à faute de les poursuivre. J'ajouteray à ce que dessus que nous sommes avertis de bonne part qu'il y a plusieurs du party impérial qui ont contribué à faire faire cette équipée au comte d'Embden, se proposant par là de rendre inutiles les armes hessiennes au party contraire, comme il est arrivé en partie. Ensuite de cela j'ay à vous prier de mesnager auprès de M. le prince d'Orange que, cet ajustement se faisant, [les troupes du comte d'Embden soient licentiées au profit du Roy et qu'elles entrent dans son service]. Pour cet effect, M. le comte de Ranzau[2] et son lieutenant-colonel le s^r de La Leu [qui ont commission de lever un régiment royal d'infanterie allemand] ont eu ordre de vous en escrire amplement [et de fournir l'argent nécessaire pour recueillir ces troupes licentiées]. Je vous conjure de rechef d'apporter tous vos soins pour faire réussir cette affaire, qui se trouvera d'autant plus aisée que ce sera un moyen plausible et honneste [audit conte d'Ostfrise de se deffaire desdites troupes], qu'il fairait difficulté de donner [aux Hessiens et dont MM. les

1. Le général suédois Torstenson s'en revenait d'une expédition contre le Danemark.

2. Josias, comte de Rantzau, né dans le Holstein en 1609, servit successivement les Hollandais, les Suédois, l'Empereur, de nouveau les Suédois et enfin les Français. Maréchal de France en 1645.

Estats] ne voudroient pas se charger aussi à la fin d'une campaigne.

Vous prendrez aussi, s'il vous plaist, la peine de présenter à Mme la princesse d'Orange les deux lettres que je luy escris[1] [avec le fil de perles] que la Reyne luy envoye, et luy fairez des excuses de ma part, de ce que S. M. m'ayant commandé de les choisir, je n'ay pû réussir en cela selon son intention et selon ce que je m'estois proposé. Après que vous aurez fait cela, S. M. trouve bon que vous retourniez icy, ce que je vous supplie de faire le plus tost que vous pourrez, et après avoir pressé les offices dont je vous ay escrit cy-dessus. Vous aurez sçeu la reddition de Vorms et de Mayence[2] et les autres progrès des armées du Roy commandées par M. le duc d'Enghien. Parmy tant de prospéritez que Dieu nous envoye de toutes parts, il a permis que les choses de Cataloigne[3] n'aient pas réussy cette année selon qu'apparemment elles le devoient faire et que les préparatifs que nous y avions apportez du costé de deçà sembloient le requérir. Mais je me prometz qu'avec les bons ordres qu'on y va donner, et l'effort qu'on y va faire, tout y changera bientost de face.

J'ay eu quelques petits accez de fièvre, dont par la grâce de Dieu je me trouve maintenant fort soulagé, et

1. Lettres du 3 octobre (Aff. étr., Hollande, supplément 2, fol. 15 et 15 v°) pour lui annoncer le présent de perles (cf. pièce XCII) et pour la féliciter de la prise du Sas par le prince d'Orange. Cf. pièce suivante.

2. Voir le duc d'Aumale, *Histoire des princes de Condé*, t. IV, p. 380 et suiv.

3. On avait perdu Lérida et Balaguer.

j'espère recouvrir dans peu de jours les forces avec l'entière santé.

Croyez cependant que je seray tousjours véritablement, Monsieur, vostre très affettionné à vous faire service.

Le Cardinal MAZARINI.

A Fontainebleau, ce 3ᵉ octobre 1644.

Pour ce qui est d'Ouaten[1], asseurez-vous que rien ne sera oublié.

En recevant la vostre du 20ᵉ du passé, nous avons reçeu nouvelles que l'affaire de l'Ostfrise tiroit en longueur. Je vous conjure de fortifier vos offices pour la faire prontement terminer. Le party confédéré et nous particulièrement, recevrons beaucoup de préjudice de ce différent. Car il est vray que les troupes de Vestphalie du party contraire, qui ne se fussent point remuées si les hessiennes eussent esté en ce pays-là, sont maintenant vers Coblens[2] et ayderont avec d'autres à traverser les desseins que nous avons de ce costé. La chose parle d'elle-mesme.

XCIX.

D'Estrades a Mazarin[3].

« A La Hayée, ce 24 octobre 1644 ».

(Aff. étr., Correspondance politique, Hollande 31, pièce 219, fol. 444, autographe.)

Monseigneur,

Il y a si peu de temps entre l'arrivée de M. de Cha-

---

1. Watten, sur l'Aa. Cf. *supra*, p. 199, note 2, et p. 201.
2. Voir le duc d'Aumale, t. IV, p. 398.
3. Lettre du même jour à Brienne (Aff. étr., Hollande 31,

marante et le despart de l'ordinère que je n'ay que
celuy de dire à V. É. que le présant a esté reçeu avec
beaucoup de joyee[1], remettant à lui dire touttes les
particularités des choses que Leurs Altesses m'ont
chargé lorsque je serai auprès d'Elle, que j'espère estre
bientost, si le vant me veust estre favorable. Cependant je lesseré S. A. très bien disposée pour les desseins de la campagne prochesne, dont il s'est ouvert à
moy pour en conférer avec V. É.[2]. Il n'a pas manqué
de m'alléguer les mesmes difficultés qui sont alléguées
dans vostre dépêche touchant la proposition que je
luy ay faicte, dont indubitablemant la ruine des Pays-
Bas s'en ensuivra. Il m'a commandé de la venir trouver
à ce soir, afin de conférer de nouveau sur ce subject et
chercher les moyens de désintéresser ses peubles, qui
sont très difficilles là où il va de leur intérest.

J'ay faict aussi nouvelles instances sur l'accomodemant d'Ostfrise[3]. Ils en sont à présant sur le plus ou le
moins des troupes qui doivent estre licentiées. S. A.
m'a promis qu'il escriroit affin que elles feussent livrées
à M. de Laleu[4] dès que l'accord seroit faict.

Il a esté obligé de s'en revenir à La Hayée pour se

pièce 217) : « Je faicts estat de partir au premier jour et de
vous faire responsse de bouche à vos despêches. »

1. Cf. *supra* les lettres du 25 août et du 3 octobre 1644. Le
collier de perles avait été acheté 25,000 écus (Brienne à d'Estrades, 1er octobre, Bibl. nat., Clairambault 573, fol. 1029).

2. Le prince d'Orange à Mazarin, La Haye, 24 octobre (Aff.
étr., Hollande 31, pièce 218). Il charge d'Estrades d'entretenir
Mazarin de la dernière campagne et de la prochaine.

3. Par la convention du 28 octobre 1644, il fut décidé que
les hostilités seraient suspendues jusqu'au 31 mars 1645. Cet
armistice permettrait de régler définitivement cette affaire.

4. Cf. la lettre précédente, p. 208.

trouver à l'ouverture de l'assamblée de Hollande, où il est arrivé le 22 de ce mois. Il a lessé M. le prince Guillaume[1] dans le Brabant avec toutte la cavalerie, qui a ordre de ne se retirer dans les garnisons qu'au 1ᵉʳ novembre.

M. le prince d'Orange se sant extraordinairemant obligé de l'envoy de M. de Chamarante. Il publie partout l'obligation qu'il a à V. É., et ledit sʳ de Chamarante s'est si bien acquitté de sa commission vers Leurs Altesses qu'il ne s'y peust rien adjouster.

J'ay reçeu baucoup de joyee d'avoir aprins que V. É. estoit sans fieuvre ; je la suplie...

C.

LE PRINCE D'ORANGE A D'ESTRADES.

La Haye, 12 décembre 1644.

(Bibl. nat., Clairambault 573, fol. 1097, original.)

Monsieur, estant sur le point de vous escrire, j'ai reçeu vostre lettre du 4ᵉ de ce mois et me suis rejouy de veoir par icelle comme M. le cardinal Mazarini[2] se trouve de sentiment conforme au mien, en ce qu'il convient poursuivre aveq vigueur la guerre en Flandre, s'offrant à disposer la Reine par la faveur de ses interventions à ce que, pour animer cest Estat et le rendre capable d'entreprendre quelque chose de grand à la

1. Le fils de Frédéric-Henri, le prince Guillaume, — le futur Guillaume II, — était général de la cavalerie.

2. D'Estrades était rentré en France au mois de novembre. Le 10 décembre, Mazarin fit part au prince d'Orange de la joie qu'il avait des nouvelles apportées par d'Estrades (Aff. étr., Hollande, supplément 2, fol. 16, copie).

prochaine campagne, il luy plaise de faire augmenter le subside ordinaire de quelque somme de considéra-tion[1]. J'espère que ce sera aveq effect, et vous supplie, Monsieur, d'y tenir la main, selon que vous sçavez l'estat de nos affaires le requérir.

Pour ce qui est des quatre places énemies que vous nommez, dont l'une ou l'autre se pourroit attaquer de par de çà, ce sont bien celles mesmes sur lesquelles nous aurions l'œil, mais nommément [celle d'Anvers][2], vers laquelle vous dites que se porteroyent aussi les inclinations de mondit sieur le Cardinal; comme en effect c'est la plus considérable de toutes, et peut-on s'asseurer que nous tascherons de faire tout le possible à pouvoir entreprendre et faire réussir ce dessein[3].

Les considérations que vous marquez sur le faict des licentes[4] sont bonnes et d'importance, et suis-je après à en conférer avec MM. les Estats pour veoir à quoy ils s'en pourront résoudre.

Que si, sur tout ce que dessus et particulièrement aussi sur ce qui est des places que pourront entre-prendre les armées du Roy, la Reine pouvoit trouver bon d'envoyer personne confidente et entendue par de çà, pour concerter toutes choses aveq le secret con-venable, j'estime que ce seroit le meilleur et plus seur expédient, et en ce cas, Monsieur, je puis quasi me représenter que ce seroit encore vous à qui la peine en seroit imposée.

---

1. Voir, *infra*, les lettres des 6 février, 27 février, 7 mars 1645, etc.

2. Déchiffrement de d'Estrades.

3. Voir, *infra*, les lettres des 13 mars et 18 avril 1645.

4. Voir, *supra*, p. 207, la lettre du 3 octobre 1644.

Cependant, comme c'est chose bien constante que les ennemiz travaillent de tout leur pouvoir à se mettre en posture contre les efforts qu'il leur est aysé de prévéoir pour la prochaine campagne, en quoy, selon la constitution des affaires, il n'est guère apparent que l'Allemaigne les puisse soulager de beaucoup d'assistence, il me semble que le plus présent secours dont ils puissent faire estat ce seroit celuy de M. de Lorraine[1], lequel je suis bien adverti avoir entreprins de leur fournir aux environs de Bruxelles jusques à 10,000 hommes de pied et trois mil chevaulx, vers le mois d'avril. Et partant j'estime que, s'il y avoit moyen en France de renouer les traictez aveq ledit duq de Lorraine et de l'attirer aveq ses gens au service du Roy, ce seroit faire un coup de très grande importance au bien commun : ne restant plus après cela aucun secours aux énemis que ce que de leur propre ilz seroyent obligez d'appeller de l'Espagne ou d'Italie. Je vous supplie donq aussi d'en parler aveq M. le cardinal Mazarin[2] et d'ayder à pousser que ceste négotiation soit rentamée et acheminée tant qu'il sera possible. J'attendray que vous preniez la peine de m'informer des rencontres que vous aurez euës sur l'un et l'autre des points susdits et à tant vous asseureray que je ne seray jamais trouvé autre que, Monsieur, vostre très affectionné à vous faire service.

F. Henri DE NASSAU.

A La Haye, le 12ᵉ décembre 1644.

1. Voir, *infra*, les lettres des 6 mars, 10 mars, 10 juin, 17 juin 1645.

2. Ici le scribe a écrit : Mazarin; plus haut, il avait écrit : Mazarini.

CI.

BRIENNE A D'ESTRADES.

Paris, 21 janvier 1645.

(Bibl. nat., Clairambault 574, fol. 11, original chiffré en partie et
déchiffré.)

Monsieur, le desgel ayant duré depuis votre départ,
on juge que vous aurez peu faire beaucoup de dilli-
gence[1], et, sur le présupposé que vous serez plustost
que cette lettre à La Haye, j'ay ordre de vous l'y ad-
dresser. C'est pour vous asseurer que [M. l'ambassadeur de MM. les Estats s'est mesconté quand il a
mandé que S. É. estoit contante de faire accorder à
MM. les Estats les advantages[2] qu'ils pourchassent avec
une extraordinaire viollance et que, sans que l'on croit
qu'ils seroient surpris et ravis de cette nouvelle, on
auroit de la peine de consentir à la chose, laquelle paroist si grande qu'on veut la diminuer, mais en une
chose de nulle conséquance, comme à dire que leurs
ministres conduiront ceus de France jusqu'à leur ca-

1. Dans sa lettre du 9 janvier 1645 aux plénipotentiaires
d'Avaux et Servien, le Roi annonce qu'il envoie d'Estrades en
Hollande (*Négociations secrètes touchant la paix de Munster...*,
La Haye, 1725, t. II, 2e partie, p. 15). D'Estrades arriva à Dordrecht le 22 janvier, après une traversée par mer de douze
heures seulement. Cf. d'Estrades à Brienne, 22 janvier (Aff.
étr., Hollande 33, pièce 19), et d'Estrades à Chavigny (*Ibid.*,
pièce 20).

2. Il s'agit du rang des ambassadeurs des États-Généraux. Il
a déjà été question de cette affaire (voir *supra*, p. 66) et il
en sera encore question dans les lettres qui suivent jusqu'en
fin février 1645.

roce et s'en contenteront de l'estre jusque au haut du degré ou en quelque autre lieu dont on conviendra. Si vous croyés que j'espère qu'ils y consentent, vous me faictes tort. C'est sur ce propos que j'ay parlé de la lettre de Brasset dont on n'a pas esté content; quoy qu'on demande pour cette différence de conduite, si, à cela près, le reste estoit adjusté, je crois qu'on se relàcheroit, et il sera juste de dire et de promettre aussi qu'en tous lieus leurs ambassadeurs seront traictés comme ceus de Venise à Munster; ils ont la main, le titre et la conduitte à l'esgal là ceus-cy la doivent aussi prétendre. On veust de plus que vous percistiés pour avoir les huict vaisseaux[1]. Et comme on ne met point en doutte qu'ils ne soient accordez, on adjouste qu'ils soient puissans et des mellieurs dont se sert l'Estat, que vous fassiez valoir à M. le prince d'Orange ce que l'on accorde à MM. les Estats, mesme qui n'est consenti qu'en sa considération et dont on veust qu'ils luy en restent obligés, et que vous preniés aussi le soing de vous faire informer quelle quantité de poudre on pourroit achepter[2] et à quel prix, ceci fort secrettement et sans qu'on descouvre que ce soit nous qui en ayons besoing]. Après vous avoir parlé avec quelque confusion des affaires, j'entre en ma praticque ordinaire et à vous faire entendre que la raison qui [fait désirer lesdits vaisseaus est pour faire une chose de

---

1. Voir la pièce suivante. Les huit vaisseaux ne furent pas accordés, et Brienne s'en plaignit dans une lettre à d'Estrades du 11 février 1645 (Bibl. nat., Clairambault 574, fol. 65).

2. Gentillot fut chargé d'acheter en Hollande des munitions de guerre. Voir, *infra*, p. 231, la lettre de d'Estrades du 6 février 1645.

telle conséquance qu'elle apportera grand advantage
au public. Dans le dernier du prochain mois nous aurons nostre flotte à la mer et dans le mois de mars on
oÿra parler de nos entreprises]. Dieu veuille que votre
négociation réussisse à bien et vous ayde à faire de
grandes choses. Vous donnerés part à Munster[1] de ce
que vous adporterez sur le fait des réceptions, du
tittre et de la main, et de ce qui sera conclu et traicté
à La Haye entre les députtés de Mme la Lantgrave et du
comte d'Ostfrise[2]. Nous sommes pressez et sollicitez
par cette Altesse d'espouser et d'appuyer ses intérests,
et nous sommes obligez à le faire, nostre honneur et
l'intérest de la cause commune nous y engage. Je suis,
etc.

DE LOMÉNIE-BRIENNE.

1. D'Estrades fut en relations suivies avec Servien et d'Avaux,
dont de nombreuses lettres se trouvent dans ses papiers (Bibl.
nat., Clairmbault 574, notamment).

2. Cette affaire, dont nous avons vu les débuts en 1644, fut
difficile à régler. La trêve du 28 octobre 1644 prenait fin le
31 mars 1645. On aboutit, le 24 avril, à un règlement provi-
soire (cf. lettre du 18 avril 1645). — Quelques jours après son
arrivée en Hollande, d'Estrades avait reçu une lettre de la
landgrave, datée de Cassel, 23 janvier 1645 (Bibl. nat., Clairambault 574, fol. 19), qui lui demandait ses bons offices. Elle
ajoutait : « ... de la conservation de ces quartiers (d'Ost-Frise)
celle de mes armes absolument en dépend, de sorte qu'on ne
m'y auroit pas troublez qu'en mesme temps on m'en voudroit
mettre hors de toute considération et me rendre incapable de
l'assistance et de la coopération qu'on se pourra promettre de
mes armes pour l'avancement des bons desseins... »

CII.

D'Estrades a Mazarin.

La Haye, 30 janvier[1] 1645.

(Aff. étr., Correspondance politique, Hollande 33, pièce 28, fol. 39,
autographe chiffré en partie et déchiffré.)

Monseigneur,

M. le prince d'Orange a reçeu avec baucoup de
satisfaction ce que je luy ay dit de la part de la
Reinne et de V. É. touchant les rancs des ambassadeurs[2], et comme il a esté persuadé que sa seulle
considération avoit porté V. É. à faire relâcher S. M. à
donner la main et le tittre d'Excellance, pourveu que les
ambassadeurs de MM. les Estats randissent la première
visitte à MM. les plénipotentiers à Munster, et qu'ensuitte ils seroit traittés partout comme ceus de Venise,
il s'est porté aussi avec chaleur envers MM. les Estats
pour leur faire agréer ceste proposition, de laquelle il
n'a pas tiré peu d'avantage, en faisant voir ausdits s^{rs}
les Estats la considération que la Reinne et V. É. font
de sa personne.

Lesdits s^{rs} les Estats m'ont voulu faire proposer des
expédiants pour adoucir ceste première visitte, ce que
j'ay rejetté, et leur ay répondu que S. A. seroit informée des dernières intantions de la Reinne. Ils ont esté
obligés de s'adresser à luy, et la chose s'est si bien

1. Les lettres de même date adressées par d'Estrades à Chavigny (Aff. étr., Hollande 33, pièces 26 et 27) et à Brienne
(*Ibid.*, pièce 25) contiennent à peu près les mêmes détails.

2. Sur cette question d'étiquette, voir les pièces qui pré-
cèdent et qui suivent.

passée au contantemant de S. A. qu'elle publie l'obligation qu'Elle a à V. É. de la fasson dont elle trette avec luy, et m'a asseuré qu'il porteroit lesdits Estats à consentir à ceste première visitte.

J'en ay donné advis à MM. les plénipotentiers[1] et leur ay envoyé la lettre du Roy.

S. A. a esté confirmé à recognoistre de plus en plus les artifices des Espagnols par les choses que je luy ai dittes confidament de la part de V. É., en ce que il a vérifié que du mesme temps Castel-Rodrigo[2] a envoyé à La Hayée un certain conseller de Brabant apellé Noirmont[3], sous prétexte de vuider les différants de la Mérerie de Bolduc[4], qui luy a proposé de la part de Castel-Rodrigo un tretté secret à La Hayée, puisque aussi bien la France ne les vouloit pas tretter comme ambassadeurs à Munster. Du mesme temps il luy a

1. D'Estrades à d'Avaux et Servien, 29 janvier 1645 (Aff. étr., Hollande 33, pièce 30, fol. 47). Voir aussi la lettre de Servien à d'Estrades du 5 février (*Ibid.*, pièce 32, fol. 50).

2. Don Manuel Moura, marquis de Castel-Rodrigo, gouverneur des Pays-Bas par lettres patentes du 25 avril 1644, entré en fonctions le 1er octobre 1644. Il fut rappelé en Espagne au mois d'octobre 1647 et fut remplacé dans le gouvernement des Pays-Bas par l'archiduc Léopold d'Autriche, fils de l'empereur Ferdinand II.

3. Antoine Galla de Salamanca, seigneur de Noirmont. Mazarin était déjà informé du voyage de Noirmont (Mazarin à d'Estrades, Paris, 28 janvier 1645, Bibl. nat., Clairambault 574, fol. 25, orig. — Chéruel, t. II, p. 128, a publié cette lettre d'après une copie).

4. Depuis que le prince d'Orange s'était emparé de Bois-le-Duc, la Mairie, c'est-à-dire le plat pays situé autour de cette ville, était dévastée à la fois par les Hollandais et par les Espagnols. Cf. Alb. Waddington, *La République des Provinces-Unies*, t. I, p. 138.

faict sçavoir que le roy d'Espagne avoit une personne secrette en France[1], qui trettoit avec M. le duc d'Orléans du mariage de Mademoiselle[2] et que l'ons en espéroit bonne issue. A tous ses discours, S. A. a respondu qu'il estoit inutille de luy faire des propositions séparées, que Castel-Rodrigo estoit abusé en ce point, comme en celuy que leurs ambassadeurs ne feussent pas trettés comme ils espèrent de ceus du Roy, qu'ils seroit bientost à Munster avec satisfaction et que là ils escouteroit, avec la participation de tous les alliés, ce qui seroit proposé. S. A. ne s'est pas contantée de ceste déclaration, mais a faict faire réponsse promtemant audit Noirmont sur le faict de la Mérerie de Bolduc et luy a faict dire par MM. les Estats de sortir de La Hayée et s'en retourner en Brabant.

Ce que je luy ai dit de la part de V. É. touchant le [mariage d'Angleterre[3]] et la panssée que V. É. avoit

1. Il s'agit d'Achille d'Estampes de Valencey, chevalier de Malte, général des galères de l'ordre, cardinal en 1643. Brienne écrivit à d'Estrades, de Paris, le 4 février 1645 (Bibl. nat., Clairambault 574, fol. 34) : « ... enfin M. le cardinal de Valencé est parti après avoir fait toutes les chicanes imaginables pour s'en guarentir. Il a voulu demeurer sur le lieu sans se descouvrir des belles choses qu'il disoit avoir à proposer. [L'entretenant, je pénétray qu'il vouloit laisser entendre que le pape luy avoit confié de grands secrets, qu'il avoit en main de quoy faire la pais et la cimenter par le mariage de Mademoiselle et du Roy catholique, mais cela ne fit que préférer davantage son partement]. » Cf. aussi la lettre de Mazarin aux plénipotentiaires, du 26 janvier 1645, dans Chéruel, t. II, p. 126. Voir les *Mémoires de Goulas*, édités par Ch. Constant pour la Soc. de l'Hist. de Fr., t. II, p. 75.

2. Voir la note précédente.

3. Il s'agit du mariage d'une des filles de Frédéric-Henri avec le prince de Galles.

eue de faire escrire [la reyne d'Angleterre au duc de
Lorraine] l'a beaucoup resjoui, et espère que cest es-
pédiant enguagera [ledit duc], ou du moins [aportera
du retardement à la levée de ses troupes[1]]. J'ay faict
diverses instances pour les huict vesseaus, tant à S. A.
qu'à MM. les Estats. Ils m'ont respondu que cella ne
se pouvoit pour les raisons[2] que S. A. a desjà escrittes
à V. É. et aussi pour celles de l'estat où ils se trouvent
d'estre sur le point de rompre avec le roy de Danemarc, touchant une imposition que ledit roy de Danemarc a mis sur le Zont[3]. Ils m'ont aussi allégué
qu'ils ne sçauroit esquiper les huict navires et les
mettre en estat de faire un voyage de six mois qu'ils
ne coustent au plus juste pris quatre cent mille liuvres,
et que, quand ils les pourroit accorder, ils ne sçauroit
estre prêts que vers le mois de may, et ma demande
est pour la fin du mois de mars. S. A. m'a dict de
plus qu'il avoit des advis certains que les vesseaus du
Parlement vouloit porter de l'argent d'Espagne à Dunquerque et qu'en ce cas ils estoit résolus de faire vi-

1. Le duc de Lorraine passerait en Angleterre avec des
troupes pour secourir Charles Ier. Voir *infra*, p. 232 et 242.

2. Dans sa lettre à Chavigny, du 30 janvier 1645 (Aff. étr.,
Hollande 33, pièce 26), d'Estrades écrit « que les provinces ne
consentiroient jamais que l'ons sépare leur armée navale, qui
n'est pas trop forte pour fournir à la pêche du haran, aux convois et garder la coste contre les Dunquercois ».

3. Depuis longtemps, les Hollandais étaient en conflit avec
le Danemark au sujet des péages du Sund. Lors de l'invasion
du Holstein par Torstenson, ils s'étaient déclarés contre Christian IV, qui entravait leur commerce dans la Baltique. Une
flotte armée par Louis de Geer s'était réunie aux navires suédois et avait même contribué à la victoire de Fehmarn (octobre
1644). Cf. A. Waddington, t. II, p. 2.

siter les bateaus[1], ce qui ne se peust faire qu'avec un
bon nombre de navires, d'autant que les parlementères escorteront lesdits bateaus avec leurs ramberges[2].

Et comme V. É. me tesmoigna ne pouvoir augmanter le subside qu'à ses conditions, je l'ay faict entandre
à S. A., qui a esté fort surprins, veu la résolution qu'il
a prinse depuis que je suis arrivé, sur les santimants
de V. É. [d'attaquer Anvers] et obliger MM. les Estats pour l'espérance qu'il leur a donnée que la France
augmenteroit le subside, de faire une grande despansse
pour une entreprinse de grande considération, à quoy
il les a si bien disposés qu'ils ont promis à S. A.
1,200,000 liuvres, et par-dessus ceste somme la levée
de 6,000 ouapegueldres. Il n'y a que la Hollande qui
veust sçavoir avant d'i consentir quel subside la France
veust donner.

S. A. suplie V. É. de considérer l'importance de ce
dessein, lesquel réussissant comme il espère [metra les
affaires en estat, de costé et d'autre, de soulager tout à
fait nos despenses des années prochaines]. Il demande
d'être assisté de la France [de la somme de quinze cens
mille livres payables à Amsterdam], ainsin que [le feu
Roy donna l'année 1642 pour le dessein de Bruges].
Il faict estat, moyennant ce que dessus et ce qu'il mettra du sien, [de lever 15,000 hommes, et faire une armée de 35,000 hommes, de la séparer en deux], et
estre en estat [de combatre les ennemis s'ils viennent
à luy pour empescher son dessein, que] j'estime [fai-

1. Sur les rapports des Provinces-Unies avec Charles Ier
d'Angleterre et les parlementaires, cf. A. Waddington,
t. II, p. 7.

2. Petits navires de guerre.

sable, par un chemin qui est par le pays perdu] duquel j'eus l'honneur de parller à V. É. avant partir, et qui, [à la marée basse, nous mène jusqu'à la Teste de la Flandre, le fort de Calo et celuy de Marie], sans [qu'il y aye de la vase que jusqu'à moitié jambe]. S. A. m'a commandé de comuniquer ce que dessus à V. É. Il aprouve extrémemant [le dessein d'Ipre] et, dans la cognoissance qu'il a des affaires [de la Flandre], il ne doubte pas [que V. É. et luy ne la ruinnent ceste campaigne]. Il m'a commandé de suplier V. É. de considérer les grandes despansses qu'il faict faire à MM. les Estats, celle qu'il faira en son particulier, et de ne plaindre pas un secours extraordinère desjà accordé une auttre fois [pour un moindre dessein] et qui donnera lieu à l'advenir [d'espargner des sommes immenses et de porter la guerre conjointement hors de ses pays]. Je luy ay représanté autant qu'il se peust que je croyois bien que, pour un dessein comme celuy-là, V. É. se porteroit à donner quelque chose de plus que le subside ordinère, dont je douttois néantmoins, ne pouvant accomoder S. M. des huict vesseaux qu'elle luy demandoit, et que j'estimois qu'elle ne se devoit point attandre que V. É. peust faire donner une somme si considérable, et que, quand elle accorderoit 200,000 liuvres de plus que le subside ordinère, je croyois que c'estoit tout ce qui se pouvoit faire. Il me tesmoigna ne pouvoir ajuster ce qui luy est nécessaire à moins de [quinze cens mille livres, payables à Amsterdam], que si sur les difficultés que je luy faisois il ne pouvoit estre assisté d'une parelle somme, il voyoit bien aussi que MM. les Estats ne founiroit pas ce qu'il leur avoit promis, et ainsin ne voulant pas enguager à V. É. dans une affaire dont il est asseuré qu'il ne pourroit pas réussir, à moins que d'un secours tel qu'il demande, et à quoy il s'est réglé; veu ce que je luy ay représanté des grandes despansses que la France faict de touttes parts, il propose un autre dessein qui est [d'attaquer Hulst], moyennant le subside ordinère et, en cas que ce desscin luy manque, de faire diverssion dans la Flandres, autant qu'il pourra, avec son armée, qui, n'estant que de 14,000 hommes de pié et de 4,000 chevaus, est trop foible pour la pouvoir séparer. S. A. suplie V. É. de luy faire sçavoir son intantion sur tout ce que dessus, parce que l'assamblée de Hollande se doit rompre, et il l'a prolongée pour trois sepmènes, qui est tout ce qu'il peust, et estant une fois séparée, l'ons ne sçauroit plus rassambler les provinces pour tirer d'eus le consantemant d'un secours d'argent extraordinaire.

J'ay faict diverses instances pour l'affaire de Mme la Landgrave[1]. Ses députtés se doivent assambler avec ceus de MM. les Estats, mais il y a tant d'égreur de part et d'auttre, et se tiennent si fermes les uns à vouloir que le comte d'Emdem désarme tout à faict, et les auttres que Mme la Lantgrave sorte de ses quartiers, qu'il sera malaisé de les accorder, s'ils ne se résolvent de relâcher aus expédiants que l'ons leur proposera. S. A. incline toujours fort pour le comte d'Emdem. Il a prié devant moy les députtés d'adoucir autant qu'ils pourront ceste affaire, et y mettre la dernière main.

Pour ce qui est de celle de Portugal[2], je m'asseure

----

1. Sur les affaires d'Ost-Frise, voir, *supra*, la lettre du 21 janvier 1645 et, *infra*, p. 253, celle du 18 avril 1645, p. 247.

2. Sur ce conflit, cf. A. Waddington, t. II, p. 93. D'Estrades

que M. l'ambassadeur du roy de Portugal qui est à
La Hayée sera satisfaict des instances que j'ay faicte,
envers S. A. et MM. les Estats, de trouver des moyens
d'accomoder ceste affaire. Ils ont promis de s'y employer et mesme ont comancé de faire des propositions
pour cest effect, ausquelles ils ont faict consentir la
compagnie des Indes, ce qu'ils n'avoit encores sçeu
obtenir.

Dès que S. A. sçaura que les annemis se disposent
d'attaquer Vuatte[1], il faira diverssion du costé du
Sas et du costé du Brabant.

J'ay trouvé que plusieurs de MM. les Estats font
grand bruict touchant la deffansse qui a esté faicte de
recevoir en France des huiles de balène des païs estrangers, et mesme ils ont pressé S. A. de s'employer
envers V. É. pour faire remettre ce commerce. J'ay
suplié S. A. de ne s'en mesler pas et considérer que
ceus des Estats qui veulent faire passer cest édit pour
une infraction de tretté et rupture du commerce ne
s'en plaignent pas pour l'intérest de l'Estat, mais pour
le leur particulier. Je luy ay dit confidament que V. É.
désiroit que ceste compagnie subsistast et que j'estois
asseuré qu'il luy fairoit plaisir de ne recevoir pas les
prières de ses Messieurs. Il m'a promis qu'il ne s'en
mesleroit pas, et d'autant plus volontiers que je luy

avait proposé au prince d'Orange et aux États de ne pas renou-
veler à la Compagnie des Indes la permission de faire la guerre
« qu'auparavant MM. de la Compagnie des Indes n'eussent
accordé de leurs différants avec le roy de Portugual. MM. les
Estats ont promis d'agir là-dessus ainsin que l'ons désire et de
proposer quelque expédiant ». D'Estrades à Brienne, La Haye,
30 janvier 1645 (Aff. étr., Hollande 33, pièce 25).

1. Watten sur l'Aa.

tesmoignois que V. É. affectionoit ceste affaire. |Il désire que l'on ne sache pas qu'il donne son consantement], parce que cella [le brouilleroit avec les peuples] en ce que |il paroistroit qu'il ne prand pas leur intérêt]. Je l'ay asseuré [que l'on n'en sçauroit rien et que je l'escrirois seulement]. Il se sant fort vostre obligé des deus vessaus qu'il a pleu à V. É. luy accorder, et je vois une telle disposition à S. A. d'agir avec vigeur et confiance que V. É. peust croire que ce qu'il luy refusera il ne le pourra faire.

J'ay délivré au s^r Calandrini les deus paquets dont j'avois esté chargé. Je suplie très humblemant V. É. de croire que je suis et serai toute ma vie, Monseigneur...

D'Estrades.

A La Hayée, ce 30 janvier 1645.

CIII.

D'Estrades a Mazarin[1].

La Haye, 6 février 1645.

(Aff. étr., Correspondance politique, Hollande 33, pièce 35, fol. 57, autographe.)

Depuis la dernière lettre que j'ay eu l'honneur d'escrire à V. É., MM. de Hollande se sont séparés, sur ce qu'ils ont vouleu obliger les auttres provinces de déclarer la guerre au roy de Danemarc et se joindre avec la couronne de Suède. Ils se sont portés avec tant de violance à ce dessein qu'ils ont entièremant choqué

---

1. Une autre lettre de la même date, donnant à peu près les mêmes renseignements, est adressée par d'Estrades à Chavigny ou à Brienne (Aff. étr., Hollande 33, pièce 34).

les intantions de S. A., qui estoit d'accomoder cest
affaire et songer à celle d'adjuster au contantemant de
la Reinne les rancs des ambassadeurs et à se mettre
en estat de faire une attaque de très grande importance. Tout est sursis jusques au 12 de ce mois qu'ils
ont promis de s'assambler. Cependant, comme S. A.
travailloit à faire consentir la Hollande qui résistoit la
plus à randre la première visitte à Munster, il a reçeu
des lettres du résidant de MM. les Estats à Cologne,
qui luy mande que l'Électeur de Cologne luy a dit que
l'Empereur avoit escrit à ses plénipotentiers à Munster de recevoir l'ambassadeur du duc de Bavières et
luy randre le mesme honneur qu'à ceus d'Espagne[1],
ce qui a obligé S. A. de cesser ses poursuittes. Et du
mesme temps MM. les Estats Généraus luy ont députté
pour le prier de faire des nouvelles instances à S. M.
et à V. É. pour les restablir dans ce qu'ils ont possédé
autrefois, et qu'ils ne peuvent avec honneur ni satisfaction aller à Munster pour se voir trettés différamant
aus électeurs, que desjà MM. les plénipotentiers du
Roy ont visitté les premiers, donné la main et le tittre
d'Excellance à un des plénipotentiers des électeurs,
qui est arrivé il y a quelque temps à Munster, qu'ils
espèrent de la bonne volonté de V. É. qu'elle persua-
dera à la Reine de leur accorder ce qu'ils demandent.

1. Dans un extrait d'une lettre de Brienne à d'Estrades (Aff.
étr., Hollande 33, pièce 14, copie de la main de d'Estrades),
on lit : « MM. d'Avaux et Servien nous ont mandé que l'ons
attendoit à Munster un députté de M. l'Électeur de Bavières et
qu'ils avoient aprins que ceus de l'Empereur avoit eu l'ordre
de le recevoir comme ils fairoit un ambassadeur d'Espagne ou
de Venise. Cest exemple nous engage à leur randre un pareil
honneur... »

S. A. m'a dit sur tout ce que dessus qu'il ne pouvoit
pas agir pour les porter à la première visite, veu ses
exemples, et m'a donné charge très expresse de tesmoigner à V. É. qu'elle luy aura obligation entière de
ceste affaire dont elle peust jeuger les conséquances,
veu le trétemant favorable que les annemis font à leurs
alliés. Il en eust escrit à V. É. s'il eust peu signer;
mais il est si incomodé de la goutte qui luy tient au
bras droit qu'il ne l'a peu faire.

J'attants avec impatiance la responsse de la dernière
lettre que j'ay eu l'honneur d'escrire à V. É., d'où des-
pendra l'entière résolution du dessein proposé.

Cependant S. A. a jeugé à propos, pour haster
le retour de l'assamblée de Hollande, que l'ons con-
certast un simple tretté comme celuy de l'année
passée, où l'ons metteroit le subside ordinère de
1,200,000 liuvres, et puis par un article secret l'ons
adjoustera ce qui sera accordé par-dessus pour l'employer à faire des levées extraordinères pour un dessein de très grandissime importance, lorsque la réponsse de V. É. sera venue.

Il y trouva aussi de l'advantage en ce que une aultre
année MM. les Estats ne se pourront pas se servir de
ce tretté pour demander un plus grand subside que
l'ordinère, puisque il ne viendra à leur cognoissance
que ce qui est accoustumé d'estre communiqué aus
Estats-Généraus et aus provinces.

Il a esté proposé par les députtés de MM. les Estats
que Mme la Lantgrave demeureroit un an dans l'Ost-
frise, jouissant de trois des melleures plasses, pour
luy asseurer ses quartiers, que MM. les Estats-Généraus seroit caution que le comte d'Emdem n'entre

prandroit rien sur lesdits quartiers, aus conditions que laditte dame la Lantgrave quitteroit tout à faict l'Ostfrise, l'an estant expiré. Ses députtés ont rejetté ceste proposition et ne veulent entandre auttre expédiant que celuy du désarmemant du comte, à quoy S. A. et MM. les Estats ne consantiront pas, et si l'ons ne convient d'une prolonguation de tréve, attandant que le temps puisse remédier à tous ces différants, il sera malaisé d'esvitter une rupture dans ce païs.

Je n'ay point manqué de représanter à S. A. et à MM. les Estats les inconvéniants qui en peuvent arriver, et de presser ceste affaire autant qu'il se peust, mais je remarque que S. A. prand avec tant d'égreur les recomandations qui luy sont faictes pour Mme la Lantgrave que j'ay jeugé devoir en user avec circonspection, attandant que les choses principalles soit conclues. Il se plaint fort d'elle, en ce qu'elle a fort mal recognu les obliguations qu'elle luy a, et mesme m'a adjousté qu'elle pourroit bien, si elle vouloit, servir la cause commune plus utilemant qu'en ruinant le comte d'Emdem qui est son gendre, contre tous ses trettés, que MM. les Estats et luy ont esté caution aus habitans d'Ostfrise, en les faisant désarmer, que Mme la Lantgrave ne seroit que six mois dans leur païs, et il y a huit ans qu'elle y est, et en a tiré plus de cinc millions de liuvres. Je crois que l'ons ne peut insister sur cest affaire avec l'authorité que désirent les ministres de Mme la Lantgrave sans baucoup choquer M. le prince d'Orange. Il m'a dit qu'en considération de la France il se porteroit à consantir de lesser le terme plus long qu'une année.

Sur une lettre que M. de Brienne m'escrivit l'auttre

ordinère, j'ay donné comission à un capitène d'infanterie françoise, nommé M. de Gentillot (dont le père a eu divers emplois du feu Roy, d'achepter en ce païs des vesseaus et munitions), de s'informer secrètemant du prix et de la quantité de poudre qui se pourra trouver...

S. A. m'a communiqué tout ce qui luy a esté dit par ce gentilhome qui est venu de la part de la reine d'Angleterre[1]. J'aurai baucoup de choses à dire à V. É. là-dessus, lorsque je serai de retour.

V. É. aura veu par ma lettre du 30 de l'auttre mois de la fasson que M. le prince d'Orange a procédé sur les propositions de M. de Noirmont. Il ne se peust pas en user avec plus de sincéritté de sa part, ni avec plus d'artifice de celle des Espagnols.

Sur les avis que j'ay eus que l'armée du cercle vestfalique[2] s'augmantoit baucoup, j'ay faict instance à S. A. et à MM. les Estats d'escrire de nouveau à leur résidant de faire plainte à l'Électeur de Cologne et d'agir avec vigueur pour si opposer, ce qui a esté faict. Les lettres usent de menasses et en termes de s'en ressantir, s'ils ne cessent ses levées.

J'espère disposer [M. le prince d'Orange de laisser la religion catholique libre dans la place que nous at-

---

1. Déjà, en 1644, le roi et la reine d'Angleterre avaient essayé d'obtenir du prince d'Orange des secours contre le Parlement.

2. Dans sa lettre à Brienne, du 30 janvier 1645 (Aff. étr., Hollande 33, pièce 25), d'Estrades écrit : « S. A. a faict escrire MM. les Estats à leur résidant de Cologne de protester contre les levées qui se font pour le cercle vestphalique. Il y a desjà un corps de 3,000 hommes qui est proche de Cologne. Lamboy est aussi à Liége qui lève de son costé. »

tacquerons] et, pour m'en facilitter les moyens, je suplie très humblemant V. É. de m'envoyer une lettre[1] [que je luy puisse monstrer] par laquelle vous me commandiés de luy dire que tous nos [avis de Flandres portent que si M. le prince d'Orange, prenant une place, y laisse la relligion catholique libre et les églises en l'estat qu'elles sont, toutes les villes seront disposées à se révolter].

Comme j'estois sur le point de fermer ceste lettre, M. de Gentillot est arrivé qui a trouvé qu'à Delft, Rotredam et Amsterdam le pris des poudres est de 38, 39 et 41 liuvres le cent...

D'ESTRADES.

A La Hayée, ce 6 feuvrier 1645.

CIV.

MAZARIN A D'ESTRADES.

Paris, 25 février 1645.

(Bibl. nat., Clairambault 574, fol. 115;
Aff. étr., Correspondance politique, Hollande 33, pièce 50, fol. 104, minute.)

Il a reçu la lettre de d'Estrades du 14 février[2]. Castel-Rodrigo ne se rebute pas de faire de nouvelles propositions au prince d'Orange[3], entre autres celle de lui donner

1. La minute de la lettre demandée par d'Estrades se trouve aux Aff. étr., Hollande 33, pièce 37. Elle porte la date du 17 février 1645. Le 27 février, d'Estrades écrit à Mazarin : « Sur la lettre de V. É., le Prince s'est entièremant résolu [de proposer à MM. les Estats de laisser les églises et la religion catholique libre dans la place que nous attaquerons] » (Aff. étr., Hollande 33, pièce 77).

2. Aff. étr., Hollande 33, pièce 47, fol. 96.

3. C'était le comte de Nassau, ambassadeur de l'Empereur à

le duché de Gueldres pour qu'il lui procure un accommo
dement particulier avec l'Espagne. Il se flatte même de
faire de lui un arbitre de la paix générale. Il ne doute pas
que S. A. n'en ait averti d'Estrades, car il faut se garantir
des pièges communs... Les Espagnols essaient de parvenir
à une paix générale. Ils ont fait des tentatives près de la
Reine qui a chassé leurs émissaires.

Nous avons avis que M. de Saint-Ibart[1] doit s'aboucher
avec l'abbé de Mercy[2], envoyé par Castel-Rodrigo. Ce ne
doit pas être plus pour l'avantage des États que pour
le nôtre. Le prince d'Orange aura sans doute le moyen de
pénétrer le secret de cette conférence.

Il insiste sur l'affaire d'Ost-Frise[3]. Les Espagnols parlent
de nouvelles levées auxquelles ils font travailler, et font
croire que Lamboy leur a fait 8,000 hommes. Le duc de
Lorraine en a 6,000 et fait dire qu'il veut passer en Angleterre[4]. En terminant, Mazarin conjure d'Estrades d'assurer le prince d'Orange de l'entière passion qu'il a pour
son service.

Munster, qui avait écrit au prince d'Orange (d'Estrades à Mazarin, 21 février, Aff. étr., Hollande 33, pièce 64). Voir aussi
les lettres envoyées par d'Estrades les 6 et 13 mars 1645.

1. Henri d'Escars de Saint-Bonnet, s^r de Saint-Ibart ou Ibal,
cousin de Montrésor, avait été exilé avec les Importants et
s'était retiré en Hollande.

2. L'abbé de Mercy, frère du célèbre général, était « som-
melier de cour » de Son Altesse Impériale.

3. Le 4 février 1645, Mazarin avait écrit que la Reine avait
à cœur les intérêts de la landgrave et que d'Estrades ne devait
épargner ni ses soins ni son adresse pour lui faire obtenir
satisfaction (Bibl. nat., Clairambault 574, fol. 41).

4. Voir *supra*, p. 221, la lettre du 30 janvier 1645.

CV.

D'Estrades a Mazarin.

La Haye, 27 février 1645.

(Aff. étr., Correspondance politique, Hollande 33, pièce 78, fol. 159,
original chiffré en partie et déchiffré.)

Monseigneur,

V. É. aura veu par ma dernière dépêche l'inquiétude où j'ay esté par la crainte d'avoir failli, ayant avancé à S. A. et à MM. les Estats la bonne volonté de la Reyne, sur le faict des rancs de leurs ambassadeurs. Maintenant que je vois par la dépêche que j'ay reçeue de MM. les plénipotentiers que c'est une chose confirmée[1], et qu'ils ont escrit à S. A. que S. M. avoit ac-

---

1. Le 10 février 1645, Servien, en l'absence de d'Avaux, qui était à Osnabrück, avait écrit de Munster à d'Estrades (Bibl. nat., Clairambault 574, fol. 50) que la Reine avait décidé de contenter les États au sujet du rang de leurs ambassadeurs à Munster. D'Estrades en informa le prince d'Orange, qui se montra fort satisfait, et lut une déclaration aux États (Aff. étr., Hollande 33, pièce 57, fol. 117) qui parurent aussitôt mieux disposés à régler le projet de campagne, l'affaire de la landgrave et les autres affaires en suspens (d'Estrades à Mazarin, 17 février 1645, Aff. étr., Hollande 33, pièce 56). Sur ces entrefaites, d'Estrades reçut une lettre de Munster, 13 février (Bibl. nat., Clairambault 574, fol. 77), dans laquelle Servien le priait de ne pas parler de sa dépêche du 10 février sur les intentions de LL. MM. à l'égard des ambassadeurs. D'Estrades se plaignit aussitôt à Servien de sa façon d'agir (La Haye, 18 février, Aff. étr., Hollande 33, pièce 58) et en écrivit, le 21 février, à Chavigny (*Ibid.*, pièce 61), à Brienne (*Ibid.*, pièce 62) et à Mazarin (*Ibid.*, pièce 63). Le prince d'Orange avait écrit la veille à Mazarin (*Ibid.*, pièce 60). Cependant, le même jour qu'il avait envoyé son contre-ordre, Servien, après

cordé ceste grâce à ses prières, je me suis servi de l'occasion pour la faire valoir de nouveau...

Lenteur des délibérations des États, les députés devant conférer avec les provinces.

Le concert qui a esté faict de la campagne sur le pié du tretté de l'année passée a bien obligé la province de Hollande de se rassembler plustot, mais non pas de tenir la parolle qu'elle avoit donnée à S. A. de consantir à la levée d'un million d'extraordinère pour exécutter une très grande entreprinse. Ceste province est si contrère aux bonnes intantions de S. A. que, quoy qu'il leur aye représanté pour rompre la violante passion qu'ils ont de déclarer la guerre au roy de Danemarc[1], il n'en est peu venir à bout. A toutte extrémitté [M. le prince d'Orange a esté obligé de m'envoyer chercher et me prier, outre les diverses instances que j'ay faites sur ce sujet vers les particuliers de leur Estat de la part de la Reyne, de leur faire entendre

en avoir conféré avec d'Avaux, l'avait révoqué (les plénipotentiaires à d'Estrades, 13 février 1645, Bibl. nat., Clairambault 574, fol. 81). L'affaire se terminait donc à la satisfaction de d'Estrades. Mais Servien lui envoya une « lettre fort sèche » dans laquelle il se plaignait d'avoir été dénoncé à la Cour, et une correspondance aigre-douce s'échangea (Aff. étr., Hollande 33, pièces 51, 90, et Bibl. nat., Clairambault 574, fol. 245). D'Estrades reçut des consolations de Brienne et de Chavigny. Ce dernier lui écrivit : « Quand M. Servien y aura bien pensé, il verra qu'il n'auroit pas raison de vous vouloir du mal. J'en parlerai en ce sens à M. de Lionne » (lettres du 18 mars, Bibl. nat., Clairambault 574, fol. 229 et 233).

1. Sur le conflit avec le Danemark, cf., p. 221, la lettre du 30 janvier 1645 et la note 3.

dans l'assamblée générale] comme ceste guerre est directemant contre les trettés faicts avec la France. J'ai comuniqué [le discours à M. le Prince avant de le prononcer. Il me tesmoigna l'approuver[1]] et en suitte m'en a remercié et m'a dit qu'ils ont prolongé leur assamblée de huict jours, que la province de Hollande a esté fort surprinse et est embarassée, qu'il espère que cella produira quelque bon effect, et qu'après cella le tretté sera bientost conclu, estant d'accord de tous les points, à la réserve du subside. J'ay déclaré à S. A. que ce que V. É. faisoit faire à la Reine n'estoit qu'en sa seulle considération, et qu'aussi il devoit considérer que, comme il retiroit tout l'honneur et le profit de

---

1. Dans son discours du 25 février aux États (Aff. étr., Hollande 33, pièces 69, 70 et 71), d'Estrades, après avoir rappelé que la Reine aurait pu espérer que les États répondraient à son affection à leur égard en réglant au plus tôt les affaires en suspens et en se préparant à la prochaine campagne, dit qu'elle voit avec peine qu'il est question d'une guerre contre le roi de Danemark, « dont l'effect ne peust estre sans contrevenir aus trettés qui sont entre la France et cest Estat, qui obligent d'employer toutes les forsses contre l'ennemi commun... La Reyne sçait bien, Messieurs, qu'un des prétextes de ceste guerre est un traitté faict avec la couronne de Suède, qui presse Vos Seigneuries de l'effectuer. S. M. n'a-t-elle pas le mesme droict, Messieurs, de vous demander que celuy que vous avés faict avec la France, en l'année 1634, soit exécutté, par lequel Vos Seigneuries sont obligés de rompre avec l'Empereur quand, de nostre costé, nous romprons avec le roy d'Espagne! » La France n'a pas insisté sur l'exécution de cet article, « par la considération qu'elle a faict que vostre Estat n'auroit pas peu suporter une telle despansse », mais il n'en sera plus de même maintenant, s'il « entreprant une nouvelle guerre de gayetté de cœur, la pouvant esvitter par divers expédiants proposés à Vos Seigneuries ».

l'action qu'il vouloit entreprandre, il estoit aussi raisonable qu'il en fist la plus grande despansse. Je luy ai offert jusques à 200,000 liuvres par-dessus le subside ordinère, mais je vois de l'impossibilité à l'engager à moins de 300,000, à quoy pourtant il n'a pas voulu consantir jusques à présant, et m'a proposé 1,600,000 liuvres payables à Paris, ce que j'ay rejetté, et l'ay prié de me dispansser de faire telles ouvertures à V. É. Nous en sommes demeurés là-dessus sans rien arrester. Aussi cella ne se peust que le consantemant de la Hollande ne soit donné pour la levée d'un million.

Le s^r de Noirmont[1] est arrivé pour demander un passeport pour l'archevêque de Cambrai[2] qui s'en va à Munster comme plénipotentiaire. Il aurait désiré que les plénipotentiaires d'Espagne vissent le Prince en passant, mais celui-ci a refusé.

Arrivée de l'abbé de Mercy[3], qui dit n'avoir d'autre dessein que de visiter les villes. D'Estrades tâchera de savoir s'il vient pour traiter. Sincérité du Prince. Grandes cabales contre son autorité.

Il serait opportun que le Cardinal écrivît une lettre aux États pour les détourner de la guerre de Danemark et pour s'opposer aux levées du cercle westphalique.

Achat de poudre.

D'ESTRADES.

A La Hayée, ce 27 feuvrier 1645.

1. Voir *supra*, p. 219.
2. Il s'agit de Joseph de Bergaigne, évêque de Bois-le-Duc, qui vient de remplacer, le 24 février 1645, à l'archevêché de Cambrai François II van der Burch, mort le 23 mai 1644.
3. Voir *supra*, p. 232, note 2.

CVI.

D'ESTRADES A MAZARIN.

La Haye, 6 mars 1645.

(Aff. étr., Correspondance politique, Hollande 33, pièce 85, fol. 174,
original en partie chiffré et déchiffré.)

Colère du prince d'Orange contre la province de Hollande, qui refuse les subsides promis[1].

D'Estrades va essayer de détourner le Prince de son dessein au sujet de l'Ost-Frise[2].

Il lui a dit qu'il avait ordre de faire connaître aux États que tout ce que la France leur accordait était en considération du Prince.

Quant aux propositions de paix faites au Prince, « [il est vray que ceste offre de la duché de Gueldres luy a esté faite, et on y ajousta de plus d'y mettre la comté de Mursen, principautté et souveraineté. C'eust esté par le moyen du comte de Nasseau, ambassadeur de l'Empereur à Munster], que cella luy a esté proposé, avec tant d'artifice qu'on luy a faict cognoistre que c'estoit un avantage qu'on luy vouloit faire, sans neulle condition... Il m'a commandé de faire part de ce que dessus confidamant à V. É., et aussi de luy dire qu'il avoit espéré obliger [le duc de Lorraine à venir à quelque traité par l'accord fait de la neutralité[3];

1. Le Prince avait pensé que la province de Hollande les accorderait (d'Estrades à Mazarin, 21 février 1645, Aff. étr., Hollande 33, pièce 64).

2. « Son intention estoit d'échanger l'Ost-Frise avec le comte d'Embden » (d'Estrades à Mazarin, 27 février, Aff. étr., Hollande 33, pièce 77).

3. Le duc de Lorraine avait écrit deux lettres au Prince pour obtenir la neutralité, ce qui lui avait été accordé, sur sa parole

mais voyant qu'il avoit mis ses troupes dans les places du roy d'Espagne, que la neutralité a cassé du même temps], il a esté bien aise de sçavoir que V. É. [le tient tousjours en espérance de quelque acommodement]. Lamboy a envoyé à MM. les Estats copie de la lettre de l'Empereur, comme les levées qu'il faict[1] sont pour son service, mais S. A. a faict respondre qu'il sçavoit bien qu'il avoit touché de l'argent d'Espagne pour faire ses troupes et qu'il luy déclaroit les tenir anemies, et la guarnison de Mastricht a eu ordre de faire acte d'hostilité contre ledit Lamboy.

Il est très important, [et M. le prince d'Orange la désiré beaucoup, que] V. É. tesmoigne à l'ambassadeur de Hollande combien la Reyne et V. É. sont mal satisfaicts de MM. les Estats[2] d'entreprendre une nouvelle guerre contre le roy de Danemarc et négliger celle qui est contre le roy d'Espagne... ».

Le Prince ne peut prendre aucune résolution au sujet de la campagne prochaine.

CVII.

D'Estrades

aux plénipotentiaires d'Avaux et Servien.

La Haye, 7 mars 1645.

(Aff. étr., Correspondance politique, Hollande 33, pièce 88, fol. 179, copie.)

Le comte d'Emden est arrivé en Hollande.

« Il fait de grandes instances près MM. les Estats pour

qu'il n'était plus au service des Espagnols (d'Estrades à Mazarin, 21 février, Aff. étr., Hollande 33, pièce 63).

1. Voir, *supra*, p. 230, la lettre du 6 février 1645.

2. Même idée dans la lettre de d'Estrades à Brienne du 6 mars (Aff. étr., Hollande 33, pièce 84).

presser la sortie de Mme la Lantgrave et leur déclare qu'il est résolu de percer les digues et brusler les vilages plus tost que de tomber dans l'extrémité où il se veoit d'estre totalement ruyné par ses ennemis. » La province de Hollande est d'avis de remettre les choses « en estat qu'elles estoient avant l'armement du comte », ce qui est contraire aux intentions du Prince. Il faudrait trouver un expédient.

L'affaire du Portugal[1] sera terminée cette semaine. « L'armée du Roy pourra estre augmentée de seize galions que le roy de Portugal a promis à la Reyne, moyennant cet accomodement. »

La province de Hollande a refusé la levée d'un million d'extraordinaire pour le grand dessein qu'avait le Prince. « Il a fallu se contenter des mesmes conditions portées dans le traitté de l'année passée. »

Affaire de Danemark[2]. Les députés de la province de Hollande sont « si passionnés sur cette affaire qu'ils sont résolus à déclarer la guerre seuls, si les autres provinces n'y consentent ».

Lettres écrites au Prince par le duc de Lorraine et par Lamboy.

L'abbé de Mercy[3] est parti sans avoir fait les propositions dont il s'était chargé.

Les États ont écrit à l'Électeur de Cologne qu'ils tenaient pour suspectes les levées qu'il fait, mais ils ne sont pas décidés à faire quelque acte d'hostilité contre l'armée westphalique[4].

1. Cf., *infra*, p. 245, la lettre du 13 mars 1645.
2. Cf. p. 221, 252 et 262.
3. Cf. p. 236.
4. Cf., *supra*, p. 230.

CVIII.

Mazarin a d'Estrades.

Paris, 10 mars 1645.

(Bibl. nat., Clairambault 574, fol. 175, original chiffré en partie et
déchiffré.)

Monsieur, je ne doute point que le discours[1] que
vous avez fait [à MM. les Estats touchant la guerre
contre le roy de Danemark, à laquelle ceux de la Hollande tesmoignent se vouloir embarquer, nous donne de
la peine, et que les Suédois ne s'en formalisent, d'autant qu'ils sont persuadez que, sans cela, le roy de Danemark ne se résoudra jamais à conclure la paix avec
eux].

Il eust été à propos que vous ne vous fussiez point

1. Le 11 mars, Chavigny (Bibl. nat., Clairambault 574,
fol. 189) et Brienne (*Ibid.*, fol. 181) félicitent d'Estrades de la
harangue qu'il a prononcée à l'assemblée des États. Toutefois,
Brienne lui écrit de « n'outrepasser pas les bornes de son instruction sans un nouvel ordre » et de ne plus intervenir dans
l'affaire de Danemark. Quelques jours après, le 18 mars, Chavigny (Bibl. nat., Clairambault 574, fol. 229) et Brienne (*Ibid.*,
fol. 233) lui font savoir que les Suédois sont mécontents de son
discours. « C'est la raison, écrit Chavigny, pour laquelle on ne
s'est point voulu déclarer et on n'a point escrit publiquement
pour le confirmer. Que cela ne vous mette pas en peine ; il n'y
a rien du vostre... » Le 1er avril 1645, Brienne écrit aux plénipotentiaires que la harangue faite par d'Estrades aux États
n'a pas été approuvée, mais, « ne l'ayant entreprise qu'à bonne
fin, même conseillé par M. le prince d'Orange, c'est une action
qu'il faut excuser et non pas condamner (*Négociations secrètes
touchant la paix de Munster*, t. II, 2e partie, p. 70). Voir aussi
le Mémoire pour écrire à MM. les plénipotentiaires touchant
la harangue de M. d'Estrades, Paris, 6 avril (*Ibid.*, p. 78-79).

engagé [à une action aussi publique] sur ce sujet sans
en avoir au préalable reçeu les ordres de la Cour, pour
ce que, dans l'humeur et l'application où sont nos͏̈ ennemis de se prévaloir de toutes choses pour nous
brouiller avec nos alliez, vous pouvés croire qu'ils ne
manqueront pas de prendre cette occasion pour donner à entandre [aux Suédois que nous opposons à ce
qu'est de leur avantage et travaillons à destourner les
bonnes inclinations que leurs amis ont pour eus. Leur
résidant mesme qui est à La Haye[1] et qui est Holandois]
se portera infailliblement à aigrir de son costé les
choses au dernier point, et j'estime qu'il sera à propos
que vous luy fassiez adroitement sçavoir que, voyant
[le traicté de paix fort avancé entre les deux couronnes
par la médiation mesme de MM. les Estats, l'apréhen-
sion que vous avez eue que, si cette déclaration de
guerre contre Dannemarck se faisoit, elle n'en rendit la
conclusion plus longue et plus difficile contre l'intérest
propre des Suédois, qui est d'estre débarrassé de cette
guerre pour s'appliquer plus puissamment à une plus
importante qui est celle d'Allemagne, et d'ailleurs aussi
que vous avez creu que, MM. les Estats destournant
une partie de leurs forces ailleurs qu'en Flandre, les
Espagnols auroient plus de liberté d'en employer des
leurs en Allemagne en faveur du parti impérial contre
ceux qui luy sont contraires, qui vous auroit obligé de
leur représenter de vous-mesmes, et sans en avoir
receu l'ordre de la Cour, les conséquences de la résolution qu'il sembloit qu'ils eussent envie de prendre.
Qu'au reste vous n'ignorez point combien inséparablement et inviolablement les intérests de la couronne de

____

1. Il s'appelait Spiring.

Suède sont unis à ceux de la France et que nous n'avons pas moins à cœur ses avantages que les nostres propres.

Vous sçaurez aussi avec vostre adresse accoustumée et par la cognoissance que vous avez de l'humeur de M. le prince d'Orange lui adoucir ce changement de conduite...].

Mazarin espère que l'affaire de la Landgrave est en bonne voie. Les garnisons de Westphalie empêchent les levées des ennemis ; elles ont ruiné les convois de Lamboy.

Parmi les vingt-deux vaisseaux partis de Naples, il y en a seize de Hollande. S'ils sont pris par ceux du Roi, le Prince jugera s'ils sont de bonne prise ou non.

Post-scriptum : Le roi d'Angleterre accepte le passage du duc de Lorraine en Angleterre[1]. La Reine le facilitera.

CIX.

D'ESTRADES A MAZARIN.

La Haye, 13 mars 1645.

(Aff. étr., Correspondance politique, Hollande 33, pièce 95, fol. 198, original chiffré en partie et déchiffré.)

Noirmont[2] fait courir le bruit qu'il a proposé le duché de Gueldre au prince d'Orange. « Je puis asseurer que jamais il ne luy en a osé parller... » « ... S. A. proteste que ce n'est qu'un pur artifice pour le persuader en France et donner jalousie, et que tout ce qu'il m'a aprins il me l'a comuniqué tout aussitost pour le faire sçavoir à V. É., et [ç'a esté par le comte de Nassau, ambassadeur de l'Empe-

1. Voir *supra*, p. 232, et *infra*, p. 270.
2. Cf. *supra*, p. 219, la lettre de d'Estrades à Mazarin du 30 janvier 1645.

reur à Munster[1]], qui luy a escrit, et a depuis entièremant
rompu ce commerce... »

Invitation à dîner et à causer faite par l'évêque de Gand[2]
au greffier Musch, qui était aux environs d'Hulst. Refus de
Musch.

Départ de l'abbé de Mercy[3].

Castel-Rodrigo, qui ne peut rien sur l'esprit du Prince,
« s'adresse dans les villes par le moyen de quelques personnes secrètes et fomante les divisions que nous y voyons
encore. [Si M. le prince d'Orange n'eust été secondé de la
France, comme il a esté, et par les ordres que j'ay eus si
présix de V. É. de faire tout ce qui se pouvoit pour esta-
blir son authorité], il n'eust jamais peu venir à bout de ses
desseins [contre la province de Hollande], mais il est certain qu'ils ont [apréhendé que la France romproit avec eux,
et ce que je leur dis dans l'assemblée générale et ce que
M. le prince d'Orange leur a faict dire secrètement les a
tellement intimidés] qu'ils ont consenti à ce qui s'en est
ensuivi... ».

L'animosité persiste entre l'assemblée de Hollande et le
Prince au sujet des affaires de Danemark : le Prince est
d'avis de procéder d'abord par la douceur; les États veulent
en venir de suite aux extrémités. « S'ils le font, ce sera sur
la bourse des particuliers; les choses estant à présent résolues pour la campagne, la cause commune n'en pâtira pas. »

La princesse d'Orange ne veut entendre nulle raison sur
l'affaire d'Ost-Frise.

Les desseins du Prince pour la campagne restent les
mêmes. Il conservera la religion catholique dans les villes
qu'il prendra.

1. Cf. *supra*, p. 231, la lettre du 25 février 1645.

2. Antoine Triest, évêque de Gand du 15 mars 1622 au
28 mai 1657.

3. D'Estrades avait, dès le 7 mars, annoncé aux plénipotentiaires le départ de Mercy (Aff. étr., Hollande 33, pièce 88).

CX.

D'Estrades a Mazarin[1].

La Haye, 13 mars 1645.

(Aff. étr., Correspondance politique, Hollande 33, pièce non cotée, fol. 200, autographe.)

Monseigneur,

J'ay veu avec baucoup de satisfaction, par la lettre que V. É. m'a faict l'honneur de m'escrire du 4 de ce mois, qu'Elle avoit aprouvé ce que j'avois avancé à MM. les Estats touchant les rancs[2]. S. A. ne peust pas tesmoigner plus de ressantimant qu'il faict sur l'obliguation qu'il a à V. É. de ceste dernière lettre du Roy, qui luy a esté très favorable pour affermir son authorité. Il a désiré que je l'aye présantée sans retardemant à MM. les Estats, et en suitte les presser d'une résolution pour la campagne. Il m'ordona aussi, il y a trois jours, de signer le tretté[3] en la forme de celuy de l'année passée et faire courre le bruit que je m'en retornois en France, affin d'obliger MM. les Estats à songer de nouveau à un grand dessein, ce qui a si bien réussi que, nonobstant les traversses de la province de

1. Mêmes renseignements dans les lettres adressées par d'Estrades, le 13 mars, à Brienne et à Chavigny (Aff. étr., Hollande 33, pièces 93 et 94).

2. Mazarin à d'Estrades, 4 mars 1645 (Bibl. nat., Clairambault 574, fol. 141) : « Voilà donc cette grande pierre d'achopement ostée, et l'un des fondemens renversé sur lesquels les Espagnols s'estoient promis de nous désunir. »

3. Ratification du traité de campagne entre S. M. et les États-Généraux, 10 mars 1645 (Aff. étr., Hollande 33, pièce 91).

Hollande, ledits s^{rs} Estats ont députté vers S. A., et luy ont porté parolle qu'ils estoit résolus à la levée de dis mille hommes d'extraordinaire, pourveu que la France les assistast d'une somme considérable pour aider à leurs levées et à l'antretènemant de leurs troupes. Sur quoy S. A. leur a respondu qu'il estoit bien aise de voir leurs bonnes intantions et qu'il en conféreroit avec moy. Le mesme jour, S. A. m'ayant fort pressé de m'estandre au delà de 300,000 livres, ou bien de les faire payer à Amsterdam, je luy déclaré ne le pouvoir faire, et que c'estoit tout ce que V. É. avoit peu obtenir[1].

Le lendemain, les pourparlers reprirent avec des commissaires des États et avec le Prince, qui se relâcha de ses demandes, à la condition que les 300,000 l. seraient payées à Paris le 1er mai. D'Estrades voulait le payement en trois termes. Il finit cependant par céder, « de sorte que cella a esté arresté à ce soir et remis à estre signé demain, ce que j'ay esté bien aise de différer, affin de les disposer de faire leurs levées vers Liège et vers la Vestfalie, et y envoyer des officiers de cognoissance et habilles pour ruiner les troupes de Lamboy et de l'Électeur de Cologne ».

« L'affaire du roy de Portugal avec la Compagnie des Indes est terminée[2]. MM. les Estats et S. A. ont faict

---

1. A ce sujet, Brienne répondit le jour même à la lettre que d'Estrades lui avait adressée : « Vous avez bien mesnagé nostre bourse; nous sommes bien contents de vous; nous ferons payer à jour nommé les 300,000 livres que vous avez promis, et desjà j'en ai averti MM. des finances » (lettre du 25 mars, Bibl. nat., Clairambault 574, fol. 255).

2. Le 6 mars, d'Estrades avait écrit à Brienne (Aff. étr., Hollande 33, pièce 84, fol. 172) que la conclusion de l'affaire des ambassadeurs des États avait eu une heureuse influence sur l'affaire du Portugal. Dans une *Relation*, écrite par d'Es-

cognoistre à M. l'ambassadeur de Portugual que, sans les instantes prières de la Reyne et de V. É, il n'en seroit jamais venu à bout. »

Le règlement de l'affaire de Mme la Landgrave est retardé[1]. La province de Hollande, mise au courant par un

trades (Bibl. nat., Clairambault 575, fol. 1221), on lit : « La mesme année 1645, le sieur d'Estrades eust ordre d'ajuster les différens du roy de Portugal et de MM. les Estats pour les Indes.

« Il fust arresté que tous actes d'hostilité cesseroit aux Indes entre le roy de Portugal et les Estats pour un an; que, pendant ce temps-là, l'on chercheroit, de part et d'autre, les moyens de terminer tous leurs différens, de faire un partage raisonnable et de s'en rapporter à des commissaires. Moyennant cet accommodement, le roy de Portugal presta douze navires au Roy, bien esquippés. Ils servirent toute la campagne avec l'armée de S. M. »

Le roi de Portugal fut content de cet accommodement. Le marquis de Rouillac, ambassadeur de France à Lisbonne, écrivit, le 8 avril 1645, à d'Estrades : « J'ay appris de S. M. de Portugal le service important que vous luy avez rendu par le commandement du Roy touchant le différent qui estoit entre luy et les États-Généraux des Provinces-Unies des Pays-Bas pour les Indes orientalles. Il m'a asseuré qu'il vous en sent un extrême gré et qu'aux occasions il vous le tesmoigneroit de tout son cœur » (Bibl. nat., Clairambault 574, fol. 325). Le roi de Portugal adressa ses remerciements à d'Estrades par lettre du 25 avril (*Ibid.*, fol. 395).

1. Le comte d'Emden, qui était soutenu par la princesse d'Orange, ne voulait céder sur rien. La landgrave s'en remettait à la France et aux bons offices de d'Estrades. Le 6 mars, M. de Beauregard, résident du Roi près de la landgrave, écrivait à d'Estrades : « Elle m'a fait dire seulement qu'elle a une entière inclination à terminer cette affaire, dont elle n'espère autre succès que celuy que l'autorité de S. M. et vostre prudence luy promettent. Je l'avois fort portée à s'accommoder à ce que le Roy ordonnera, ainsy que j'espère de vous faire sçavoir plus amplement jeudi prochain... » (Bibl. nat., Clairam-

écrit du ministre de la Landgrave, a fait savoir, « pour choquer S. A. plustost que pour le bien de la cause commune », qu'elle désirait que le comte d'Emden désarmât tout à fait et que la Landgrave demeurât dans l'Ost-Frise sans y être inquiétée. Le Prince veut que le comte garde « 400 hommes pour mettre dans deux villes qu'il a toujours conservées ».

D'Estrades lui proposa « de faire prolonger la trève, le terme d'un an, aux conditions que MM. les Estats avoit arresté avec Mme la Landgrave par le dernier accord, qui sont qu'elle jouiroit de ses contributions et de ses quartiers ordinaires, sans en estre inquiétée, et que le comte d'Emdem ne conserveroit que 400 hommes et licentieroit le reste ». Le Prince s'excusa de se mêler de cette affaire, sur ce qu'elle était « entre les mains de MM. les Estats ».

D'Estrades a tenu les plénipotentiaires au courant de l'affaire[1].

« S. A. est convenu qu'il fault estre de part et d'auttre à jour préfix au randés-vous au quinsiesme de may; le sien sera au Sas, et dès le 16 il faict estat d'entrer dans le pays ennemi. »

Achat de poudres[2].

bault 574, fol. 161). L'idée de prolonger le *statu quo* dans l'Ost-Frise pendant un an, proposée comme venant du Roi, exprimait, en réalité, le désir de la landgrave elle-même (lettre des plénipotentiaires à Brienne, 4 mars 1645, dans les *Négociations secrètes touchant la paix de Munster*, t. II, 2e partie, p. 58).

1. D'Estrades aux plénipotentiaires, 7 mars 1645 (Aff. étr., Hollande 33, pièce 86) et 14 mars (*Ibid.*, pièce 96).

2. Le Roi, ayant fait acheter par Louis Alléaume 420 milliers de poudre en Hollande, a chargé d'Estrades, le 9 mars 1645, de demander aux États un passeport de sortie pour cette marchandise (Bibl. nat., Clairambault 574, fol. 173). En avril, il s'agit de 200 milliers de poudre achetés par Lopez (Mazarin à d'Estrades, 15 avril, *Ibid.*, fol. 343).

CXI.

D'Estrades a Mazarin.

La Haye, 20 mars 1645.

(Aff. étr., Correspondance politique, Hollande 33, pièce 104, fol. 216,
original avec une ligne chiffrée, non déchiffrée ; pièces 210 et 213, duplicata de la main de d'Estrades pour Chavigny et Brienne.)

Conformément à la lettre de Mazarin du 10 mars[1], d'Estrades a donné, au sujet de son discours, des explications
au résident de Suède. Le résident « a esté très aise de faire
part à tous ceus qui sont contrères aus intantions de M. le
prince d'Orange de ce qui s'est passé dans ceste visitte. Je
me contanteré seulement d'assurer V. É. que je n'ay esté
porté à faire le discours que j'ay faict à MM. les Estats que
du zelle de maintenir l'authoritté du Roy et de la Reyne
qui estoit si abatues par les quabales de ceste guerre de
Danemarc, dont le résidant de Suède est le principal ins-
trumant, que tout le monde s'est bien aperceu que MM. les
Estats ne procédoit pas avec le respect et la defférance
qu'ils doivent à la France ».

Quand d'Estrades apprit que, malgré toutes ses dé-
marches, l'assemblée allait se décider à faire la guerre au
Danemark et à y employer la plupart des troupes destinées à agir contre les Pays-Bas espagnols, il crut ne devoir
plus différer à se plaindre.

« Une autre fois, je serai plus prudant que je n'ay esté
celle-cy, et ne m'esmanciperé pas, quoy qu'il arrive, sans
ordres bien exprès de la Court[2]... »

1. Voir, *supra*, pièce CVIII.
2. Dans ses lettres à Brienne et à Chavigny, d'Estrades se
montre découragé. Il écrit à Brienne (Aff. étr., Hollande 33,
pièce 101) qu'il s'en retourne en France : « Aussy bien ne
peus-je plus demeurer ici avec honneur ni satisfaction. Quelque

« Nos levées vers Liége et vers la Vestfalie comancent
à faire perdre plusieurs soldats à Lamboy et à l'armée du
cercle vestfalique, et la guarnison de Mastricht continue
les actes d'hostilitté contre ledit Lamboy. »

Affaire de la Landgrave.

Les peuples de Flandre sont effrayés des préparatifs qui
sont faits de toutes parts pour les attaquer.

D'Estrades a dû consentir à ce que les 300,000 l. seraient
payées à Paris, non en trois termes, mais en un seul, le
1er mai.

CXII.

D'ESTRADES A MAZARIN[1].

La Haye, 27 mars 1645.

(Aff. étr., Correspondance politique, Hollande 33, pièce 113, fol. 235,
autographe.)

Le 21 mars, la province de Hollande a désavoué ce qui
avait été fait par les États-Généraux et a résolu de ne rien
fournir pour la campagne[2].

autre y servira plus utilemant que je n'ay faict et avec plus de
conduite, mais non pas avec plus d'affection. » A Chavigny, il
écrit (*Ibid.*, pièce 103) qu'il ne se mêlera plus jamais d'affaires,
et que le Cardinal « considère fort peu ses serviteurs ».

1. Autres lettres de la même date à Brienne et à Chavigny
(Aff. étr., Hollande 33, pièces 111 et 112).

2. Dans une lettre aux plénipotentiaires d'Avaux et Servien,
La Haye, 24 mars (Aff. étr., Hollande 33, pièce 108, fol. 224,
copie), d'Estrades écrit que la province de Hollande a donné
au prince d'Orange un nouveau sujet de plaintes. « C'est
qu'après le traitté fait entre le Roy et cest Estat, approuvé des
députez des quatorze villes de Hollande, qui étoient restés avec
pouvoir de leur province, et, outre cella, le Conseil d'Estat
ayant reçeu en service les quarante compagnies nouvelles qui
se lèvent, et délivré l'argent, et ensuitte S. A. ayant fait des-

Je m'estois heureusemant dispanssé de signer l'article secret sous prétexte de quelque ordre nouveau que j'attandois de la Court, dont je donnois asseurance que le courier estoit parti, et guagner ainsin quelques jours pour voir plus cler à nos levées, affin d'enguager l'argent du Roy avec plus de seureté (néantmoins estant convenu de tout avec S. A. et MM. les Estats-Généraus dès le 13 de ce mois en la forme que je l'ay mandé à V. É.). L'inesgualité des esprits avec qui j'ay tretté et la brutalité de la province de Hollande m'a obligé d'user de ceste retenue.

Du depuis, ayant reçeu la dépêche de V. É. du 18 de ce mois[1], j'ay faict comprandre à S. A. qu'il seroit mal aisé qu'il peust venir à bout de son dessein, s'il ne condessandoit à la guerre de Danemarc, essayant toutesfois de régler les choses en sorte que, contantant la province de Hollande, il puisse par mesme moyen tirer les choses nécessaires pour une grande entreprinse.

Ce qu'il a exécutté aujourduy en condessandant à la guerre du Danemarc, et je ne doutte pas qu'en suitte il n'aye une partie de ce qu'il désire, du moins s'il ne peust avoir tout, et que nostre article secret ne soit bientost signé sans apréhander plus de changement. S. A. est à plaindre dans le trettemant qu'il reçoit de

livrer les commissions aux capitaines, la province de Hollande, non obstant tout ce que dessus, a protesté contre ladite levée, désadvoué tous ceux de leur province qui y avoient consenti, et dit hautement que sans eux S. A. n'auroit point de pouvoir de donner des commissions. »

1. Mazarin à d'Estrades, 18 mars 1645 (Bibl. nat., Clairambault 574, fol. 221, original chiffré et déchiffré).

ses peubles, qui recognoissent peu le bonheur qu'ils ont d'avoir un si grand homme.

La province de Hollande favorise les affaires de Mme la Lantgrave d'autant plus qu'elle croist que S. A. y est contrère...

Achat de poudres.

Levées faites par les États à Liège et en Westphalie.

D'Estrades presse les États d'agir avec vigueur contre l'évêque de Cologne.

CXIII.

MAZARIN A D'ESTRADES.

Paris, 1er avril 1645.

(Bibl. nat., Clairambault 574, fol. 275, original;
Aff. étr., Correspondance politique, Hollande 33, pièce 105, fol. 220, minute.)

La vostre du 20e de ce mois, estant presque toute sur le sujet du discours que vous aviez fait à MM. les Estats pour les divertir de la pensée qu'ils avoient de déclarer la guerre au roi de Danemarc, ne me laisse rien à vous respondre sur cela, sinon que nous avons tiré occasion du succez qui s'en est ensuivy de faire informer les Suédois qu'encore que vous ayez fait cela sans ordre, ç'a esté par un bon zèle et par un jugement que vous aviez fait que, plus les Hollandois trouveroient de résistance à la passion qui les poussoit à s'embarquer à la nouvelle guerre qu'ils avoient en teste, ils condescendroient à tout ce qu'on désire d'eux pour celle de Flandres, pourveu qu'ils puissent surmonter cette résistance; de sorte que, le tout ayant réussy comme on se l'estoit proposé, les Suédois auront sujet d'estre satisfaits d'une conduite par le moyen de laquelle ils trouveront leur conte dans l'affaire de Dannemarc et par l'effort extraordinaire que les Hollandois fairont en Flandres. Il en résultera de grands avantages à la cause commune comme l'affaiblissement des Espagnols, l'impossibilité où ils seront d'assister l'Empereur d'argent ny d'hommes et la ruine des levées de Lamboy et de Gleen, causée par celles que font les Hollandois. J'ay creu que je vous devois donner cet avis.

Pour ce qui est de l'affaire de l'Ostfrise, je vous en ay sy souvent et sy au long escrit qu'il ne me reste plus rien à y ajouter, sinon que M. le prince d'Orange doit de tant plus volontiers se porter à la faire terminer que la victoire que les Suédois viennent d'obtenir en Bohême[1] nous donne lieu d'espérer ou que la paix généralle en pourra bientôt suivre, et par conséquent que M. le comte d'Embden sera bientost entièrement restably dans son pays, ou que la continuation de la guerre pourra produire en Allemagne de tels avantages au party confédéré qu'il s'y pourra trouver quelque lieu de compensation, pour ce que Mme la Lantgrave pourroit quitter de l'Ostfrise. Enfin, faites un dernier effort affin que cette affaire ne demeure pas indécise. Croyez cependant que je seray toujours véritablement, Monsieur, vostre très affettioné à vous faire service.

Le cardinal MAZARINI.

Paris, ce 1ᵉʳ avril 1645.

1. Torstenson a battu, le 6 mars 1645, les troupes impériales à Jankowitz.

CXIV.

D'ESTRADES A MAZARIN.

La Haye, 18 avril 1645.

(Aff. étr., Correspondance politique, Hollande 33, pièce 137, fol. 275, autographe.)

D'Estrades croit être à Paris en même temps que cette lettre[1].

Il a signé l'article secret[2]. Les États-Généraux et la province de Hollande ont envoyé une députation au prince d'Orange pour l'assurer qu'ils approuvent tout ce qui a été arrêté avec la France et qu'ils consentent aux frais extraordinaires de la campagne pour son grand dessein[3].

Le Prince est extraordinairement obligé à Mazarin des marques qu'il lui donne de son affection[4].

D'Estrades a demandé que le terme de la trêve d'Ost-Frise[5] soit prolongé « en sorte que Mme la Landgrave

1. Le 21 avril 1645, les États remirent à d'Estrades, s'en retournant en France, des lettres pour le Roi et le Cardinal (Bibl. nat., Clairambault 574, fol. 359 et 363). D'Estrades arriva à Paris dans les derniers jours d'avril (Brienne à d'Avaux, 29 avril 1645, dans les *Négociations secrètes touchant la paix de Munster*, t. II, 2e partie, p. 81).

2. Article secret convenu avec MM. les États-Généraux, en conséquence du traité de la campagne du 10 mars 1645, à La Haye (Aff. étr., Hollande 33, pièce 142).

3. C'était là la conséquence du consentement donné par le Prince à la guerre contre le Danemark.

4. Mazarin avait écrit à d'Estrades, le 8 avril (Bibl. nat., Clairambault 574, fol. 307), que la résolution inébranlable de la Reine et de lui-même était de ne rien épargner pour affermir l'autorité du prince d'Orange en Hollande.

5. Servien et d'Avaux avaient écrit à d'Estrades, le 2 avril,

puisse employer promptemant ses troupes au bien de la cause commune ». De fort bonne grâce, il l'a prolongé jusqu'au 1ᵉʳ mars, et il a ajouté que, le terme expiré, la trêve ne sera pas rompue de part et d'autre sans le consentement des parties.

D'Estrades remercie Mazarin d'avoir « donné une face si favorable[1] » de sa conduite aux Suédois.

Post-scriptum : L'amiral Tromp commandera la flotte des États, destinée à la côte de Flandre.

qu'il devait agir en faveur de la landgrave, car, « M. le maréchal de Turenne ayant besoin d'estre renforcé de quelque cavalerie et infanterie qu'il luy demande, elle luy a promis deux bonnes brigades de la dernière, de plus de 800 hommes chacune, qu'elle ne sçauroit tirer que du pays de Julliers et de l'Ostfrise... » (Bibl. nat., Clairambault 574, fol. 291). Le 20 avril, d'Estrades répondit aux plénipotentiaires que l'affaire de la landgrave était à peu près terminée et qu'il allait quitter la Hollande. Les États-Généraux firent, en effet, signer par les parties intéressées un *intérim* qui devait durer dix mois (copie datée de La Haye, 24 avril 1645, Bibl. nat., Clairambault 574, fol. 400). C'était, à peu de chose près, le maintien du *statu quo*, avec promesse de ne pas entreprendre de nouvelles hostilités à l'expiration de l'*intérim*. — La landgrave de Hesse adressa de Cassel, le 24 avril-4 mai 1645, une lettre de remerciements à d'Estrades (Bibl. nat., Clairambault 574, fol. 407) et un cadeau : « Je vous supplie, Monsieur, d'adjouster aux faveurs desquelles je me sens vous estre redevable encores celle d'accepter, des mains de M. de Polhelm, quelque petite marque de l'obligation que j'advoue vous avoir, quoy qu'elle n'y responde aulcunement ; vous la reccevrez pourtant, s'il vous plaist, comme un petit gage de mon affection et de la recognoissance que j'ay de l'heureuse assistance qu'en ceste rencontre vous m'avez fait l'honneur de me donner... »

1. Cf. la pièce précédente.

CXV.

Mazarin a d'Estrades[1].

Paris, 27 mai 1645.

(Bibl. nat., Clairambault 574, fol. 431, original;
Aff. étr., Correspondance politique, Hollande 33, pièce 179, minute.)

Monsieur, vous pouvez asseurer M. le prince d'Orange comme M. le duc d'Orléans part ce soir de cette ville pour aller en carrosses de relais à son armée, avec laquelle [il sera le premier du mois de juin à Ouaten[2], c'est-à-dire en païs ennemi]. Faites en sorte que les choses s'exécutent de la part de MM. les Hollandois comme elles ont esté concertées, et qu'eux et nous agissions en mesme temps, puisque de ce concert et concurrence d'actions dépendent en partie les bons succez de la campaigne.

Nous attendons dans fort peu de jours la nouvelle de la prise de Roses[3], veu que le 18e de ce mois nos gens avoient passé leur galerie et les mineurs estoient attachez à un bastion et se devoient attacher à un autre.

Le duc Charles a donné rendévous auprès de Trèves

1. D'Estrades, rentré en France à la fin d'avril 1645, fut renvoyé en Hollande un mois après. Mazarin pensait qu'il était près d'y arriver, alors qu'il venait à peine de quitter Calais, où il avait été retenu par un vent contraire. Parti de Calais le 26 mai, il ne rejoignit le prince d'Orange que le 1er juin.

2. Watten, sur l'Aa.

3. Le petit port de Rosas était la seule place de la côte entre le Roussillon et Barcelone qui ne fût pas aux mains des Français. Le comte du Plessis-Praslin investit Rosas le 2 avril 1645, tandis que le comte d'Harcourt devait empêcher les Espagnols de secourir cette place.

à ses troupes, à celles de Gleen et à une partie de celles de Bek, pour aller vers le Rhin entreprendre sur nos places. Mais, d'autant que malaisément il en pourra venir à bout sans la permission de M. le duc d'Enghien[1], qui n'est point party d'icy avec intention de la luy donner, il y a de l'apparence que son dessein s'eschouera.

Vous sçavez comme nous sommes cette année foibles sur la mer, où nous n'avons que seize vaisseaux et dix-sept galères, auprès des ennemis qui auront quarante-neuf vaisseaux et trente-cinq galères. C'est pourquoy, [dès que le siège de Rose sera fini, nous avons résolu d'entendre à la proposition, qui nous a esté faite par les ambassadeurs de Venise et de Malte, de faire une trève de trois ou quatre mois sur mer avec les Espagnols[2], afin qu'ils ayent la liberté, et nous et tout, s'il est besoin, de tourner leurs forces de mer au secours de cette partie de la chrestienté que le Turc attaquera].

Vous pouvez juger qu'outre qu'une telle conduite sera de nostre costé spécieuse et de bonne odeur, non seulement il n'en peut résulter aucun dommage au party confédéré, mais qu'elle nous sera avantageuse et que, s'il nous prenoit envie [d'assiéger Tarragone], nous aurions plus de facilité [de le prandre, n'ayant rien à craindre du costé de mer et n'estans obligés de faire nos efforts que du costé de la terre]. Je vous avertis de cecy, affin que vous en donniez part à M. le prince d'Orange et de peur que quelque esprit, plus offi-

1. Voir le duc d'Aumale, *Histoire des princes de Condé*, t. IV, p. 411.

2. Voir, *infra*, notamment les lettres des 17 et 24 juin et du 25 novembre 1645.

cieux qu'il ne faudroit, n'allât faire de commentaires sur cela. Croyez que suis très véritablement, etc.

Vostre très affettioné à vous faire service.

Le cardinal MAZARINI.

A Paris, ce 27e may 1645.

CXVI.

D'ESTRADES A MAZARIN[1].

Bréda, 2 juin 1645.

(Aff. étr., Correspondance politique, Hollande 33, pièce 193, fol. 385, autographe.)

Par suite du vent contraire, il n'est arrivé que la veille auprès du prince d'Orange.

Dès aujourd'hui, le Prince a ordonné à 6,000 fantassins et à 1,600 chevaux de partir pour le Sas-de-Gand. Il suit avec le reste de l'armée.

« J'ay trouvé de l'altération ici dans les esprits des Estats plus que dans celuy de M. le prince d'Orange (qui agit avec grande confiance), sur les advis qui sont venus de divers lieus que l'ons trette secrètemant avec l'Espagne et que mesmes une treuve sur mer doit précéder l'entier accomodemant[2].

« J'ay faict cognoistre que c'est un artifice ordinère des Espagnols, et que l'ons se pouvoit asseurer que la Reyne et V. É. donneront entière cognoissance de tout ce qui sera proposé. Néantmoins, S. A. m'a telemant circonstancié les advis qu'il a d'une proposition de treuve entre la France et l'Espagne, qui luy ayant esté donnés par des persones non suspectes et qui se disent médiateurs, je n'ay

1. Mêmes détails dans des lettres de la même date adressées à Brienne et à Chavigny (Aff. étr., Hollande 33, pièces 192 et 194).

2. Voir la pièce précédente.

peu luy respondre auttre chose si ce n'est que peut estre
ceste proposition aura esté faicte depuis mon départ, et
que je ne doutte pas qu'au prochain ordinère je n'ay ordre
de V. É. de luy faire part de ce qui aura esté proposé sur
ce sujet. Le tout s'est bien passé, et M. le prince d'Orange
en a esté très satisfait, comme aussi de touttes les choses
que je luy ay dittes de la part de V. É. Je la suplieré très
humblemant de croire que je suis... »

CXVII.

MAZARIN A D'ESTRADES.

Paris, 10 juin 1645.

(Bibl. nat., Clairambault 574, fol. 475, original chiffré en partie et déchiffré ; Aff. étr., Correspondance politique, Hollande 33, pièce 191, fol. 381,
minute.)

Les troupes du Roi sont entrées le 29 mai à Roses. En
informer le prince d'Orange.

Le roi de Danemark a résolu de donner satisfaction à
MM. les États pour le passage par le Sund. Cette nouvelle
apaisera les agitations de la province de Hollande[1].

Demander si, après la campagne, les États seraient disposés à remettre au Roi les troupes qu'ils ont levées
extraordinairement[2]. Nous en avons singulièrement besoin
en Allemagne.

Nouvelles des opérations militaires.

Craintes des ennemis du côté du prince d'Orange.

S'il est vrai que le duc de Lorraine ait donné trois régiments d'infanterie pour renforcer l'armée qui ira contre
nous, il faut conclure qu'il ne fait pas grand cas de la neu
tralité qu'il a demandée à S. A.[3]

1. Voir la pièce suivante.
2. Voir la pièce suivante.
3. Voir la pièce suivante.

CXVIII.

D'Estrades a Mazarin.

Au camp de Selzaete[1], 17 juin 1645.

(Aff. étr., Correspondance politique, Hollande 33, pièce 216, fol. 420, autographe.)

Reçu la dépêche du 10 courant[2].

Le prince d'Orange, qui a appris par Bruxelles, il y a quatre jours, la prise de Roses, prend part à la gloire que le Cardinal en retire.

D'Estrades lui a fait la proposition touchant les troupes que les États ont levées pour le Danemark. Il a répondu que les affaires ne s'arrangeaient pas[3], que la province de Hollande n'avait pas voulu suivre son avis « qui estoit d'accepter les conditions que le roy de Danemarc offre de remettre le subside du Zont en l'estat où il estoit en l'année 1628 ». Les factions des Suédois, si fortes dans cette province, ont prévalu, et la Hollande a fait partir les cinquante vaisseaux destinés pour cette guerre.

Pour les quarante compagnies nouvelles qui ont été

1. Au sud du Sas-de-Gand.

2. Voir la pièce précédente.

3. L'ambassadeur de France à La Haye, La Thuillerie, envoyé dès avril 1644 auprès des cours scandinaves, afin d'empêcher la rupture entre le Danemark d'une part, la Suède et les Provinces-Unies de l'autre, tenait d'Estrades au courant des événements. Voir ses lettres envoyées de « Christianopoli » (Christianstadt) aux dates suivantes : 26 mars, 2, 7, 23 avril, 7 mai, 11 juin (Bibl. nat., Clairambault 574, fol. 271, 279, 327, 387, 415, 483). Malgré ses efforts et ceux de d'Estrades en Hollande, malgré les concessions promises par Christian IV au sujet des droits du Sund, les affaires se gâtaient. Les Suédois se montraient de plus en plus exigeants et les Hollandais armaient une flotte de cinquante vaisseaux.

levées, le Roi pourra les avoir, après la campagne, quand les États les auront licenciées; mais il arrivera certainement qu'on n'en pourra faire passer un homme en Allemagne.

Opérations militaires. Les marais et les inondations rendent la position ennemie inaccessible[1].

Le prince d'Orange ne se fiera jamais plus au duc de Lorraine, qui, malgré sa parole d'honneur, a envoyé contre nous trois des meilleurs régiments de son armée.

Le Prince va essayer par des diversions de surprendre un passage qui donne accès dans le haut pays. Le succès est incertain. M. de Brame, envoyé par S. A. R.[2], a informé le prince d'Orange que l'armée du Roi, ayant manqué le passage de la Colme[3], va agir du côté de la Lys.

Le chevalier de Lorraine est arrivé. Il proteste tout haut de son dévouement au Cardinal.

Les États-Généraux veulent communiquer avec leurs provinces avant de donner leurs avis sur la proposition d'une trêve pour trois mois dans la Méditerranée[4]. La province de Hollande y est opposée « en ce que les principaux des villes disent que cella guastera leur commerce[5] ».

1. Déjà, le 13 juin, d'Estrades avait averti Mazarin (Aff. étr., Hollande 33, pièce 211) de l'impossibilité de marcher sur Anvers à cause des marécages, de l'inondation tendue, des fortifications construites par l'ennemi, des renforts qu'il avait reçus. « S. A. a été trahi; il a reçeu un advis d'Anvers mesme, par lequel l'ons luy mande tout le projet de son dessein... »

2. Le duc d'Orléans désirait établir la concordance dans les opérations des deux armées. L'abbé de La Rivière se mit en correspondance avec d'Estrades (Bibl. nat., Clairambault 574, fol. 455, 509). Louis Barbier, abbé de La Rivière, était le favori et le conseiller intime du duc d'Orléans.

3. Voir les *Mémoires de Nicolas Goulas*, édit. Ch. Constant, t. II, p. 89.

4. Voir, *supra*, lettres du 27 mai et du 2 juin.

5. Les navires hollandais se livraient, en effet, à la contrebande de guerre. Cf., p. 242, la lettre du 10 mars 1645.

CXIX.

D'ESTRADES A MAZARIN[1].

Au camp de Selzaete, 24 juin 1645.

(Aff. étr., Correspondance politique, Hollande 33, pièce 222, fol. 430, autographe.)

Reçu sa lettre du 17 juin[2].

Le prince d'Orange estime que la trêve proposée sera très avantageuse et qu'il faut la conclure, malgré l'avis contraire des États. Il n'a jamais pensé que l'on traiterait sans lui en donner connaissance.

L'accès vers le haut pays est impossible. « La nouvelle du siège de Mardic[3] oblige S. A. de jetter ses panssées vers Bruges et, en amusant les annemis vers les quartiers qu'ils occupent, tâcher de surprendre le passage du canal de Bruges[4]. Si ce dessein nous réussit et que Mardic se prenne, nos armées seront si proches les unes des auttres qu'il sera mal aisé d'empêcher de grands progrès. »

Les ennemis ont toutes leurs forces du côté d'Anvers, parce que MM. de Hollande leur ont donné avis d'une attaque de ce côté.

1. Mêmes détails dans ses lettres de même date à Chavigny et à Brienne (Aff. étr., Hollande 33, pièces 220 et 223).

2. Mazarin à d'Estrades, 17 juin 1645 (Bibl. nat., Clairambault 574, fol. 505, original chiffré en partie, déchiffré par d'Estrades). C'est une réponse à la lettre du 2 juin (cf. *supra*, p. 257). Mazarin fait valoir les avantages d'une trêve dans la Méditerranée.

3. Après avoir tenté le passage de la Colme, le duc d'Orléans se dirige vers la Lys et y attire l'ennemi. Villequier en profite pour forcer le passage de la Colme, que l'armée franchit deux jours après (La Rivière à d'Estrades, 19 juin, Bibl. nat., Clairambault 574, fol. 509). Dès le 20 juin, Mardyck est bloqué.

4. Le canal de Bruges à Gand.

On a avis que les troupes du duc de Lorraine sont passées à Bruges pour aller de là à Dunkerque.

L'amiral doit être maintenant devant Mardyck. Les doubles chaloupes envoyées par le Prince vont partir.

D'Estrades demande au Cardinal de ne pas l'oublier lors de la distribution des nombreux bénéfices vacants[1].

Le Prince admire l'opération du passage de la Colme.

CXX.

LA THUILLERIE A D'ESTRADES[2].

« Christianopoli[3] », 3 juillet 1645.

(Bibl. nat., Clairambault 575, fol. 559, original.)

Il a reçu la lettre que d'Estrades lui a envoyée le 27 juin. Quant à lui, il est occupé à rédiger le traité de paix entre le Danemark et la Suède[4]. La forme en est

1. Dans sa lettre de même date à Chavigny, d'Estrades écrit : « Lorsque je partis de Paris, Mgr le Cardinal me dit que, si j'avois quelque advis, que ma fame s'adressât à luy. Elle a sçeu la mort de l'évêque de Basas. Avant personne, elle luy demanda l'abayee de Saint-Nicolas, qu'il avoit, et S. É. luy a faict dire par M. de Beringhen qu'il faloit achever l'affaire de Bonefon. Je vous advoue que cella m'a extrêmemant surprins, voyant une telle deffette. Du depuis, M. de Bordeaus est mort, qui a quatre abayees de 4,000 et 5,000 livres de rente. Si, dans ceste occasion, S. É. ne se souvient pas de moy, il ne faut plus rien espérer... »

2. Autre lettre de La Thuillerie à d'Estrades, du 23 juillet 1645, sur le même sujet (Bibl. nat., Clairambault 575, fol. 623).

3. Christianstadt, en Suède.

4. La flotte hollandaise, armée en mai, mit à la voile le 9 juin, escorta 300 navires marchands et leur fit passer le Sund sans payer aucune taxe. Cette démonstration amena Christian IV à signer, le 23 août, deux traités ; le traité

difficile. En tout cas, il n'y a plus de crainte de guerre entre le Danemark et les États. Le prince d'Orange peut disposer des 6,000 hommes qu'il avait réservés dans ce but.

CXXI.

MAZARIN A D'ESTRADES.

Paris, 8 juillet 1645.

(Bibl. nat., Clairambault 575, fol. 571, original chiffré en partie et déchiffré;
Aff. étr., Correspondance politique, Hollande 33, pièce 227,
minute.)

Il a reçu sa lettre du 24 juin.

[Si, après avoir vu de trop grands obstacles à Anvers, le prince d'Orange s'était aussitôt dirigé vers Bruges, il aurait eu plus de facilités qu'à présent, puisque les troupes du duc de Lorraine défendent maintenant le canal. Cependant les forces des ennemis ne sont pas aussi considérables que le Prince le croit.]

« Je vous prie aussi de faire en sorte que S. A. [examine un peu si, ne pouvant s'attacher avec espérance de bon succès à aucune entreprise, il seroit à propos de songer à unir ou à approcher nos deux armées, affin de tenter des progrès du costé de la mer. Je y vois quelques inconvénients, mais je serois bien aise avec cela d'en aprendre les sentimens de S. A.]. »

Inquiétude du Cardinal au sujet des lettres envoyées par d'Estrades sans être chiffrées, malgré l'importance des

de Christianstadt avec les États-Généraux modérait les taxes sur les navires hollandais; le traité de Bromsebrö exemptait les Suédois de tout péage. Le 24 août, La Thuillerie annonça à d'Estrades que la paix était conclue (Bibl. nat., Clairambault 575, fol. 761), et le 16 septembre il écrivit de Copenhague qu'on exécutait les conditions du traité (*Ibid.*, fol. 853).

avis qu'elles contiennent; « les mettre toujours en chiffre, quelque seureté que vous puissiez croire qu'il y ait à la voye dont vous vous servez pour me les faire tenir. »

CXXII.

D'Estrades a Mazarin[1].

Au camp d'Oost-Eecloo[2], 26 juillet 1645.

(Aff. étr., Correspondance politique, Hollande 34, pièce 34, fol. 55, original en grande partie chiffré et déchiffré.)

D'Estrades a communiqué au prince d'Orange la lettre de Mazarin du 8 juillet[3] et l'a exhorté à faire quelque entreprise. Le Prince va reprendre son premier dessein sur Anvers. Détails sur cette entreprise difficile. S'il réussissait, il serait « en estat de chastier, sans rien craindre, les plus grands ennemis qu'il ayt, qui sont dans la ville d'Amsterdam, par la ruine entière de leur ville ». En cas contraire, il serait sûr que le Cardinal employerait tout son crédit pour le maintien de son autorité.

Impossibilité de faire avancer son armée à la rencontre de l'armée française, puisque les armées de Bek et du duc de Lorraine gardent le canal de Bruges à Gand.

Impossibilité d'aller rejoindre l'armée du Roi par mer. Il faudrait la permission des États, et préparer longuement l'opération.

Nouvelle que Montmédy est investi par le maréchal de La Meilleraie.

Le duc de Lorraine a fait savoir à S. A. qu'il voulait observer la neutralité à son égard. Le Prince lui a de-

1. Mêmes renseignements dans une lettre plus courte adressée à Chavigny (Aff. étr., Hollande 34, pièce 33).

2. Oost-Eecloo, au s.-w. du Sas-de-Gand.

3. Voir pièce précédente.

mandé de livrer un passage sur le canal ; il attend sa réponse[1].

Nouvelle, parvenue de Cologne, de la défaite du duc de Bavière par Turenne.

Le s^r Gyssel[2], « qui a gouverné les affaires des Indes d'Oriant l'espasse de vingt-trois ans comme un des principaux directeurs », pense créer une nouvelle compagnie. Il est en pourparlers avec le résident de Suède et avec les provinces de Frise et de Groningue. Il donnerait la préférence à la France.

CXXIII.

D'ESTRADES A MAZARIN[3].

Au camp de Maldegem, 1er août 1645.

(Aff. étr., Correspondance politique, Hollande 34, pièce 39, fol. 66, original chiffré en partie et déchiffré.)

Reçu les lettres de Mazarin des 15 et 22 juillet[4].

[Demain commenceront nos opérations. D'Estrades a

---

1. Le prince d'Orange avait le dessein d'assiéger Bruges. De là, des avances au duc de Lorraine (d'Estrades à Mazarin, 17 juillet, Aff. étr., Hollande 34, pièce 23). Mais, suivant ce qu'écrit Mazarin à d'Estrades, le 28 juillet (Bibl. nat., Clairambault 575, fol. 627), « le duc de Lorrène, après la conférence qu'il a eue avec Mme de Chevreuse, s'est engagé, plus qu'il n'avoit jamais fait, de servir le roi d'Espagne dans la Flandre... »

2. Il s'agit probablement de l'amiral hollandais Arnold Gysel de Lier, qui passa au service de l'électeur de Brandebourg et fut l'instigateur de la Compagnie de commerce brandebourgeoise.

3. Lettre de même date à Brienne (Aff. étr., Hollande 34, pièce 37).

4. Mazarin à d'Estrades, 15 juillet et 22 juillet (Bibl. nat., Clairambault 575, fol. 603 et 613).

bon espoir, parce que Bek a fait partir trois régiments d'infanterie et un de cavalerie pour le Luxembourg, dont il redoute l'invasion.]

Le prince d'Orange a demandé aux États qu'ils donnent le titre d'Altesse au duc de Longueville[1].

Accommodement prochain entre les États et le roi de Danemark[2], « ce qui viendra à propos pour nous servir des 5,000 hommes » levés pour la guerre contre le Danemark.

Le prince d'Orange tient la prise de Mardyck et celle de Linck[3] pour considérables, [pourvu que celles de Dunkerque et de Bergues s'ensuivent[4]].

Au sujet de la proposition faite aux conférences de

1. Plénipotentiaire au congrès de Munster. Il y était arrivé le 24 juin 1645. Les plénipotentiaires des États refusaient le titre d'Altesse au duc de Longueville (Mazarin à d'Estrades, 22 juillet, Bibl. nat., Clairambault 575, fol. 613).

2. Voir *supra*, p. 262, la lettre du 3 juillet 1645.

3. Mardyck s'était rendu le 10 juillet et le fort de Linck, sur la Colme, le 23 juillet.

4. Le dessein du duc d'Orléans était de prendre Bourbourg, qu'il assiégea le 31 juillet, de se diriger ensuite sur Cassel, pour y attirer l'ennemi, et de marcher aussitôt sur Bergues et Dunkerque (La Rivière à d'Estrades, du camp devant Bourbourg, le 4 août 1645, Bibl. nat., Clairambault 575, fol. 663). — C'est alors probablement que l'on répandit dans le public une brochure intitulée : *De la nécessité de prendre Duinkercke* (épître adressée) *aux Provinces-Unies des Pays-Bas*, s. l. n. d., in-8°, 38 p., où l'on s'efforçait de démontrer l'intérêt qu'avaient les Français et les Hollandais à s'emparer de ce repaire de corsaires. Ce factum a été rédigé sous l'inspiration de Mazarin et probablement aussi de d'Estrades. Il fait partie des placards et libelles dont il est question dans les lettres de Mazarin des 23 juillet, 3 octobre 1644 et 12 août 1645. C'est à notre connaissance l'imprimé le plus ancien où l'on trouve si nettement exposées les vues de la France sur Dunkerque.

Munster par les plénipotentiaires d'une suspension d'armes pour quelques mois[1], le Prince croit que « ladite suspension doit estre pour le moins de dis ans, et que chacqun guarde ce qu'il tient ».

CXXIV.

D'ESTRADES A BRIENNE.

Oost-Eecloo, 6 août 1645.

(Aff. étr., Correspondance politique, Hollande 34, pièce 47, fol. 80, original en partie chiffré et déchiffré.)

Reçu sa dépêche du 27 août[2].

La maladie du prince d'Orange continue. Les médecins craignent l'hydropisie.

D'Estrades avait suggéré au prince Guillaume[3] l'idée de demander à son père de lui confier la moitié de son armée. Le prince d'Orange a refusé. Il y eut une scène entre le père et le fils. Le jeune prince ayant avoué qu'il avait eu des conversations à ce sujet avec d'Estrades, Frédéric-Henri montre de la mauvaise humeur à ce dernier.

D'Estrades a fait tout le possible pour porter le Prince à tenter son premier dessein, mais il s'entête.

Avis divers.

1. Le duc de Longueville avait chargé d'Estrades de faire connaître au prince d'Orange la demande des médiateurs (Longueville à d'Estrades, Munster, 13 juillet 1645, Bibl. nat., Clairambault 575, fol. 593). D'Estrades lui répondit le 2 août (Aff. étr., Hollande 34, pièce 46).

2. Par erreur, au lieu de juillet.

3. Cf. p. 212, note 1. Sur le conflit entre le père et le fils, cf. lettres des 19 et 25 septembre 1645. — Voir les ouvrages de van Nooten, *Prins Willem II*, La Haye, 1915, in-8°, et de J. Eysten, *Het leven van Prins Willem II*, Amsterdam, 1916, in-8°.

CXXV.

Mazarin a d'Estrades.

Paris, 12 août 1645.

(Bibl. nat., Clairambault 575, fol. 711, original en partie chiffré et déchiffré par d'Estrades; Aff. étr., Correspondance politique, Hollande 34, pièce 55, fol. 93, minute.)

Monsieur, je vous addresse le duplicata d'une dépesche que je vous fis, il y a quatre jours[1], que je trouvay si importante que je priay M. l'abbé de La Rivière de vous la faire tenir par courrier exprès. Depuis, j'ay reçeu la confirmation des mesmes de tant d'endroits que je n'en puis plus estre en doute. Il est certain que les énemis [ont cru au comancement de ce mois qu'en cinq ou six jours ils pourroit réduire à tel point les fortifications du païs de Vas[2] que, sans apréhender aucun progrès de nostre armée de ce costé-là, ils pourroit faire passer la plus grande partie des troupes de Bek pour garder le canal de Bruges et envoyer le duc de Lorrène avec les sienes à la deffence de la rivière du Lis, prenant poste entre Saint-Venant et Marville[3]].

[Les énemis seront d'autant plus conviés à exécuter le projet ci-dessus que Bourbourc], ayant esté emporté

1. Mazarin à d'Estrades, 8 août 1645 (Bibl. nat., Clairambault 575, fol. 699). Outre les renseignements ci-dessus, il y est dit que le Parlement anglais, à la demande de l'ambassadeur d'Espagne, a envoyé à Ostende 800 prisonniers de l'armée royale. Il paraît qu'on en prépare encore le passage de 1,200. Le prince d'Orange devrait ordonner à la flotte de s'en saisir.

2. Pays de Waes, au nord de l'Escaut, entre Anvers et Gand.

3. Merville sur la Lys.

en huict jours[1] avec la vigueur que vous aurez sçeu, et tous les soldats qui deffendoient cette place estant demeurez prisonniers de guerre au nombre de 1,500 hommes, ce qui avec la garnison de Link fait 2,000 hommes effectifs de diminution à leur armée, [M. le duc d'Orléans n'attand que la jonction des trouppes que M. le marquis de Villeroy conduit et qu'il luy remettra après demain pour attaquer vivement les ennemis de deux endroits, ainsi qu'il vous aura fait sçavoir, ce qui les obligeroit sans doute à faire secourir ce costé-cy par des troupes de Bek et par celles du duc de Lorrène, quand mesme ils n'auroient pas auparavant fait ce dessein].

C'est à vous à mètre tous vos soins pour bien eschauffer M. le prince d'Orange par la facilité qu'il aura d'employer utilement la grande armée qu'il a...

Il me souvient que vous me mandastes que l'on avoit fait [traduire en langue flamande les imprimés que l'on fit pour porter les peubles à quelque bonne résolution; il semble que la conjoncture d'en jetter dans le païs ne peut estre plus favorable pour en espérer quelque bon effet], puisqu'on me mande que jamais ces peuples-là n'ont esté dans une pareille conjoncture et sont très persuadez qu'il n'y a plus de seureté ny de repos pour eux sous la domination d'Espagne...

Comme je m'étudie sans cesse à chercher ce qui peut faciliter nos progrez communs dans la Flandre, ne négligeant nuls moyens imaginables pour y parvenir, [j'ay introduit une négociation avec le duc de Lorrène par l'entremise d'un nommé Jobart, qui a autrefois

---

1. Le 9 août.

esté à luy, lequel est party ce matin pour l'aller trouver, sous prétexte de luy conduire un médecin qu'il a demandé icy]. Les points dont il est chargé c'est de luy promettre son accomodement avec la France avec la remise d'une place pour la retraite de Mme de Cantecrois[1], pourveu que, dans la fin de ce mois, il prenne la résolution de faire quelque action importante qui le rende irréconciliable avec la maison d'Autriche, comme seroit de se joindre à une armée que nous envoyons sur la Lis, laquelle il commanderoit, ou M. le prince d'Orange, s'il aime mieux, pour luy donner plus de facilité de venir à bout de quelque chose de grand. Au cas qu'il se joigne, on luy promet que les places qu'il prandra, assisté des armées du Roy qu'il commandera, luy demeureront entre les mains jusques à ce que la place que nous promettons de luy remettre dans la Lorrène l'ait été effectivement...

Nous sommes encore par un autre moyen en traité avec luy pour le faire passer en Angleterre, et on lui a accordé tout ce qu'il a demandé pour cest effect.

C'est pourquoy ledit Jobart, ne pouvant réussir à ce que dessus, essayera de le disposer à ce passage...

Je vous prie de remercier bien vivement M. le prince d'Orange de la bonne grâce avec laquelle il a voulu, pour l'amour de moy, s'employer près de MM. les Estats à faire donner le titre d'Altesse à M. le duc de Lon-

---

1. Béatrix de Cusance, princesse de Cantecroix, avait épousé, en 1637, le duc de Lorraine, qui avait abandonné pour elle la princesse Nicole, mais qui, ayant été excommunié en 1642 pour ce remariage, vivait plus ou moins séparé d'elle. Cf. comte d'Haussonville, *Histoire de la réunion de la Lorraine à la France*, t. II, *passim*, et R. Parisot, *Histoire de Lorraine*, t. II, p. 45 et 61.

gueville[1]. Quoique c'estoit une chose juste pour plusieurs raisons et en laquelle leurs ministres auroient l'exemple des plénipotentiaires suédois, je ne laisse pas de luy en avoir grande obligation et demeure cependant...

CXXVI.

D'ESTRADES A MAZARIN[2].

Au camp de Maldegem, 14 août 1645.

(Aff. étr., Correspondance politique, Hollande 34, pièce 60, fol. 106, original en partie chiffré et déchiffré.)

Reçu les dépêches du 27 juillet et du 8 août[3] par la voie de l'abbé de La Rivière, et celle du 5 de ce mois[4] par l'ordinaire, avec le mémoire concernant les affaires du roi d'Angleterre. D'Estrades l'a communiqué au prince d'Orange.

Après avoir bien songé aus moyens [d'assister le roy d'Angleterre[5], il n'en trouve point de plus faisable, veu la faction qui est contre luy, que de licentier les troupes nouvellement levées, à la fin de la campaigne, y joindre de bons officiers qui luy sont affectionnez et les prendre en service sous le nom du Roy, et ainsi

1. Cf., p. 266, la lettre du 1ᵉʳ août 1645.

2. Lettres de la même date à Chavigny et à Brienne (Aff. étr., Hollande 34, pièces 58 et 61).

3. Voir p. 268, note 1.

4. Mazarin à d'Estrades, 5 août 1645 (Bibl. nat., Clairambault 575, fol. 683).

5. Dès le 15 juillet, Brienne avait écrit à d'Estrades que, si le prince d'Orange lui parlait des affaires d'Angleterre, il devait lui répondre que la Reine n'abandonnerait pas les intérêts de Charles Iᵉʳ, « luy devant appréhender qu'il s'y forme une république » (*Ibid.*, fol. 607).

des navires que l'on louera en ce pays]... C'est le seul
expédiant qu'il jeuge pouvoir réussir et, en cas que
V. É. ne l'aprouvast, il estime qu'il est plus à propos
de ne parler pas de cest affaire à présant [pour ne découvrir pas la pensée que l'on a d'assister le roy d'Angleterre, jusques à ce qu'elle puisse avoir son effet. Les
factions sont si grandes dans l'Estat contre luy qu'ils
ont] proposé dans ceste dernière assamblée de Hollande
de réduire la cavalerie d'un tiers et en faire de mesme
de l'infanterie, de sorte que, si leur dessein s'exécutte,
ils mettront M. le prince d'Orange en estat de ne pouvoir plus mettre à la campagne. Dans l'opinion que [la
province de Hollande a eue que M. le prince d'Orange
avoit gaigné leurs ambassadeurs qui sont en Danemark [1],
ils les ont désavouez et ne veulent pas tenir l'accord
qu'ils ont fait], quoy que très juste et raisonable. [Ils
ont plus fait] : sur ce que [M. le prince d'Orange me
permet de faire dire la messe dans mon logis et que
mon aumosnier assiste les malades, leur porte le saint-
sacremant et que mesme il y en a plusieurs qui], à l'article de la mort, [se sont convertis, ils ont dit tout haut
que M. le prince d'Orange rompoit les édits que
MM. les Estats avoient faits, et ensuite ont voulu] inter-
dire les privilèges que les catholiques ont dans la maison de l'ambassadeur du Roy à La Hayée [2]. M. Brasset

1. Le prince d'Orange avait tout fait pour éviter la guerre
que la province de Hollande voulait entreprendre contre le
Danemark. De là l'empressement des Hollandais à désavouer
les députés des États qui négociaient le traité de Christianstadt.

2. Un discours que d'Avaux avait prononcé aux États-Généraux, le 3 mars 1644, avait réveillé le zèle antipapiste des Hollandais (Waddington, t. II, p. 62). En juillet 1645, la Hollande
fit savoir à Brasset que la messe dite à l'ambassade ne devait
être suivie que par le personnel de l'ambassade. Brasset répli

n'a pas voulu recognoistre leur deffance ni ce qui luy
a esté dit de la part de la province de Hollande, [dont
M. le prince d'Orange a esté bien aise]. Par tous ses
désordres V. É. peust jeuger [que M. le prince
d'Orange n'est pas peu persécuté]. Les difficultés qu'il
a rencontrées dans ceste campagne luy nuisent baucoup. La dernière est bien malheureuse, trois jours de
vant contrère ayant donné temps à Bek et au marquis
de Carascena de se saisir des postes que nous devions
surprendre...

L'inondation du pays de Waes rend nos desseins en ces
quartiers presque impossibles. Le Prince est cependant
décidé à tenter quelque chose de considérable. [Il a des
intelligences dans la ville de Gand et va essayer une surprise de ce côté]. D'Estrades l'a exhorté à reprendre son
premier dessein, ce qu'il fera après la tentative sur Gand.

D'Estrades en a averti S. A. R.

Le prince d'Orange « a escrit à l'admiral [de combattre ceux qui conduiront des troupes d'Angleterre en
Flandres[1]]. »

CXXVII.

MAZARIN A D'ESTRADES.

Paris, 26 août 1645.

(Bibl. nat., Clairambault 575, fol. 773, original chiffré en partie et déchiffré; Aff. étr., Correspondance politique, Hollande 34, pièce 611,
fol. 115, minute.)

Il a reçu sa lettre du 14 courant.

qua qu'il en écrirait au Roi et ordonna de continuer le service
comme par le passé. Il écrivit un Mémoire en réponse à la ré-
clamation des États (Bibl. nat., Clairambault 575, fol. 647).

1. C'est-à-dire les navires des parlementaires. Cf. p. 268,
note 1.

[Il est fâché de voir que le prince d'Orange a échoué dans son projet. L'entreprise sur Gand est fort aléatoire.]

Les Français n'oublient rien pour attirer l'ennemi[1] et pour fournir au Prince l'occasion d'entreprendre « quelque chose de bien ».

5,000 hommes ont été envoyés de l'armée de Bek à celle de Piccolomini; [la division est grande entre Bek, le duc de Lorraine et Piccolomini]. Il faut que le Prince profite de ces circonstances.

[J'ay veu le sentiment de S. A. touchant les affaires d'Angleterre, mais je ne sçay comment, dans l'embarras où nous sommes de tous costez, on pourroit se résoudre à lever des gens en Hollande et louer des vaisseaux sous le nom du Roy pour envoyer à celuy d'Angleterre, puisque, à en bien parler, le Roy déclareroit par ce moyen la guerre aux parlementères, et ce que je y trouve de pis, sans apparence de leur faire beaucoup de mal. On avoit songé que M. le duc d'Orléans pourroit faire cela, en son nom, sans estre avoué du Roy, comme estant le plus proche parent qu'avoit la reyne d'Angleterre. Je vous prie de voir là-dessus ce que S. A. jugera à propos et de me le mander[2].] Cependant, croyez que je serai toujours...

1. L'armée du duc d'Orléans a pris Cassel, Bailleul, Estaires, Merville, Saint-Venant; le 25 août, elle est devant Béthune.

2. D'Estrades répondit à Mazarin, le 6 septembre (Aff. étr., Hollande 34, pièce 83, fol. 145), que le prince d'Orange était également d'avis que ce serait déclarer la guerre au Parlement, sans apparence d'en tirer grande utilité.

CXXVIII.

D'ESTRADES A MAZARIN[1].

Au camp d'Oost-Eecloo, 19 septembre 1645.

(Aff. étr., Correspondance politique, Hollande 34, pièce 97, fol. 171,
original en partie chiffré et déchiffré.)

Reçu sa lettre du 10 de ce mois[2].

[Le Prince persiste dans son dessein sur Gand. Il a des intelligences dans la ville, où deux compagnies bourgeoises promettent de le rendre maître d'une porte. Mais Bek, qui doit avoir quelque avis de tout cela, se fortifie. En tout cas, d'Estrades a obtenu du Prince la promesse qu'il resterait en Flandre jusqu'en octobre.]

Le prince Guillaume et le comte Maurice donnent tous les jours des alarmes aux ennemis.

Le prince d'Orange a reçu avis que, si le marquis de Lède ne se fût jeté dans Lille avec cinq régiments, les bourgeois allaient capituler[3]. Piccolomini a mis forte garnison à Ypres et n'a laissé que trois régiments entre Bergues et Dunkerque.

M. le prince d'Orange m'a demandé asseurance par escrit [que la ville de Gand estant prise par

1. Autre lettre du même jour à Brienne ou à Chavigny (Aff. étr., Hollande 34, pièce 96).

2. Mazarin à d'Estrades, 10 septembre 1645 (Bibl. nat., Clairambault 575, fol. 837).

3. Après la prise d'Armentières, les Français avaient marché sur Lille, persuadés « qu'ils obtiendroient ladicte place (comme ils avoit apprins par leurs espions que la bourgeoisie ne s'accommoderoit aulcunement avecque les soldats) ». — Ils se jetèrent avec témérité sur les faubourgs, mais furent « obligés de se retirer, à leur courte honte » (*L'Héraclée flamen*, par Jean de La Barre, religieux de l'abbaye de Loos, t. I, fol. 102 et suiv.).

MM. les Estats, elle leur demeurera]. Je luy ai respondu que je ne le pouvois pas faire[1], n'ayant point d'ordre de la Court ni pouvoir, mais que je l'asseurois bien que je croyois qu'il n y auroit point de difficulté, pourveu que [MM. les Estats promissent rendre la place au Roy, quand le partage général de la Flandres se faira, ainsi qu'il a esté convenu, par le traité de Donquerque[2]], aus conditions [que l'exercice de la religion catholique demeurera libre]. S. A. a tesmoigné en estre satisfaict. [Si l'affaire réussit, il sera nécessaire que V. É. m'envoye un pouvoir] aus conditions promises, en ce cas qu'elle les agrée ; sinon le Roy n'est en rien enguagé.

Depuis que sa santé est meilleure le Prince est plus traitable. Il a témoigné à d'Estrades le regret de ce qui s'était passé[3].

Il ne veut pas consentir à diviser son armée pour tromper l'ennemi.

CXXIX.

D'Estrades a Mazarin[4].

Au camp d'Oost-Eecloo, 25 septembre 1645.

(Aff. étr., Correspondance politique, Hollande 34, pièce 102, fol. 182, original en partie chiffré et déchiffré.)

Le prince d'Orange est revenu de lui-même. [Il a désiré

1. D'Estrades avait cependant préparé le texte de cette promesse. Il se trouve à la Bibl. nat., Clairambault 575, fol. 753. Il est de la main de d'Estrades, porte la date du 20 août 1645 et, au dos, l'indication suivante : « Projet que jé donné pour la ville de Gant. »
2. Mauvais déchiffrement ou erreur de chiffres.
3. Voir, *supra*, la lettre du 6 août 1645 et, *infra*, la pièce suivante.
4. Mêmes détails dans une lettre du 26 septembre à Chavigny (Aff. étr., Hollande 34, pièce 104).

que d'Estrades fît connaître au prince Guillaume que, s'il lui avait demandé avec respect le commandement de la moitié de l'armée, il le lui aurait accordé[1]. Le prince Guillaume, averti, a entièrement contenté son père.]

Suivant l'ordre que V. É. m'a donné par sa lettre du 17 de ce mois[2], [j'ay fait connoistre à M. le prince d'Orange que, le voyant en colère contre moy], j'avois donné part à V. É. de ce qui s'estoit passé et la priois de me permettre de me retirer, mais que V. É. m'avoit escrit une lettre fort sévère, trouvant à redire à ce que j'avois fait et entrant dans les sentimants de S. A. Il me tesmoigna estre marri de ce que j'en avois escrit à V. É. par ce qu'il n'avoit pas eu raison de se fâcher, mais ainsi qu'il voyoit bien par là qu'il avoit tout de bon part dans vostre amitié...

... M. le prince d'Orange m'a commandé d'escrire à V. É. [que Castel-Rodrigo] luy a fait sçavoir [que don Michel de Salamanque[3]] estoit arrivé avec pouvoir [ample de traiter avec luy et luy donner la carte blanche sur toutes les choses qu'il sçauroit désirer tant pour MM. les Estats que pour ses intérêts particuliers]. Il luy a respondu que ses propositions se doivent faire à Munster et qu'il a desjà plusieurs fois fait sçavoir qu'il ne se séparera point des intérêts de la France. Non obstant ceste réponsse [ledit Castel-Rodrigo et l'évesque de Gand] ont envoyé Mme de Ri-

---

1. Voir, *supra*, p. 267, la lettre du 6 août 1645.

2. La minute de cette lettre se trouve aux Aff. étr., Hollande 34, pièce 85; une copie dans Hollande, supplément 2, fol. 64.

3. Miguel de Salamanca, probablement de la même famille que Noirmont (voir, *supra*, p. 219), se rendit plusieurs fois en France et en Hollande pour amorcer des pourparlers secrets.

souart, vesve d'un colonel de cavalerie qui mourut l'année passée au service de MM. les Estats, et qui s'est retirée, depuis la mort de son mari, dans la ville de Gand, laquelle a fait des instances très pressantes d'accepter ce que [don Michel de Salamanque] luy vouloit offrir, qui estoit des avantages si grands pour sa maison qu'il n'en pourroit jamais trouver de parels. Il luy a respondu sans entrer davantage en matière, comme cy-devant...

Les troupes levées par les États pour la guerre contre le Danemark, et qu'il était question de licencier, sont recherchées par les Suédois de la Compagnie des Indes occidentales[1], par les Vénitiens[2] et par l'électeur de Brandebourg[3]. Le prince d'Orange a promis de favoriser le Roi. D'Estrades a envoyé à Le Tellier les conditions du colonel Golestin qui les commande. Il craint qu'après avoir dépensé beaucoup d'argent, pour les avoir, ces troupes ne se débandent.

« Toutes choses sont prestes pour tantter le 1er d'octobre le dessein dont j'ai eu l'honneur d'escrire à V. É. »

1. Un Hollandais, Peter Minneurt, ancien directeur de la colonie de la Nouvelle-Néerlande, avait créé une Compagnie de commerce à Stockholm pour le commerce d'Amérique, et acheté, en 1638, aux indigènes, la rive droite de la rivière Delaware, où il fonda la Nouvelle-Suède. Cette colonie ne comprenait, en juin 1644, que 120 habitants mâles. Depuis 1642, la Compagnie était Compagnie d'État. Voir Ch. de Lannoy et H. Vander Linden, *Histoire de l'expansion coloniale des peuples européens : Suède*, par Ch. de Lannoy, Bruxelles, 1921.

2. Les Vénitiens étaient en guerre avec les Turcs. Cf., *infra*, p. 286, la lettre du 25 novembre 1645.

3. L'électeur Frédéric-Guillaume Ier, surnommé le Grand Électeur.

CXXX.

D'Estrades a Mazarin.

Au camp d'Oost-Eecloo, 28 septembre 1645.

(Aff. étr., Correspondance politique, Hollande 34, pièce 106, fol. 191,
original en partie chiffré et déchiffré.)

Il a appris la veille que l'armée des maréchaux Gassion
et Rantzau était entre Bruges et Gand. Le prince d'Orange
a commandé à d'Estrades d'aller s'entendre avec les maréchaux. « J'en suis revenu depuis une heure, et en suitte
S. A. a fait prendre pour cinc jours de vivres à toutte son
armée, et nous marchons demain pour nous aller joindre
à l'armée du Roy et passer le canal à Louvendeguent[1],
d'où l'ons doit prendre résolution du lieu où l'ons s'attachera[2]... »

CXXXI.

D'Estrades a Mazarin.

Au camp de Lovendeghem, 1er octobre 1645.

(Aff. étr., Correspondance politique, Hollande 34, pièce 108, fol. 196,
autographe.)

Divers projets pour les opérations militaires. Il est convenu qu'aujourd'hui, 1er octobre, les maréchaux se join-
dront sur la Lys.

1. Lovendeghem, à trois kilomètres à l'ouest de Gand.
2. Cf. lettres de Gassion et de Rantzau à d'Estrades, 28 et
29 septembre 1645 (Bibl. nat., Clairambault 575, fol. 873 et
877). L'entente entre les maréchaux et le prince d'Orange ne
fut pas réalisée sans peine. Chavigny félicita d'Estrades d'y être
parvenu (Chavigny à d'Estrades, 21 octobre, *Ibid.*, fol. 1029).
Voir, sur ce sujet, la *Relation* écrite par d'Estrades (*Ibid.*,
fol. 1225).

CXXXII.

D'ESTRADES A MAZARIN.

Sur les bords de l'Escaut, 3 octobre 1645.

(Aff. étr., Correspondance politique, Hollande 34, pièce 110, fol. 200, autographe.)

Le prince d'Orange a passé l'Escaut sans rencontrer beaucoup de résistance. « J'espère que, dans peu de jours, nous serons attachés à quelque plasse, et que MM. les mareschaux nous favoriseront par la diverssion qu'ils fairont sur la Lys[1]. »

CXXXIII.

MAZARIN A D'ESTRADES[2].

Paris, 28 octobre 1645.

(Bibl. nat., Clairambault 575, fol. 1037, original.)

Son intention serait que, des troupes licenciées par les États, on pût recueillir 1,500 ou 2,000 fantassins, en un ou deux corps, pour servir à l'armée de Turenne. Faire cette levée au meilleur prix possible.

D'Estrades a eu raison de répondre comme il l'a fait à

---

1. Mazarin à d'Estrades, 7 octobre 1645 (Bibl. nat., Clairambault 575, fol. 865). Faire valoir auprès des députés des États à l'armée que l'action hardie des maréchaux a pour but de permettre à l'armée des États d'entreprendre enfin « quelque chose de fort important », et auprès du prince d'Orange « que ce que nous avons fait le regarde particulièrement », puisqu'il pourra par quelque grand succès réprimer la mauvaise volonté de ses ennemis. Brienne à d'Estrades, 7 octobre (Bibl. nat., Clairambault 575, fol. 969) : « S. A. s'est déclaré vouloir former le siège de Hulst et d'Anvers. »

2. Lettre de même date à Brienne (Bibl. nat., Clairambault 575, fol. 1041).

l'ouverture que S. A. a faite que LL. MM. proposassent une ligue aux États en faveur du roi d'Angleterre. Une telle proposition devrait être faite aux États et au Roi par un envoyé d'Angleterre[1].

Mazarin est ravi que le siège d'Hulst s'avance[2]. [« Mais souvenez-vous, s'il vous plaist, de la parolle qui vous a esté donnée qu'on y laisseroit le libre exercice de la religion catholique sans innovation[3]. »]

1. Les souverains anglais s'adressaient à la France et aux Provinces-Unies en vue d'obtenir des secours contre les parlementaires. Mazarin écrivait, le 30 septembre, à d'Estrades (Bibl. nat., Clairambault 575, fol. 885) de s'informer de nouveau des sentiments des États pour le roi d'Angleterre, et « s'il y a apparence qu'au cas que la négociation de la paix avec MM. du Parlement, qui se traitte par l'entremise de la France et de la Hollande, vienne à s'eschouer, il (le prince d'Orange) les puisse porter à prendre quelque résolution favorable audit roy d'Angleterre ». La reine d'Angleterre avait envoyé en Hollande un de ses partisans les plus dévoués, « Monsieur Goffe »; et son grand écuyer, Jermyn, demandait à d'Estrades d'apporter tous ses soins pour faire réussir ses desseins (Jermyn à d'Estrades, Saint-Germain, 7 octobre 1645, Bibl. nat., Clairambault 575, fol. 961). De son côté, le duc d'Orléans avait chargé d'Estrades de demander à Frédéric-Henri d'envoyer « quelques navires pour le roi d'Angleterre » (d'Estrades à Mazarin, au camp devant Hulst, 22 octobre 1645, Aff. étr., Hollande 34, pièce 139). Le 18 novembre, Jermyn adressait, au nom de sa maîtresse, ses remerciements à d'Estrades (Bibl. nat., Clairambault 575, fol. 1143).

2. La jonction des armées alliées avait eu pour résultat de permettre au prince d'Orange de franchir les rivières de la Lys et de l'Escaut et d'entreprendre le siège d'Hulst, à défaut de celui d'Anvers. Il arriva devant Hulst le 5 octobre. Sur le siège, voir les lettres de d'Estrades, aux Aff. étr., Hollande 34, à partir de la pièce 120.

3. D'Estrades écrivait à Chavigny, du camp devant Hulst, le 15 octobre : « Je suis après à travailler vers S. A. pour l'exercice de nostre religion dans Hults. Il y est assés porté, mais il

L'idée de proposer une prolongation de trêve à la Landgrave pour les affaires d'Ost-Frise est bonne[1].

« Je vous prie de ne point partir pour France que touttes
choses ne soient ajustées du delà au point qu'elles le
peuvent estre. Je vous demande cela pour l'amour de moy,
me prometant que vous ne me refuserez point une quinzaine de jours, s'il est besoin, pour les affaires de S. M.,
puisque je suis très véritablement... »

CXXXIV.

D'ESTRADES A MAZARIN[2].

Hulst, 6 novembre 1645.

(Aff. étr., Correspondance politique, Hollande 34, pièce 162, fol. 288,
original en partie chiffré et déchiffré.)

Le 3 novembre, la garnison d'Hulst a demandé à capituler; le 5, elle est sortie, 800 hommes sous les armes et
500 blessés et malades.

[MM. les Estats ont refusé que l'exercice de la religion catholique restast libre dans Hulst. M. le prince

ne veust rien faire sans les avis de MM. les Estats, qui y sont
tout à fait contraires » (Aff. étr., Hollande 34, pièce 130). Voir
les pièces suivantes.

1. La trêve étant expirée, le comte d'Ost-Frise réclamait « la
liberté » pour son pays (le comte d'Ost-Frise à d'Estrades,
30 août 1645, Bibl. nat., Clairambault 575, fol. 789). Mazarin
désirait le maintien du *statu quo*, comme le demandait la landgrave de Hesse (la landgrave à d'Estrades, 19 novembre 1645,
Bibl. nat., Clairambault 575, fol. 1159).

2. Lettres de la même date à Chavigny (Aff. étr., Hollande 34,
pièce 161), aux plénipotentiaires à Munster (*Ibid.*, pièce 163)
et à Brienne (*Ibid.*, pièce 164). Dans cette dernière, d'Estrades
écrit qu'il ne manquera pas, avant de partir, de parler à S. A.
de l'affaire de Mme la landgrave.

d'Orange n'a pas laissé d'accorder par la capitulation
que tous les religieux et ecclésiastiques] demeureroient
dans la ville l'espasse de trois ans, sans estre inquiétés, et pendant ce temps-là [il m'a tesmoigné qu'il
fairoit tout son possible envers MM. les Estats pour
les y laisser] pour tousjours[1].

Le comte Guillaume, gouverneur de Frise, est parti ce
matin avec 6,000 fantassins et 1,200 chevaux pour attaquer
les forts du Mourevart jusqu'à Gand. Pour faciliter ce dessein, le Prince fait marcher ses troupes vers la digue de
Calloo et envoie des partis jusqu'à la Tête de Flandre, où
l'armée de Bek est retranchée[2].

Le prince d'Orange est satisfait de savoir que les Espagnols ont fait faire à la Reine par des ecclésiastiques des
propositions secrètes.

CXXXV.

D'ESTRADES A MAZARIN[3].

Hulst, 11 novembre 1645.

(Aff. étr., Correspondance politique, Hollande 34, pièce 175, fol. 310,
original en partie chiffré et déchiffré.)

Il était sur le point de partir par ordre du prince d'O-
range pour communiquer à la Reine et au Cardinal des

1. Cf. la lettre précédente et les pièces suivantes.
2. L'armée de Bek protégeait Anvers.
3. Lettres de même date à Brienne (Aff. étr., Hollande 34,
pièce 173, fol. 305) et à Chavigny (*Ibid.*, pièce 174, fol. 307).
Dans cette dernière, on lit : « J'ay veu par la lettre que vous
m'aviés fait l'honneur de m'escrire comme S. É. s'est souvenu
de moy dans la vacance de l'abbayee de Bonnefons... Je m'asseure que si celles qui sont vaquantes étoient en vostre disposition que vous me partageriés mieux... »

choses importantes, lorsqu'il a reçu la lettre du 28 octobre, qui lui ordonne de rester en Hollande jusqu'à ce que la levée des 2,000 hommes soit terminée.

Le Prince lui a permis d'aller à La Haye pour traiter de cette affaire avec Brasset.

D'Estrades désire rentrer en France dès cette affaire terminée.

Les États ont écrit au Prince « en des termes très rudes ». « Ils portent qu'ils se sont estonnés de voir la proposition pernitieuse de lesser l'exercisse de la religion catholique libre dans une ville où les Espagnols ont exercé leur cruauté et leur tirannie contre ceux de leur religion, ayant chassé insolamant tout le puble et ministres de la ville, lorsqu'elle fust prise[1], et fait commandemant sur penne de la vie de sortir du pays d'Ouas dans vingt et quatre heures ; que cest exemple si cruel les oblige à ne souffrir point leur religion ; que si véritablemant quelque ville se donnoit à eus par accort, sans attandre qu'elle fust prise par la forsse des armes, qu'en ce cas ils leur accorderoit volontiers tous leurs privilèges et l'exercisse libre de leur religion, mais qu'autremant ils n'y pouvoit consantir. »

Nouvelles des opérations du prince Guillaume.

CXXXVI.

MAZARIN A D'ESTRADES.

Paris, 25 novembre 1645.

(Bibl. nat., Clairambault 575, fol. 1167, original en partie chiffré et déchiffré ; Aff. étr., Correspondance politique, Hollande 34, pièce 180, fol. 319, minute.)

Affaire de la levée des troupes d'infanterie.

La Reyne m'a commandé de vous escrire que vous

---

1. Hulst avait été pris par Alexandre Farnèse en 1583 et par l'archiduc Albert en 1596.

fissiez de sa part une nouvelle instance à [M. le prince
d'Orange, affin qu'il employât de nouveau son authoritté envers MM. les Estats pour lesser libre aux habitans de Hulst l'exercisse de la religion catholique[1]]…
[Il arrivera que l'aversion que MM. les Estats tesmoigneront à la religion catholique faira que les Flamans
ne se fieront pas mesmes aux promesses qu'ils leur
fairoient en faveur de la religion catholique, s'ils se
randoient à eux volontairemant, et qu'ils se deffan-
dront jusques à l'extrémité, lors qu'ils seront attaqués.]

Assurer le prince d'Orange de ses sentiments de dévouement.

Vous pourrez revenir dès que l'affaire de la levée
sera terminée, mais ne revenez point, s'il vous plaist,
[sans me porter une résolution précise et positive des
sentiments de S. A. touchant la paix, sur les affaires
d'Angleterre[2] et sur ce qu'il y aura à faire dans la
campagne prochaine].

1. Voir les pièces précédentes. Le 18 novembre, Brienne a
écrit à d'Estrades (Bibl. nat., Clairambault 575, fol. 1155) que
la joie causée par la prise d'Hulst est fort diminuée depuis
qu'on connaît les articles de la capitulation au sujet des catholiques.

2. Brienne avait déjà recommandé à d'Estrades (30 septembre
1645, Bibl. nat., Clairambault 575, fol. 889) de chercher à
savoir si le prince d'Orange, dans le cas où la paix ne serait
pas conclue « cet hiver », aurait l'intention d'entreprendre
quelque chose « au renouveau ». Mazarin lui avait écrit le
18 novembre (*Ibid.*, fol. 1151), en toute confidence, que les
Suédois avaient commencé à négocier séparément avec les Espagnols, qu'il fallait en informer le prince d'Orange et lui
demander son avis. Mazarin ajoutait : « Vous dirés à M. le
prince d'Orange, dans la mesme confiance, qu'une des raisons
qui est plus forte auprès de moy pour conseiller de sortir au

Post-scriptum : Nécessité où est la république de Venise de se défendre « d'un ennemi si puissant comme est le Grand Seigneur[1] ». Obtenir des vaisseaux qui se joindraient à la flotte vénitienne, car le mal peut s'étendre à toute la chrétienté.

CXXXVII.

D'ESTRADES A MAZARIN[2].

La Haye, 27 novembre 1645.

(Aff. étr., Correspondance politique, Hollande 34, pièce 190, fol. 334, original en partie chiffré et déchiffré.)

Le prince d'Orange a pris avec beaucoup de satisfaction connaissance de la lettre de Mazarin[3].

plus tost d'affaires à Munster, c'est pour nous mettre en estat, conjunctement avec ledit Prince, de restablir le roy d'Angleterre dans sa première authoritté, en quoy S. A. a plus d'intérest que nous. » Cf., *supra*, p. 281, la lettre du 28 octobre 1645.

1. Le commandant vénitien de l'île de Candie ayant pris fait et cause pour les chevaliers de Malte dans un conflit qu'ils avaient avec les Turcs, ces derniers avaient fait débarquer, le 24 juin 1645, 50,000 hommes devant La Canée. La prise de La Canée est le premier acte de la guerre dite de Candie.

2. Lettres de même date à Chavigny et à Brienne (Aff. étr., Hollande 34, pièces 189 et 191). Dans sa lettre à Chavigny, il dit espérer que S. É. ne trouvera pas mauvais que, même si son congé n'arrivait pas par l'ordinaire prochain, il profite du départ pour Mardyck de cinq navires de guerre, « ce qui rendra le passage asseuré contre les Dunquercois qui sont forts aus costes d'Angleterre ». D'Estrades s'embarqua le 2 décembre, après avoir écrit à Servien (Aff. étr., Hollande 34, pièce 201). En envoyant cette lettre, Brasset écrit à Servien, au sujet de d'Estrades : « Il semble que quelque chose de bon l'attende, S. É. l'ayant fort pressé d'aller, et ses amis adverty de ne pas perdre un moment à se mettre en chemin. Il a certainement du mérite et du bonheur, s'estant mis en bonne posture en moins de huit années. On luy a mandé que l'abbaye de

« Je luy ai tesmoigné en suitte que le mauvés tretemant
que les catholiques avoit reçeu dans la ville[1] avoit de
beaucoup diminué la joye de V. É... »

Il a répondu que, pour avoir exprimé son avis qu'on
laissât la religion catholique libre, il y a des provinces
entières [« qui ont dit qu'il s'entendoit avec la France pour
introduire dans leur pays une religion toute contraire à la
leur »].

Les ministres gouvernent si absolument les peuples qu'ils
seraient capables de leur persuader une discussion sur ce
prétexte.

Il a montré à d'Estrades une lettre d'un de ses amis
[« qui luy donne avis que la Hollande et autres provinces]
ont mis dans l'instruction de leurs députtés de Munster
[qu'ils ne recevroient aucuns avis ny letres de qui que ce
soit] touchant la négociation de la paix [que de MM. les
Estats, sur peine d'estre cassez et punis rigoureusement[2]].
J'ay trouvé hier en arrivant en ceste ville que touttes les
provinces avoit consanti à ce que dessus, dont [j'ay averty
M. le prince d'Orange, suivant l'ordre qu'il m'en avoit
donné, en partant de Bréda »].

Il semble que les députés se disposent à partir pour

Bonnefon estoit asseurée pour son frère. Sa sœur en a une de
dames... » (*Ibid.*, pièce 202).

3. [Voir page précédente.] Il s'agit probablement de la lettre
du 11 novembre (Bibl. nat., Clairambault 575, fol. 1115), dans
laquelle se trouve ce passage : « Sur ce, je vous diray en grande
confidence [que le Roy employera vigoureusement les offices
de ses plénipotentiaires de Munster pour tascher de faire tomber le duché de Gueldres entre les mains dudit sieur Prince,
soit dans le tretté général, soit par le moyen de quelque tretté
particulier, mesnagé pour cet effect audit Munster. »

1. A Hulst, cf., *supra*, p. 282 et 285.

2. Article XCVI de l'instruction du 28 octobre 1645, nettement dirigé contre le prince d'Orange, dont la province de
Hollande craignait l'influence sur les plénipotentiaires.

Munster[1]. D'Estrades communiquera au Prince la lettre de Mazarin du 18 de ce mois[2].

CXXXVIII.

« POUR M. D'ESTRADES ALLANT EN HOLLANDE[3]. »

[Février 1646.]

(Bibl. nat., Clairambault 574, fol. 7.)

Outre les lettres qu'on luy donne en créance pour M. et pour Mme la princesse d'Orange, on luy remet un extraict de divers articles de mémoires de MM. les plé-

1. Les pouvoirs des plénipotentiaires hollandais sont datés du 31 octobre 1645. D'Estrades fit l'impossible pour hâter le départ des Hollandais (Brienne à d'Estrades, 2 décembre 1645, Bibl. nat., Clairambault 575, fol. 1181), mais ceux-ci se prépa· rèrent avec lenteur et n'arrivèrent à Munster que le 11 janvier 1646.

2. Mazarin à d'Estrades, 18 novembre 1645 (Bibl. nat., Clairambault 575, fol. 1147).

3. Ce brouillard d'instruction, sur papier filigrané aux armes de Mazarin, n'est ni signé ni daté. Dans les mss. Clairambault, il a été placé par erreur avec les documents de l'année 1645. Il doit être daté du mois de février 1646 et plus précisément entre le 10 et le 15 février, comme l'indique M. Alb. Waddington, qui a publié *in extenso* cette pièce dans son ouvrage sur la *République des Provinces-Unies*, t. II, p. 402. — D'Estrades était rentré en France dans les premiers jours de décembre 1645 (Mazarin à Brasset, 9 décembre 1645; Chéruel, t. II, p. 270). Quelques jours après, son père mourait (condoléances du prince et de la princesse d'Orange, 1er janvier 1646; du duc de Longueville, 15 janvier 1646, Bibl. nat., Clairambault 576, fol. 1, 5 et 15). Au début de février, il était à Paris (Aff. étr., Hollande 36, pièce 19). Il ne s'attendait pas à repartir, car Chavigny lui avait écrit, le 18 novembre 1645 : « S. É.

nipotentiaires[1] sur des discours que les ministres d'Espagne mesme et d'autres fois les médiateurs ont jettés de faire des eschanges et des mariages;

Une copie de la proposition d'un nommé Anthoine Beaufort, qui est prisonnier à Vienne, et de ce qui en a esté escrit d'icy aux plénipotentiaires;

Une copie des raisons que la France a de ne pas facilement consentir à se dessaisir de la Cataloigne et du Roussillon[2] pour avoir ce que les Espagnols possèdent présentement aux Pays-Bas par eschange ou en dot ([*en marge :*] Pour ce qui est du dot, il s'entend à condition que, quand mesme quelque accident empescheroit la consommation du mariage, ou qu'estant faict il n'y auroit point d'enfans, ce qu'ilz auroient donné à ce titre de dot ne laissât pas de demeurer acquis à la France) par le mariage de l'Infante avec le Roy, ainsi que quel qu'un a dict que l'on pourroit faire.

La Reyne, sur tout ce que dessus, a permis à M. le cardinal Mazarin d'envoyer en toute diligence le s[r] d'Estrades trouver M. le prince d'Orange sans que le

m'a tesmoigné à diverses fois qu'elle ne prétendoit plus que vous retournassiez en Hollande et qu'elle aviseroit avec vous sur qui elle jetteroit les yeux pour entretenir, à vostre deffaut, l'intelligence qui est entre elle et le prince d'Orange » (Bibl. nat., Clairambault 575, fol. 1139). Cependant, Mazarin s'adressa à lui pour aller négocier en Hollande l'affaire importante dont il est question dans ce document.

1. « Extraict d'un article de la dépesche de MM. les plénipotentiaires du 28 janvier 1646 » (Bibl. nat., Clairambault 576, fol. 16).

2. « Raisons de doubter si la France doit penser à quitter la Catalogne et le Roussillon pour avoir la Flandre et la Bourgoigne, suivant quelques discours qu'en a jettés M. Contarini » (*Ibid.*, fol. 19).

véritable sujet de son voyage fût sçeu de personne[1],
afin de donner part de tout audit s^r Prince et de recevoir ses bons advis et conseilz, tant sur ce que nous
aurions à respondre, si les Espagnolz nous faisoient
quelque proposition semblable, comme pour concerter avec S. A. les moyens de bien conduire cette négotiation s'il en jugeoit l'effect advantageux à cette
couronne et à MM. les Estats, soit en l'introduisant luy-
mesme et la traictant avec Castelrodrigo, au cas qu'il
ayt en main quelque personne bien secrette et de confiance pour cela, soit en trouvant bon que S. É. le fist
icy ou à Bruxelles, de concert avec luy, ou qu'on la
fist traicter à Munster. L'intention de S. M. n'estant autre
qu'en concluant, s'il se peut, une bonne paix avec l'Espagne, y trouver l'entière satisfaction de MM. les Estats et toute sorte d'advantages et d'honneur pour la
personne et pour la maison de M. le prince d'Orange[2],

1. Castel-Rodrigo avait fait savoir au prince d'Orange que la
France pensait à faire son accommodement particulier avec
l'Espagne au moyen d'un mariage. Frédéric-Henri en avait écrit
en grand secret à d'Estrades. Ce dernier doit donc se rendre à
La Haye, « sous prétexte d'ajuster les desseins de la campagne », mais en réalité pour dissiper les soupçons de Frédéric-Henri. Il se bornera à exposer au Prince la substance des
discours que Contarini, et autrefois Saavedra et Brun, ont
tenus au sujet des mariages ou des échanges de territoires. Il
tâchera adroitement de l'amener à conseiller à Mazarin d'écou-
ter les propositions que les Espagnols pourraient faire. — D'Estrades assura Mazarin que les Hollandais, « infailliblement,
donneront là-dedans ». Cf. *Négociations secrètes touchant la
paix de Munster*, t. III, p. 51 et 61.

2. Mazarin avait pensé d'abord faire donner au Prince le
marquisat d'Anvers, qui relèverait de la couronne de France,
puis il avait réfléchi que, « le donnant en propre au prince
d'Orange, il vaudroit mieux qu'il relève de MM. les Estats...

lequel recognoistra par les effects, et en ce rencontre
et en tout autre, où son contentement pourra dépendre
en quelque façon de la France ou de S. É., qu'il ne se
peut rien adjouster à la passion que l'on a pour tout ce
qui le regarde.

Il est sans doubte qu'un semblable party, d'avoir ce
que l'Espagne tient encore aux Pays-Bas et rendre la
Cataloigne et le Roussillon, avec les précautions pourtant qui seront jugées nécessaires pour la seureté et le
bon traictement de ces peuples-là et pour la conservation de leurs privilèges, ne peut estre que très bien
reçeu de MM. les Estatz, puisque leur intérest propre
s'y rencontre plus advantageusement que le nostre, en
ce qu'ilz pourroient s'asseurer pour jamais d'en jouir
d'un profond repos sans estre obligés aux despenses
excessives qu'ils ont accoustumé de soustenir, ne se
debvant pas parler de trefve, et toutes les occasions de
guerre estant cessées par la cession que les Espagnolz
auroient faicte à S. M. des Pays-Bas.

On feroit aussi, en ce cas, que l'Espagne céderoit à
MM. les Estats tous les droits et les prétentions qu'elle
peut avoir sur leurs provinces, et que la France qui
entreroit en leur place ratiffieroit cette cession avec
toutes les formes les plus sollemnelles que mesdits s^rs les
Estats sçauroient désirer. Ainsi ilz establiroient pour
jamais une souveraineté absolüe et non contestée de
qui que ce soit et s'affirmeroient une tranquilité du-
rable avec tous les advantages et les commoditez que
donne ordinairement la liberté d'un commerce univer-
sel, d'autant plus que l'assiette de leurs pays est telle

Anvers seroit le meilleur et le plus fort boulevart de leur République » (*Ibid.*, t. III, p. 51).

et si bien fortiffiée par l'art et par la nature que ce sera tousjours inutilement que quelque puissance estrangère que ce puisse estre entreprendra d'y faire aucuns progrez et imprudemment qu'elle s'y embarquera. ([*En marge.*] Et quoy que les forces de l'Empire soyent tous jours à redoubter, neantmoins, establissant une bonne ligue offensive et deffensive contre cette couronne et MM. les Estats, il est certain que l'Empereur avec toutes les forces d'Allemagne ensemble n'oseroit pas songer à entreprendre contre eux.)

D'ailleurs, un pareil expédient nous feroit sortir en un instant de l'embaras où nous nous trouvons, en ce que la France ne peut faire que la paix, et la Hollande ne veult que la trefve[1], et toutes les difficultez qui arriveront sans doubte sur l'article neuvième[2] seront surmontées, sans que nous eussions à nous mettre en peine de ce qu'il faudra faire après la trefve expirée. Mais ce qui est sans réplique pour mieux prouver cette vérité, c'est que desjà dans le traicté de l'année 1635, où la division des Pays-Bas, que l'on espéroit de conquérir, fut faicte, MM. les Estats crurent, et avec raison, que leur plus grand advantage consistoit à s'asseurer un repos, qui ne fust plus suject à altération,

---

1. Cf. Waddington, t. II, p. 56 et 61. Dès le 28 janvier 1646, les plénipotentiaires de l'Espagne et des Provinces-Unies s'entendent sur une proposition de trêve semblable à celle de 1609.

2. Le 1er mars 1644, Servien et d'Avaux, passant par La Haye pour se rendre à Munster, avaient signé, outre le traité ordinaire de subsides, un traité dit de garantie destiné à assurer l'accord des plénipotentiaires français et hollandais au Congrès. Ils s'étaient refusés à insérer dans ce traité le neuvième article des propositions hollandaises, qui prévoyait le cas d'une trêve avec l'Espagne.

par la sortye des Espagnolz des Pays-Bas et par une plus estroicte union avec cette couronne, qui s'est en tout temps intéressée avec tant de soing à leur conservation et à leur agrandissement.

Enfin, encore qu'on n'ayt nullement doubté que MM. les Estats, qui y trouveroient leur compte, et M. le prince d'Orange, qui y pourroit rencontrer le sien particulier avantageusement dans la bonne disposition où est S. M. pour ses intérests, ne fussent ravis que cela pust réussir, néantmoings on n'a pas voulu entamer quoy que ce soit en la négotiation sans l'avoir auparavant communiqué audit s#r# Prince et reçeu ses bons advis, particulièrement sur ce qui est de rendre la Cataloigne, après qu'il aura examiné dans le mémoire que porte le s#r# d'Estrades les grandes raisons qu'il y a de doubter que la France y doive condescendre pour n'en retirer qu'un pays qu'elle peut vraisemblablement espérer d'emporter cette campagne avec MM. les Estats et qui n'est pas plus considérable que l'autre, ny par le nombre et la beauté des villes, ny par sa situation, ny par son estendue[1].

Il est à remarquer que, comme la France désire passionnément les advantages de M. le prince d'Orange, l'un des motifs qu'elle pourroit avoir de donner les mains à un tel party, ce sont les moyens qu'il fourniroit de restablir à l'instant les affaires du roy de la

---

1. Dans un mémoire du 20 janvier 1646 aux plénipotentiaires, Mazarin a énuméré douze raisons d'obtenir les Pays-Bas, « soit en faveur d'un mariage ou, sans cela, comme par échange ». La première est que « l'acquisition des Pays-Bas forme à la ville de Paris un boulevart inexpugnable » (Mignet, *Négociations relatives à la succession d'Espagne*, t. 1, p. 177).

Grande-Bretagne, lesquelles touchent ledit s^r Prince au poinct que chacun sçait, non seulement pour le mariage qu'il a faict, mais pour d'autres intérests qu'il peut avoir à l'advenir.

Et pour récapituler encore ce que dessus, afin de mieux imprimer dans l'esprit du s^r d'Estrades le véritable sujet de son voyage, qui consiste à prier M. le prince d'Orange de nous donner ses prudens conseils sur ce qui est de nous dessaisir de la Cataloigne pour estendre nos limites dans les Pays-Bas, il est nécessaire que ledit s^r d'Estrades considère que ledit party est avantageux : aux Espagnols, pour les raisons qu'il peut voir dans le mémoire qu'on en a fait à part;

A MM. les Estats, parce que, esloignans pour jamais leur ennemis irréconciliables, ils establissent leur grandeur et leur repos pour tousjours;

A M. le prince d'Orange, parce qu'il achèveroit la guerre, venant glorieusement à bout de ses travaux, et laissant MM. les Estats victorieux, plus puissans que jamais et sans aucun obstacle recogneus légitimes possesseurs d'un si beau et d'un si grand pays.

Mais, pour ce qui regarde la France, il semble que l'on achepteroit à grand prix la conqueste de la Flandre, puisqu'il y a grande apparence qu'y continuant la guerre vigoureusement, une campagne la luy pourroit donner sans se dessaisir de la Cataloigne, laquelle, nous mettant un pied dans le cœur de l'Espagne, elle tient ce roy là en appréhension de tout perdre, ce qu'il luy pourroit arriver si nous y gaignions une seule bataille, n'ayant pas beaucoup de places de ce costé-là, et celles qu'il y a n'estans pas assez fortes et assez considérables pour l'en exempter.

CXXXIX.

D'ESTRADES A MAZARIN[1].

La Haye, 26 février[2] 1646.

(Aff. étr., Correspondance politique, Hollande 36, pièce 47, fol. 69,
original en partie chiffré et déchiffré.)

Monseigneur,

M. le prince d'Orange aprouve fort [que l'on tasche
d'entrer en négociation avec les Espagnols d'avoir les
Pays-Bas pour la Catalogne]. Il ne peust s'en mesler,
n'ayant pas de personne à qui il osast confier un tel
secret, mais il croist [que V. É. seul] peust mener à
bonne fin un tretté, et puis en faire [l'exécution à
Munster[3], comme s'il avoit esté traicté audit lieu]. Il
n'a pas désiré que j'aye escrit [à M. le duc de Longueville[4] que j'aye eu ordre de luy en parler], parce qu'il
suplie V. É., [veu les esprits à qui il a afaire, qu'il ne
paroisse pas qu'il en aye eu aucune cognoissance. Il a
jugé à propos, pour eschauffer davantage les Espagnols
à exécutter cette proposition, de faire sçavoir à Castel-

1. D'Estrades était arrivé à La Haye le 25 février (d'Estrades
à Mazarin, 26 février 1646, Aff. étr., Hollande 36, pièce 49).

2. Ce jour-là, d'Estrades écrivit trois lettres à Mazarin (Mazarin à d'Estrades, 8 mars, Chéruel, t. II, p. 291).

3. Le prince d'Orange jugeait à propos de renvoyer toute
négociation à Munster « pour les soupçons que MM. les Estats
pourroient autrement concevoir, s'il s'en instruisoit quelqu'une
en France » (Mazarin à d'Estrades, 24 février, Bibl. nat.,
Clairambault 576, fol. 23, original ; extraits dans Chéruel, t. II,
p. 289).

4. Le 24 février, Mazarin recommandait à d'Estrades
d'écrire aux plénipotentiaires « le plus particulièrement qu'il
se pourra, selon les sentiments et bons conseils de S. A. ».

Rodrigo par un marchand d'Anvers, qui luy est affidé], qu'il ne faut pas que les Espagnols s'attandent que la France et cest Estat se séparent jamais d'intérest, qu'il devroit songer à proposer des conditions raisonables qui se peussent accepter de part et d'auttre, affin d'empêcher leur ruine totalle que vraysemblablemant ils ne peuvent esvitter, le Roy et MM. les Estats attaquant les Flandres avec vigueur des deux costés, comme ils ont intantion de le faire.

S. A. a fort gousté les raisons que je luy ay alléguées, portées par le mémoire de V. É., pour faire voir que tout l'avantage [de cet eschange est plus pour les Espagnols et MM. les Estats que pour la France], et, quoy qu'il conviène que touttes ses raisons sont très fortes, il m'a dit qu'il croyoit que MM. les Estats ne pourroit jamais conssantir [à tous les advantages, se voyant privés d'Anvers], et qu'il en pourroit arriver baucoup d'inconvéniants, [en ce que MM. les Estats, pour empescher que le commerce de la mer n'allast dans cette ville, feroient beaucoup de choses qui choqueroient la France et qui pourroient troubler la bonne intelligence qu'il souhaicte debvoir estre entre la France et MM. les Estats]. Je le lessé parler longtemps sur ce sujet, m'alléguant plusieurs raisons comme [cette place ne peut estre dans son lustre qu'entre les mains de MM. les Estats, à cause du commerce]. Je luy répliqué [qu'Anvers estoit de telle importance dans le Pays-Bas] qu'asseurémant la Reyne et V. É. ne consentiroit jamais de l'en séparer, et, estant demeuré ferme là-dessus, il me demanda si je croyois que V. É., à sa prière et à sa considération, obtient de la Reyne qu'elle conssantist [à un eschange de Maestric avec Anvers]. Je luy

répondis [que l'eschange estoit si inégal] que je ne
l'oserois pas proposer, mais que je le pouvois bien
asseurer que V. É. avoit une telle tandresse et defférance pour les choses qu'il désiroit, qu'il faudroit bien
qu'elles feussent difficilles s'il n'en venoit à bout auprès de V. É., mais que j'estois obligé de luy dire mon
santimant que je trouvois ceste proposition impossible,
[veu l'inégalité des places]. Il me dit ensuitte qu'en
cas [que ce traicté réussist, si V. É. ne fairoit pas en
sorte que le roy d'Espagne cédast à MM. les Estats
tous les droits et les prétentions qu'il peut avoir sur
leurs provinces, et si la France entrant en leur place
ne ratiffieroit pas cette cession, avec toutes les formes
que MM. les Estats sçauroient désirer]. Quoy que dans
mon instruction je puisse accorder cest article, néantmoins j'ay creu le devoir rendre difficile, affin que, se
faisant en la forme que S. A. désire, il en eust plus
d'obliguation à V. É., et luy respondis que je n'avois
point d'ordre là-dessus, mais que je le pouvois asseurer par avance que, lorsqu'il fairoit cognoistre à V. É.
ses intantions, qu'elle avoit tant d'amitié pour sa personne qu'asseurémant elle ménageroit les intérest de
MM. les Estats, en sorte qu'il paroistra qu'ils n'auroit
jamais obtenu d'eus-mesmes de V. É. ce qu'elle leur
accordera à sa prière.

Il ne se peust rien adjouster à la satisfaction qu'il a
reçeu de voir la confiance que V. É. a en luy. Il m'a
demandé deus jours pour songer encore mieus à tout
ce que je luy ay dit avant de me déclarer ses derniers
santimants. J'ay creu par avance estre obligé de faire
sçavoir à V. É. ce qui s'est passé dans la première conférance que j'ay eue avec S. A. Je verrai demain Mme la

princesse d'Orange. MM. de Pau et de Kenuct, plénipotentières de MM. les Estats, viennent tout présantemant d'arriver de Munster[1]. L'ons ne sçaura que demain le sujet de leur voyage. [M. le prince d'Orange a fort approuvé le prétexte du mien] et m'a commandé de voir les principaus de la province de Hollande et leur dire en conversation que j'estois venu pour concerter les desseins de la campagne. Cette province continue toujours à traverser M. le prince d'Orange en tout ce qu'elle peust. J'ay suivy l'ordre que V. É. me donna l'année passée de luy escrire une lettre séparée.

Je la suplie très humblemant…

D'ESTRADES.

A La Hayée, ce 26 février 1646.

CXL.

D'ESTRADES A MAZARIN.

La Haye, 27 février 1646.

(Aff. étr., Correspondance politique, Hollande 36, pièce 50, fol. 75, autographe.)

Monseigneur,

Depuis ma lettre escritte, M. le prince d'Orange m'a envoyé chercher pour me dire que M. Pau et de Ke-

---

1. Les plénipotentiaires hollandais étaient à Munster depuis le 11 janvier 1646. Il suffit de comparer les détails de cette lettre avec ceux que fournit la prétendue lettre du prince d'Orange au comte d'Estrades, du 4 février (*Ambassades et négotiations*, p. 95), pour se rendre compte que cette dernière est apocryphe.

nuct[1] estoit arivés de Munster, pour avertir MM. les
Estats que MM. les plénipotentières de France leur
avoit déclaré que le roy d'Espagne remetoit entièremant entre les mains de la Reyne l'ajustemant de la
paix, comme aussi celuy des différants qui sont entre
MM. les Estats et ledit roy d'Espagne[2], et que cella
leur a esté confirmé par les médiateurs et les plénipotentières d'Espagne mesme. Il a esté un peu surprins[3]
de ceste promte déclaration si publique. Il m'a tesmoigné qu'il désiroit que je m'en retournasse bientost
pour informer V. É. de plusieurs choses qui regardent
ses intérests et l'establissemant de son authoritté dans
ce païs. Il m'a ordonné de continuer de dire que je
n'estois venu le trouver que pour concerter les desseins
de ceste campagne.

Je suplie très humblemant V. É...

D'ESTRADES.

A La Hayée, ce 27 février 1646.

1. Sur Adrien Pauw, Jean de Knuyt et les autres plénipotentiaires des Provinces-Unies, voir Alb. Waddington, t. II,
p. 165 et suiv.

2. Les plénipotentiaires espagnols avaient dit aux médiateurs que l'intention du roi d'Espagne était de donner le repos
à la chrétienté en soumettant tous les différends entre les deux
couronnes à la Reine régente de France. Les médiateurs ayant
rapporté cette nouvelle aux plénipotentiaires français, ceux-ci
leur avaient répondu que l'union entre la France et les Provinces-Unies était si étroite que les uns ne pouvaient rien faire
sans les autres, et ils en avaient aussitôt informé Pauw et de
Knuyt. Voir, *infra*, pièce CXLII.

3. Voir les pièces suivantes.

CXLI.

D'Estrades aux plénipotentiaires a Munster.

La Haye, 2 mars 1646.

(Aff. étr., Correspondance politique, Hollande 36, pièce 60, fol. 91,
copie.)

D'Estrades croit que les États ne se mettront pas en
campagne cette année. Ils sont si persuadés que la paix est
conclue entre la France et l'Espagne qu'ils ne la publient
pas moins que le font les lettres d'Anvers, de Bruxelles et
de Gand, qui spécifient l'échange des Pays-Bas avec la
Catalogne et le mariage du Roi avec l'infante.

Il est difficile de détromper le prince d'Orange qui avait
écrit à d'Estrades, deux mois auparavant, qu'il savait que
l'accord était fait entre France et Espagne. Sur l'ordre de
Mazarin, d'Estrades lui avait répondu que c'étaient des
artifices des ennemis pour les diviser.

Depuis l'arrivée de Pauw et de Knuyt, il s'est plaint de
ce que d'Estrades lui « demande son advis sur une chose
publique ». Il craint que les États ne se figurent qu'il était
au courant de l'affaire.

Brasset et d'Estrades ont essayé de le calmer.

Il a dit aux États qu'il fallait se louer de ce que la Reine
lui demandait son avis, en cas que les médiateurs proposassent le mariage de l'infante et l'échange des Pays-Bas
avec la Catalogne « et qu'il y a lieu de croire que ce qui
n'a pas esté proposé n'est pas encores accepté ».

Ce matin, le Prince a montré plus de froideur, « soit
qu'il ait recognu n'en pouvoir venir à bout, soit qu'il aye
eu quelques nouveaux avis de Bruxelles et d'Anvers[1]... ».

1. Dans une lettre du 3 mars, à Brienne probablement (Aff.
étr., Hollande 36, pièce 62, fol. 93), d'Estrades écrit : « Dès
que ces Messieurs l'eurent veu (le prince d'Orange), je m'aper-

CXLII.

MAZARIN A D'ESTRADES.

Paris, 3 mars 1646.

(Bibl. nat., Clairambault 576, fol. 27, original chiffré et déchiffré.)

Monsieur, j'ai advis certain de Bruxelles qu'un nommé Friquet[1] va à Munster, avec charge, en passant par La Haye, de faire de nouvelles propositions à M. le prince d'Orange de la part de Castel-Rodrigo. C'est tout ce que je vous diray, voulant croire que S. A. vous aura desjà, à son accoustumée, communiqué non seulement les propositions, mais les responses qu'il a faites.

Le marquis Matei[2] a escript icy au nonce en mesme temps, demandant un passeport pour venir à Paris proposer, à ce qu'il dit, des choses importantes. On ne luy a faict aucune response, attendant de sçavoir les sentimens de M. le prince d'Orange sur l'affaire que

ceus du changement et en donné avis tout aussi tost à M. Brasset. Je vous suplie, Monsieur, de trouver bon que je vous avertisse qu'il ne se trette rien à Munster avec les médiateurs que M. le prince d'Orange n'en soit averti incontinant. Obligés-moy de ne me nommer pas et de croire que je suis... »

1. Jean Friquet, attaché à la personne du premier plénipotentiaire espagnol au Congrès, don Gaspar de Bracamonte, comte de Peñaranda.

2. Dans une lettre à Brasset, du 17 mars (Chéruel, t. II, p. 293), Mazarin annonce qu'il envoie au prince d'Orange une lettre originale que le marquis Mattei a écrite au nonce, « laquelle semble estre venue à point nommé pour faire voir quelle négociation nous avons eue avec les Espagnols, puisque, lorsqu'ils font courre le bruit que vous me mandez parmi les Provinces-Unies, ils continuent leurs instances, comme il paroist par ladicte lettre, pour faire des propositions icy ».

vous sçavés. Mais quand S. A. seroit d'advis que l'on escoutât ici, la persone ne me sembleroit pas propre, par ce quelle seroit de trop d'esclat. M. le cardinal Barberini[1] arriva hier icy. A Rome, les affaires contre eux vont tousjours du mesme train. Je vous envoye l'extraict de plusieurs advis que je reçois cette sepmaine de ce pays-là, que je vous prie de lire à M. le prince d'Orange, à quelque heure de son loisir, pour contenter sa curiosité, sans en donner cognoissance à aucun autre.

On me mande de Munstèr que Contarini[2] propose à nos plénipotentiaires, aux termes que vous sçavez, puisque je vous remis en main un extraict des articles de leurs dépesches, le parti d'eschange et le mariage; il avoit, sans nous en dire rien, ny avoir eu aucune response de nous, porté la mesme proposition aux Espagnols, comme venant de nous. J'ay jugé à propos de vous en donner part, afin que, si nos ennemis avoient voulu s'en prévaloir en quelque façon avec les députés

1. Les cardinaux Antoine et François Barberini, neveux du pape Urbain VIII, avaient fait élire, pour lui succéder, le cardinal Panfili, sous le nom d'Innocent X, malgré l'opposition de la France. Cependant, « les Barberins », après avoir sollicité la protection de l'Espagne, rentrèrent en grâce auprès de Mazarin. En octobre 1645, la France les reçut de nouveau sous sa protection. Ce fut un crime aux yeux du pape qui mit leurs biens sous séquestre. Le cardinal Antoine se réfugia en France en janvier 1646 et son frère l'y suivit bientôt. Mais, pendant l'expédition contre les Présides de Toscane, le pape, voyant les Français à ses portes, remit les Barberins « en tous leurs biens, charges, dignitez et bénéfices, comme ils estoient avant leur départ de Rome ». Cf. *Mémoires de Nicolas Goulas*, édit. Ch. Constant, t. II, p. 117, 129, 138.

2. Ambassadeur de Venise au Congrès et l'un des médiateurs de la paix.

de MM. les Estats, vous puissiez leur rompre ce coup, sçachant depuis le commencement jusqu'à la fin comme quoy la chose a passé.

Tout présentement il arrive un courrier de Munster avec la nouvelle de l'offre à la vérité spécieuse, mais peut-estre artificieuse, que les Espagnols ont faict faire à nos plénipotentiaires par les médiateurs, dont je ne vous entretiendray pas, parce qu'ils en ont aussitost donné part à MM. les députés de Hollande. Je vous prie, en attendant que je vous escrive plus amplement, d'asseurer par advance M. le prince d'Orange que, quand le roy d'Espagne feroit offrir à S. M. tous ses royausmes pour avoir la paix, on ne la fera jamais que conjoinctement et du consentement et satisfaction de MM. les Estats et de tous les alliés de cette couronne. Ce que je vous prie de lire à S. A. et luy en donner ma parole et luy dire que jamais il ne faut se tenir plus unys qu'à présent, que les Espagnols mettent touttes pièces en œuvre et que la nécessité les obligera à faire la plus grande partye de ce que nous voudrons avec M. le prince d'Orange. Le courrier qui est venu de Munster nous a dit avoir apris à Bruxelles la surprise de Tirlemont[1] et la deffaicte de trois régimens de cavalerie. Si la nouvelle est vraye, c'est une chose très importante dont je me resjouis par advance avec S. A.

Au nom de Dieu, donnez-nous à tous momens de vos nouvelles, et en cas que, pour la négociation que vous sçavez, vous adjustassiez quelque chose avec M. le

---

1. Le 17 février 1646, des troupes de la garnison hollandaise de Maestricht étaient entrées par surprise dans la ville de Tirlemont.

prince d'Orange, qu'il fallût après aller négotier à Munster comme à présent, je ne voy pas apparence d'en
pouvoir user autrement, vous pourrés vous-mesme
vous y transporter en diligence pour en conférer, dire
toutes choses à MM. les plénipotentiaires, et je vous
prie en ce cas de le faire sans hésiter, puisque vous
ne pouvés rendre un service plus utile à l'Estat, ny
qui m'oblige plus sensiblement en mon particulier. Sur
ce, je demeure, Monsieur, votre très affettionné à vous
faire service.

Le cardinal MAZARINI.

A Paris, le 3ᵉ mars 1646.

CXLIII.

D'ESTRADES A MAZARIN.

La Haye, 5 mars 1646.

(Aff. étr., Correspondance politique, Hollande 36, pièce 66, fol. 98,
autographe.)

Le prince d'Orange n'a plus les mêmes sentiments. Ce
qu'a écrit Mazarin le 24 février[1] n'est que trop véritable...
Il ne se passe rien dans les conférences de Munster qu'aussitôt tout est publié ici et amplifié.

Le prince d'Orange désire que d'Estrades s'en retourne
promptement en France[2]. « Si l'ordinère arrive plus tost
que moy, V. É. verra par la dépêche de M. Brasset une
partie de ce qui se passe icy. »

1. Cette lettre du 24 février, dont l'original, en partie chiffré, se trouve à la Bibl. nat., Clairambault 576, fol. 23, est
reproduite par Chéruel, t. II, p. 289, d'après une copie.

2. Dans une lettre du même jour, adressée probablement à
Brienne, d'Estrades annonce qu'il part dans une heure. Le

CXLIV.

« LETTRE A MONSIEUR LE DUC D'ANGUIEN. »

De Bréda [1], le 24 juin 1646.

(Bibl. nat., Clairambault 576, fol. 53, copie de la main de d'Estrades.)

Monseigneur, j'ay trouvé M. le prince d'Orange à

17 mars, il était à la Cour, d'où il écrivit au prince d'Orange. Frédéric-Henri lui répondit de La Haye, le 25 mars : « Je me resjouis de veoir par vostre lettre du 17e de ce mois comme, estant heureusement revenu à la Cour, vous y avez faict rapport aveq tant de prudence et de dextérité de ce qui s'est passé icy qu'enfin la Reine et M. le cardinal Mazarin vous ont tesmoigné d'en demeurer très satisfaits. Le bon office que vous avez eu soin de me rendre là-dedans me confirme absolument dans l'opinion que j'ay tousjours eue de la bonne volonté que vous avez pour moy. Je vous en rends grâces très particulières... » (Bibl. nat., Clairambault 576, fol. 35, original). Il est donc certain que le Prince n'a pas écrit à d'Estrades la prétendue lettre du 20 mars 1646, où on lit : « Ne croyés pas que je sois aisé à surprandre et vous le deviés juger par la communication que je vous ai faitte de touttes les conférances que les médiateurs ont eu à Munster. Je vous prie de mesnager une autre fois mieus vos amis » (Aff. étr., Hollande 36, pièce 76). Cette pièce a été fabriquée par d'Estrades. Elle n'est pas seulement écrite de sa main ; on y reconnaît encore son style et son orthographe. Rédigée probablement par ordre de Mazarin, elle fut envoyée par lui au duc de Longueville, le 7 avril, pour l'avertir des indiscrétions qui venaient de Munster.

1. A son retour de Hollande, d'Estrades était resté quelque temps à Paris (mi-mars-mi-mai); puis il était parti pour Agen. A peine y était-il arrivé qu'un exprès lui apporta une lettre de Mazarin, datée de Paris, 23 mai 1646, le rappelant auprès de lui (Bibl. nat., Clairambault 576, fol. 45). D'Estrades arriva à Paris le 5 juin (Aff. étr., Hollande 36, pièce 163) et fut chargé d'une nouvelle mission auprès de Frédéric-Henri « pour ajuster le dessein de la campagne ». Le 10 juin, il était à Amiens,

I   20

Bréda, n'ayant pas encore obtenu de MM. les Estats
tout ce qu'il avoit demandé pour l'entreprise d'Anvers
qu'il a proposée, sur l'espérance d'un secours de trois
mille chevaus et de trois mille hommes de pié[1], dont
il m'avoit parlé cet hiver. Hier seulement l'advocat général luy ayant porté parolle de la part de la province
de Hollande qu'il conssantoit à la levée de quinse
cent mille livres pour l'exécution d'un grandissime
dessein, nous convinsmes de la proposition dont j'envoyee copie à M. de La Rivière[2], que je ne puis joindre

d'où il écrivit à Chavigny (*Ibid.*, pièce 170). Il arriva à La
Haye le 16 juin (d'Estrades à Mazarin, 17 juin, *Ibid.*, pièce 191)
et le 18 juin à Bréda, où se trouvait le prince d'Orange. La
France et les États-Généraux avaient signé, en mai, le traité de
campagne et les traités de subsides (*Ibid.*, pièces 134, 138,
140 et 156), mais il s'agissait de préciser les opérations à entreprendre de concert entre les troupes des États et celles du
duc d'Enghien.

1. D'Estrades avait fait par écrit, le 22 juin, les propositions
suivantes : la Reine offre aux États 3,000 chevaux pour dix
jours, à condition que, après la prise de la place à attaquer,
les États les fassent escorter au retour. Les États prêteront
alors 3,000 fantassins, afin qu'Elle puisse aussi entreprendre
« quelque chose de grand ». Enfin S. M. demande que l'exercice de la religion catholique soit libre dans la ville qui sera
prise (« copie de la lettre que d'Estrades a donnée à M. le prince
d'Orange », Bibl. nat., Clairambault 576, fol. 49). Le Prince et
les députés des États-Généraux répondirent le 24 juin : ils ac-
ceptaient ces propositions, mais demandaient un renfort de
3,000 fantassins, outre celui des 3,000 cavaliers (Bibl. nat.,
Clairambault 576, fol. 61, original). Ce projet de jonction des
troupes françaises et hollandaises fut envoyé à l'agrément du
duc d'Orléans (*Ibid.*, fol. 65).

2. « Lettre à M. l'abbé de La Rivière, de Bréda, ce 24 juin
1646 » (Bibl. nat., Clairambault 576, fol. 57, copie de la main
de d'Estrades).

icy pour ne faire pas un trop gros paquet. V. A. cognoist mieux l'importance de ce dessein que moy, non seulemant pour la facilité que l'armée du Roy aura d'entreprandre sans nulle opposition ce qu'elle voudra, mais aussy que, par la prise de cette place, il fault que tout le reste se perde; et que je ne vois que les plénipotentières de MM. les Estats ont commencé à Munster avec les Espagnolz, qui est cause de tous les retardemens de la campagne; et comme M. le prince d'Orange le traversse en tout ce qu'il peust, il m'en a parllé confidamment en ses termes. Il n'a pas voulu entendre aux propositions que je luy ay faittes de Gand et de Bruges[1] et me dit que, hors celle d'Anvers, MM. les Estats ne consantiroit pas aus autres, et qu'il falloit comancer par celles là comme celle qui est la plus importante. Je ne luy ay donné l'espérance que de trois mille chevaus et, en cas que l'ons n'y joigne pas les trois mille hommes de pié, il ne lessera pas de le tanter; mais je crois, Monseigneur, que s'il est possible d'accorder le secours entier qui n'est demandé que pour dis jours seulement, en ayant un escrit signé de M. le prince d'Orange et des députtés de MM. les Estats-Généraux, qu'il en arrivera un grand avantage au bien des affaires communes et que la seuretté de l'entreprise s'i rencontrera; auttrement il ne fault pas espérer de l'armée desdits Estats qu'une simple diverssion. J'escris à M. de La Rivière qu'il m'est absolument nécessaire de sçavoir promtemant la responce

---

1. D'Estrades avait déjà auparavant proposé au Prince de faire le siège de Gand et de Bruges. Sur ses conversations avec Frédéric-Henri, cf. sa longue lettre à Mazarin, 25 juin 1646 (Aff. étr., Hollande 36, pièce 206).

de S. A. R. et précisément le jour que les trouppes se trouveront sur le canal de Bruges, affin d'i faire trouver les nostres avec les choses nécessaires pour le passage dudit canal. Cepandant M. le prince d'Orange demeurera à Bergues[1] avec quatorze mille homme de pié et quatre mille chevaus pour marcher par le Brabant à Anvers et envoyera en Flandres six mille hommes de pié et mille chevaus pour se joindre à ce qui viendra de l'armée du Roy, qui marcheront par le païs d'Ouas droit à la Teste d'Anvers. Il croist ce dessein infallible, mais jusques à ce que je le voyée tout à fait engagé j'en douteré. J'ay reçeu ordre de Monseigneur le Cardinal d'escrire à V. A. tout ce qui se passera. Je la suplieré, Monseigneur, me faire l'honneur de croire que je suis et serai toutte ma vie...

CXLV.

D'Estrades a Mazarin.

Bréda, 2 juillet 1646.

(Aff. étr., Correspondance politique, Hollande 37, pièce 4, fol. 7, original en partie chiffré et déchiffré.)

Joie de d'Estrades à la nouvelle de la prise de Courtrai[2]. « Les plus considérables de cest Estat advouent qu'ils n'eussent jamais creu la France si puissante. »

D'Estrades attend la réponse du duc d'Orléans à la proposition du prince d'Orange[3].

[D'Estrades a exhorté le Prince à faire le siège d'Anvers

1. Berg-op-Zoom.
2. Courtrai, assiégé le 14 juin, capitula le 28. Cf. *Mémoires de Goulas*, t. II, p. 153-160.
3. Voir pièce précédente.

avec son armée seule, en cas que S. A. R. ne le pût pas assister du secours qu'il a demandé. L'armée du Roi ferait une puissante diversion et, si les ennemis lui tombaient tous sur les bras, l'armée du Roi les suivrait. Le Prince n'a pas rejeté cette proposition[1].]

Difficultés de traiter avec le Prince, à cause de sa maladie[2]. Depuis deux jours, il est mieux.

Il commence à prendre créance en M. Millet[3], « de qui la personne et la conduitte est très agréable dans ceste court ».

D'Estrades a demandé à la princesse d'Orange de ne pas s'opposer au départ du Prince pour l'armée. Elle donna des assurances de ses bonnes intentions pour la France[4]. Remerciements de d'Estrades qui crut « devoir [dissimuler le doute où je suis de sa sincérité], parce que, comme [elle est intéressée, l'on la peut gaigner] ».

Un trompette de Castel-Rodrigo vient d'arriver, suivi de plus de 300 personnes du puble, sur ce qu'il leur a dit qu'il portait la paix arestée avec MM. les Estats... Ledit trompette a aporté les pouvoirs du roy d'Espagne en la forme que MM. les Estats l'ont demandé[5]. S. A. et lesdits s^rs les Estats m'ont encore

1. Sur les sentiments du Prince, voir la lettre de d'Estrades du 1er juillet (Aff. étr., Hollande 37, pièce 1).

2. Le Prince a eu « une espesse d'apoplexie, dont il lui reste une grande difficulté de parler » (d'Estrades à Chavigny, 10 juillet 1646, Aff. étr., Hollande 37, pièce 13).

3. Cet agent de Mazarin, officier diplomate, comme l'était d'Estrades, sut acquérir les bonnes grâces de Guillaume d'Orange, fils de Frédéric-Henri.

4. Voir Alb. Waddington, t. II, p. 131.

5. A Munster, les plénipotentiaires hollandais avaient remis aux Espagnols copie de leurs propositions pour la paix. On négociait à l'insu des Français. Le roi Philippe IV ayant auto-

confirmé qu'il ne si conclura rien dans cedit tretté sé-
parémant de la France et que les ordres de leurs ple-
nipotentières porte cella.

CXLVI.

Mazarin a d'Estrades.

Paris, 6 juillet 1646.

(Bibl. nat., Clairambault 576, fol. 69, original entièrement chiffré.)

[J'ay reçeu votre dépesche du 26e du passé qui rend
conte bien exact de toutes vos négotiations avec M. le
prince d'Orange. M. l'abbé de La Rivière m'a aussi
adressé le duplicata de ce que vous luy avez mandé
sur le mesme sujet[1] et les responses qu'il vous a faites
de la part de M. le duc d'Orléans. Sa Majesté a approuvé les résolutions que saditte Altesse a prises et
se remet à ce qui se concertera de delà entre elle et
M. le prince d'Orange pour l'exécution du dessein.

Je vous diray seulement touchant l'infanterie, dont
on a fait instance, que je ne sçay pas bien si Son Altesse Royalle pourra dessaisir, quoy qu'il l'ait mandé
audit sr Prince, parce que, devant aussi de son costé
entreprendre quelque chose de grand, il luy importe
extrêmement de ne s'afoiblir pas. Si la chose pas-
soit de la sorte, ou qu'il restraignit le nombre des
3,000 hommes à 1,000 mousquetaires, je vous prie de
vous employer avec vostre adresse accoustumée à le faire

risé les Espagnols, le 7 juin 1646, à reconnaître la liberté et la
souveraineté des Provinces-Unies, la rédaction des soixante-
dix articles provisoires allait s'ensuivre.

1. Cf., *supra*, pièce CXLIV.

approuver par de là, faisant ressouvenir M. le Prince de ce qu'il a promis qu'avec les seuls 3,000 chevaus dont on l'assisteroit il entreprendroit tousjours le dessein d'Anvers[1].

Il sera bon que vous preniez soin d'écrire souvent à M. l'abbé de La Rivière[2] que l'on doit prendre toutte confiance en M. le prince d'Orange et qu'il veust agir, parce que toute cette armée-là, qui a essuyé depuis le commencement de la campagne toutes les forces des ennemis, est imbue de la créance que MM. les Estats nous trompent, que ledit Prince n'a pas envie de faire grand'chose.

Je leur ay escrit là-dessus tout ce que je devois et ay respondu du contraire, mais il sera pourtant fort à propos que vous en renouveliez souvent les assurances pendant votre séjour en ces quartiers-là, dont il importe que vous ne partiez pas que vous ne voyiez les choses en estat que le service du Roy ne puisse recevoir aucun préjudice de votre absence, comme je crois que l'on pourra en avoir l'esprit en repos, quand M. le prince d'Orange sera attaché à l'entreprise d'Anvers ou à quelque autre siège.

Si par quelque accident qu'on ne peust prévoir ladite entreprise ne pouvoit réussir, vous pourrez con-

1. Cf. pièce précédente.

2. Le duc d'Enghien dit, un jour, à l'abbé de La Rivière que d'Estrades lui avait fait part de sa crainte de voir le prince d'Orange ne pas exécuter ce qu'il avait promis. L'abbé a conclu, écrit Mazarin à d'Estrades, « que vous aviez plus de confiance dans le duc d'Enghien qu'en lui ». Pour se disculper, d'Estrades envoya copie de la lettre qu'il avait adressée au duc d'Enghien (Aff. étr., Hollande 37, pièce 223). Voir pièce CLIII.

venir de celle de Gand ou de Bruges[1], accordant tout
ce que l'on vous demandera. Il faudroit seulement
tâcher d'exiger que MM. les Estats nous donneront
quelque petite satisfaction si, après la prinse de ces
deux places, quelque accommodement à Munster
empêchoit que l'on ne pût achever la conqueste générale des Pays-Bas, et avec cela obtenir le point de
l'exercice de la religion catholique dans les deux villes,
et le bien asseurer, et avec tous les avantages possibles,
en quoy je ne doubte point que vous ne rencontriez
aucun obstacle, sur tout ces places estant de notre
partage[2], et MM. les Estats ne pouvant s'en emparer
que de nostre consentement, comme d'ailleurs Sa Majesté se promet que vous surmonterez les difficultez
qui peuvent s'y rencontrer en l'entreprise d'Anvers,
sur ce point de la religion qu'elle désire absolument de
bien affermir, et vous pouvez représenter par delà que
sans cela elle n'auroit pas trouvé bon de donner à
M. le prince d'Orange l'assistance des troupes qu'on
nous a demandée, qui doit obliger MM. les Estats à
nous satisfaire là-dessus, puisque d'ailleurs ils sont
tenus d'exécuter les trettés que nous avons ensemble.

J'ajousteray aussy pour ce qui est de Gand, en cas
que le dessein vienne à manquer, que vous pourrés
promettre qu'estant prins, on le laissera tousjours à
MM. les Estats avec les restrictions marquées cy-dessus,
à condition néanmoins que MM. les Estats, après cela
prenant Anvers, on nous randra Gand.

Vous assurerez de nouveau à M. le prince d'Orange
qu'il n'a point de serviteur au monde plus acquis que
moy ni plus passioné pour les avantages de sa maison,

1. Cf., *supra*, pièce CXLIV, p. 307.
2. D'après le traité de 1635.

et le confirmerés à Madame sa fame, en luy faisant
connoistre qu'elle aura bien plus d'avantages, et plus
solides, quand elle se tiendra bien unie et attachée à la
France, l'amitié et la protection de Leurs Majestés jamais ne luy manqueront, qu'en d'auttres propositions
que luy font les ennemis, qui cachent sous de belles
apparances la ruine certaine de sa maison, dont elle
s'apercevroit bien tost, mais hors de temps.

Pour ce qui est de l'intérest de ladite Princesse,
auquel pourtant on croyoit avoir satisfait par la régale
qui luy fust donnée, de la part de Leurs Majestés, d'un
fil de perles, elles ont résolu de luy donner encore
présentement 50 ou 60,000 livres[1], si ce n'est que
vous me mandiez, ou M. de La Thuilerie, à qui j'en ay
escrit, qu'un buffet de veisselle dorée de ceste valeur
de 60,000 mille livres et qui est tout prest d'estre
mieux reçeu, on seroit icy plus aise d'envoyer ledict
buffet que de l'argent, à cause de la conséquence qu'un
payement d'arrérages de panssions que beaucoup
d'autres personnes considérables pourroit prétendre à
cest exemple[2]. Cependant je vous respons que, dez que

1. C'est en 1644 qu'un collier de perles avait été offert à la
princesse d'Orange (cf., *supra*, p. 175 et 211). Mais, depuis
1643, Amélie de Solms réclamait le payement d'une somme de
70,000 livres qu'elle prétendait lui être due par la France,
comme arrérages d'une pension accordée à feu la princesse
d'Orange. C'était, au dire de La Thuillerie, une dette purement
« imaginaire ».

2. La Thuillerie jugea qu'il était « plus commode et avantageux, tant pour le Roy que pour ladite dame princesse, de luy
donner de l'argent que tout autre chose » (Aff. étr., Hollande
37, pièce 210). Ce fut probablement aussi l'avis de d'Estrades.
Une lettre de crédit fut adressée à Brasset, avec ordre de ne
délivrer la somme qu'à bon escient.

je recevray vostre response sur cet article, je fairai à l'instant mesme remettre l'argent, ou envoyer ledict buffet, et peut-estre plus tost, selon la réponse que j'auray de M. de La Thuilerie. Je ne voy pas comme quoy les troupes que nous destacherons de nostre armée pourront revenir[1] la joindre en seureté, quand mesme elle ne courroit aucun hasart à se rendre sur le canal de Bruges, car alors nostre armée ayant entrepris quelque chose en d'auttres endroits ne sera plus en estat de faire une nouvelle marche pour les aller recevoir. Je vous prie de songer bien à ce point et, si elles doivent courir quelque danger, d'en assurer le passage par la mer, comme il se pratiqua lorsque MM. les mareschaus de Chatillon et de Brésé se joignirent à M. le prince d'Orange[2].

Je suis combattu entre le désir que j'ay de vous revoir bientost et celuy que vous ne partiés point de là que quand on verra les affaires en l'assiette que l'on peut souhaiter pour le service du Roy, mais, comme tout doit céder à cette dernière considération, il faut se priver pour quelques jours du contentement que me donneroit l'autre.

Cependant je vous asseure que j'ay entière satisfaction de toute vostre conduite et désire plus que jamais avec passion de vous donner des marques de mon affection et de mon estime.

Je suis affligé au dernier point de la mort du pauvre duc de Brézé que j'estimois beaucoup et aymois avec

---

1. La question du retour des troupes préoccupe Mazarin. Voir, *infra*, pièces CLV et CLVI, la solution qui fut adoptée.

2. Lors de la campagne de 1635 qui s'était si mal terminée, les soldats français qui s'étaient repliés sur la Hollande avaient été rapatriés par mer en 1636.

grande tendresse[1]. Ç'a esté un coup fatal qui a choisy l'admiral parmi tous les officiers de l'armée et quasi tous les soldatz, n'en ayant pas perdu cinquante en tout le combat, et les ennemis plus de 500. Nous les avons poursuivis après cela trois jours entiers sans jamais pouvoir les obliger à combatre, parce qu'ils avoient sur nous l'advantage du vent et qu'il leur estoit facile d'esquiver. Le mauvais temps nous a séparez. Nos galères ont fait une course dans nos portz pour y prendre quelques comoditez et, n'y ayant séjourné que cinq ou six jours, se sont mises à la mer le 27e du passé pour aller joindre les vaisseaux qui les attendoient aux îles Sainte-Margueritte ; et présentement toute l'armée navalle ayant esté fortifiée de huit grands vaisseaux, qui n'estoient point encore sortis, cherche celle des ennemis qui sera forcée de combattre ou de nous céder la mer.

M. le prince d'Orange avoit suplié S. M. de vouloir gratifier M. le duc d'Anguien et M. son petit-fils de la charge des gouvernemants qui ont vaqué par la mort du duc de Brézé[2], mais S. M., après avoir eu la bonté de me presser extraordinairement pour m'obliger à accepter le don qu'elle m'en vouloit faire, les trouvant à sa bienséance, les a pris pour elle-mesme. Je vous prie de faire part à M. le prince d'Orange de cette résolution dont je m'assure qu'il sera bien aise.

1. Armand de Maillé, duc de Brézé-Fronsac, amiral de France, avait été tué, le 14 juin, dans la bataille navale livrée à la flotte espagnole en vue d'Orbetello, que les Français assiégeaient. C'est le début de l'expédition contre les présides de Toscane, qui appartenaient à l'Espagne. Voir Montglat, édit. Michaud et Poujoulat, p. 171.

2. Au sujet de la succession militaire du duc de Brézé, voir p. 322, note 1.

On fait maintenant courir le bruit à Paris que M. le duc d'Anguin se formalisera qu'on ne lui ait pas donné l'admirauté, mais je le connais trop sage et trop raisonnable pour trouver à dire à une chose qui regarde la satisfaction et les intérests de S. M.

Le cardinal MAZARINI.

M. le prince Thomas a entièrement deffaict le secours que les Espaignolz vouloient jetter dans Orbitelle et qui estoit de 800 hommes, ce qui nous fait espérer la promte réduction de cette place.]

CXLVII.

MAZARIN A D'ESTRADES ET LA THUILLERIE.

20 juillet 1646.

(Bibl. nat., Clairambault 576, fol. 101, original entièrement chiffré.)

[Réponse à leurs lettres des 9, 11 et 12 juillet[1], mais seulement sur la question de l'exercice de la religion catholique à Anvers[2].

1. Cf. Aff. étr., Hollande 37, pièces 18 et 19.
2. Le prince d'Orange et les députés des États avaient déclaré, le 24 juin, que sur la question de la religion ils s'en remettaient aux États-Généraux (Aff. étr., Hollande 36, pièce 199). Mais l'affaire avait traîné. Le 11 juillet, l'ambassadeur La Thuillerie et d'Estrades obtinrent avec beaucoup de peine un article secret par lequel les catholiques conserveraient à Anvers seulement quatre églises, « icelles propres et suffisantes pour ledit exercice » libre et public du culte catholique (*Ibid.*, Hollande 37, pièce 16). Voir à ce sujet la longue lettre de La Thuillerie et d'Estrades à Mazarin, de Bréda, 12 juillet (*Ibid.*, Hollande 37, pièce 18) et la réponse de Mazarin, de Fontainebleau, 18 juillet (Bibl. nat., Clairambault 576, fol. 93, original chiffré).

L'article est bien dur, puisqu'il faut « que l'exercice en soit restreint à quatre églises dans une ville où elle a esté de tout temps florissante et où il y a un si grand nombre de personnes ecclésiastiques et religieuses qui en doibvent estre bannies ».

Mazarin reconnaît que La Thuillerie et d'Estrades n'ont pu faire plus qu'ils n'ont fait.

Les Flamands n'en pourront s'en prendre qu'à eux-mêmes, puisque c'est un des résultats de leur obstination et des subventions qu'ils ont données aux Espagnols pour continuer la guerre.

Il faudra, lorsque l'affaire d'Anvers sera engagée, « chercher tous les expédients possibles pour oster ou adoucir la rigueur de l'article mentionné cy-dessus. La fermeté mesme que les assiégés tesmoigneront à se défendre et à attendre l'extrémité, plus tost que de se rendre à des conditions si désavantageuses à la religion, pourra donner moyen aux serviteurs du Roy de faire comprendre aux Hollandois qu'ils doivent se relascher d'une prétention si sévère... ».

Enfin, c'est une « violation manifeste » du traité de 1635...]

CXLVIII.

D'Estrades a Chavigny.

« Au camp de Selsatte, ce 24 julliet 1646. »

(Aff. étr., Correspondance politique, Hollande 37, pièce 30, fol. 58, autographe.)

Monsieur,

Depuis le 15ᵉ de ce mois que M. le prince d'Orange a eu une apoplexie à Bergues[1], tout ce que j'ay peu faire a esté de l'amener le 17 en Flandres, affin de

---

1. Berg-op-Zoom.

pouvoir envoyer un corps considérable au-devant des troupes du Roy, ainsi qu'il a esté projetté[1].

Le 24, M. le prince Guillaume fust avec 4,000 chevaux sur la bruière de Bruges où S. A. R. estoit avec toutte son armée, et ce mesme jour l'ons détacha M. le maréchal de Gramond[2] avec 2,000 chevaus et 2,000 hommes de pié qui se joignirent à nostre armée[3].

Je représanté à S. A. R. dans le conseil, devant Monseigneur le duc d'Anguin, MM. les maréchaus de France et M. de La Thuilerie, comme M. le prince d'Orange n'estoit plus en estat d'agir depuis sa maladie, luy restant une paralisie de langue, qu'à penne peust-il parler; et de plus il a perdu entièremant la mémoire. Cest accidant randant l'entreprise du siège d'Anvers impossible, je jugeois la jonction du secours inutille,

1. Le projet de joindre des troupes françaises à l'armée du prince d'Orange (cf. pièce CXLIV) fut envoyé par d'Estrades au duc d'Orléans, qui l'accepta et s'en remit au prince pour désigner le jour de l'opération. D'Estrades fit savoir au duc d'Orléans que le prince mettrait pied à terre, le 15 juillet, en Flandre et que, le 20, il enverrait 6,000 hommes sur le canal de Bruges, au-devant des troupes du Roi (d'Estrades à Chavigny, Bréda, 10 juillet. Aff. étr., Hollande 37, pièce 13).

2. Antoine III, comte de Guiche, puis duc de Gramont. Maréchal de camp en 1635, mestre de camp du régiment des gardes-françaises en 1639, lieutenant général en 1641, maréchal de France en 1642. A la mort de son père (août 1644), le maréchal de Guiche a pris le titre de maréchal de Gramont. Duc et pair en 1648. Ses *Mémoires* ont été publiés pour la première fois en 1716.

3. Gramont à Mazarin, du camp de Selsaete, 24 juillet (Aff. étr., Hollande 37, pièce 31). Gramont n'avait que 2,000 hommes et 2,000 chevaux, mais cela fut considéré comme complet (d'Estrades à Mazarin, Selsaete, 24 juillet. *Ibid.*, pièce 32).

et que pour se desguager de la parolle que l'ons avoit
donnée que l'expédiant que M. le maréchal de Gramond proposoit nous desguageoit entièremant nostre
parolle, qui estoit de faire sçavoir à M. le prince d'O-
range et à MM. les députtés de MM. les Estats que le
secours estoit sur le canal, prest à passer pour l'exécution du dessein projetté, mais en cas qu'ils ne fussent
pas en estat de l'entreprandre que S. A. R. guarderoit
ses troupes, ayant plénemant satisfait à ce qu'il avoit
promis. L'ons pouvait avoir responsse de ceste proposition en sept heures.

Je proposé[1] encore que, si S. A. R. vouloit absolumant que le secours passast, que le seul moyen de faire
réussir quelque chose de grand estoit celuy que Monseigneur le duc d'Anguin vînt en personne[2], à qui M. le
prince d'Orange obéiroit absolumant, ainsi qu'il nous
en avoit asseuré à M. de La Thuilerie et à moy, et ainsi
dans l'imbécillité où est tombée M. le prince d'Orange,
Monseigneur le duc d'Anguin eust disposé entièremant
et sans difficulté de nostre armée, et l'eust enguagée à
ce grand siège. Mes raisons ne furent pas gouttées, et
quoy que l'ons vist bien que M. le prince d'Orange
ne pouvoit rien entreprandre en l'estat où il est, l'ons
ne lessa pas de résoudre que l'ons envoyast ledit
secours.

1. Mêmes renseignements dans une lettre à Mazarin, 24 juillet (Aff. étr., Hollande 37, pièce 33).

2. D'Estrades en avait déjà écrit à Mazarin, 18 juillet (Aff.
étr., Hollande 37, pièce 22). Dans sa lettre du 24 juillet (*Ibid.*,
pièce 33), il ajoute qu'étant donné le « mescontentement » de
M. le duc d'Enghien, il serait bon de le séparer du duc d'Orléans, avec lequel il est en bonne intelligence. Sur le « mescontentement » du duc d'Enghien, voir p. 322, note 1.

Nous partons aujourduy pour aller loger à Stechen[1], dans le pays d'Ouas. Je ne doutte pas que nostre marche n'attire touttes les plus grandes forces des ennemis et que l'armée de S. A. R. ne trouve facillité d'attaquer quelque plasse.

J'estime que c'est le seul service que nous pouvons randre à présant. S'il se passe quelque chose de dessa digne de vous estre mandé, je ne manquerai pas, Monsieur, de vous le faire sçavoir, puisque je suis et serai...

D'ESTRADES.

CXLIX.

D'ESTRADES A MAZARIN.

Au camp de Lokeren[2], 2 août 1646.

(Aff. étr., Correspondance politique, Hollande 37, pièce 49, fol. 94, autographe en partie chiffré et déchiffré.)

Misérable état où est réduit le prince d'Orange.

« Il semble que cella donne lieu à MM. les Estats de renouveller ce tretté de trève, ainsi qu'il a paru par la députation de MM. Kenuit et de Meindresvit, plénipotentiers[3], qui arivèrent hier près de S. A., qui luy ont fait entandre que les Espagnols nous donnoit aussi bien qu'à eus toutes sortes de satisfaction pour la paix[4]... »

1. Stekene, entre Selsaete et Saint-Gilles-Waes.
2. Au nord-est de Gand.
3. Barthold de Gent, seigneur de Loenen et de Meinderswijk, était, avec Pauw et Knuyt, un des principaux plénipotentiaires.
4. Le 27 juillet, Brasset avait remis aux États une note demandant des éclaircissements sur un certain nombre d'articles qui avaient été signés à Munster. La Thuillerie revint à la charge le 7 août. Les États répondirent, le 21 août, que l'écrit

Le maréchal de Gramont et d'Estrades ont fait des re-
présentations à ce sujet au Prince [qui ne répondit à Gramont « autre chose, si ce n'est : il y en a qui disent que
si, et les autres que non ; et puis ne luy a parlé que de chevaus qu'il a achettés, qui est à présent toute sa passion »].

Il est donc inutile de vouloir agir sur le Prince. M. de
La Thuillerie averti, afin qu'il prenne ses mesures avec
« MM. les Estats, d'où nous devons attandre le bien et le
mal ».

M. de Ronette[1] a fait savoir à Mazarin[2] son avis au sujet
du [retour des troupes par Maestricht]. [« Ce seroit un
bon corps joinct à celuy de M. de La Ferté Séneterre[3],
dont V. É. pourroit estre bien asseurée, en cas de besoing. »]

Le retour par mer montera au moins à 50,000 écus, et
la cavalerie pourrait être ruinée, si la traversée était longue.

D'Estrades demande son rappel. Il supplie S. É. de considérer « qu'estant à elle[4], je ne puis estre esloigné de sa

signé par les trois plénipotentiaires n'était qu'un mémorandum
de ce qui avait été discuté avec les Espagnols.

1. Gaspard de Michal, s^r de Rouanette, sergent de bataille,
avait été envoyé, en avril 1646, en Hollande « pour concerter
de la part du Roy avec M. le prince d'Orange les desseins de
la campagne ». Il remplaçait d'Estrades auprès de Frédéric-
Henri.

2. Lettre du 2 août 1646. Aff. étr., Hollande 37, pièce 50.

3. Henri de Saint-Nectaire ou Senneterre, marquis, puis duc
de La Ferté. Maréchal de camp en 1639, lieutenant général en
1646, maréchal de France en 1651, duc et pair en 1665, il
mourut en 1681.

4. Dans une lettre de Bréda, 25 juin 1646 (Aff. étr., Hollande 36, pièce 205), d'Estrades a annoncé à Chavigny la nouvelle : « Je m'asseure que, me faisant l'honneur de m'aimer,
vous ne serez pas marri d'aprandre comme Mgr le Cardinal
m'a fait l'honneur de me retenir auprès de sa personne en la
place de M. le comte de Noualles, et qu'à ceste grâce S. É. y

personne avec satisfaction, [veu les advis qui viennent de toutes parts que M. le duc d'Anghien est très mescontent de n'avoir pas eu les charges de M. le duc de Brézé[1]] ».

CL.

D'ESTRADES A MAZARIN.

Au camp de Lokeren, 6 août 1646.

(Aff. étr., Correspondance politique, Hollande 37, pièce 57, fol. 111, autographe en partie chiffré et déchiffré.)

Un détachement de l'armée des États a enlevé des troupes ennemies au faubourg de Gand.

D'Estrades attend des nouvelles de La Thuillerie[2] sur le traité passé par Pauw, Knuyt et Meinderswijk avec les

a joint celle de l'évêché de Périgeus qu'Elle a obtenu de la Reyne pour mon frère... »

1. Le duc d'Enghien, qui était le beau-frère du duc de Brézé, aurait voulu succéder dans les charges de ce dernier. Mais la Reine les ayant retenues pour elle, il s'appliqua à gagner l'esprit du duc d'Orléans (Mazarin à d'Estrades, 13 juillet 1646. Bibl. nat., Clairambault 576, fol. 85) et on crut que les brouilleries allaient recommencer. Sur le mécontentement des Condé, voir les pièces suivantes : lettres de d'Estrades à Mazarin, 24 juillet (Aff. étr., Hollande 37, pièce 33) et 28 juillet (*Ibid.*, pièce 39), lettres de Mazarin, de Fontainebleau, 3 août (Bibl. nat., Clairambault 576, fol. 105), de Brienne, même date (*Ibid.*, fol. 115), de Mazarin, 10 août (*Ibid.*, fol. 139), et de Brienne, 17 août (*Ibid.*, fol. 157).

2. La Thuillerie lui a écrit de La Haye le 4 août (Bibl. nat., Clairambault 576, fol. 127). Dans sa lettre du 8 août (*Ibid.*, fol. 131) il donne ces nouvelles : « Les plénipotentiaires des Estats, non contents de nous maltraiter à Munster, font de même partout où ils passent. » Ils font courir les bruits de la conclusion de la paix. Aussi a-t-il fait entendre ses plaintes à l'assemblée des États. « Comme j'entends que M. le prince Guillaume n'approuve pas leur procédure, il sera bon, Monsieur, que vous preniez la peine de l'entretenir en bonne

Espagnols et sur la déclaration que Knuyt a faite à S. A.
que les Espagnols accordaient à la France tout ce qu'elle
demandait.

Le mal du prince d'Orange « s'estant converti en un plus
épatique, [luy a laissé le cerveau libre, par la grande éva-
cuation qui luy est arrivée, et quoy que son médecin die
que ce dernier accident est mortel], néantmoins je tâcheré
d'en profiter pour les affaires communes ». D'Estrades a
remis au Prince un mémoire dans lequel il démontre l'infidélité des trois plénipotentiaires. Tout ce qu'il a dit [a
été concerté avec M. le prince Guillaume] qui désire avoir
l'amitié de Mazarin[1].

[D'Estrades ignore en quelles dispositions est Mme la
princesse d'Orange. La Thuillerie a dit qu'il ne lui donnerait l'argent que s'il la trouvait bien intentionnée[2].]

Joie à la nouvelle de la prise de Bergues-St-Winoc[3].

CLI.

MAZARIN A D'ESTRADES.

Fontainebleau, 17 août 1646.

(Bibl. nat., Clairambault 576, fol. 153, original chiffré en partie.)

J'ai esté bien aise d'apprendre ce que vous me

humeur... » Le 8 août, La Thuillerie remit par écrit aux États
le discours qu'il avait fait la veille. Voir ce Mémoire aux Aff.
étr., Hollande 37, pièce 60.

1. Le prince Guillaume, écrit d'Estrades à Mazarin, le
13 août 1646, « est un prince qui parle peu et est fort couvert;
il a baucoup d'esprit et de cœur, et l'ons peust faire fondemant sur son amitié lorsqu'il l'aura promise. Il est accoutumé
à M. Millet et sçaist qu'il a part de touttes les conversations
que nous avons eues ensemble sur ce sujet... » (Aff. étr., Hollande 37, pièce 67).

2. Cf. *supra*, p. 313.

3. Bergues « fut prise en vingt-quatre heures, et cousta néan-

mandez par vostre lettre du 6ᵉ du courant, car on ne
pouvoit pas parler à M. le prince d'Orange plus fortement ny plus adroitement que M. le maréchal de Grammont et vous avez fait sur ce que les députez ont
signé à Munster. Il y a grande apparence qu'ilz seront
désavoués, puisque M. de La Thuilerie me mande que
MM. les Estats avoient fort désavoué une telle résolution et que la voix générale estoit que quelqu'un d'eux
en seroit châtié[1].

Nous devons entièrement estimer la bonne disposition qui est en M. le prince Guillaume de faire quelque
chose, et de ce qu'il tesmoigne affection pour la France,
et l'on doit tenir à grand bonheur qu'en l'âge qu'il
est, il aye ses sentiments, et en un temps où Madame
sa mère fait assez paroistre qu'elle a toutte autre
pensée, personne ne doutant que tout ce que Knut a
négotié et conclu à Munster a esté par son ordre; et
ce qui est plaisant en ceci c'est que, lorsque M. de La
Thuilerie luy a voulu parler des offres qu'on disoit avoir
esté faittes à Kenut par les Espagnols à l'esgard des
intérêts de M. le prince d'Orange et d'elle, laditte
princesse a respondu que c'estoit des badineries,
quoiqu'on sçache fort bien que ces badineries con-
sistent à plus de 100,000 livres de rente. Je vous prie

moins beaucoup de sang ». Cf. *Mémoires de Nicolas Goulas*,
t. II, p. 173.

1. La Thuillerie a écrit aussi à d'Estrades, de La Haye, le
12 août : « Si MM. les députez qui sont à l'armée ne sont pas
tous d'un sentiment, je vous asseure qu'il est bien de mesme
icy, mais la pluspart que les trois signeurs d'articles n'ont rien
fait qui vaille. Nous verrons en fin de compte ce qui en arrivera, ou tous les avis que j'ay se trouveront faux, ou ils n'y
trouveront pas leur compte » (Bibl. nat., Clairambault 576,
fol. 141).

d'assurer M. le prince Guillaume que je seray son serviteur et que, s'il veut lier avec moy une sincère amitié, comme vous me mandez qu'il vous a dit[1], il trouvera en moy toute la correspondance qu'il peut désirer; qu'il ne sera jamais trompé de ce costé-là, et que je le serviray avec passion.

Je plains extrêmement le mauvais estat où est réduit M. le prince d'Orange, car j'ay tousjours eu grande estime et beaucoup d'affection pour sa personne; mais je me resjouis de ce que vous me mandés que M. le maréchal de Grammont l'a fait résoudre de partir de Locres[2], et que les lettres de Bruxelles de l'unsiesme nous apprennent que vostre armée s'estoit saisie de deux forts, l'un auprès de Rupemond et l'autre à demy-lieue d'Anvers, et que Picolomini s'est rendu de ce costé-là en toute diligence, craignant que ce commencement n'eust de fàcheuses suites. Dieu veuille que cela soit, mais en tout cas les armes du Roy ne peuvent recevoir un plus grand avantage que celuy que leur cause la diversion que fait l'armée hollandoise d'une partie des forces ennemis[3].

1. Cf. pièce précédente.

2. L'armée hollandaise quitta Lokeren et s'établit, le 13 août, au camp de Saint-Gilles, comme si elle allait attaquer Anvers. Des détachements s'emparèrent de Tamise et d'un fort près de Rupelmonde.

3. Mazarin avait écrit à d'Estrades, le 7 août : « En tout cas, le Roy reçoit un grand service en ce que l'armée hollandoise tenant la campagne engage une grande partie des forces ennemyes et donne lieu par ce moien à M. le duc d'Anguien de faire encore, dans la fin de celle-cy, quelqu'autre progrès sur les ennemis, et il est à croire que, se voyans tousjours plus pressez, ils prendront bientost la résolution de consentir aux conditions que nous désirons pour la paix, par la crainte qu'ils

Je ne vous dis rien de ce que fait nostre armée, parce que vous en devez estre bien informé Je suis au désespoir de tant de personnes de qualité qui ont esté tuées à Mardik[1], qui a esté attaqué sans qu'il y eust un seul vaisseau hollandois[2]. Les ennemis ont eu, par ce moyen, libre le costé de la mer, et par conséquent la commodité d'échanger leur garde, tambour battant, comme nous faisions la nostre. Les vaisseaux y sont maintenant arrivez, et mal aisément la place se pourra sauver, mais elle n'empesche pas que l'on n'y ait perdu de braves gens. Je suis inconsolable de la mort de M. de La Rocheguion et de Thémines, car, outre que par beaucoup de raisons ils devoient estre extrêmement estimez, ils estoient entièrement attachez à moy.

auront de se mettre en pire estat, s'ils continuent à les rejetter » (Aff. étr., Hollande, supplément n° 2, fol. 75, copie).

1. Mardyck avait été repris par les troupes d'Espagne le 4 décembre 1645. Sur le siège de Mardyck, qui capitula le 25 août 1646, cf. les *Mémoires de Goulas*, t. II, p. 175 et suiv., ceux de Monglat, éd. Michaud et Poujoulat, p. 168, et l'*Histoire des princes de Condé* par le duc d'Aumale, t. V, p. 79.

2. Brienne écrit à d'Estrades, le 17 août : « Je m'apperçoy qu'on excuse MM. les Estats de n'avoir pas envoyé leur flotte dès le temps qu'ils y estoient obligez, et j'en suis très aize; mais ils la doibvent faire croiser sans que l'on ayt intention de rien attaquer en Flandres. De n'avoir pas esté devant Mardik au moment que le siège en a esté formé a donné lieu aux ennemis d'y jetter un grand corps d'infanterie, dont le gouverneur se sert à faire des sorties, et, bien qu'ils ayent tousjours esté repoussez, et qu'en l'une ils ayent perdu plus de quatre cens hommes et grand nombre d'officiers, elle nous a coûté cher, car, outre que M. le Duc et MM. de Nemours et Marcillac ont esté blessez, le pauvre M. de La Rocheguyon, le comte de Fleix et le chevalier de Fiesque ont esté tuez, et la nuit d'après, dans la tranchée, le marquis de Thémines. On plaint les pères et les mères de ces messieurs, et plus qu'on a de coustume dans la Court... » (Bibl. nat., Clairambault 576, fol. 157).

Je vous prie de communiquer tout ce que dessus à
M. le maréchal de Gramont, ne luy voulant pas répéter
la mesme chose. Asseurez-vous cependant de mon
affection, de laquelle vous recevrez des marques dans
toutes les occasions où il s'agira de vos intérêts.

Le cardinal MAZARINI.

CLII.

D'ESTRADES A MAZARIN[1].

Au camp de Saint-Gilles[2], 29 août 1646.

(Aff. étr., Correspondance politique, Hollande 37, pièce 94, fol. 193,
autographe en partie chiffré et déchiffré.)

L'arrivée de Kenut auprès de M. le prince d'Orange[3]
luy avoit si bien imprimé dans l'esprit que la treuve
estoit faitte que, quoy que [M. le prince Guillaume l'ait
fait asseurer du contraire par les députez de MM. les
Estats] et qu'en suitte la responsse desdits Estats-
Généraus aye déclaré que l'ons ne trettera que conjointemant et d'un commun concert avec la France[4], [il
n'a pas cessé de demeurer ferme dans cette impression que la treuve estoit conclue], et V. É. aura peu

1. Cette lettre a été publiée par Groen van Prinsterer dans les
Archives de la maison d'Orange (2ᵉ série, t. IV, p. 164), mais
d'une façon incorrecte.

2. Saint-Gilles, entre Hulst et Saint-Nicolas-de-Waes.

3. Jean de Knuyt était allé trouver Frédéric-Henri à l'armée
et lui avait donné l'impression qu'il ne tenait qu'à la France
de s'accommoder avec l'Espagne, et que la trêve était faite
entre les Provinces-Unies et l'Espagne.

4. Déclaration de la part des Provinces-Unies du 21 août
1646 (Aff. étr., Hollande 37, pièce 80). Toutefois la province
de Hollande s'était déclarée incapable de continuer la guerre.

voir par la dernière dépêche de M. le maréchal de
Gramond le discours que ledit prince nous fist là-
dessus[1]. Du depuis j'ay aprins que la proposition qui
luy fust faitte par quelqu'un des députtés [de donner
un acte à M. le prince Guillaume de commander l'armée dans son absence, et que MM. les Estats eussent
désiré qu'il se reposast, l'a tellement irrité qu'avec la
foiblesse de son esprit il est dans une rage conti-
nuelle[2]. Il respondit à celuy qui luy en parla que son
fils estoit un jeune garçon qui n'avoit rien fait et qui
ne sçauroit rien faire ; et pour ce qui estoit de luy, il
ne se] vouloit pas faire enterrer avant d'estre mort[3].
[La jalousie qu'il a contre M. le prince Guillaume s'est
tellement augmentée qu'il ne le peut souffrir], et il en
est venu jusques à ceste extrémité que de voulloir [qu'il
allast attaquer les ennemis qui sont retranchez sur une
digue proche d'Anvers, avec 1,000 hommes de pied,
1,000 chevaux, où ils ont un quartier et où
6,000 hommes ne sçauroient les forcer].

1. Frédéric-Henri avait dit à Gramont et à d'Estrades que
les États avaient fait la trêve et que, « quand il pourroit
prendre Anvers en faisant un pas, il ne le feroit pas, et qu'il
vouloit obéir aveuglement à MM. les Estats, qui sont ses
maistres » (d'Estrades aux plénipotentiaires à Munster, 22 août
1646. Aff. étr., Hollande 37, fol. 160, copie).

2. Mazarin avait déjà, le 7 août, déploré « la jalousie
étrange » témoignée par le prince à l'égard de son fils (Aff.
étr., Hollande, supplément 2, fol. 75). Brienne avait écrit, le
10 août, au sujet de Frédéric-Henri : « Ayant tousjours la passion de tout faire et la jalousie des autres, il est encores dans
son naturel, qui est un très bon signe de vie » (Bibl. nat.,
Clairambault 576, fol. 77). Sur le différend entre Frédéric-
Henri et Guillaume II, cf. Waddington, t. II, p. 134.

3. C'est ce qu'avait écrit La Thuillerie à d'Estrades, le
26 août (Bibl. nat., Clairambault 576, fol. 193).

D'Estrades vient de recevoir la dépêche de Mazarin du 17.

Il a fait savoir au prince Guillaume les sentiments de Mazarin à son sujet.

[Il[1] a fait depuis deux jours une chose qui me fait espérer qu'il poussera les affaires bien avant, s'il en a une fois la disposition.] Sur ceste dernière visitte [que Kenut a faite auprès de M. le prince d'Orange], je l'eus luy en donner avis tout aussy tost, et luy fis cognoistre le plus adroitemant qu'il me feust possible combien tout le monde trouvoit estrange [qu'il laissat agir un de ses domestiques qui estoit Knut] dans une affaire qui estoit [si préjudiciable à la réputation et à l'honneur de M. le prince d'Orange, et qui tendoit à une séparation entière d'intérest entre la France et cest Estat, et comme le dit Knut se servit de la foiblesse de l'esprit de M. le prince d'Orange pour le faire venir à ses fins, j'estois obligé de luy dire comme son très humble serviteur que tout le monde le regardoit avec estonnement] de ce que [il ne remédioit pas aux menées dudit Knut, ce qu'il pouvoit faire aisément] en luy témoignant avec aigreur qu'il s'en ressentira. Il ne manqua pas dès le mesme jour de l'envoyer chercher et luy dit qu'il sçavoit bien les impressions qu'il avoit donnécs à M. son père de la trève, mais qu'il travailloit à l'en destromper, qu'autremant [il l'asseuroit que si, en suite de cette négociation, qu'il a commencée sans la France, la trève s'en suivoit, qu'il le chasseroit dès qu'il en auroit le pouvoir]. Ce discours a fort estonné [ledit Knut, et protesta à M. le prince Guillaume qu'il ne s'en mesleroit plus...].

---

1. Le prince Guillaume.

La réponse faite par la princesse d'Orange à La Thuillerie prouve qu'elle nous est contraire. Elle fera ce qu'elle
pourra pour attirer son fils dans ses sentiments[1].

Nouvelle de la prise de Mardyck.

Le maréchal de Gramont attend les ordres de S. A. R.
pour son retour[2]. Le prince d'Orange lui prêtera 4,000 chevaux d'escorte jusqu'à la bruyère de Bruges.

CLIII.

D'ESTRADES A MAZARIN[3].

Au camp de Saint-Gilles, 5 septembre 1646.

(Aff. étr., Correspondance politique, Hollande 37, pièce 104, fol. 209,
autographe chiffré en partie et déchiffré.)

Reçu sa lettre du 25 août[4]. Désolé de la maladie de
Millet, qui l'empêche de retourner en Hollande[5].

D'Estrades estime que sa présence est inutile, « n'ayant
ni crédit, ni accès auprès de MM. les Estats, de qui touttes
choses dépandent à présent ».

1. Aussi d'Estrades en avisa-t-il le prince Guillaume « qui est
préparé contre tous les artifices dont elle peut se servir ».

2. Le 7 août, Mazarin avait écrit à d'Estrades : on a mandé
au duc d'Enghien que l'on estimait à propos de faire revenir
l'infanterie par mer et la cavalerie par terre. Le 14 août, d'Estrades répondait que Gramont était résolu d'embarquer son
infanterie, et que la cavalerie serait escortée par la cavalerie
des États (Aff. étr., Hollande 37, pièce 69). C'est ce qui se fit.
Cf. pièces CLV et CLVI.

3. Groen van Prinsterer a publié (2ᵉ série, t. IV, p. 166) un
extrait de cette lettre, ainsi que d'autres lettres de d'Estrades
à Mazarin, des 19, 23, 24 septembre et 8 octobre 1646.

4. Elle se trouve à la Bibl. nat., Clairambault 576, fol. 189.

5. Millet était tombé malade à Calais. Le 12 septembre, Mazarin annonçait son départ pour la Hollande (Bibl. nat., Clairambault 576, fol. 235).

Le prince Guillaume promet de demeurer dans les intérêts de la France. Tant que son père vivra, il ne se mêlera
de rien; d'ailleurs il ne serait pas autorisé par les États à
le faire. Il demande le secret sur son désir de lier amitié
avec Mazarin. A ce sujet d'Estrades a beaucoup de choses
à dire, qu'il ne peut écrire.

D'Estrades a écrit à Brasset pour que les États mani-
festent au Prince leur désir que son armée demeure en
Flandre[1]. Sans cela, il y aurait à craindre qu'il ne se
retire dès le départ de Gramont.

Le maréchal de Gramont attend des nouvelles du duc
d'Enghien pour partir.

Il faut se servir ici du concours de tous ceux qui sont
affectionnés à la France, et notamment du comte de Solms
et du comte Henri de Nassau, qui sont pensionnés par le
Roi. Nécessaire de faire payer leurs pensions[2].

D'Estrades envoie à Mazarin copie de la lettre de l'abbé
de La Rivière, par laquelle il lui témoigne être satisfait de
la confiance dont il a usé envers lui[3].

1. Mazarin avait écrit à d'Estrades, le 25 août, qu'il devait
demander au Prince et aux États de ne pas mettre leurs soldats
en garnison jusqu'à la fin de la campagne, « afin que, par la
jalousie qu'ils donnent aux ennemis, divertissans une bonne
partie de leurs forces, ils empêchent qu'elles ne nous tombent
toutes sur les bras, et nous donnent lieu de continuer nos progrès de nostre costé » (Bibl. nat., Clairambault 576, fol. 189).
Les États acceptèrent et donnèrent des ordres en conséquence.

2. Mazarin s'empressa de donner en ce sens des ordres à
Hoeufft (Mazarin à d'Estrades, 12 septembre 1646. Bibl. nat.,
Clairambault 576, fol. 235). — Il s'agit peut-être de Jean-Al-
bert, comte de Solms, et de Henri, comte de Nassau-Siegen.

3. Cf. pièce CXLVI, p. 311, note 2. La lettre de l'abbé de La
Rivière se trouve à la Bibl. nat., Clairambault 576, fol. 177.

CLIV.

BRIENNE A D'ESTRADES.

Fontainebleau, le 21 septembre 1646.

(Bibl. nat., Clairambault 576, fol. 225, original chiffré en partie.)

Monsieur, le siège estant formé devant Donquerke[1], il faut que vous travailliez plus que jamais envers [M. le prince d'Orange pour le retenir en campagne, et auprès de MM. les Estatz pour les empescher qu'ils ne luy permettent de mettre en garnison[2]]. J'escris en cette conformité à M. Brasset, lequel par ses lettres dit, comme témoing, la grande application que vous avez de ce qui est du service du Roy. Par la mesme il me mande qu'il a pénétré que les sentimens de MM. les Estats sont telz que nous les pouvons désirer. Je ne doubte point qu'il ne vous les ayt escrit et que vous ne soyez à present plus en repos que vous n'estiez au 12e, que vous pristes la peine de m'escrire. Je

1. Après la reddition de Mardyck, le duc d'Enghien, qui a pris le commandement de l'armée, a forcé la digue de la Colme et a pris Furnes. C'est l'encerclement de Dunkerque, qui est investi le 19 septembre. Voir le duc d'Aumale, *Histoire des princes de Condé*, t. V, p. 93 et suiv.

2. Le 11 septembre, le duc d'Enghien avait envoyé en Hollande Tourville, son premier gentilhomme, pour presser les États-Généraux et le prince d'Orange de demeurer en campagne (billet autographe de Louis de Bourbon à d'Estrades. Bibl. nat., Clairambault 576, fol. 231). Les États et le Prince avaient d'ailleurs résolu de faire une diversion vers Lierre et Malines. En réponse à un mémoire donné par Brasset, le 25 septembre, les États déclarèrent, le lendemain, qu'ils continueraient la campagne et qu'ils enverraient leurs navires de guerre sur la côte de Flandre (Aff. étr., Hollande 37, pièce 142).

crains que noz [prospéritez blessent **MM.** les Estats et qu'ils mandent sous main à leur admiral Tromp de prendre prétexte sur le haussement des marées, la longueur des nuits et autres choses que l'on peut dire, de se retirer[1]. Je n'apréhende pas un ordre public, car ils se déshonorent en le faisant, et pour un secret, je ne trouve de remède que de donner libéralement à Tromp et aux autres officiers. Je le fais sçavoir à **M.** le Duc], bien que je m'en peusse empescher, ne me meslant point des affaires de la guerre et n'ayant pas eu un simple compliment de luy que lorsque je l'envoyay visiter sur l'accident qui luy estoit arrivé depuis qu'il est à l'armée; mais le zèle que j'ay pour le service public et sa gloire particulière me donne lieu de l'entreprendre. Sy Donquerke se prend, ainsy qu'il y a grande apparence, que Léride tombe[2], ainsi qu'on l'asseure, et que nostre armée d'Allemagne prenne quartiers où elle puisse hyverner proche le Danube[3], je ne doubte point que nous n'ayons la paix, et que celle de l'Empire qui se concluera la première ne soit suivie de celle d'Espagne. En Italie mesme, nous espérons de relever la réputation du peu de fortune que

1. Mazarin avait écrit à d'Estrades, le 31 août : « MM. les Estats sont obligez par le traité d'entretenir à la mer vingt-cinq grands vaisseaux; cependant ils n'en ont que six sur la coste. Nous achetons bien chèrement une chose pour ne l'avoir pas... » (Bibl. nat., Clairambault 576, fol. 197).

2. Le siège durait depuis le mois de mai. En novembre 1646, le duc d'Harcourt fut forcé de se retirer.

3. Turenne et les Suédois portent la guerre sur le Danube. Le 22 septembre, Turenne passe le Lech. Il prendra ses quartiers d'hiver en Wurtemberg. Cf. *Mémoires du maréchal de Turenne*, édit. P. Marichal, t. I, p. 97 et suiv.

nous avons au siège d'Orbitello[1], et notre armée de
mer s'y laisse voir, qui est chargée d'un corps de six
mil hommes de pied avec lequel il sera facile d'entreprendre, car les places de la marenne de Sienne [Or-
bitello mesme y estoit comprise, et Telamone[2] qui
estoit dans l'isle d'Elbe] sont mal pourveues de ce qu'il
leur faudroit pour se deffendre. Et l'ennemy ne sçauroit mener son armée navalle qui est en Espagne, ny
en former une de terre dans l'Italie, puisque les Na-
politains sont tous mutinez[3] pour les grandes sommes
qu'on leur demande. Le Pape se vante pouvoir bailler
ses troupes, mais je les considère peu, et c'est plutost
un corps de milice qu'il a mis ensemble que d'en
avoir formé une de soldats.

Je puis vous asseurer que Madame votre femme[4] se
porte bien, ayant veu une lettre qu'elle a escritte à
M. le coadjuteur de Montauban[5] pour le remercier de
quelque chose qu'il avoit fait à sa prière, qui concerne

1. Sur l'échec d'Orbetello, voir *Mémoires de Goulas*, t. II,
p. 178, et Monglat, p. 171.

2. Telamone et Porto-Longone, dans l'île d'Elbe, faisaient
partie des « présides de Toscane ». Piombino, sur la côte de
Toscane, fut pris le 8 octobre 1646.

3. Prélude du soulèvement de Naples contre le vice-roi, duc
d'Arcos, et dont Tommaso Aniello, dit Masaniello, fut le héros
en 1647.

4. Marie de Lallier, fille de Jacques, s^r du Pin, et de Mar-
guerite de Burtio de La Tour, avait épousé Godefroi d'Estrades
en avril 1637. Sa mère s'étant remariée avec François de Pontac de Montplaisir, c'est dans l'hôtel de Mme de Pontac, rue
des Augustins, à Saint-Germain-des-Prés, qu'avait été signé
le contrat de mariage de G. d'Estrades. Tallemant des Réaux
fait de Mme d'Estrades un portrait peu flatteur dans les *Historiettes* (éd. Monmerqué et P. Pâris, t. VII, p. 5 et suiv.).

5. C'était Pierre III de Bertier.

M. l'évesque de Périgueux[1]. Je souhaitte que, quand vous viendrez, vous trouviez la famille en l'estat que vous désirez.

Je suis, Monsieur, votre très humble et très affectionné serviteur.

DE LOMÉNIE BRIENNE.

A Fontainebleau, ce XXIe septembre 1646.

CLV.

LE TELLIER A D'ESTRADES.

Fontainebleau, 5 octobre 1646.

(Bibl. nat., Clairambault 576, fol. 263, original.)

Monsieur, vous aviez apporté un si bon ordre au passage par mer de l'infanterie[2], que Monsieur le maréchal de Grammont avoit menée en Hollande, qu'il ne se pouvoit qu'elle n'arrivast à bon port comme elle a fait au temps qu'elle estoit le plus nécessaire à Monseigneur le duc d'Anguyen à cause du siège de Dunquerque. On avoit eu grand joye de la nouvelle aportée par M. de Boyer que les Hollandois voulloient faire une puissante diversion, mesme le siège

1. C'était, depuis juin 1646, Jean d'Estrades qui avait succédé à François II de La Béraudière, mort le 14 mai 1646. En septembre 1647, Jean d'Estrades abandonna Périgueux pour Condom.

2. Gramont avait reçu, le 8 septembre, ordre de renvoyer son infanterie par mer. 18,000 hommes, sous le commandement de M. de Rouanette, s'embarquèrent à Flessingue sur six flûtes louées par d'Estrades pour la somme de 10,800 l. (d'Estrades à Mazarin, 11 septembre 1646. Aff. étr., Hollande 37, pièce 108). Remerciements de Mazarin dans une lettre du 21 septembre (Bibl. nat., Clairambault 576, fol. 247).

d'une place importante, mais l'on a sçeu depuis qu'ils ont changé[1], ce qui n'empesche pas que nous n'espérions une heureuse issue de celuy de Dunquerque[2]. Je suis, Monsieur, votre très humble et tres affectionné serviteur.

LE TELLIER.

A Fontainebleau, ce 5° octobre 1646.

CLVI.

D'ESTRADES A MAZARIN.

Sedan, 10 octobre 1646.

(Aff. étr., Correspondance politique, Hollande 37, pièce 170, fol. 320, autographe.)

Monseigneur,

V. É. aprandra par M. de Reymond l'arrivée de M. le maréchal de Gramond à Sedan et les particularités de ce qui s'est passé dans son voyage[3]. M. le

1. Il avait été question d'attaquer Lierre, mais le projet est abandonné, et le prince d'Orange se dirige vers la Meuse. Le 7 octobre il arrive devant Grave et le 10 devant Venloo, qui est bombardé le 13. On commence le siège de cette place, mais, comme la garnison reçoit des renforts, on le lève le 30 octobre.

2. Dunkerque capitula le 7 octobre 1646. Le duc d'Enghien y entra le 13.

3. L'infanterie de l'armée de Gramont s'étant embarquée, la cavalerie resta avec les troupes hollandaises, dont elle se sépara le 2 octobre. Escortée par trente-deux compagnies des États, elle arriva à Maestricht, où la Meuse fut passée sur un pont de bateaux. Après le départ des compagnies, son arrière-garde fut attaquée par les troupes espagnoles, mais il n'y eut qu'un capitaine et huit ou dix hommes tués. La cavalerie fut

prince Guillaume luy ayant tesmoigné qu'il l'obligeroit de voir Madame sa mère, il n'eust pas de penne à s'y résoudre, et la velle de son départ il luy randist une visite[1], où le tout se passa avec de grandes civilités de part et d'autre. J'espère avoir l'honneur d'estre bientost auprès de V. É.[2] et la remercier de tant d'obliguations que je luy ay, lesquelles je n'oublierai jamais, puisque je suis, Monseigneur...

dirigée ensuite de Sedan à l'armée du duc d'Enghien. Voir les *Mémoires de Gramont*, éd. Michaud et Poujoulat, 3ᵉ série, t. VII, p. 271.

1. D'Estrades avait écrit, le 1ᵉʳ octobre, de Berg-op-Zoom, que la princesse « s'excusa de voir le maréchal de Gramont ». On la laissa dans « sa mauvaise humeur », et on continua à parler d'elle avec modération, en considération de son fils (Aff. étr., Hollande 37, pièce 155).

2. Dans sa lettre du 1ᵉʳ octobre, d'Estrades avait annoncé que, Millet étant arrivé en Hollande, sa présence n'était plus utile, que d'ailleurs le prince Guillaume désirait qu'il s'en retournât en France pour communiquer plusieurs choses à Mazarin, et qu'il partirait le lendemain avec Gramont par Maestricht.

FIN DU TOME PREMIER.

Nogent-le-Rotrou, imprimerie DAUPELEY-GOUVERNEUR.